게임 캐릭터**부터** 메타버스 아이템**까지!**

블렌더 3D

박범희 지음

BM (주)도서출판 **성안당**

게임 캐릭터부터 메타버스
3D 콘텐츠 제작을 위한 블렌더

몇 년 전까지만 해도 블렌더(Blender)는 해외에서 인기도 쓰임새도 많아서 여러 기업에서 제작 툴로 사용하고 유저와 커뮤니티도 많은 핫한 프로그램이었지만, 상대적으로 국내에서는 많이 알려지지 않았습니다. 유저들은 취업하기 어렵다는 이유로, 기업들은 국내에서 많이 사용하는 프로그램과 연동이 쉽지 않는다는 이유로 업무에 사용하는 경우가 드물었습니다. 그러나 요즘은 빠른 속도로 블렌더에 대한 인기가 높아지고, 블렌더를 사용하여 콘텐츠를 만드는 사용자가 많아졌습니다.

다양하고 개성 있는 작품들이 우리 눈을 즐겁게 하고, 커뮤니티 카페와 튜토리얼 채널들이 활성화되면서 초심자에 대한 접근성이 높아졌습니다. 또한 4차 산업 메타버스 시대를 이끌고 있는 스타트업을 중심으로 3D 콘텐츠를 제작하는 기업에서 블렌더를 선호하고 있습니다.

과연 블렌더의 매력은 무엇일까요? 여러 이유 가운데 가장 중요한 이유로 편리한 접근성이라고 생각합니다. 누구나 다운로드하여 쉽게 실행할 수 있는 무료 프로그램으로 부담 없이 시작할 수 있고, 새 프로젝트를 시작하는 기업들도 비용에 대한 부담을 줄일 수 있습니다. 또한 유료 프로그램 못지않게 어떤 부분에서는 그 이상의 편리한 요소들도 가지고 있습니다. 거기에 다양한 엔진과 협업 기능도 지속적으로 개발 중이어서 앞으로 더욱 발전 가능성 있으며, 지속적으로 여러 분야에서 기회가 많을 것이라고 확신합니다.

저는 캐릭터 디자이너면서 2D 게임 디자이너로, 다양한 회사에서 도트 및 일러스트 캐릭터 기반 게임들의 아트워크를 작업하였고, 애니메이션과 효과 등 게임 관련 리소스를 만들었습니다. 블렌더를 우연히 알게 되어 해외 사이트들을 찾아 작업하면서 3D의 매력에 빠져들었고, 여전히 많은 새로운 기술들에 감탄하면서 게임 등 여러 작업에 활용하고 개인 작업도 계속해서 만들고 있습니다. 다양한 프로젝트를 하면서 쌓인 캐릭터 제작 노하우들을 영상 강의를 만들어 출시했으며, 영상으로 표현하기 아쉬운 부분들을 이렇게 좋은 기회로 출판을 준비할 수 있게 되어서 즐겁게 준비했습니다.

이 책은 블렌더 초심자를 위한 입문편으로 제작되었으며, 꼭 필요한 핵심 기능들을 알아보고, 다양한 예제를 통해서 기본 기능들을 업그레이드하고 익숙하게 사용할 수 있도록 구성했습니다. 이 책을 접한 여러분이 배우는 즐거움을 경험하길 바랍니다.

박범희

Preview

3D 오브젝트를 처음 만드는 분들도 차근차근 따라하면서 블렌더로 쉽게 3D 입체물을 제작할 수 있습니다. 3D 이론을 공부하고 다양한 예제를 따라하면서 3D 오브젝트를 제작해 보세요.

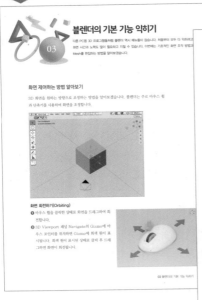

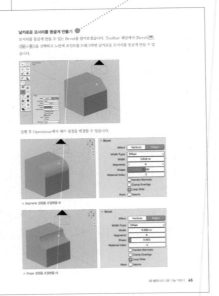

블렌더 알아보기

3D 작업을 하기 전에 필요한 블렌더에 대한 기본 기능을 알아봅니다. 다양한 기본 이론을 학습해 보세요.

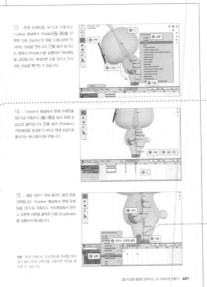

애니메이션 제작하기

블렌더에서 애니메이션을 만드는 방법을 다양한 예제를 통해 알아봅니다.

예제 미리보기

예제 미리보기와 각 예제별 제작 포인트를 소개합니다. 작업 전에 예제 형태를 다양한 시점에 따라 확인해 보세요.

지시선

지시선을 표시하여 순서대로 따라할 수 있도록 구성하였습니다.

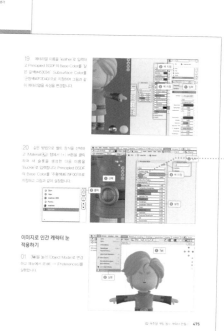

테마별 예제 제작하기

블렌더에서 3D 오브젝트 만화부
터 게임 아이템, 캐릭터 제작 방법
을 알아봅니다.

예제 따라하기

따라하기 형태로 구성하여 누구나
쉽게 따라하며 다양한 형태로 제
작할 수 있습니다.

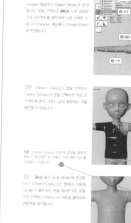

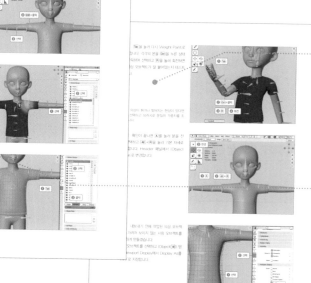

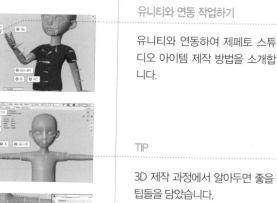

유니티와 연동 작업하기

유니티와 연동하여 제페토 스튜
디오 아이템 제작 방법을 소개합
니다.

TIP

3D 제작 과정에서 알아두면 좋을
팁들을 담았습니다.

Contents

이 책은 7개의 파트와 22개의 스텝으로 구성되어 있습니다. 3D 모델링 제작 작업 과정에 맞게 구성된 설명에 따라 학습해 보세요.

예제 파일 다운로드

1 성안당 홈페이지(http://www.cyber.co.kr)에 접속하여 회원가입한 뒤 로그인하세요.

2 메인 화면 중간의 (자료실)을 클릭한 다음 오른쪽 파란색 돋보기를 클릭하면 나오는 검색 창에 '3D' '블렌더' 등 도서명 일부를 입력하고 검색하세요.

3 검색된 목록을 클릭하고 들어가 다운로드 창 안의 예제 파일을 클릭하여 다운로드한 다음 찾기 쉬운 위치에 저장하고 압축을 풀어 사용하세요.

BLENDER 3D

BLENDER 3D
3D MODELING PROGRAM

Part

1

Start!
블렌더 기초
시작하기

3D 프로그램은 기본 메뉴가 많아 처음 시작했을 때 모두 파악하기는 쉽지 않습니다. 블렌더를 다운로드하여 설치하고 화면 구성 및 기본 기능에 대하여 알아봅니다.

3D의 시작, 블렌더 설치하기

본격적으로 작업을 시작하기 전에 블렌더라는 툴에 대해서 알아보고 공식 홈페이지에서 다운로드하여 PC에 설치해 보는 과정을 살펴보겠습니다.

블렌더 알아보기

블렌더는 무료 오픈 소스 3D 그래픽 프로그램입니다. 처음에는 해외에서 영상이나 게임 등에서 많이 사용하여 잘 알려진 프로그램이었지만, 최근에는 우리나라에도 여러 회사에서 게임과 영상 등 3D 작업에 사용하거나 개인 작업하는 실력 있는 사용자들이 많이 늘었습니다. 블렌더는 설치 용량이 다른 프로그램에 비해 크지 않아서 가볍게 PC에서 실행되고, 무료 프로그램이지만 유료 못지않게 다양하고 훌륭한 기능들이 많으며, 소스가 공개되는 오픈 소스 프로그램이라 실시간으로 다양하고 빠른 피드백을 받아 바로 반영하여 꾸준하게 업데이트됩니다. 비교적 인터페이스가 편리하게 되어 있고 단축키 설정이 잘 되어 있어서 익숙해지면 공부하기도 좋고, 작업 속도도 빨라질 것입니다.

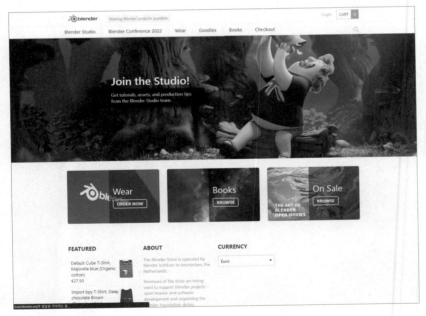

▲ 참고 사이트
공식 홈페이지 : https://www.blender.org/
블렌더 네이버 카페 : https://cafe.naver.com/blender3d
블렌더 커뮤니티 사이트 : https://blenderartists.org/
블렌더 대표 튜토리얼 사이트 : https://www.blendernation.com/

블렌더 설치하기

블렌더 공식 사이트에서 PC에 설치하는 과정을 알아보겠습니다.

01 │ 블렌더 홈페이지(blender.org)에 접속합니다. 메뉴에서 'Download'를 클릭하거나, (Download Blender 3.3.1 LTS) 버튼을 클릭합니다.

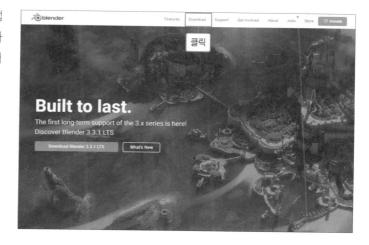

TIP 최신 버전이 아닌 이전 버전은 Release Notes(blender.org/download/releases/)에 접속하여 다운로드할 수 있습니다.

02 │ The Freedom to Create 화면이 표시되면 (macOS, Linux, and other versions) 버튼을 클릭하고 PC에 맞는 버전의 설치 파일을 클릭합니다.

TIP Zip으로 된 파일을 다운로드하면 PC 설치가 아닌 폴더만 압축 해제하여 바로 실행할 수 있습니다.

03 │ 화면이 변경되면서 파일이 다운로드됩니다.

TIP 본 책은 블렌더 3.2 버전으로 집필되었습니다.

04 | 공식 홈페이지에서 다운로드한 설치 파일을 더블클릭하여 설치를 시작합니다. blender Setup 대화상자가 표시되면 (Next) 버튼을 클릭합니다.

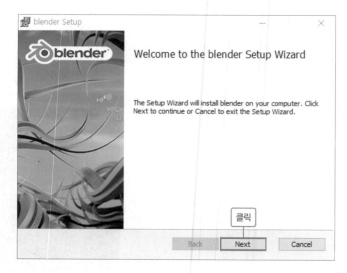

05 | 라이선스 사용에 대한 설명 등을 확인하고 'I accept the term in the License Agreement'를 체크 표시하여 계약에 동의한 다음 (Next) 버튼을 클릭합니다.

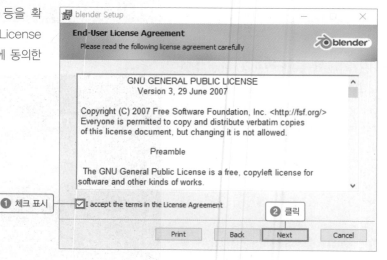

06 | Location의 (Browse) 버튼을 클릭하여 설치 경로를 지정하고 (Next) 버튼을 클릭합니다.

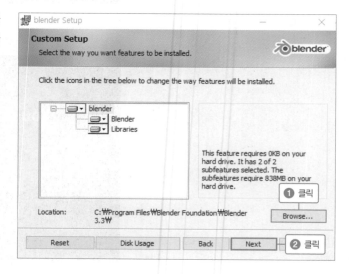

07 │ Ready to install blender 화면이 표시되면 (Install) 버튼을 클릭하여 설치를 시작합니다.

08 │ Status의 초록색 바가 모두 차면 설치가 완료됩니다.

09 │ (Finish) 버튼을 클릭하여 설치를 완료합니다. 바탕 화면에 블렌더 아이콘이 생성되고 클릭하면 최신 버전의 블렌더가 실행됩니다.

블렌더의 기본 기능 알아보기

기본적인 화면 구성에 대해 알아보겠습니다. 프로그램을 실행하면 기본 작업 환경을 제공하지만, 자신에게 적합한 UI를 만들 수 있고, 작업 환경에 맞춰 세팅되어 있는 다양한 Workspaces 화면이 있어서 작업할 때 이를 변경하면서 작업하는 것이 좋습니다.

Splash Screen 살펴보기

블렌더를 시작하면 Splash Screen 창이 표시됩니다. 화면을 클릭하면 Splash Screen 창이 사라지며, 메뉴에서 (Blender(🔵)) → (Splash Screen)을 실행하여 다시 표시할 수 있어요.

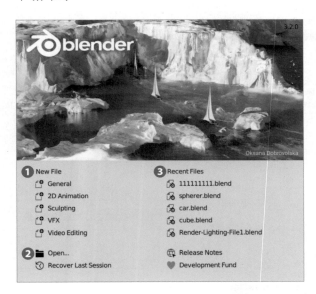

❶ **New File** : 기본 화면, 애니메이션, 스컬핑, 시각 효과, 영상 편집 등 원하는 환경으로 새로운 파일을 생성할 수 있습니다.

❷ **Open** : 폴더를 지정하여 원하는 블렌더 파일을 불러올 수 있습니다.

❸ **Recent Files** : 최근 작업한 파일을 불러올 수 있습니다.

화면 구성 알아보기

블렌더의 기본 화면을 생성하면 그림과 같은 인터페이스가 표시됩니다.

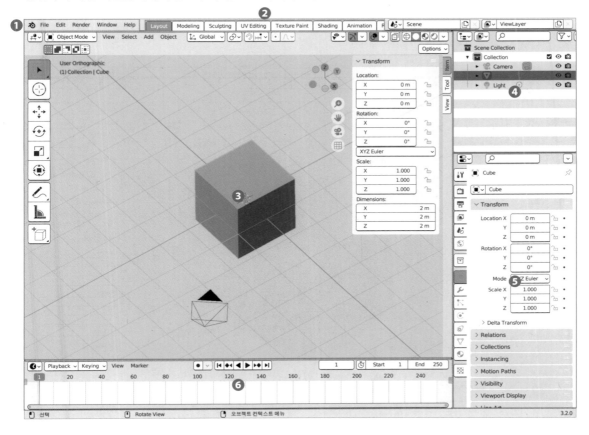

❶ **상단 메뉴**: 새 파일을 생성하거나 불러올 수 있으며, 작업한 파일을 저장하거나 다른 확
장자로 내보낼 수 있습니다. 〔Edit〕→〔Preference〕에서 블렌더 설정을 변경할 수 있
는 기능이 있습니다.

❷ **Workspaces**: 3D 작업 과정에 맞춰 각 작업에 맞는 편리한 인터페이스를 제공합니다.

❸ **Main Region**: 블렌더에서 실제 작업이 이루어지는 작업대 역할을 하는 화면입니다. 다
양한 Editor를 선택할 수 있으며, 3D Viewport 패널이 기본으로 설정되어 있습니다.

❹ **Outliner 패널**: 3D Viewport 패널에 있는 모든 오브젝트가 리스트 형태로 보입니다.
오브젝트들을 폴더별로 정리할 수 있으며, 각각의 파일을 숨기거나 잠글 수 있습니다.

❺ **Properties 패널**: 왼쪽의 탭을 선택하여 렌더링 설정 및 메테리얼과 모델링에 필요한
Modifier 등 다양한 기능들을 확인할 수 있습니다.

❻ **Timeline 패널**: 애니메이션을 제작할 때 필요한 기능들과 애니메이션 프레임을 확인할
수 있습니다.

작업의 공간, 3D Viewport 패널 알아보기

3D Viewport 패널은 기본적으로 Cube 오브젝트, 조명, 카메라가 생성되어 있고, 모델링, 애니메이션, 텍스처 페인팅 등 다양한 기능을 사용할 수 있습니다. 3D Viewport 패널의 기능들을 알아보겠습니다.

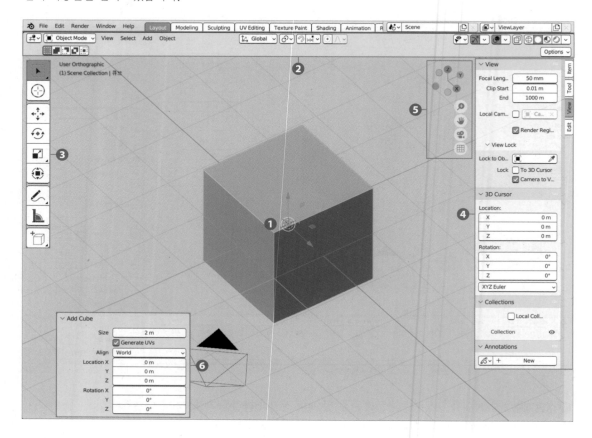

❶ **기본 구성 화면 :** 화면에 기본적으로 Cube 오브젝트, 조명(Light), 카메라(Camera)가 표시됩니다.

❷ **Header 패널 :** 해당 Mode에 필요한 기본 메뉴들이 배치되어 있으며, 작업하면서 각각의 Mode를 변경하면 특성에 맞게 메뉴가 변경됩니다.

❸ **Toolbar 패널(T) :** 기본 Object Mode에 적합한 기능들이 있습니다. Mode를 변경하면 특성에 맞게 도구들이 변경됩니다.

❹ **Sidebar(N) :** 선택한 오브젝트의 좌표와 크기 등의 정보를 확인하거나 수치를 입력해서 변경할 수 있으며 각각의 탭에도 다양한 정보들이 있습니다.

❺ **Navigate :** 좌표 기즈모(Gizmo)와 확대, 화면 이동, 카메라와 투시를 변경할 수 있습니다.

❻ **Operation :** Mesh를 생성하거나 어떤 기능을 실행할 때 생기는 설정 창입니다. 클릭하여 정보를 변경할 수 있으나, 다른 기능을 사용하거나 선택을 해제할 경우 사라집니다.

상단 메뉴 알아보기

Topbar의 상단에 위치한 상단 메뉴는 저장하기, 환경 설정 등 다양한 메뉴들이 있는 영역입니다.

〔Blender〕 메뉴

처음 시작할 때 표시되는 Splash Screen 창을 다시 실행하여 표시할 수 있습니다.

〔File〕 메뉴

새로운 파일을 생성하거나 작업한 파일을 불러올 수 있으며, 작업을 저장하거나 외부 파일을 가져오거나 내보낼 수 있습니다.

〔Edit〕 메뉴

작업 되돌리기 Undo(Ctrl+Z)와 이전 작업으로 되돌리기 Redo(Shift+Ctrl+Z)가 있으며, 블렌더의 설정을 Preference를 통해 변경할 수 있습니다.

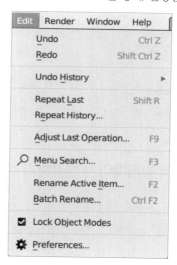

[Render] 메뉴

이미지를 렌더링할 수 있는 Render Image(F12)와 애니메이션을 렌더링
할 수 있는 Render Animation(Ctrl+F12)을 실행할 수 있습니다.

[Window] 메뉴

Workspaces를 변경할 수 있으며, 새로운 창을 복
제하여 생성할 수 있는 기능들이 있습니다.

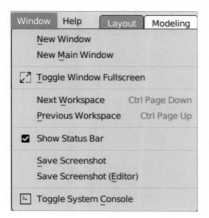

[Help] 메뉴

공식 홈페이지에 있는 메뉴얼과 튜토리얼로 이동할
수 있습니다.

Workspaces에서 인터페이스 변경하기

3D 작업은 여러 가지 과정이 있습니다. 블렌더는 기본적으로 다양한 3D 작업에 편리한
인터페이스를 기본으로 제공하며, 자신에게 적합한 인터페이스를 쉽게 맞춰서 사용할 수
있습니다.

메뉴에서 Workspaces로 각각의 과정에 따라 최적화된 인터페이스로 작업 환경을 간단
히 변경할 수 있습니다.

Layout

블렌더 실행하고 기본으로 설정되어 있는 화면입니다.

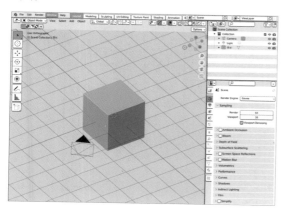

Modeling

선택된 오브젝트를 Edit Mode에서 편집할 수 있습니다.

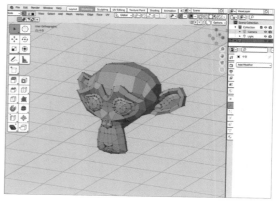

Sculpting

스컬핑할 수 있는 조각 도구로 오브젝트를 수정할 수 있습니다.

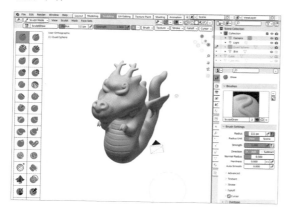

UV Editing

3D 표면에 매핑하기 위해 UV 맵을 펼치기 적합한 화면입니다.

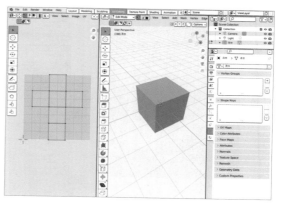

Texture Paint

3D Viewport에서 모델링 표면에 컬러링하기 적합합니다.

Shading

빛과 메테리얼 등 렌더링을 위한 요소들을 확인하고 수정하기에 적합합니다.

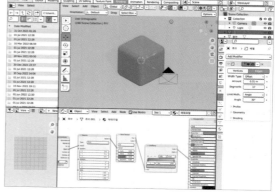

Animation

Timeline에 Keyframe을 추가하여 애니메이션을 작업할 수 있습니다.

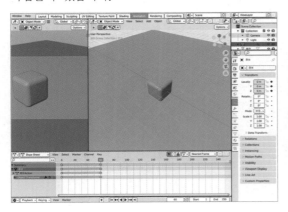

Rendering

렌더링 결과물을 확인할 수 있는 화면입니다.

Compositing

렌더링 이미지 결과물의 후보정에 적합한 화면입니다.

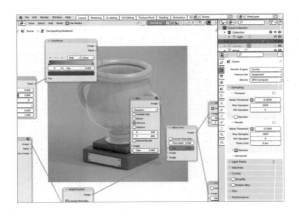

Geometry Nodes

Geometry Nodes를 이용하여 3D 작업과 애니메이션을 제작하거나 수정할 수 있습니다.

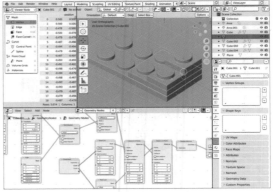

Scripting

블렌더의 Python API와 상호 작용하고 스크립트를 작성할 수 있습니다.

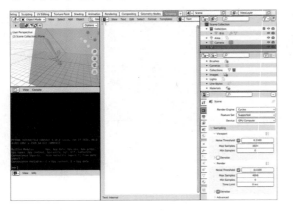

Add Workspace

새로운 작업 환경 탭을 추가 생성할 수 있습니다.

TIP Ctrl + Page Down / Page up 을 눌러 Workspace를 쉽게 변경할 수 있습니다.

내가 원하는 인터페이스 만들기

블렌더에서는 다양한 작업 환경들이 있습니다. 화면을 조정하여 자신의 작업 스타일에 맞는 인터페이스를 만들 수 있습니다.

패널 분할하기

패널을 분할하는 방법은 그림에 표시된 부분을 클릭한 상태로 드래그하는 방법과 경계선에서 마우스 오른쪽 버튼을 클릭한 다음 표시되는 창에서 〔Vertical Split〕 또는 〔Horizonatal Split〕를 실행하면 수평 또는 수직으로 화면을 분할할 수 있습니다.

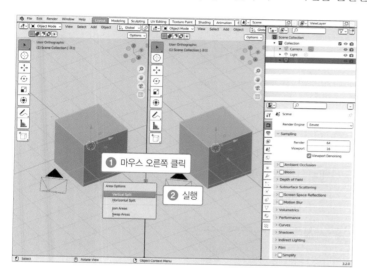

화면 합치기

분할과 같은 방법으로 클릭한 상태로 드래그하여 합칠 수 있으며, 마찬가지로 합칠 화면의 경계선에서 마우스 오른쪽 버튼을 클릭하여 〔Join Area〕를 실행하면 합칠 수 있습니다.

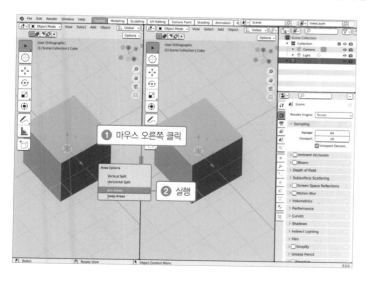

Editor Type 변경하기

변경할 패널 상단에서 'Editor Type' 아이콘(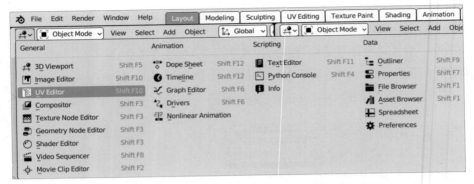)을 클릭하면 다양한 Editor를 선택할
수 있는 창이 표시됩니다. 이곳에서 변경할 항목 선택하면 패널을 변경할 수 있습니다.

TIP Shift를 누른 상태로 F1~F12를 같이 누르면 패널을 편리하게 변경할 수 있어요.

인터페이스 저장하기

자신의 스타일에 맞는 인터페이스를 만들었다면 메뉴에서 〔File〕 → 〔Defaults〕 →
〔Save Startup File〕을 실행합니다. 다시 블렌더를 실행하면 저장한 인터페이스로 시작
할 수 있습니다.

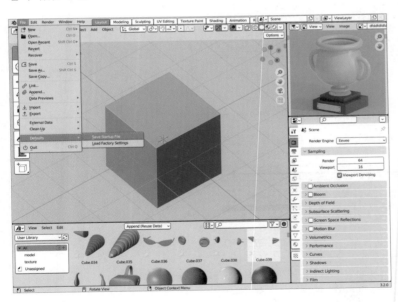

작업 환경 설정하기

〔Edit〕 메뉴 Preference에서 툴에 관한 언어와 테마 등 여러 가지 설정을 변경할 수 있습니다. 작업에 필요한 몇 가지 설정을 변경하겠습니다.

01 상단 메뉴에서 〔File〕 → 〔Edit〕 → 〔Preference〕를 실행합니다.

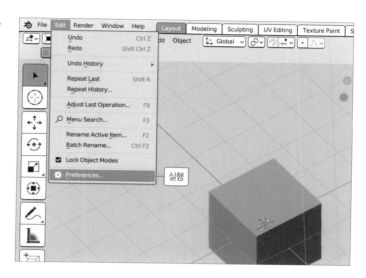

02 Blender Preferences 대화상자가 표시되면 〔Interface〕 탭을 선택하고 Translation의 Language를 'Korean (한국 언어)'로 지정하여 변경합니다. 본 책에서는 영어 인터페이스로 작업을 진행했기 때문에 'Interface'를 체크 표시 해제하여 비활성화합니다.

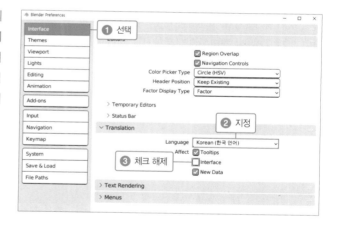

03 블렌더의 플러그인 개념의 〔Add-ons〕 탭을 선택합니다. 검색창에 'Loop'를 검색하고 'Mesh: LoopTools'를 체크 표시하여 활성화합니다.

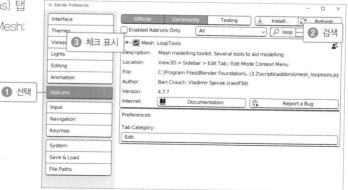

04 같은 방법으로 검색창에 'Node'를 검색하고 'Node: Node Wrangler'를 체크 표시하여 활성화합니다.

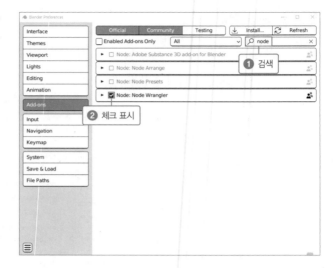

TIP Add on은 따로 구매 후 직접 설치할 수도 있습니다.

05 넘버 패드가 없는 키보드 사용자들은 (Input) 탭을 선택합니다. Keyboard의 'Emulate Numpad'를 체크 표시하여 활성화하면 키보드 위 숫자들이 넘버 패드 역할을 합니다. 마우스 휠이 없는 Mac 마우스 사용자는 Mouse의 'Emulate 3 Button Mouse'를 체크 표시하여 활성화하면 화면 조작 시에 휠 대신 [Alt]를 눌러서 사용할 수 있습니다.

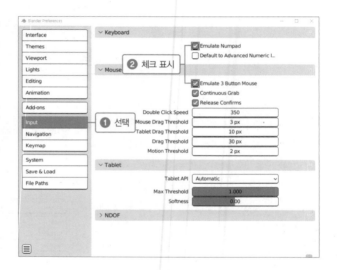

06 렌더링할 때 Cycle Render를 사용할 경우 (System) 탭을 선택합니다. Cycle Render Devices의 'CUDA'를 선택하고 PC의 그래픽카드를 체크 표시하여 활성화하면 렌더링할 때 그래픽카드를 사용하여 속도가 달라집니다.

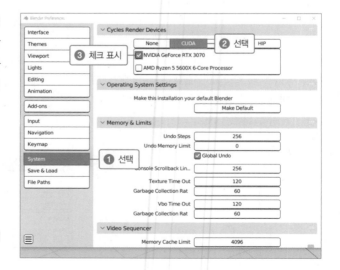

TIP System → Memory & Limits의 Undo Steps의 설정 값을 높이면 작업 되돌리기 숫자가 늘어납니다.

블렌더의 기본 기능 익히기

다른 PC용 3D 프로그램들처럼 블렌더 역시 메뉴들이 많습니다. 처음부터 모두 다 익히려고 하면 시간과 노력도 많이 필요하고 지칠 수 있습니다. 이번에는 기초적인 화면 조작 방법과 Mesh를 편집하는 방법을 알아보겠습니다.

화면 제어하는 방법 알아보기

3D 화면을 원하는 방향으로 조정하는 방법을 알아보겠습니다. 블렌더는 주로 마우스 휠 과 단축키를 사용하여 화면을 조정합니다.

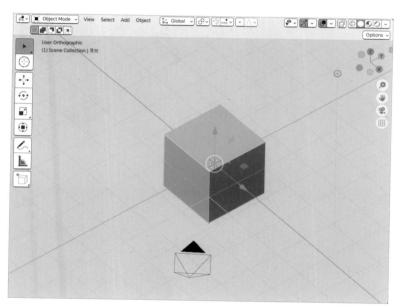

화면 회전하기(Orbiting)

❶ 마우스 휠을 클릭한 상태로 화면을 드래그하여 회전합니다.

❷ 3D Viewport 패널 Navigate의 Gizmo에 마우스 포인터를 위치하면 Gizmo에 회색 원이 표시됩니다. 회색 원이 표시된 상태로 클릭 후 드래그하면 화면이 회전됩니다.

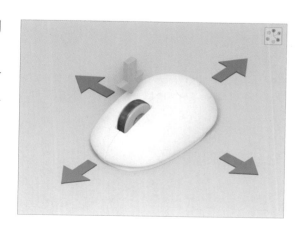

확대 및 축소하기(Scaling)

❶ 마우스 휠을 위 또는 아래로 돌리면 화면이 확대 및 축소됩니다.

❷ 3D Viewport 패널의 Navigate에서 'Zoom in/out in the View' 아이콘(🔍)을 클릭한 상태로 화면을 드래그하면 확대 및 축소할 수 있습니다.

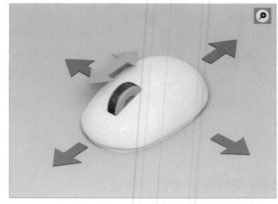

TIP Ctrl과 마우스 휠을 누르고 클릭한 상태로 화면을 위, 아래로 드래그하면 부드럽게 확대 및 축소됩니다.

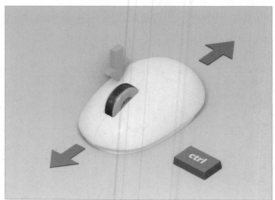

화면 이동하기(Panning)

❶ Shift+마우스 휠을 누르고 클릭한 상태로 화면을 드래그하면 이동할 수 있습니다.

❷ 3D Viewport 패널의 Navigate에서 'Move the view' 아이콘(✋)을 클릭한 상태로 화면을 드래그하면 이동할 수 있습니다.

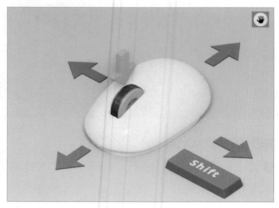

TIP 마우스 휠이 없는 Mac 마우스 사용자라면 메뉴의 (Edit) → (Preference) → (Input) 탭에서 Mouse의 'Emulate 3 Button Mouse'를 체크 표시하고 화면 조작 시에 휠 대신 Alt를 눌러 사용하세요.

패널과 단축키로 화면 시점 변경하기

Header 패널과 단축키를 이용하여 원하는 방향으로 정확한 시점을 변경할 수 있습니다.
원하는 시점으로 Viewpoint를 변경하는 방법을 알아보겠습니다.

패널에서 화면 시점 변경하기

Header 패널에서 (View) → (Viewpoint)에서 원하는 View를 실행하면 시점이 변경
됩니다.

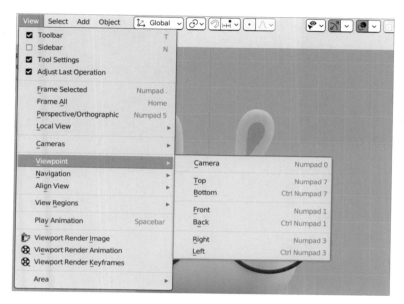

넘버 패드로 화면 시점 변경하기

손쉽게 시점을 변경할 수 있는 넘버 패드 단축키를 알아보겠습니다.

❶ 넘버 패드 ⓪ : Camera View로 시점을 변경합 니다.

❷ 넘버 패드 ① : Front View로 시점을 변경합 니다.

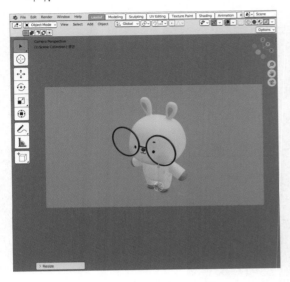 

❸ Ctrl+넘버 패드 ① : Back View로 시점을 변경합니다.

❹ 넘버 패드 ② : Back View 방향으로 15° 이동합니다.

❺ 넘버 패드 ③ : Right View로 시점을 변경합니다.

❻ Ctrl+넘버 패드 ③ : Left View로 시점을 변경합니다.

❼ 넘버 패드 ④ : Left View 방향으로 15° 이동합니다.

⑧ 넘버 패드 ⑤ : Orthographic/Perspective 투시를 변경합니다.

▲ Orthographic 투시

▲ Perspective 투시

TIP 3D Viewport 패널의 Navigate에서 (Orthographic(▦))/(Perspective(▥))을 클릭하여 투시를 변경할 수도 있습니다.

⑨ 넘버 패드 ⑥ : Right View 방향으로 15° 이동합니다.

⑩ 넘버 패드 ⑦ : Top View로 시점을 변경합니다.

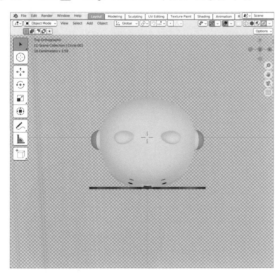

⑪ Ctrl+넘버 패드 ⑦ : Bottom View로 시점을 변경합니다.

⑫ 넘버 패드 ⑧ : Top View 방향으로 15° 이동합니다.

⑬ 넘버 패드 ⑨ : 현재 시점의 반대 시점으로 변경합니다.

⑭ , : 선택한 오브젝트를 화면 중앙으로 이동합니다.

TIP 넘버 패드가 없는 키보드 사용자라면 메뉴의 (Edit) → (Preference) → (Input) 탭에서 Keyboard의 'Emulate Numpad'를 체크 표시하고 넘버 패드 대신 키보드 위 숫자를 눌러 사용하세요.

Object Mode에서 오브젝트 생성하고 변형하기

블렌더에서는 Mesh와 조명 등 다양한 오브젝트를 생성할 수 있습니다. 3D Scene에서 기본 Mesh인 도형들을 생성하여 여러 방법으로 형태를 변형하겠습니다.

오브젝트 생성하기

오브젝트 모드(Object Mode)의 Heder 패널에서 (Add) → (Mesh(Shift + A))에서 원하는 도형 오브젝트들을 생성합니다. Mesh는 (Cursor(◎))가 위치한 곳에 생성되기 때문에 (Cursor(◎))를 이동하면서 Mesh를 생성하면 원하는 곳에 생성할 수 있습니다.

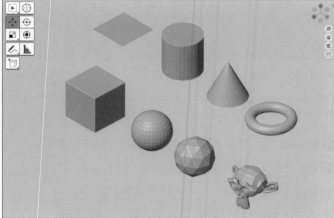

Operation에서 세부 설정하기

Mesh를 생성하면 왼쪽 하단에 Operation이 표시됩니다. Operation을 클릭하면 속성이 표시되며, 설정을 변경할 수 있습니다.

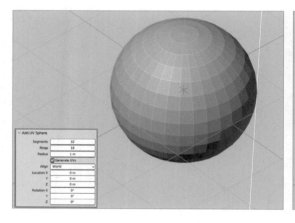
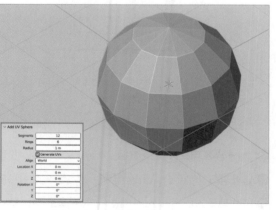

▲ Operation에서 Segments 설정을 변경한 모습

TIP 다른 메뉴를 실행하거나 선택을 해제하면 Operation이 사라집니다. Operation은 다시 불러올 수 없으니 작업할 때 주의하도록 합시다.

오브젝트 선택하기

생성된 오브젝트를 개별 선택하거나 다중 선택하는 방법을 알아보고 선택 해제와 삭제하
는 방법에 대해 알아봅니다.

❶ 선택 : 마우스 왼쪽 버튼을 클릭하여 오브젝트를
선택할 수 있습니다. 선택된 오브젝트는 주황색으
로 라인이 표시되며, 빈 곳을 클릭하면 선택이 해
제됩니다.

❷ 다중 선택 : Shift를 누른 상태로 선택할 오브젝트들
을 클릭하면 다중 선택되며, 부분 해제할 경우 더
블클릭하면 됩니다. 다중 선택할 때는 마지막에 선
택한 오브젝트만 밝은 주황색으로 라인이 표시됩
니다.

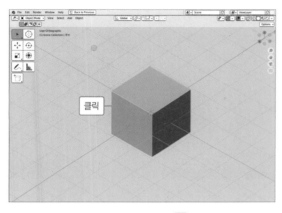

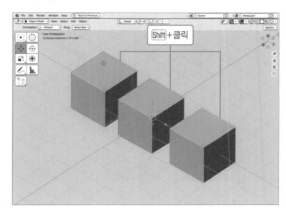

TIP Toobar 패널에서 (Select Box(▶))를 선택하고 화면을 드래그하여 원하는 오브젝트만 다중 선택할 수도 있어요.

❸ 전체 선택 : Header 패널에서 (Select) →
(All(A))을 실행하면 화면에 있는 오브젝트들이
모두 선택되고 (Select) → (None(Alt+S))을
실행하면 전체 해제됩니다.

❹ 삭제 : 오브젝트를 선택하고 Heder 패널에서
(Object) → (Delect(X))를 실행하여 지우거나,
단축키 X 또는 Delete를 눌러 지울 수 있습니다.

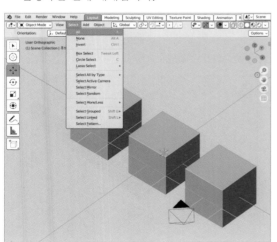

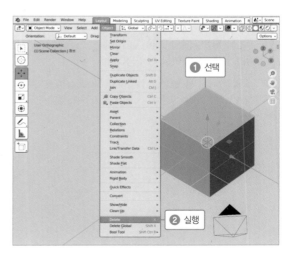

오브젝트 변형하기

Toolbar 패널에서 해당 도구를 선택하고 원하는 변형을 적용합니다. 실제 작업에서는 주로 단축키와 방향키를 사용하여 형태를 변형합니다.

❶ 이동 : 오브젝트를 선택하고 Toolbar 패널에서 [Move(✛, G)]를 선택한 다음 [Gizmo]의 화살표를 클릭한 상태로 드래그하면 오브젝트가 이동합니다.

❷ 회전 : 오브젝트를 선택하고 Toolbar 패널에서 [Rotate(⊙, R)]를 선택한 다음 [Gizmo]의 원을 클릭한 상태로 드래그하면 오브젝트가 회전합니다.

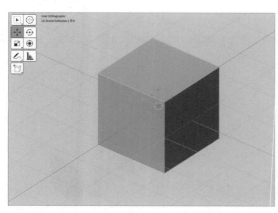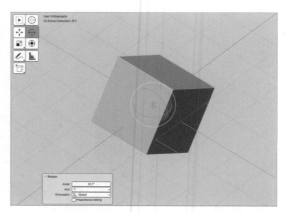

❸ 크기 조절 : 오브젝트를 선택하고 Toolbar 패널에서 [Scale(◰, S)]을 선택한 다음 [Gizmo]의 포인트를 클릭한 상태로 드래그하면 드래그한 방향으로 오브젝트 크기가 변형됩니다. 하얀색 원 안쪽을 클릭한 상태로 드래그하면 오브젝트가 정 방향으로 축소/확대됩니다.

TIP Alt 를 누른 상태로 G(이동), R(회전), S(크기)를 누르면 변형되기 전으로 돌아갈 수 있습니다.

TIP 크기와 회전 등 변형을 실행하고 Sidebar에서 수치를 입력하거나, Operation에서 수치를 입력하여 변형할 수도 있습니다.

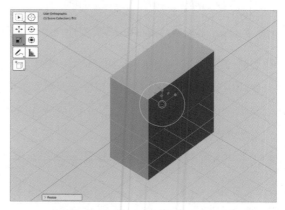

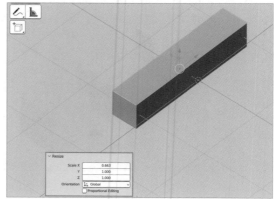

오브젝트 복제하기

오브젝트를 선택하고 Header 패널의 〔Object〕 → 〔Duplicate Objects(Shift+D)〕를
실행하면 오브젝트가 복제됩니다.

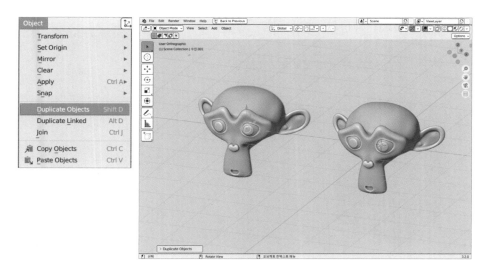

Header 패널에서 〔Object〕 → 〔Duplicate Linked(Alt+D)〕를 실행하면 오브젝트가
복제됩니다. 이 방법으로 오브젝트를 복제하면 한 오브젝트를 수정했을 때 다른 오브젝트
도 같이 수정됩니다.

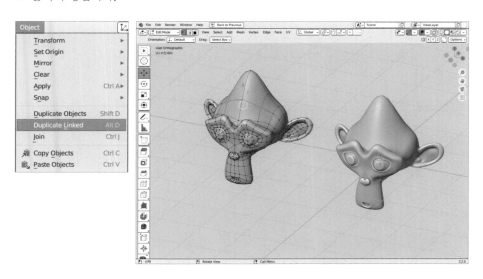

Edit Mode에서 세부적으로 편집하기

기본 오브젝트를 오브젝트 모드(Object Mode)에서 형태를 변경할 수 있으나, 모양을 세부적으로 편집하기 위해서는 에디트 모드(Edit Mode)로 변경하여 점(Vertex), 선 (Edge), 면(Face)을 이동하고 추가하면서 만들어야 합니다.

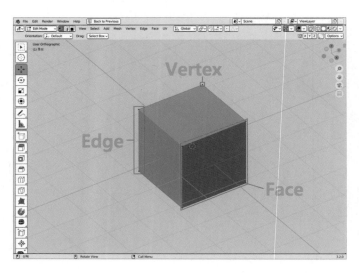

Edit Mode로 변경하기

Header 패널에서 (Object Mode)를 클릭하고 (Edit Mode(Tab))를 선택하여 모드를 변경할 수 있습니다. 모드가 변경되면 오브젝트가 편집할 수 있는 점(Vertex), 선(Edge), 면(Face)으로 구성된 것을 확인할 수 있으며, Toolbar 패널과 Header 패널도 Edit Mode의 구성으로 변경됩니다.

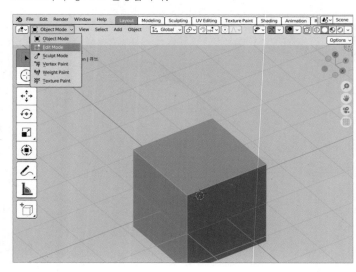

TIP Header 패널에서 선택 모드를 선택하여 변경할 수 있으나, 편집 작업 중에는 단축키 1(점), 2(선), 3(면)을 눌러 변경하는 것이 편리하고 좋습니다.

오브젝트 선택하기

기본적으로 오브젝트 모드(Object Mode)와 같은 방법으로 선택하면 되지만, 에디트 모드(Edit Mode)는 선택해야 하는 요소들이 많아 다양하게 선택하는 방법을 알아두면 좋습니다.

❶ **박스 선택** : Toolbar 패널에서 (Select Box(▶️, B))를 선택하고 드래그하여 영역을 지정하면 지정된 영역만 선택할 수 있습니다.

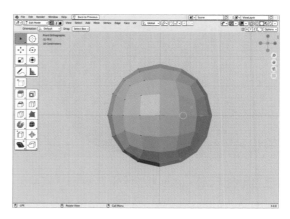

❷ **원형 선택** : Toolbar 패널에서 (Select Circle (◉, C))을 선택하고 오브젝트에 드래그하면 붓으로 칠하듯이 선택할 수 있습니다.

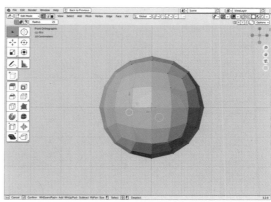

TIP 마우스 휠을 돌려 원의 크기를 조절할 수 있습니다.

❸ **올가미 선택** : Toolbar 패널에서 (Select Lasso (◉, L))를 선택하고 드래그하여 올가미를 설치하듯이 영역을 지정하면 지정된 영역만 선택할 수 있습니다.

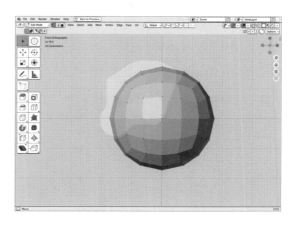

TIP Ctrl+마우스 오른쪽 버튼을 누르고 클릭한 상태로 드래그하여 올가미 영역을 지정할 수도 있습니다.

❹ **선택 반전 :** 영역을 선택하고 Header 패널의 [Select] → [Invert([Ctrl]+[I])]를 실행
하면 선택된 부분이 반전됩니다.

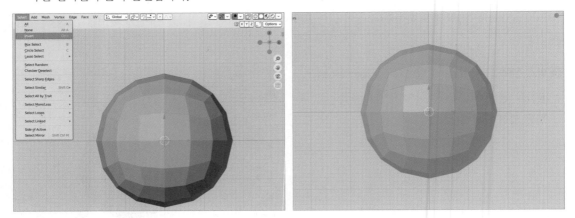

❺ **전체 선택 :** Header 패널에서 [Select] → [All([A])]을 실행하면 오브젝트가 전체 선택
되고, [Select] → [None([Alt]+[A])]을 실행하면 모든 선택이 해제됩니다.

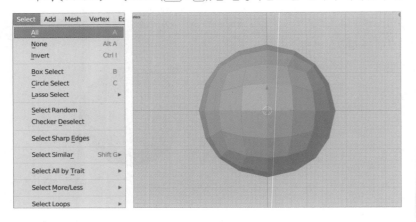

선택 영역 삭제하기

영역을 선택하고 Header 패널의 [Mesh] → [Delete([X])]에서 연관된 부분의 Vertex
(점), Edge(선), Face(면)를 실행하여 삭제하거나, 단축키 [X]를 눌러 삭제할 수 있습니다.

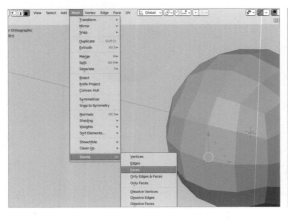
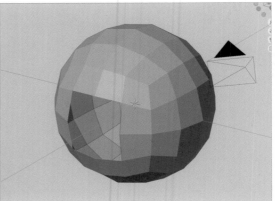

오브젝트 구멍 메꾸기

구멍 주변의 Vertex 또는 Edge를 모두 선택하고, Header 패널에서 〔Vertex〕 →
〔New Edge/Face from Vertices(F)〕를 실행하면 뚫린 구멍이 메꿔집니다.

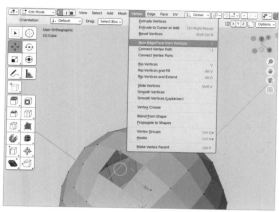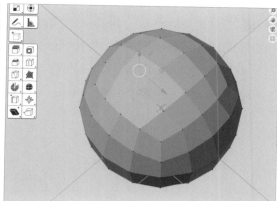

점 합치기와 연결하기

합칠 점(Vertex)을 모두 선택하고 Header 패널에서 〔Mesh〕 → 〔Merge〕에서 원하는
병합 위치를 실행하면 2개 이상의 선택된 점(Vertex)을 합칠 수 있습니다.

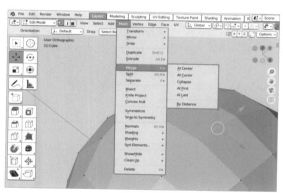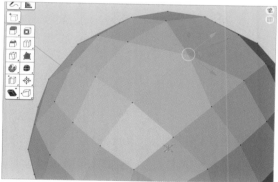

2개의 점(Vertex)을 선택하고 Header 패널에서 〔Vertex〕 → 〔Connect Vertex
Path(J)〕를 실행하면 선이 만들어지면서 점이 연결됩니다.

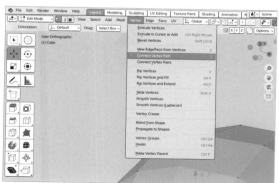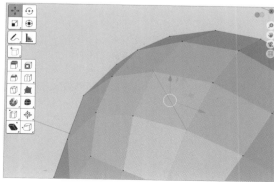

오브젝트 변형하기

오브젝트 모드(Object Mode)의 변형과 마찬가지로 선택 도구로 점(Vertex), 선
(Edge), 면(Face)을 선택하고 Toolbar 패널의 도구를 이용하여 변형할 수 있습니다.

❶ **이동 :** 변형할 점(Vertex), 선(Edge), 면(Face)을
선택하고 Toolbar 패널에서 (Move(⊹, G))를
선택한 다음 (Gizmo)의 화살표를 클릭한 상태로
드래그하면 선택된 부분이 이동합니다.

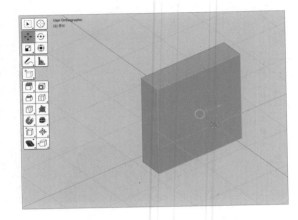

❷ **회전 :** 변형할 점(Vertex), 선(Edge), 면(Face)
을 선택하고 Toolbar 패널에서 (Rotate(⟳,
R))를 선택한 다음 (Gizmo)의 원을 클릭한 상태
로 드래그하면 선택된 부분이 회전합니다.

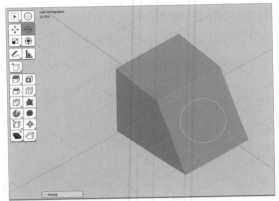

❷ **크기 조절 :** 변형할 점(Vertex), 선(Edge), 면
(Face)을 선택하고 (Scale(◪, S))을 선택한 다
음 (Gizmo)의 포인트를 클릭한 상태로 드래그하
면 드래그한 방향으로 선택된 부분이 변형됩니다.
하얀색 원 안쪽을 클릭한 상태로 드래그하면 선택
된 부분이 정방향으로 축소/확대됩니다.

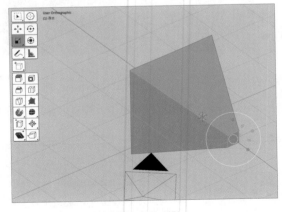

TIP 단축키로 변형할 경우 단축키를 누르고 방향을 설정하는 X, Y, Z를 누르면 해당 방향으로만 제한
되어 변형됩니다.

편집에 자주 사용하는 도구 알아보기

모델링을 세부적으로 편집하기 위해서는 에디트 모드(Edit Mode)에서 점(Vertex), 선 (Edge), 면(Face)을 생성하고 분할하여 원하는 형태를 만드는 것이 중요합니다. 생성하 고 분할하는 도구에 대해 알아봅시다.

돌출하여 면 생성하기

Extrude는 주로 면(Face)을 돌출하여 생성하며, 상황에 맞는 여러 가지 방법으로 사용할 수 있습니다.
Toolbar에서 (Extrude Region(🔲, Ⓔ))을 길게 클릭하여 표 시되는 도구 중 원하는 도구를 선택하고 하얀색 원을 드래그하거 나 (➕)를 드래그하여 면을 생성합니다.

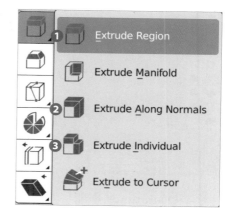

TIP 단축키 Alt+Ⓔ를 누르면 Extrude의 종류를 선택할 수 있어요.

❶ **Extrude Region(🔲, Ⓔ) :** (➕)를 드래그하여 선 택한 영역을 돌출합니다.

❷ **Extrude Along Normals(🔲) :** 노란색 포인트를 드래그하여 선택한 영역을 노멀 방향으로 균일하 게 돌출합니다.

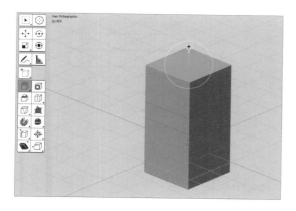

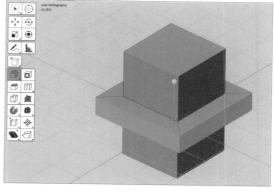

❸ **Extrude Individual(🔲) :** 노란색 포인트를 드래 그하여 선택한 영역을 노멀 방향으로 개별 돌출합 니다.

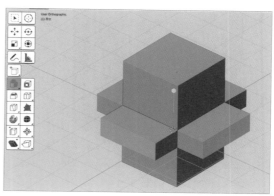

선택한 면 나누고 크기 조절하기

면을 나누어 크기 조절이 가능한 Inset을 알아보겠습니다. 주로 Toolbar 패널에서 (Inset Faces(⬚, Ⅰ))를 선택하고 노란색 원을 안쪽으로 드래그하면 면이 분할되어 작은 면이 생성됩니다.

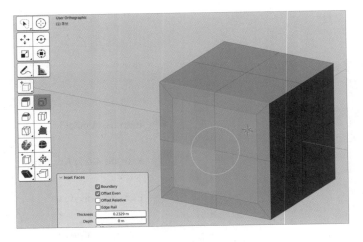

TIP 단축키 (Ctrl)+(R)을 눌러 실행된 상태로 마우스 휠을 드래그하면 분할될 선의 개수를 조정할 수 있습니다.

실행 후 Operation에서 세부 설정을 변경할 수 있습니다.

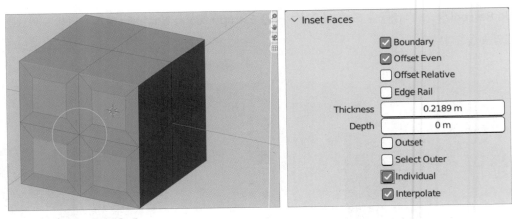

▲'Individual'을 체크 표시했을 때

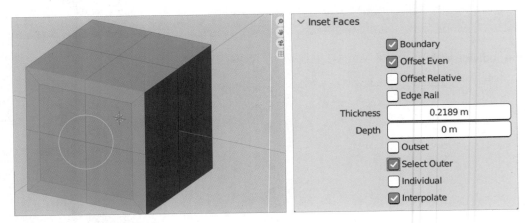

▲'Select Outer'를 체크 표시했을 때

날카로운 모서리를 둥글게 만들기

모서리를 둥글게 만들 수 있는 Bevel을 알아보겠습니다. Toolbar 패널에서 (Bevel(⬜),
(Ctrl)+(B))을 선택하고 노란색 포인트를 드래그하면 날카로운 모서리를 둥글게 만들 수 있
습니다.

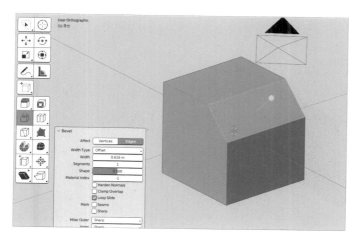

실행 후 Operation에서 세부 설정을 변경할 수 있습니다.

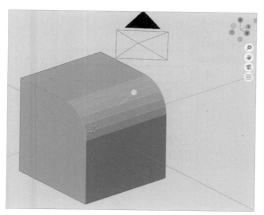

▲ Segments 설정을 조절했을 때

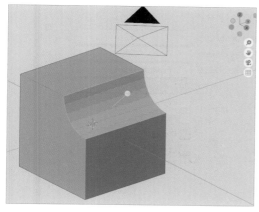

▲ Shape 설정을 조절했을 때

오브젝트를 잘라서 면을 루프 분할 하기

루프 형태로 면을 자를 수 있는 Loop Cut을 알아보겠습니다. Toolbar 패널에서 〔Loop Cut(⬚, Ctrl+R)〕을 선택하고 오브젝트에 마우스를 포인터를 위치하면 노란색 가상의 선이 표시됩니다. 노란색 선을 클릭 후 드래그하면 분할됩니다.

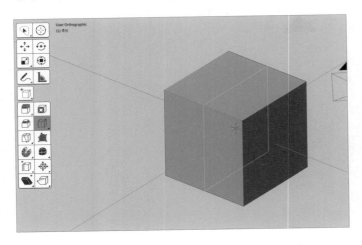

실행 후 Operation에서 세부 설정을 변경할 수 있습니다.

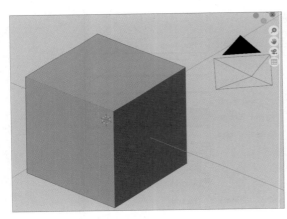
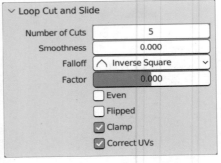

▲ Number of Cuts 설정을 조절했을 때

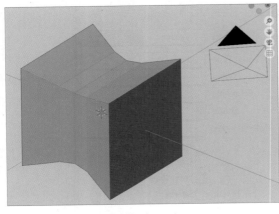
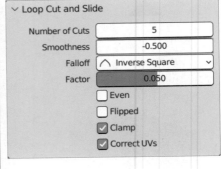

▲ Smoothness 설정을 조절했을 때

자주 사용하는 Modifier 살펴보기

블렌더의 다양한 Modifier를 추가하고 사용하여 편리하게 오브젝트를 편집할 수 있습니다.
여기서는 수많은 Modifier 중에 본문 예제에서 사용되는 기능들을 알아보겠습니다.

〔Modifier Properties(🔧)〕탭

Properties 패널에서 〔Modifier Properties(🔧)〕탭을 선택하고 〔Add Modifier〕를
클릭하면 리스트를 확인할 수 있습니다.

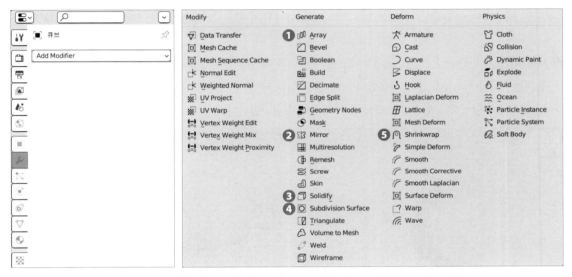

TIP 다양한 Modifier를 중복으로 실행할 수 있으며 적용 순서에 따라 적용 형태가 차이날 수 있습니다.

❶ **Array(📖) :** 선택한 오브젝트를 특정 방향으로 저장한 간격으로 자동 배열할 수 있습
니다. 에디트 모드(Edit Mode)에서 원본을 수정하면 복제된 오브젝트도 모두 수정
됩니다.

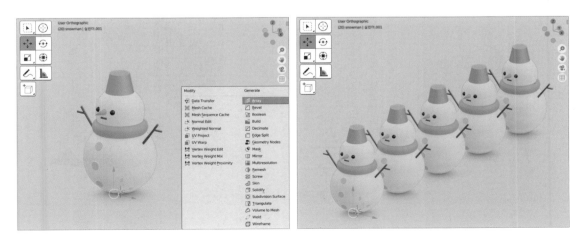

TIP 반복하여 실행하면 군중을 만들 수 있습니다.

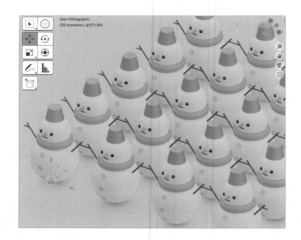

❷ **Mirror(🔲)** : 인간 혹은 동물 등 대칭되는 형태를 만들 때 한쪽만 작업해도 반대편도 적용되는 Mirror 기능을 많이 사용합니다. 편집 작업할 때 설정 창에서 'Clipping'을 체크 표시하여 활성화하면 중심 영역이 붙어 작업하기 편리합니다.

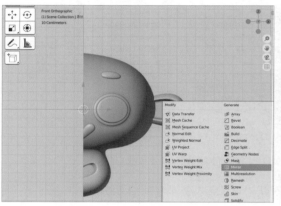
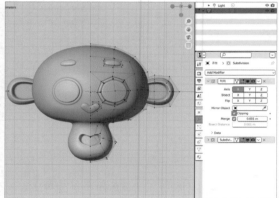

❸ **Solidify(🔲)** : 오브젝트 표면에 두께와 깊이를 자동으로 균일하게 생성하는 기능입니다.

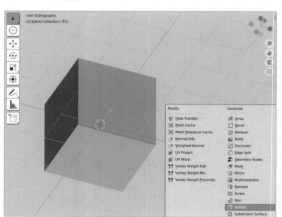
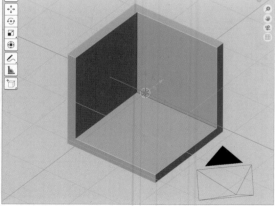

❹ **Subdivision Surface(◎)** : 면을 일정하게 나누어 외부 표면을 부드러운 형태로 만들 수 있습니다. 설정 창에서 Level Viewport 수치를 설정할 수 있으며, 숫자가 높을수록 부드럽게 표현되지만, 단계가 너무 높으면 처리 속도가 느려질 수 있습니다.

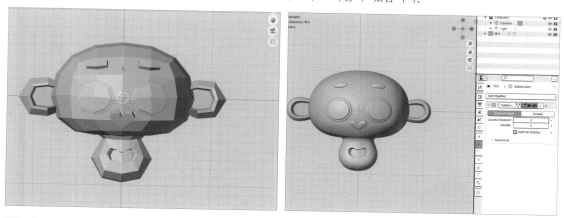

TIP Level Viewport 수치를 적용할 때 Ctrl+1~5를 누르면 빠르게 적용할 수 있습니다.

❺ **Shrinkwrap(◎)** : 플래인 오브젝트를 선택한 모델링 표면에 붙일 수 있습니다. 플래인 오브젝트를 선택하고 〔Shrinkwrap〕을 실행한 다음 설정 창에서 'Target'을 지정하여 적용할 수 있습니다.

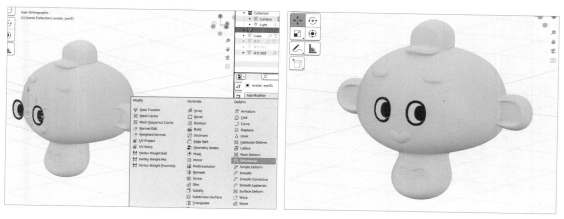

블렌더의 기본 기능에 대해서 살펴보았습니다. 지금은 당장 이해하기 어려운 부분이 있더라도 기초 기능은 예제가 진행되면서 계속 반복적으로 사용되어 금세 익숙해 질 것입니다. 기본 기능을 익혀 예제를 천천히 따라해 보세요.

BLENDER 3D BLENDER 3D
3D MODELING PROGRAM

Part 2

블렌더 기본 모델링
트레이닝

3D 작업에서 가장 기본 과정은 머릿속에서 상상하는 형상을 표현할 수 있는
모델링입니다. 기본적으로 Mesh를 생성하고 형태를 조합하여 만드는 기본적
인 모델링부터 Edit Mode에서 세부적으로 편집하는 방법 등을 알아보며 다양
한 사물과 캐릭터를 원하는 형태로 만들어 보세요.

Object Mode에서 책상 세트 만들기

01

Object Mode에서 기본으로 세팅된 Mesh를 생성하고
변형해서 책상 세트를 만들겠습니다.

● 완성 파일 : 02\책상 세트_완성.blend

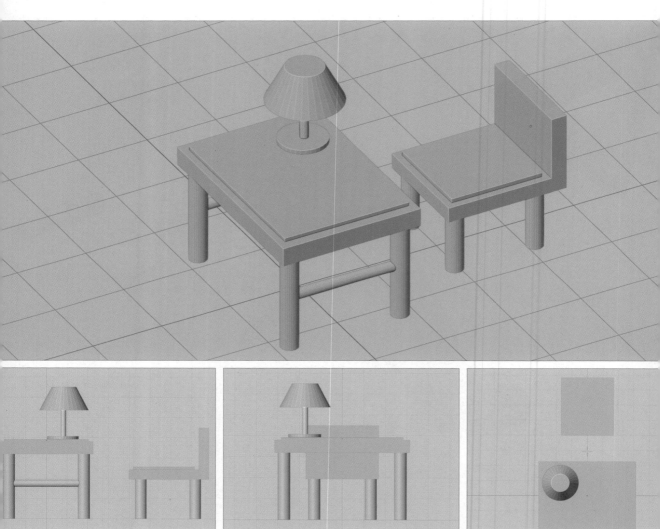

POINT

❶ Cube Mesh 생성하기

❷ 오브젝트 복제하기

❸ 오브젝트 변형하기(이동/회전/크기 조절)

책상 모델링하기

01 블렌더를 실행하고 메뉴에서 (File)
→ (New) → (General((Ctrl)+(N)))를 실행
하여 새로운 File을 생성합니다.

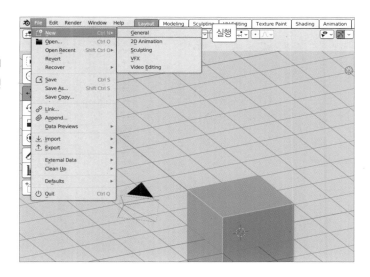

02 Outliner 패널에서 'Lamp', 'Camera',
'Cube'를 선택하고 Header 패널의 (Object)
→ (Delete((X)))를 실행하여 삭제합니다.

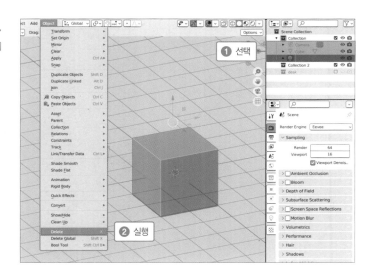

03 책상의 상판을 만들기 위해 Header
패널에서 (Add) → (Mesh) → (Cube((Shift)
+(A)))를 실행하여 큐브를 생성합니다.

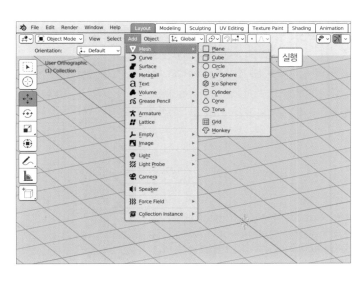

TIP Mesh는 (Cursor((◉)))가 위치한 곳에
생성됩니다.

04 큐브 오브젝트를 선택하고 Toolbar 패널에서 (Scale(▣, [S]))을 선택합니다.

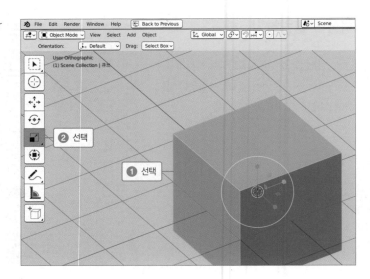

05 (Gizmo)의 파란색 포인트를 아래로 드래그하여 납작하게 만들고, 빨간색 포인트를 오른쪽으로 드래그하여 상판을 넓게 변형합니다.

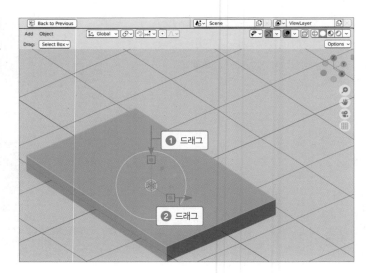

06 넘버 패드 [1]을 눌러 Front View로 시점을 변경합니다. Toolbar 패널에서 (Move(✛, [G]))를 선택한 다음 Header 패널에서 (Object) → (Duplicate Object ([Shift]+[D]))를 실행하여 오브젝트를 복제합니다.

TIP Header 패널에서 (Object Mode)인 상태로 (View) → (Viewpoint)의 원하는 시점을 선택하여 화면의 시점을 변경할 수도 있습니다.

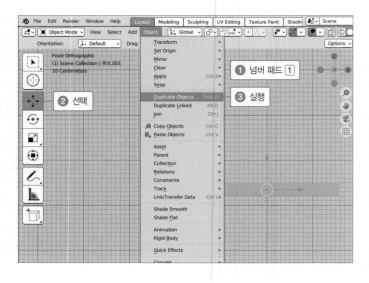

07 │ 복제된 상태로 Z를 눌러 Z 방향 위로 이동합니다.

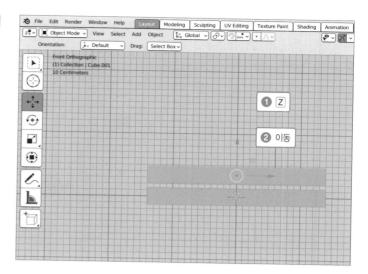

08 │ Toolbar 패널에서 (Scale(■, S))과 (Move(✛, G))를 선택하고 (Gizmo)를 이용하여 얇은 판이 되도록 크기를 조절한 다음 상판 오브젝트 위로 위치를 조절합니다.

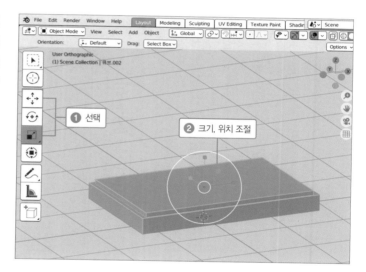

09 │ 실린더를 생성해서 다리를 만들기 위해 Header 패널에서 (Add) → (Mesh) → (Cylinder(Shift+A))를 실행합니다.

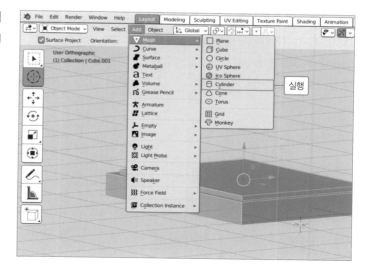

10 실린더가 생성되었습니다. Toolbar 패널에서 (Scale(▣, S))을 선택하고 (Gizmo)의 흰색 원을 안쪽으로 드래그하여 실린더 오브젝트의 크기를 일정한 비율로 줄입니다.

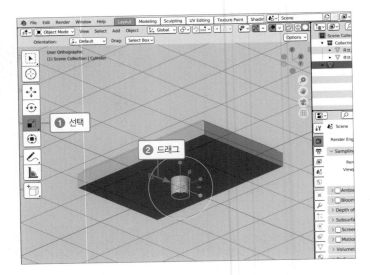

11 크기가 작아진 실린더 (Gizmo)의 파란색 포인트를 위로 드래그하여 실린더 오브젝트를 길게 만듭니다.

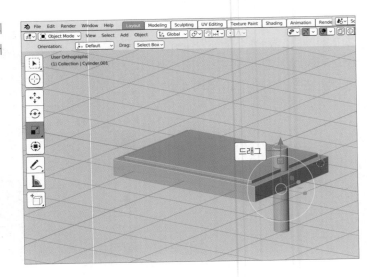

12 넘버 패드 ①을 눌러 Front View 로 시점을 변경합니다. Toolbar 패널에서 (Move(✥, G))를 선택하고 다리 오브젝트를 상판 오브젝트 아래로 이동합니다.

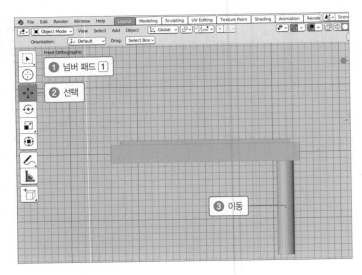

TIP Toolbar 패널의 (Add Cylinder(▣))를 이용하여 다리 오브젝트를 만들 수도 있습니다.

13 다리 오브젝트가 선택된 상태로 Ctrl +넘버 패드 7을 눌러 Bottom View로 시점을 변경합니다.

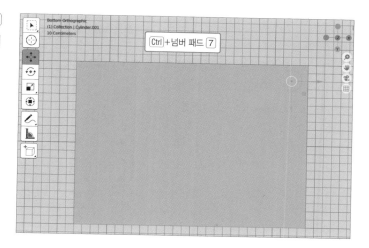

14 Header 패널에서 (Object) → (Duplicate Object(Shift+D))를 실행하여 복제된 상태로 Y를 눌러 Y 방향 아래로 이동합니다.

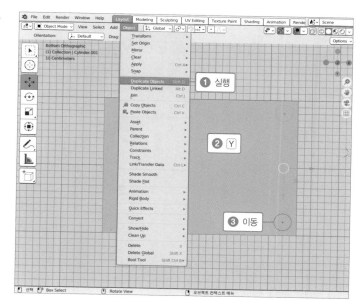

15 Shift를 누른 상태로 2개의 다리 오브젝트를 클릭하여 선택합니다. 같은 방법으로 Header 패널에서 (Object) → (Duplicate Object(Shift+D))를 실행하여 복제하고 X를 눌러 X 방향 반대쪽 상판 끝으로 이동합니다.

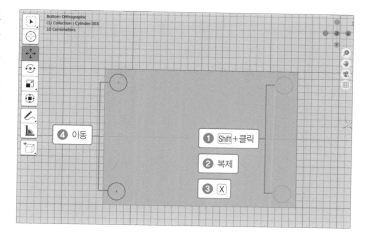

16 | 다리 지지대를 만들겠습니다. 넘버
패드 ③을 눌러 Right View로 시점을 변
경하고 다리 오브젝트를 하나 선택합니다.
Shift+D를 눌러 복제하고 Y를 눌러 Y 방
향 가운데로 복제한 다리 오브젝트를 이동
합니다.

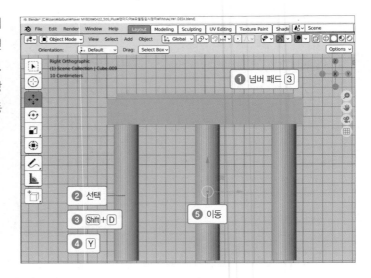

17 | Toolbar 패널에서 [Rotate(⊙,
R)]를 선택하고 [Gizmo]의 빨간색 원을 시
계 방향 90°로 드래그하여 회전합니다.

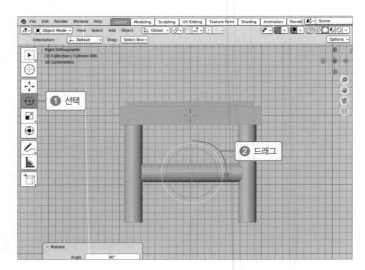

TIP Ctrl를 누른 상태로 회전하면 '5°' 단위로
움직입니다.

18 | Toolbar 패널에서 [Scale(■, S)]
을 선택합니다. [Gizmo]를 이용하여 같은
비율로 축소하고 초록색 포인트를 오른쪽으
로 드래그하여 양옆으로 늘립니다.

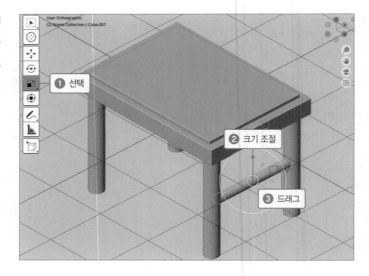

19 지지대 오브젝트를 선택하고 Shift +D를 눌러 복제합니다. X를 눌러 X 방향 반대쪽 다리로 이동합니다.

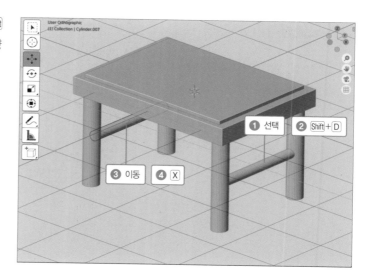

20 완성된 오브젝트들을 Shift를 누른 상태로 클릭하여 모두 선택하고 Header 패널에서 (Object) → (Join(Ctrl+J))을 실행하여 하나의 객체로 합칩니다.

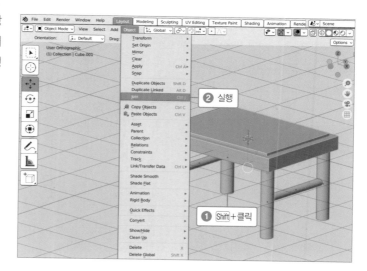

21 책상 세트의 책상을 완성했습니다.

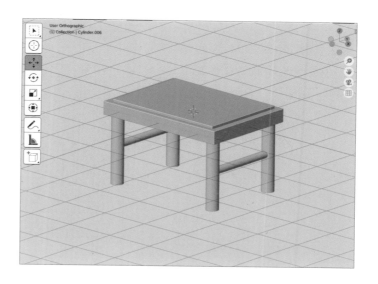

의자 모델링하기

01 │ 큐브를 생성해서 의자를 만들기 위
해 Header 패널에서 (Add) → (Mesh) →
(Cube((Ctrl)+(A)))를 실행합니다.

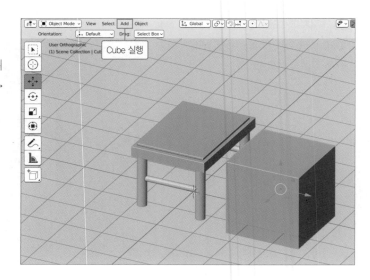

02 │ Toolbar 패널에서 (Scale(■, (S))
을 선택하고 (Gizmo)의 흰색 원을 안쪽으로
드래그하여 크기를 줄인 다음 파란색 포인
트를 아래로 드래그하여 납작하게 만듭니다.

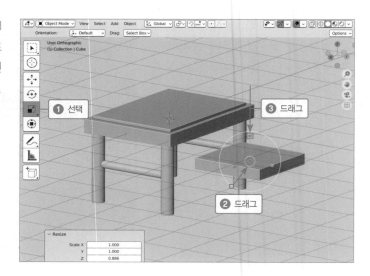

03 │ 넘버 패드 (3)을 눌러 Right View로
시점을 변경하고 큐브 오브젝트를 선택합니다.
(Shift)+(D)를 눌러 복제하고 (Z)를 눌러 Z 방
향 위로 이동합니다.

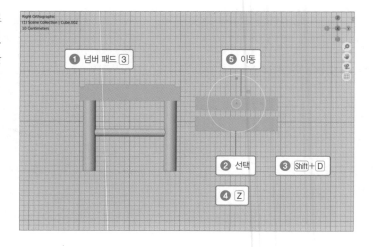

04 Toolbar 패널에서 (Scale(■, S)) 을 선택하고 납작하게 크기를 조절합니다. 다시 Toolbar 패널에서 (Move(⊹, G))를 선택하고 (Gizmo)의 파란색 Z 화살표를 위로 드래그하여 이동합니다.

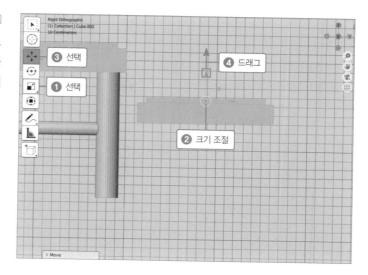

05 아래 있는 큐브 오브젝트를 선택하고 Shift+D를 눌러 복제합니다. Toolbar 패널에서 (Rotate(◉, R))를 선택하고 (Gizmo)의 빨간색 원을 시계방향 90°로 드래그하여 회전합니다.

TIP 빨간색 원을 잡아서 눈대중으로 회전하고 Operation에서 Angle을 '90'으로 설정해도 같은 결과가 됩니다.

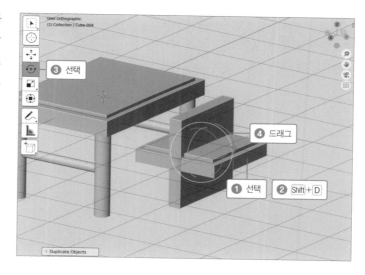

06 Toolbar 패널에서 (Move(⊹, G))를 선택하고 (Gizmo)를 이용하여 그림과 같이 이동해 등받이로 만듭니다.

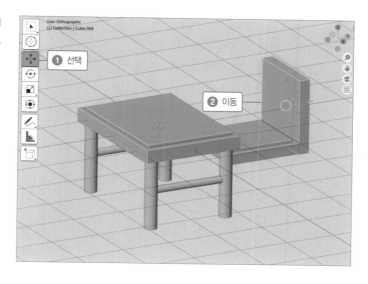

07 | 넘버 패드 ③을 눌러 Right View로 시점을 변경합니다. Toolbar 패널에서 (Cursor(◎))를 선택하고 의자의 아랫부분을 클릭해서 포인트 위치를 이동합니다.

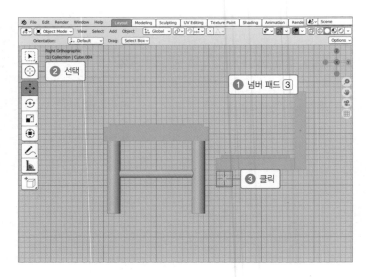

08 | 의자의 다리를 만들기 위해 Header 패널에서 (Add) → (Mesh) → (Cylinder (Shift+A))를 실행하여 오브젝트를 생성합니다.

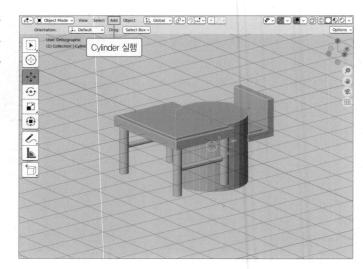

09 | Toolbar 패널에서 (Scale(▣, S))을 선택하고 (Gizmo)의 흰색 원을 안쪽으로 드래그하여 크기를 줄인 다음 파란색 포인트를 위로 드래그하여 길게 만듭니다.

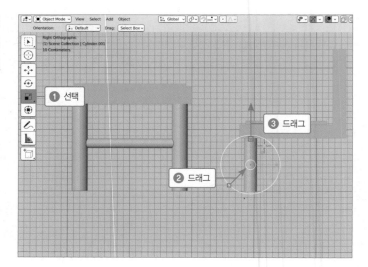

10 실린더 오브젝트를 선택하고 Ctrl +
넘버 패드 7을 눌러 Bottom View로 시점
을 변경합니다. Header 패널에서 (Object)
→ (Duplicate Object(Shift + D))를 실행하
여 복제합니다.

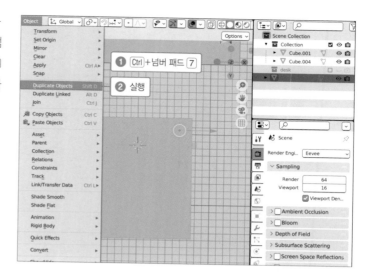

11 복제된 실린더 오브젝트가 선택된
상태로 X를 눌러 X 방향 반대쪽 끝으로 이
동합니다.

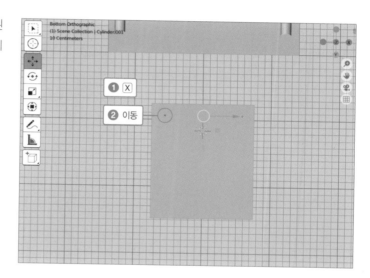

12 Shift를 누른 상태로 복제한 2개의 실
린더 오브젝트를 클릭하여 선택하고 Shift
+ D를 눌러 복제합니다. 복제된 상태로
Y를 눌러 Y 방향 반대쪽 끝으로 이동합니다.

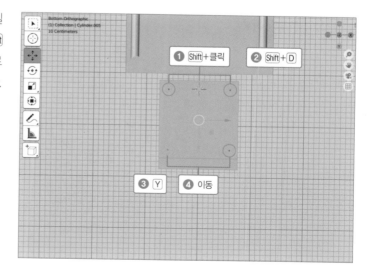

13 | 의자의 오브젝트들을 드래그하여 전체 선택합니다.

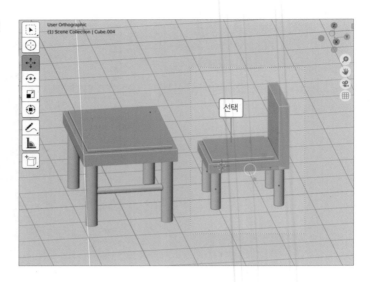

14 | Header 패널에서 (Object) → (Join(Ctrl+J))을 실행하여 하나의 오브젝트로 합쳐서 의자를 완성합니다.

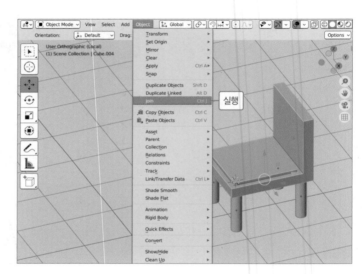

스탠드 모델링하기

01 | 스탠드를 만들겠습니다. Toolbar 패널에서 (Add Cube(▣))를 길게 클릭하여 표시되는 (Add Cylinder(▣))를 선택합니다.

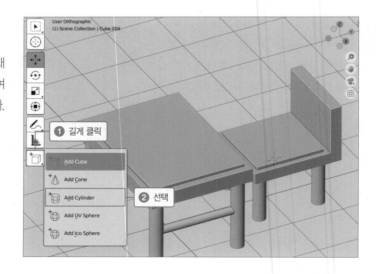

02 〔Add Cylinder(⬚)〕를 선택하면 화면에 흰색 그리드가 마우스 포인터를 따라 움직입니다. 흰색 그리드를 그림과 같이 책상 위로 이동합니다.

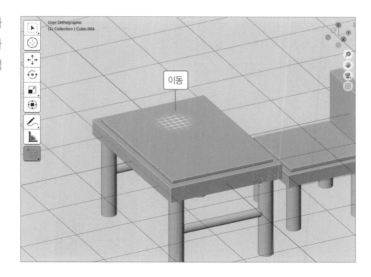

03 원하는 위치를 드래그하면 아랫면이 될 노란색 원이 그려집니다. Ctrl+Shift를 누른 상태로 드래그하여 포인트 중심으로 일정한 비율의 원을 그립니다.

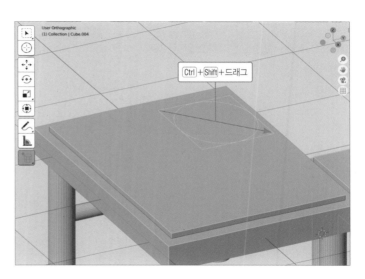

04 아랫면이 될 부분을 지정하면 드래그하여 위 또는 아래로 높이를 설정할 수 있습니다.

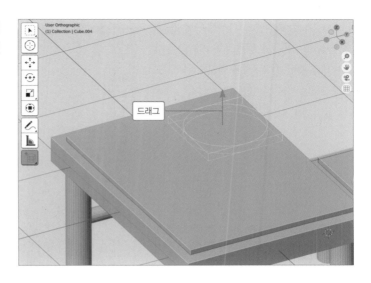

05 가상의 오브젝트가 원하는 형태가 됐을 때 클릭하면 받침대가 될 실린더 오브젝트가 생성됩니다.

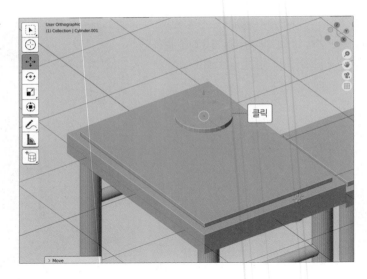

06 같은 방법으로 Toolbar 패널에서 (Add Cylinder(🔳))를 선택하고 밑판 오브젝트 위를 드래그하여 그림과 같이 얇은 대를 만듭니다.

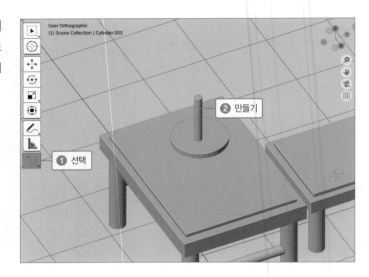

07 Toolbar 패널에서 (Add Cone(🔺))을 선택하여 등갓을 만들겠습니다. 얇은 대오브젝트 윗면에 마우스 포인터를 위치하고 드래그하여 콘을 생성합니다.

TIP Toolbar 패널에서 (Add Cylinder(🔳))를 길게 클릭하면 (Add Cone(🔺))을 선택할 수 있습니다.

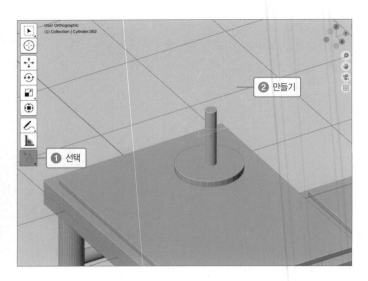

08 | Operation에서 Radius 1을 '1.4m', Radius 2를 '0.7m', Depth를 '0.6m'로 설정하여 스탠드 등갓 모양을 만듭니다.

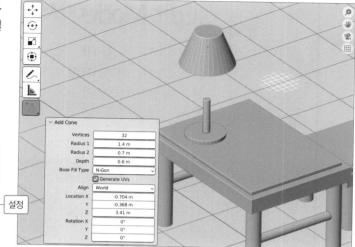

∨ Add Cone	
Vertices	32
Radius 1	1.4 m
Radius 2	0.7 m
Depth	0.6 m
Base Fill Type	N-Gon

설정

09 | Toolbar 패널에서 (Move(⊹, G))를 선택하고 (Gizmo)의 파란색 Z 화살표를 아래로 드래그하여 이동합니다.

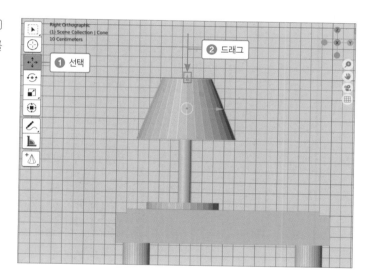

10 | 스탠드 오브젝트를 모두 선택하고 Header 패널에서 (Object) → (Join(Ctrl +J))을 실행하여 하나의 오브젝트로 합쳐 모델링을 완성합니다.

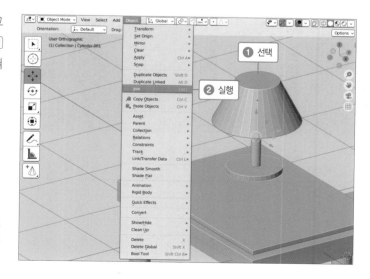

TIP (Object Mode)에서 작업된 오브젝트들은 분리되어 있어서 합치면 이동하거나 크기를 변형할 때 편합니다.

Edit Mode에서 큐브 오리 만들기

큐브 형태의 오리 캐릭터를 모델링하고 추가로 액세서리를 만들겠습니다. Object Mode에서는 기본적인 형태만 변형할 수 있지만, Edit Mode로 변경하면 Mesh의 Vertex, Edge, Face를 선택해서 변형하고 더욱 세밀하게 모양을 만들 수 있습니다.

● 완성 파일 : 02\큐브 오리_완성.blend

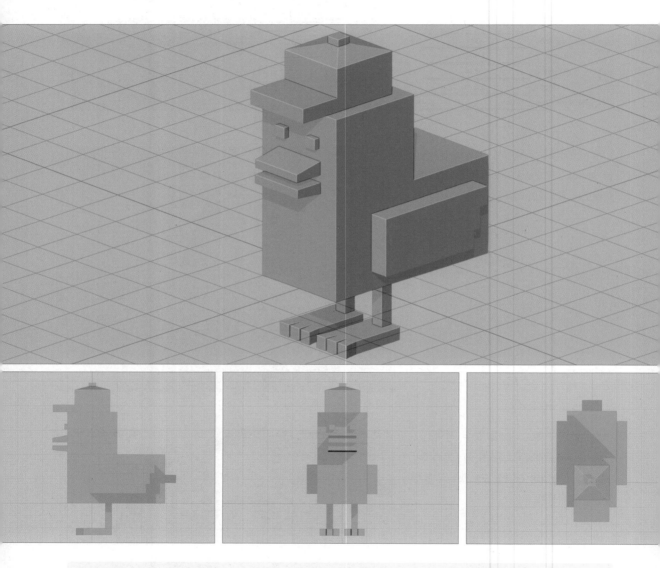

POINT

❶ Cube Mesh 생성하기

❷ Edit Mode에서 모델링 편집하기

❸ Toolbar 메뉴의 사용법 익히기

오리 몸통과 모자 만들기

01 | 블렌더를 실행하고 메뉴에서 (File)
→ (New) → (General((Ctrl)+(N)))을 실행
하여 새로운 File을 생성합니다.

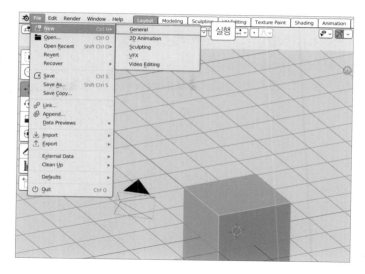

02 | 조명(Lamp), 카메라(Camera)를
선택하고 Header 패널에서 (Object) →
(Delete((X)))를 실행하여 삭제합니다.

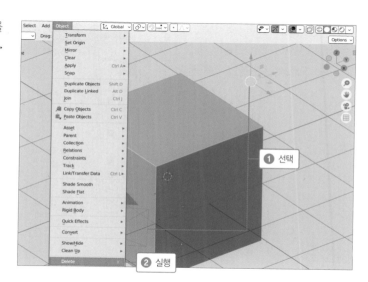

03 | Header 패널에서 (Object Mode)
→ (Edit Mode((Tab)))를 선택하여 변경하고
큐브 오브젝트를 선택합니다.

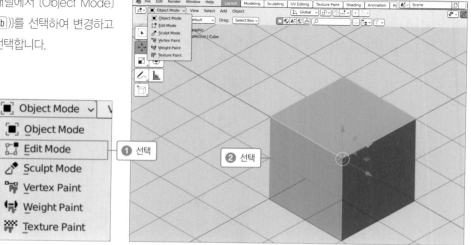

04 〔Edit Mode〕로 변경되면서 큐브 오
브젝트의 점(Vertex), 선(Edge), 면(Face)
이 표시되고, Toolbar 패널에 편집 가능한
아이콘들이 추가된 것을 확인합니다.

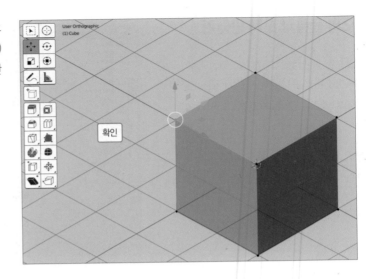

05 면을 돌출하여 머리를 만들겠습니다.
Header 패널에서 〔Face(■, ③)〕를 선택
하고 큐브 오브젝트의 윗면을 선택합니다.

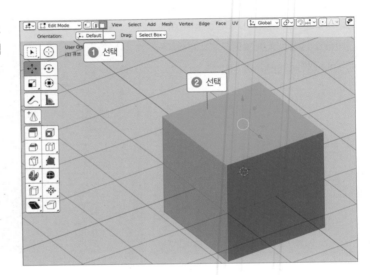

06 Toolbar 패널에서 〔Extrude Region
(■, E)〕을 선택하고 선택된 면의 〔+〕를 Z
방향으로 드래그하여 면을 돌출합니다.

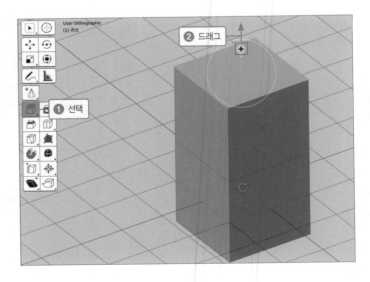

07 계속해서 몸통을 만들기 위해 뒷면을 선택하고 〔+〕를 Y 방향으로 드래그하여 면을 돌출합니다.

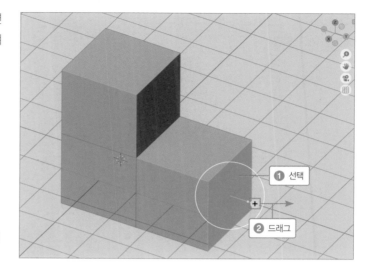

① 선택

② 드래그

TIP 〔+〕를 드래그하고 멈췄다가 다시 드래그하면 새로운 면이 돌출됩니다.

08 몸통이 완성되었습니다. Toolbar 패널에서 〔Loop Cut(⟦⟧, Ctrl+R)〕을 선택합니다. 오브젝트 위에 마우스 포인터를 위치하면 오브젝트에 노란색 선이 표시되고 클릭하면 선이 추가되면서 면이 분할됩니다.

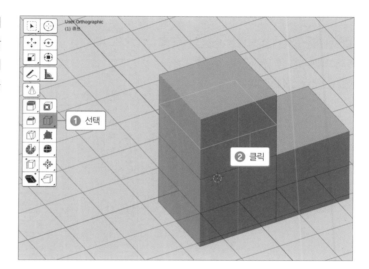

① 선택

② 클릭

09 같은 방법으로 〔Loop Cut(⟦⟧, Ctrl+R)〕을 이용하여 그림과 같이 수평과 수직으로 면을 잘라서 나눕니다.

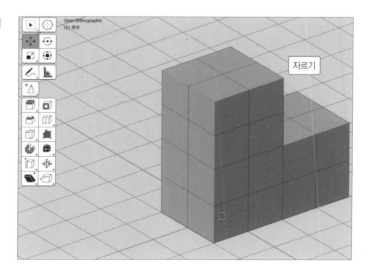

자르기

10 | 모자를 만들겠습니다. 오브젝트의 윗면을 4개 선택합니다.

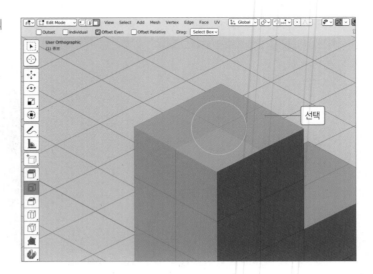

11 | Toolbar 패널에서 (Inset Faces (, I))를 선택하고 노란색 원을 안쪽으로 드래그합니다. 면 안쪽으로 일정한 비율의 새로운 면이 생성됩니다.

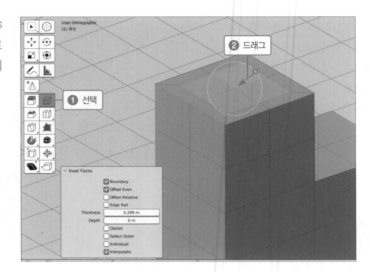

12 | Toolbar 패널에서 (Extrude Region (, E))을 선택하고 (+)를 Z 방향으로 드래그하여 모자의 면을 돌출합니다.

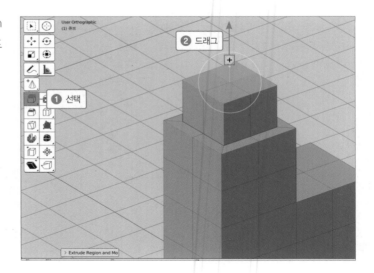

13 같은 방법으로 모자의 꼭지를 만들기 위해 Toolbar 패널에서 (Inset Faces (■, ①))를 선택하고 노란색 원을 안쪽으로 드래그하여 작은 면을 생성합니다.

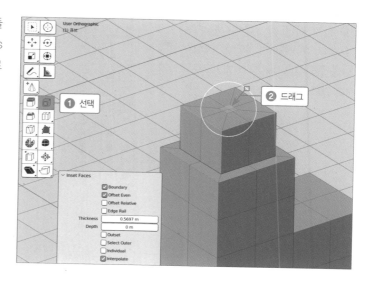

14 Toolbar 패널에서 (Extrude Region (■, ⓔ))을 선택하고 (➕)를 Z 방향으로 드래그하여 돌출합니다.

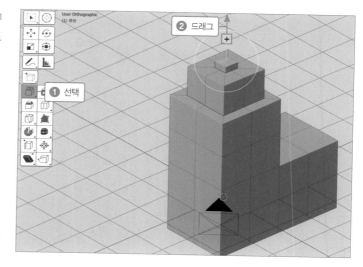

TIP Extrude를 할 때 Ctrl를 누른 상태로 (➕)를 클릭하여 면을 생성하면 Grid에 물려서 돌출됩니다.

15 Toolbar 패널에서 (Loop Cut(■, Ctrl+ℝ))을 선택하고 모자 오브젝트를 클릭하여 수평으로 선을 추가합니다.
Operation에서 Factor를 '0.435'로 설정하여 선을 Z 방향으로 이동합니다.

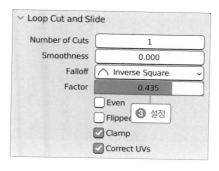

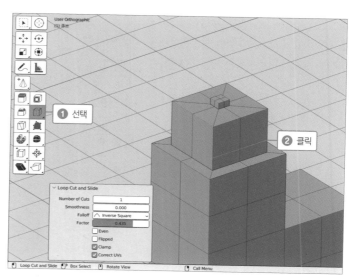

16 | 모자챙이 될 앞면을 2개 선택합니다. Toolbar 패널에서 (Extrude Region(⬚, E))을 선택하고 (+)를 Y 방향으로 드래그하여 면을 돌출합니다.

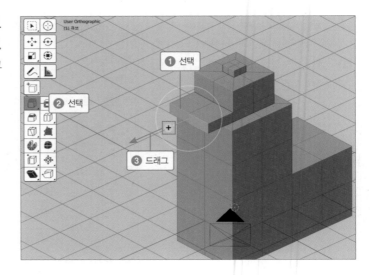

17 | Header 패널에서 (Vertex(⬚, 1))를 선택하여 변경하고 Shift를 누른 상태로 모자 오브젝트 위 점 8개를 클릭하여 선택합니다.

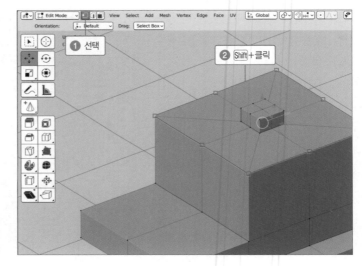

TIP Alt를 누른 상태로 점을 1개 클릭하면 이어져 있는 점이 루프 선택되어 편리하게 선택할 수 있습니다.

18 | Toolbar 패널에서 (Move(⬚, G))를 선택하고 (Gizmo)의 파란색 Z 화살표를 아래로 드래그하여 볼륨감 있는 모자를 만듭니다.

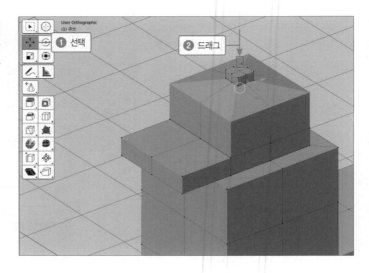

오리 꼬리와 얼굴 만들기

01 | 꼬리를 만들기 위해 Header 패널에서 (Face(■, 3))를 선택하고 엉덩이의 면을 4개 선택합니다.

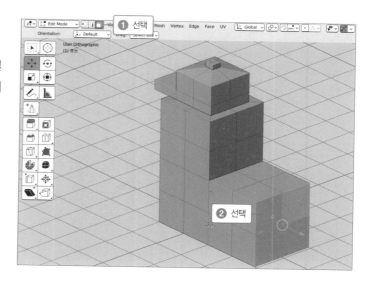

02 | Toolbar 패널에서 (Inset Faces(■, I))를 선택하고 노란색 원을 안쪽으로 드래그하여 새로운 면을 생성합니다.

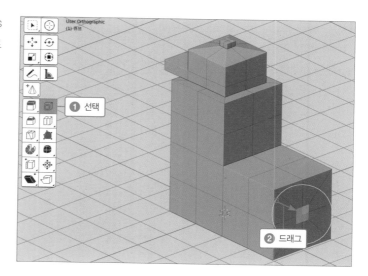

03 | Toolbar 패널에서 (Scale(■, S))을 선택하고 (Gizmo)의 파란색과 빨간색 포인트를 드래그하여 직사각형 모양을 만듭니다.

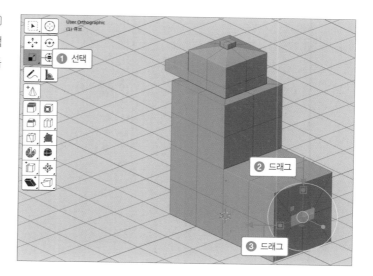

04 | Toolbar 패널에서 (Extrude Region
(⬜, E))을 선택하고 (+)를 Y 방향으로
드래그하여 귀여운 꼬리를 만듭니다.

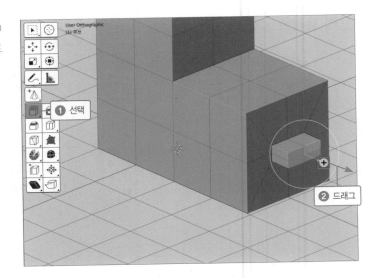

05 | 이어서 오리 부리를 만들겠습니다.
Toolbar 패널에서 (Loop Cut(⬜, Ctrl
+R))을 선택하고 얼굴 오브젝트를 클릭하
여 수평으로 면을 나눕니다.

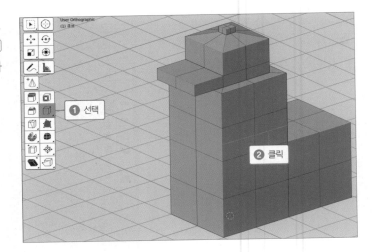

06 | 분할된 면의 윗면 2개, 아랫면 2개를
각각 선택하고 Toolbar 패널에서 (Inset
Faces(⬜, I))를 선택한 다음 노란색 원
을 안쪽으로 드래그하여 면을 생성합니다.

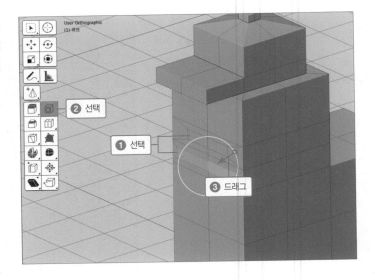

07 넘버 패드 ①을 눌러 Front View 로 시점을 변경하고 Toolbar 패널에서 (Scale(▣, ⑤))을 선택한 다음 X와 Z 방향 으로 드래그하여 그림과 같은 모양으로 만 듭니다.

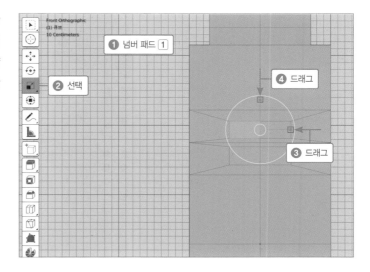

08 Toolbar 패널에서 (Extrude Region (▣, ⑤))을 선택하고 (+)를 Y 방향으로 드 래그하여 부리 오브젝트를 돌출합니다.

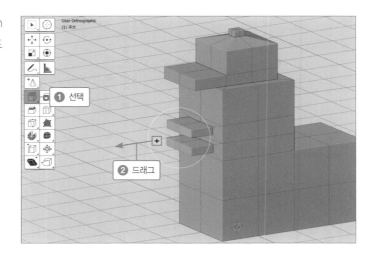

09 Header 패널에서 (Edge(▣, ②)) 를 선택하여 변경합니다. Toolbar 패널에 서 (Move(⊹, ⑥))를 선택하고 부리 오브 젝트의 윗부분과 아랫부분 선을 선택한 다 음 (Gizmo)의 Z 화살표를 드래그하여 그림 과 같이 위와 아래로 이동합니다.

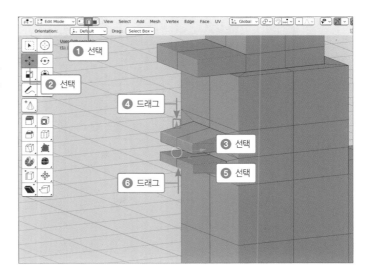

10 | 눈을 만들기 위해 Header 패널에서 (Face(■, ③))를 선택하여 변경하고 그림과 같이 면을 2개 선택합니다.

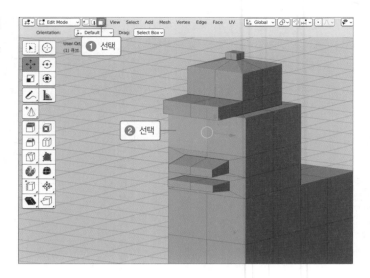

11 | Toolbar 패널에서 (Inset Faces (■, ①))를 선택하고 노란색 원을 안쪽으로 드래그하여 작은 면을 생성합니다. Operation 에서 'Individual'을 체크 표시하여 각각의 면을 생성합니다.

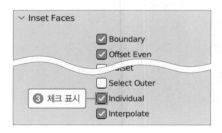

12 | Toolbar에서 (Extrude Region (■, ⒠))을 선택하고 선택된 면의 (+)를 Y 방향으로 드래그하여 눈을 돌출합니다.

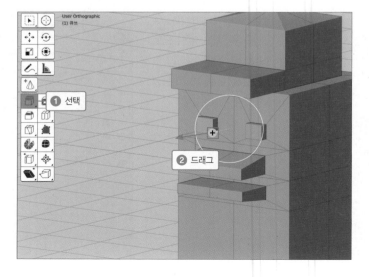

오리 날개와 발 만들기

01 날개는 몸통과 분리하여 복제하기 위해 몸통 오브젝트 면을 4개 선택합니다. Header 패널에서 (Mesh) → (Duplicate (Shift+D))를 실행하여 복제합니다.

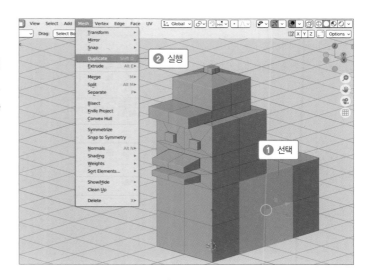

02 복제된 상태로 X를 눌러 X 방향으로 이동합니다.

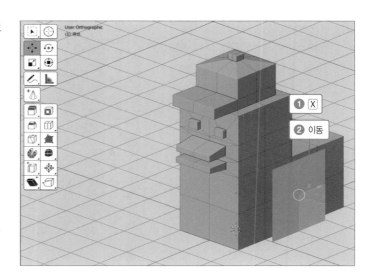

03 Toolbar 패널에서 (Scale(■, S))을 선택하고 분리된 면을 (Gizmo)의 파란색과 초록색 포인트를 드래그하여 직사각형을 만듭니다.

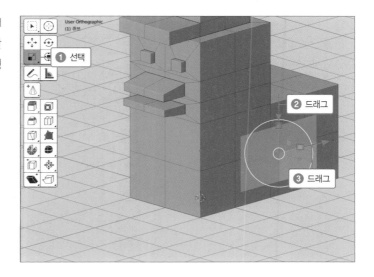

04 | Toolbar 패널에서 (Extrude Region (□, E))을 선택하고 (+)를 X 방향으로 드래그하여 두께를 만듭니다.

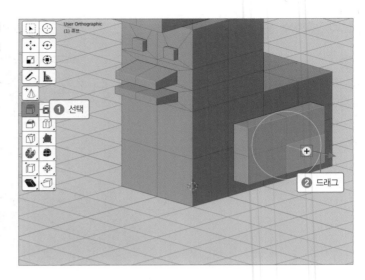

05 | Header 패널에서 (Edge(□, 2)) 를 선택하여 변경하고 Alt 를 누른 상태로 가운데 선을 클릭하여 루프 선택합니다.

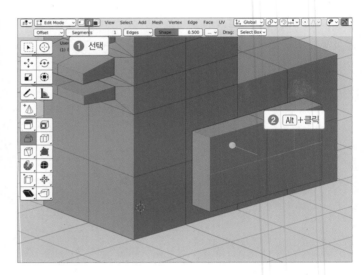

06 | Toolbar 패널에서 (Bevel(□, Ctrl +B))을 선택하고 노란색 포인트를 Z 방향으로 드래그하여 선택된 선을 분할합니다.

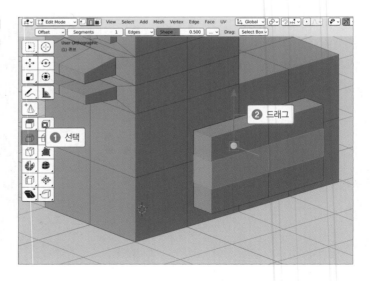

07 Header 패널에서 (Face(■, ③))를 선택합니다. 그림과 같이 면을 3개 선택하고 Toolbar 패널에서 (Extrude Region (■, E))을 길게 클릭하여 표시되는 (Extrude Individual(■))을 선택합니다. 노란색 포인트를 Y 방향으로 드래그하여 각각의 면을 개별적으로 돌출되게 만듭니다.

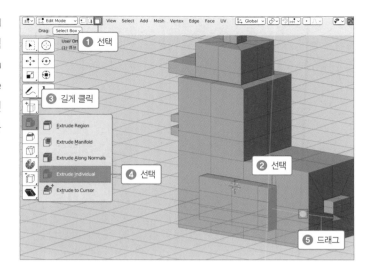

08 Toolbar 패널에서 (Move(✛, G))를 선택합니다. 각각의 면들을 선택한 다음 (Gizmo)의 초록색 Y 화살표를 드래그하여 그림과 같이 길이가 다른 날개를 만듭니다.

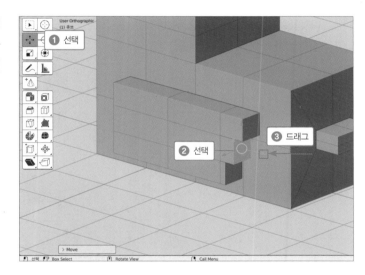

09 날개가 완성되어 몸통 반대쪽으로 복제하겠습니다. 날개 오브젝트의 한 면을 선택하고 Header 패널에서 (Select) → (Select Linked) → (Linked(Ctrl+L))를 실행하여 날개 오브젝트를 전체 선택합니다.

TIP Linked 기능은 단축키를 이용하여 많이 사용합니다. 선택하려는 오브젝트에 마우스 포인터를 위치하고 L을 누르거나 오브젝트의 하나의 점, 선, 면을 선택한 상태로 Ctrl+L을 누르면 해당 오브젝트만 선택됩니다.

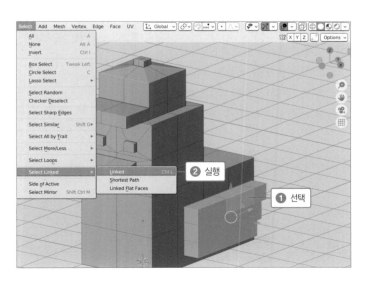

10 | Shift+D를 눌러 복제한 상태로 X를 눌러 X 방향 왼쪽으로 이동하여 그림과 같이 반대쪽 날개를 만듭니다.

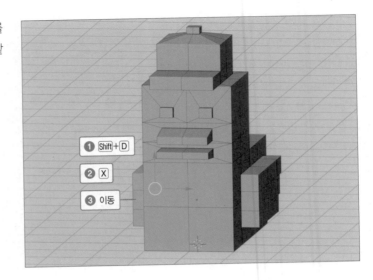

11 | 마지막으로 오리의 다리를 만들겠습니다. 그림과 같이 아랫면 2개를 선택합니다.

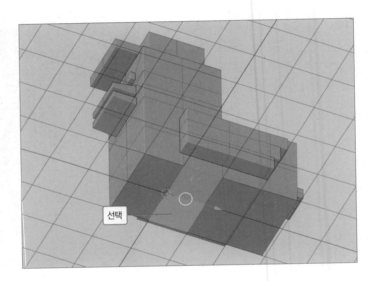

12 | Toolbar 패널에서 (Inset Faces (▣, I))를 선택하고 노란색 원을 안쪽으로 드래그하여 작은 면을 생성합니다. 각 면을 독립적으로 생성하기 위해 Operation에서 'Individual'을 체크 표시합니다.

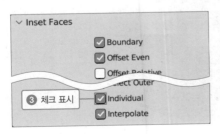

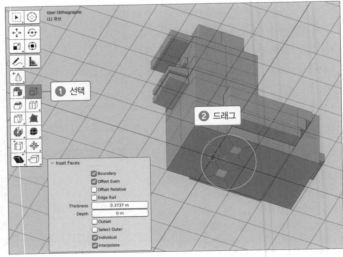

13 | Toolbar 패널에서 (Extrude Region ([]], [E]))을 선택하고 ([+])를 Z 방향 아래로 드래그하여 긴 다리를 만듭니다.

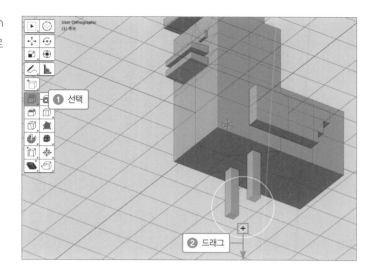

14 | 같은 방법으로 ([+])를 Z 방향 아래로 드래그하여 다리를 한 번 더 돌출합니다.

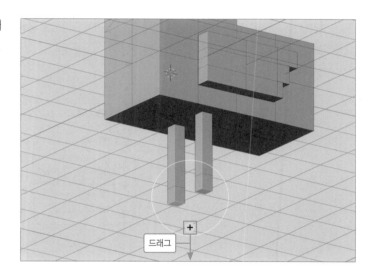

15 | 같은 방법으로 돌출된 면의 앞면을 선택하고 ([+])를 Y 방향으로 드래그하여 기다란 발을 만듭니다.

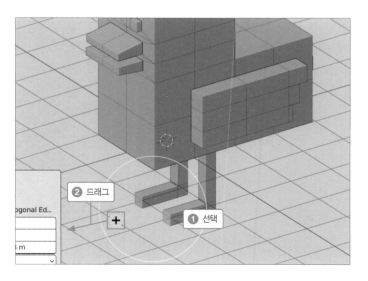

16 | 발에 넓이를 주기 위해 양쪽 면들을 모두 선택합니다.

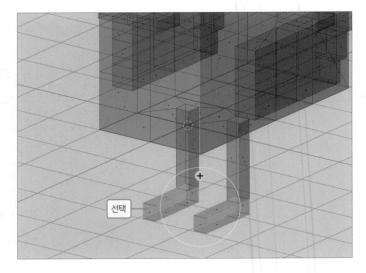

TIP Toggle X-Ray([Alt]+[Z])가 적용된 모습입니다.

17 | 선택된 면들을 각각 다른 방향으로 돌출하겠습니다.
Toolbar 패널에서 (Extrude Region(📦, [E]))을 길게 클릭하여 표시되는 (Extrude Along Normals(📦))를 선택합니다.

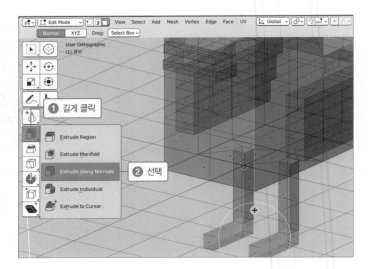

18 | 노란색 포인트를 Z 방향으로 드래그 하여 각각의 면을 돌출하여 발 모양을 넓적하게 만듭니다.

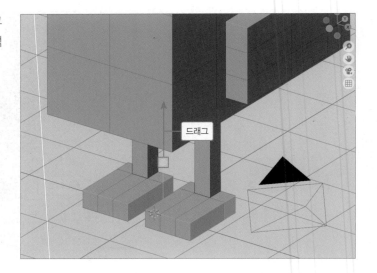

19 오리의 물갈퀴를 만들기 위해 앞발에 있는 3개의 면들을 선택합니다. Toolbar 패널에서 (Inset Faces(⬛, [I]))를 선택하고 노란색 원을 안쪽으로 드래그하여 작은 면을 생성합니다.

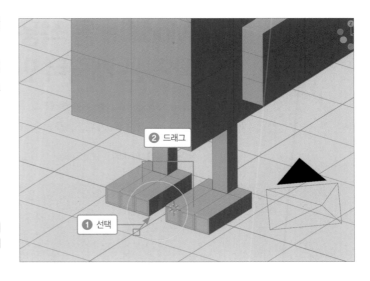

TIP 생성할 때 면을 개별적으로 생성하기 위해 Operation에서 'Individual'을 체크 표시합니다.

20 Toolbar에서 (Move(✥))를 선택하고 (Gizmo)의 초록색 Y 화살표를 드래그하여 그림과 같이 면을 이동합니다.

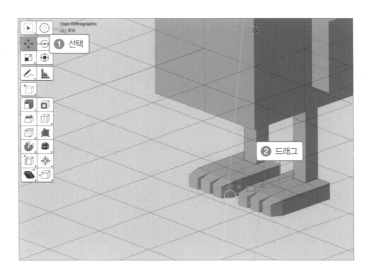

21 큐브 오브젝트를 생성하고 (Edit Mode)로 변경하여 점(Vertex), 선(Edge), 면(Face)을 생성한 다음 자르고 분할해서 오리 캐릭터를 완성했습니다.

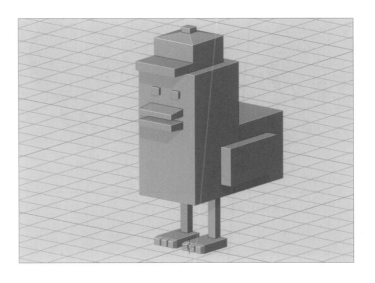

Modifier를 적용한
돼지콘 캐릭터 만들기

Object Mode에서 Mesh를 생성하고, Edit Mode에서 모델링 편집한 다음 Modifier의 여러 가지 기능을 사용하여 돼지 캐릭터를 만들겠습니다.

● 완성 파일 : 02\돼지콘_완성.blend

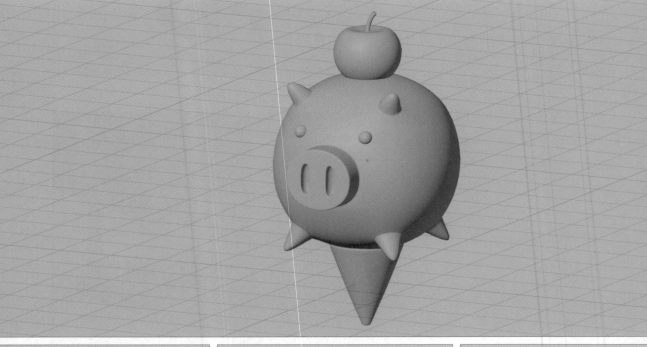

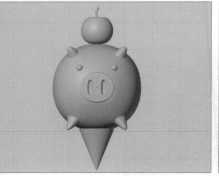
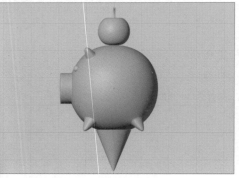
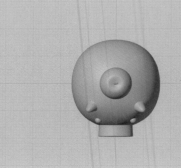

POINT

❶ Edit Mode에서 모델링하기

❷ Modifier Mirror 적용하기

❸ Modifier Subdivision Surface 적용하기

돼지의 동그란 형태 만들기

01 블렌더를 실행하고 메뉴에서 [File]
→ [New] → [General([Ctrl]+[N])]을 실행
하여 새로운 File을 생성합니다.

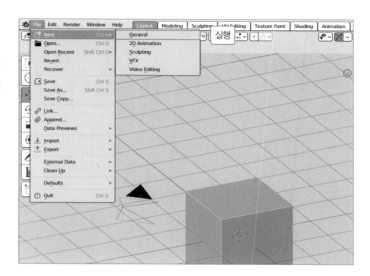

02 조명(Lamp), 카메라(Camera)를
선택하고 Header 패널에서 [Object] →
[Delete([X])]를 실행하여 삭제합니다.

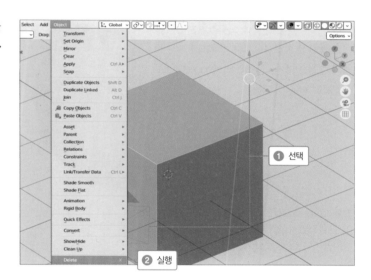

03 Object Mode에서 큐브 오브젝트를
선택하고 Properties 패널에서 [Modifier
([🔧])] 탭을 선택한 다음 [Add Modifier]를
클릭합니다.

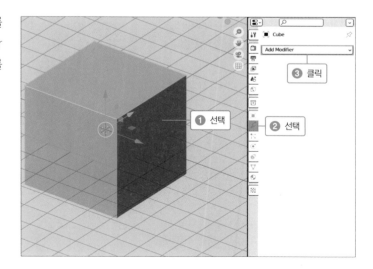

04 | Modifier 목록이 표시되면 큐브 오브젝트의 면을 나누기 위해 (Subdivision Surface)를 실행합니다.

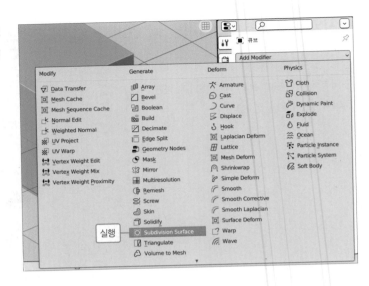

05 | 큐브 오브젝트의 면이 분할되면서 공 모양으로 변경되었습니다. (Modifier(🔧)) 탭의 설정 창에서 Levels Viewport를 '2'로 설정하여 면을 더 나눕니다.

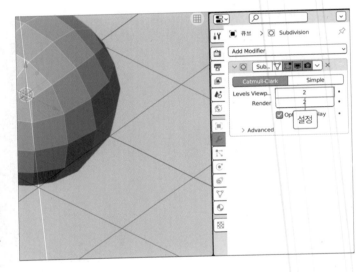

TIP Subdivision 수치를 높게 설정하면 면이 분할되면서 표면이 매끄럽게 표현됩니다. 하지만 수치를 너무 크게 설정하면 PC의 속도가 느려질 수 있습니다.

06 | (🔽)를 클릭하고 (Apply(Ctrl+A))를 실행하여 미리 보기 형태를 적용합니다.

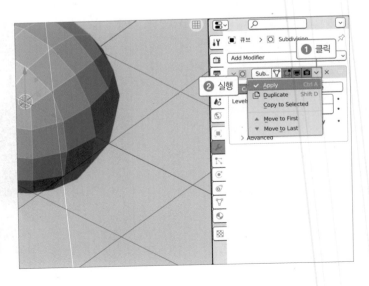

TIP Apply 기능은 (Edit Mode)에서는 적용할 수 없습니다. 또한, Apply 기능을 적용하면 (Modifier(🔧)) 탭의 설정 창이 사라집니다.

07 Header 패널에서 (Object Mode) → (Edit Mode((Tab)))를 선택하여 변경합니다.

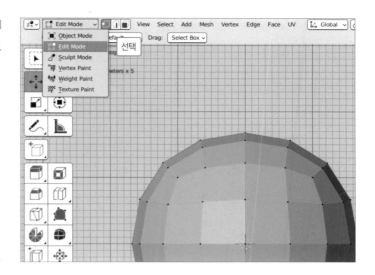

08 넘버 패드 (1)을 눌러 Front View 로 시점을 변경합니다. Header 패널에서 (Face(■, (3)))를 선택하고 (Toggle X-Ray(□, (Alt)+(Z)))를 클릭하여 활성화한 다음 드래그하여 그림과 같이 반쪽 면을 선택합니다.

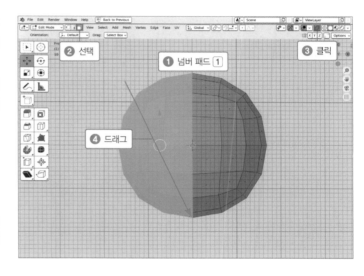

TIP Viewport Shading에서 기본으로 활성화되어 있는 Soild Mode는 보이지 않는 면을 선택할 수 없습니다.

09 선택된 반쪽의 면을 지우겠습니다. (X)를 누른 다음 표시되는 창에서 (Faces)를 실행하여 면을 삭제하면 반쪽의 구 형태가 됩니다. 다시 (Toggle X-Ray(□, (Alt)+(Z)))를 클릭하여 비활성화합니다.

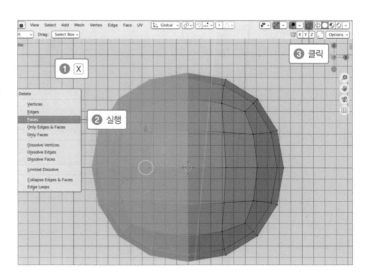

10 [Tab]을 눌러 (Object Mode)로 변경합니다. Properties 패널의 (Modifier(🔧)) 탭에서 (Add Modifier)를 클릭하여 표시되는 목록에서 (Mirror)를 실행합니다.

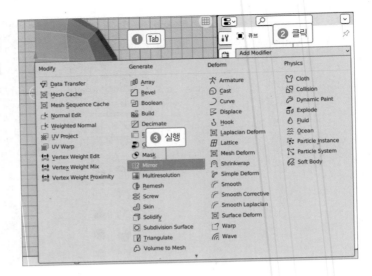

11 X축으로 오브젝트가 대칭되며 반대쪽으로 복제되었습니다.

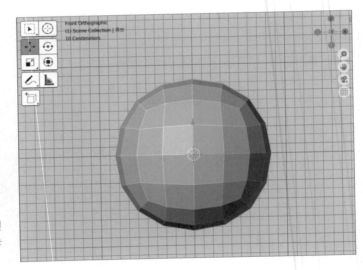

TIP Mirror 기능은 사람이나 동물 등 대칭인 사물을 만들 때 필수로 사용하는 유용한 기능입니다.

12 더 매끄러운 표면을 표현하기 위해 같은 방법으로 (Add Modifier)를 클릭하여 표시되는 목록에서 (Subdivision Surface)를 실행합니다.

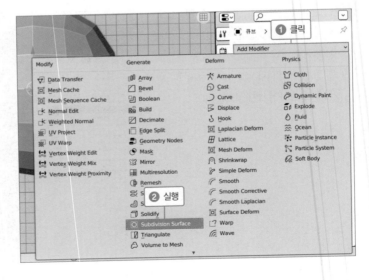

13 (Modifier(🔧)) 탭의 Subdivision Surface 설정 창에서 Levels Viewport를 '2'로 설정하여 표면을 더 매끄럽게 표현합니다.

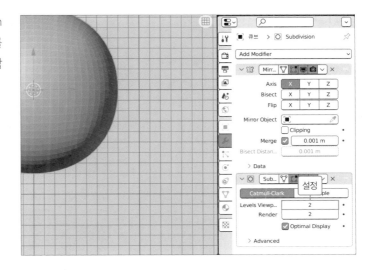

14 편집하기 위해 Tab을 눌러 (Edit Mode)로 변경하고 Mirror 설정 창에서 'Clipping'을 체크 표시하여 대칭 중심에 있는 점과 선을 편집할 때 가운데 붙어있는 부분이 떨어지지 않게 합니다.

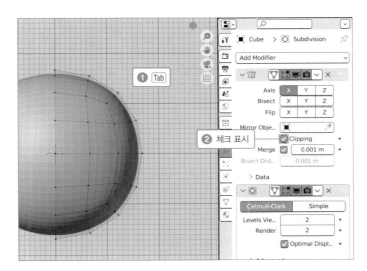

15 Subdivision Surface 설정 창에서 (On Cage(🔻))를 클릭하여 활성화하면 미리 보기 형태가 적용된 것처럼 보입니다.

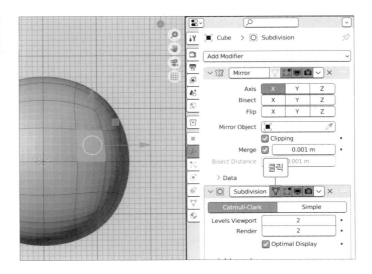

돼지 코 만들기

01 │ A를 눌러 오브젝트를 전체 선택하고 Header 패널에서 (Mesh) → (Shading) → (Smooth Faces)를 실행하여 표면을 부드럽게 만듭니다.

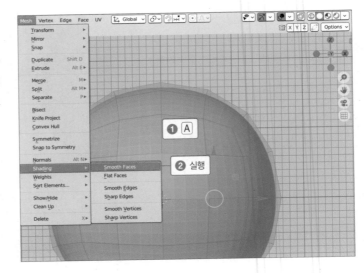

02 │ 돼지의 코를 만들겠습니다. Header 패널에서 (Face(■, ③))를 선택하고 Shift를 누른 상태로 면을 2개 클릭하여 선택합니다. 대칭이 적용되어 면을 4개 선택한 것처럼 보입니다.

TIP Header 패널의 (Vertex(□, ①)), (Edge(□, ②)), (Face(■, ③))는 자주 변경하여 사용하기 때문에 단축키를 눌러 작업하면 시간을 단축할 수 있습니다.

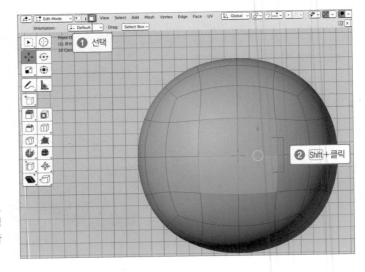

03 │ Toolbar 패널에서 (Inset Faces (□, ①))를 선택하고 노란색 원을 안쪽으로 드래그하여 새로운 면을 생성한 다음 Operation에서 'Boundary'를 체크 해제합니다. Sidebar의 (Edit) → (Loop Tools)에서 'Circle'을 실행하여 선택한 면을 원형으로 만듭니다.

TIP Boundary가 체크 해제되어 있어야 중간 면이 붙어서 적용됩니다.

TIP (Loop Tools) 메뉴는 마우스 오른쪽 버튼을 클릭해서 실행할 수 있습니다.

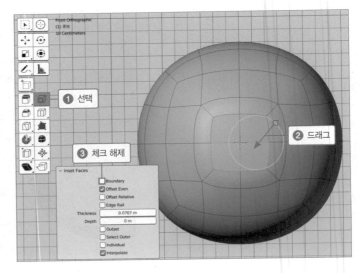

04 | Toolbar 패널에서 (Extrude Region (📦, E))을 선택하고 (➕)를 Y 방향으로 드래그하여 돌출된 코의 형태를 만듭니다.

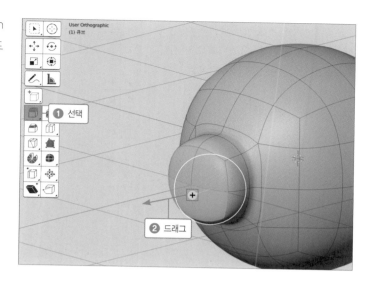

05 | Header 패널에서 (Edge(🔲, 2))를 선택하여 변경하고 코와 몸통의 경계선을 모두 선택합니다.

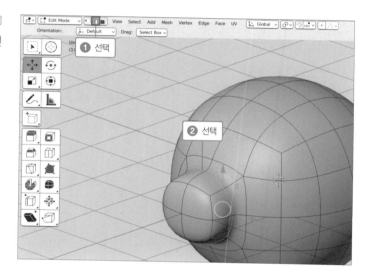

TIP (Alt)를 누른 상태로 선을 클릭하면 이어져 있는 선이 루프 선택되어 편리하게 선택할수 있습니다.

06 | Toolbar 패널에서 (Bevel(📦, Ctrl +B))을 선택합니다. 노란색 포인트를 드래그하여 선을 추가해 몸통과 코의 경계를 명확하게 하고 Operation에서 Segments를 '2'로 설정하여 가운데 선을 하나 더 추가합니다.

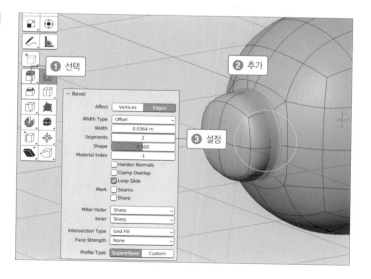

TIP Bevel의 노란색 포인트를 드래그할 때마우스의 휠을 돌리면 선의 개수를 조절할 수있습니다.

07 콧구멍을 만들기 위해 Header 패널에서 (Face(□, ③))를 선택하여 변경하고 그림과 같이 면을 2개 선택합니다.

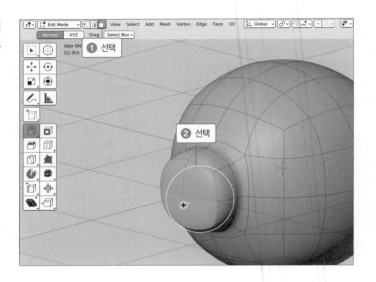

08 Toolbar 패널에서 (Inset Faces (□, Ⅰ))를 선택한 다음 노란색 원을 안쪽으로 드래그하여 작은 면을 생성합니다. Operation에서 'Boundary'를 체크 표시하여 2개로 면을 나누어 생성합니다.

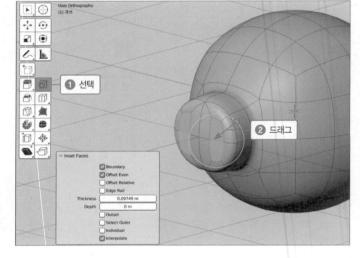

09 선택한 면을 삭제하겠습니다. 넘버 패드 ①을 눌러 Front View로 시점을 변경하고 X를 누른 다음 표시되는 창에서 (Faces)를 실행하여 삭제합니다.

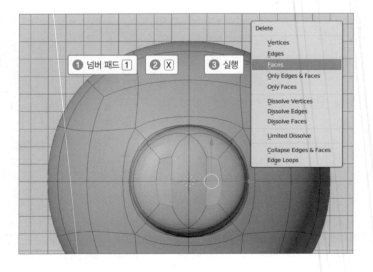

10 │ Header 패널에서 (Vertex(□, [1]))를 선택하여 변경하고 Toolbar 패널에서 (Move(⊹, [G]))를 선택하고 각 점을 선택한 다음 (Gizmo)의 화살표를 이용하여 그림과 같은 모양을 만듭니다.

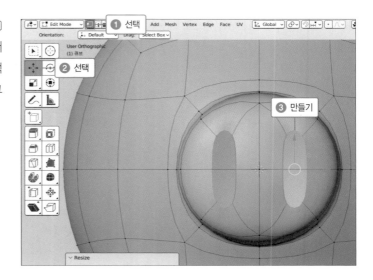

11 │ 콧구멍을 코의 내부로 넣기 위해 콧구멍의 점들을 모두 선택합니다. 넘버 패드 [3]을 눌러 Right View로 시점을 변경하고 Toolbar 패널에서 (Extrude Region(□, [E]))을 선택한 다음 (+)를 Y 방향으로 드래그하여 안쪽으로 돌출합니다.

TIP (Toggle X-Ray(□, [Alt]+[Z]))가 적용된 모습입니다.

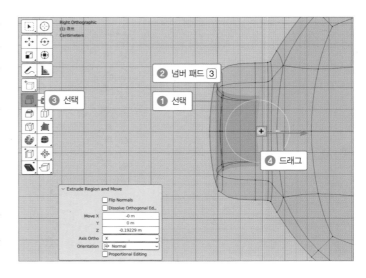

12 │ 삭제했던 구멍을 메꿔주겠습니다. 안쪽에 있는 6개의 점이 선택된 상태로 Header 패널에서 (Face) → (Grid Fill)을 실행합니다.

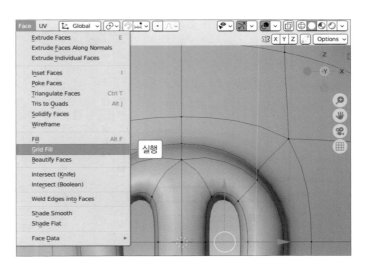

13 점이 4개 있는 2개의 면으로 자동 분할되어 생성됩니다.

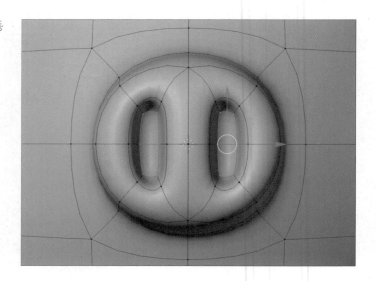

14 편집하면서 모델링이 깔끔하지 못하게 되었습니다. Toolbar 패널에서 (Loop Cut(⬚, Ctrl+R))을 선택하고 코에 선을 추가한 다음 Operation에서 Factor를 '-1'로 설정하여 경계를 명확하게 만듭니다.

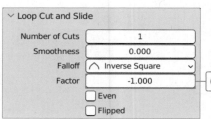

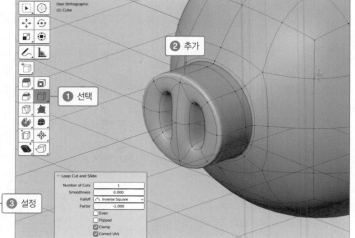

15 같은 방법으로 콧구멍에 선을 추가하고 Operation에서 Factor를 '1'로 설정하여 코 내부의 경계선을 명확하게 합니다. Toolbar 패널에서 (Move(⬚, G))를 선택하고 점들의 위치를 조절하여 깔끔하게 만듭니다.

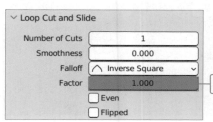

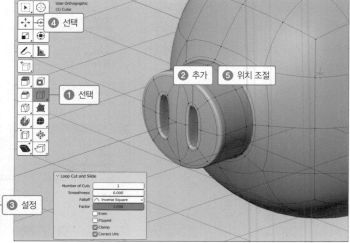

돼지 눈과 귀, 다리 만들기

01 | 눈을 만들기 위해 넘버 패드 **1**을 눌러 Front View로 시점을 변경하고 Toolbar 패널에서 (Cursor(⊙))를 선택한 다음 눈 위치를 클릭합니다.

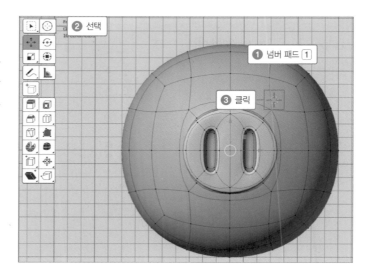

02 | Header 패널에서 (Add) → (UV Sphere(Shift+A))를 실행하여 스피어를 생성합니다. Operation에서 Segment를 '16', Rings를 '8', Radius를 '0.7m', Rotation X를 '90°'로 설정합니다.

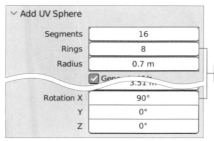

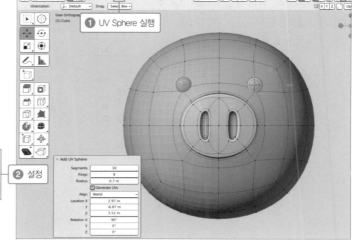

03 | Toolbar 패널에서 (Move(⊹, G))를 선택하고 (Gizmo)의 빨간색 X 화살표를 드래그하여 눈 위치를 조절합니다.

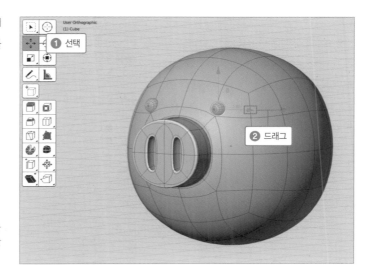

TIP (Edit Mode)에서 생성된 오브젝트는 Subdivision과 Mirror Modifier가 적용된 상태로 생성됩니다.

04 귀를 만들기 위해 Header 패널에서 (Face(■, ③))를 선택하여 변경하고 그림과 같이 면을 선택합니다.

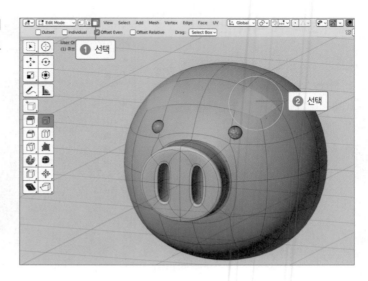

05 Toolbar 패널에서 (Inset Faces (■, Ⅰ))를 선택한 다음 노란색 원을 안쪽으로 드래그하여 새로운 면을 생성합니다.

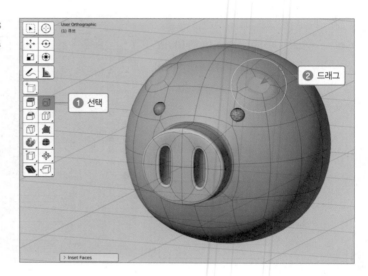

06 Toolbar 패널에서 (Extrude Region (■, Ⅰ))을 선택하고 (➕)를 Z 방향으로 드래그하여 귀를 돌출합니다. 다시 Toolbar 패널에서 (Scale(■, Ⅰ))을 선택한 다음 (Gizmo)의 흰색 원을 안쪽으로 드래그하여 크기를 줄입니다.

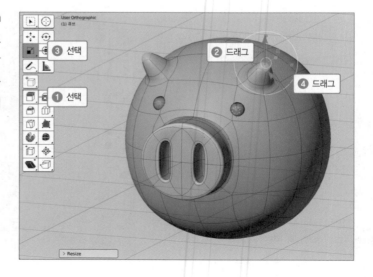

07 Header 패널에서 (Edge(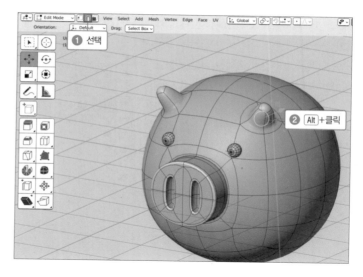, [2]))를 선택하여 변경하고 [Alt]를 누른 상태로 몸통과 귀의 경계선을 클릭하여 그림과 같이 루프 선택합니다.

08 Toolbar 패널에서 (Bevel(■, [Ctrl]+[B]))을 선택하고 노란색 포인트를 드래그하여 선을 추가해 몸통과 귀의 경계를 명확하게 만듭니다. Operation에서 Segments를 '2'로 설정하여 가운데 선을 하나 더 추가합니다.

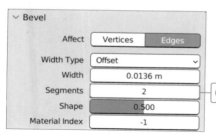

∨ Bevel		
Affect	Vertices	**Edges**
Width Type	Offset	∨
Width	0.0136 m	
Segments	2	
Shape	0.500	
Material Index	-1	

③ 설정

09 같은 방법으로 다리를 만들기 위해 [Shift]를 누른 상태로 면을 2개 클릭하여 선택합니다.

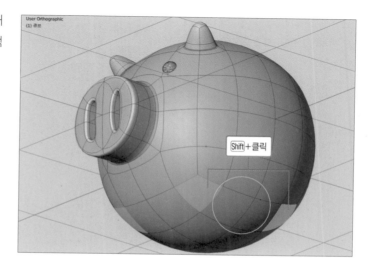

10 Toolbar 패널에서 (Inset Faces (▣, I))를 선택한 다음 노란색 원을 안쪽으로 드래그하여 각각 분할된 작은 면들을 생성합니다.

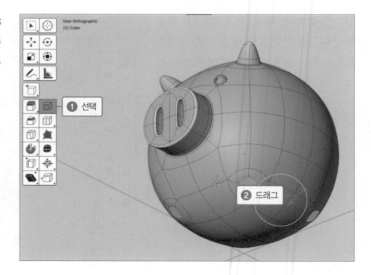

11 선택된 면을 각각 다른 방향으로 돌출시키기 위해 Toolbar 패널에서 (Extrude Region(▣, E))을 길게 클릭하여 표시되는 (Extrude Individual(▣))을 선택하고 노란색 포인트를 드래그하여 면의 방향대로 면을 돌출합니다.

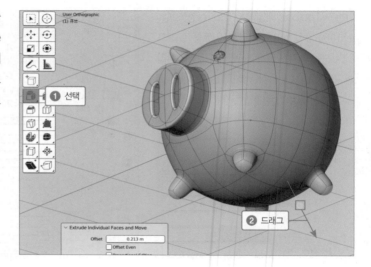

12 Toolbar 패널에서 (Scale(▣, S))을 선택하고 면의 크기를 각각 줄여서 다리를 만듭니다.

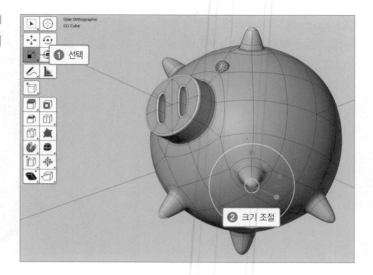

13 Header 패널에서 (Edge(▣, 2))를 선택하여 변경하고 Alt를 누른 상태로 몸통과 다리의 경계선을 클릭하여 선택합니다.

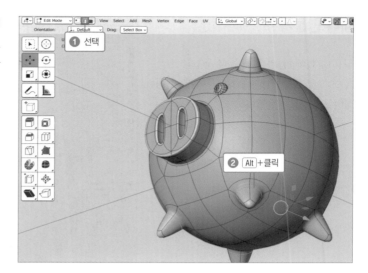

14 Toolbar 패널에서 (Bevel(▣, Ctrl+B))을 선택하고 노란색 포인트를 드래그하여 선을 추가해 몸통과 다리의 경계를 명확하게 만듭니다.
Operation에서 Segments를 '2'로 설정하여 가운데 선을 하나 더 추가합니다.

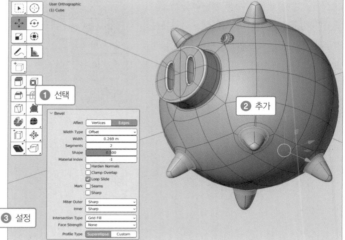

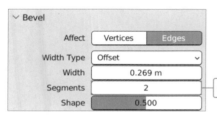

15 콘에 올라갈 돼지 캐릭터를 완성했습니다.

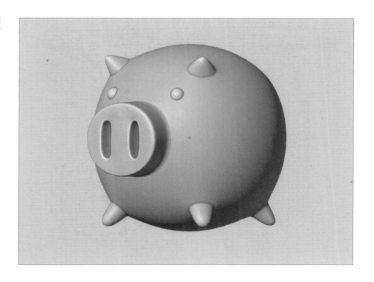

체리 만들기

01 | Header 패널에서 (Add) →
(Mesh) → (UV Sphere(Shift+A))를 실행
하여 스피어를 생성합니다.

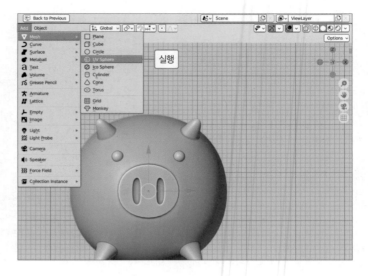

02 | Toolbar 패널에서 (Move(⊹, G))
를 선택하고 (Gizmo)의 파란색 Z 화살표를
위로 드래그하여 돼지의 머리 위로 이동합
니다.

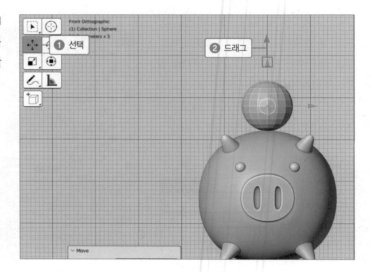

03 | Header 패널에서 (Object Mode)
→ (Edit Mode(Tab))를 선택하여 변경합
니다.

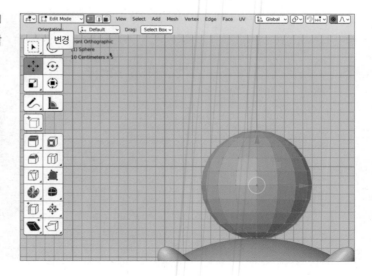

04 Header 패널에서 (Vertex(□, 1))를 선택하여 변경하고 Toolbar 패널에서 (Move(✥, G))를 선택합니다. 꼭대기의 점을 선택하고 (Gizmo)의 파란색 Z 화살표를 아래로 드래그하여 안쪽으로 이동합니다.
Header 패널에서 (Proportinal Editing (•, O))을 클릭하여 선택된 점의 주변까지 부드럽게 영향을 받을 수 있게 활성화합니다.

TIP (Proportinal Editing(•, O))을 활성화하고 이동하면 화살표에 적용 범위를 표시한 원이 보이는데 마우스 휠을 돌려 범위를 축소 또는 확대할 수 있습니다.

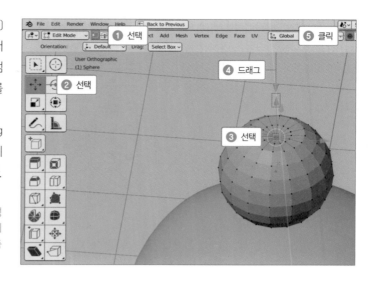

05 Alt+Z를 눌러 (Toggle X-Ray (□))를 활성화합니다. 같은 방법으로 한 번 더 드래그하여 그림과 같이 체리 모양을 만듭니다.

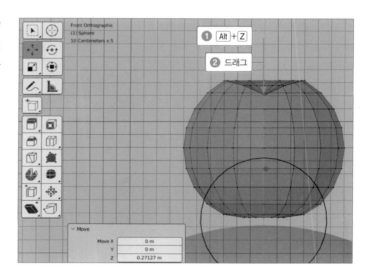

06 체리 꼭지를 만들기 위해 Header 패널에서 (Face(■, 3))를 선택하여 변경하고 꼭대기의 원을 선택합니다.

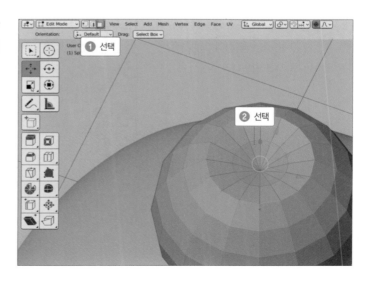

07 | Toolbar 패널에서 (Inset Faces
(▣, [I]))를 선택한 다음 노란색 원을 안쪽
으로 드래그하여 면을 작게 만듭니다.

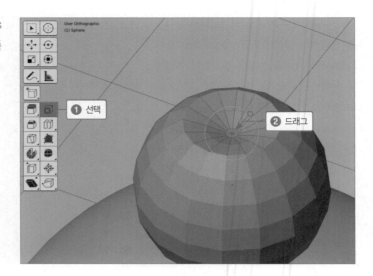

08 | 작은 면이 선택된 상태로 Toolbar
패널에서 (Extrude Region(▣, [E]))을 선
택하고 (+)를 Z 방향으로 드래그하여 돌출
해 체리 꼭지를 만듭니다.

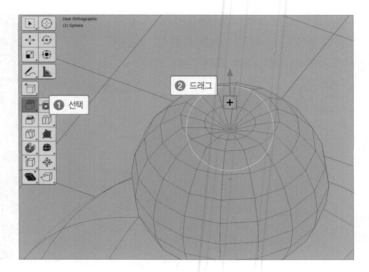

09 | 같은 방법으로 (Extrude Region
(▣, [E]))을 두 번 더 반복하여 그림과 같은
모양의 체리 꼭지를 만듭니다.

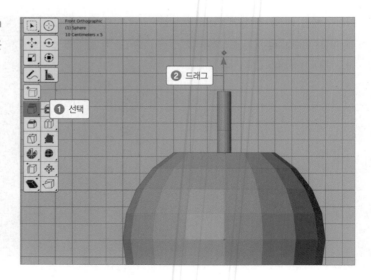

10 Header 패널에서 (Vertex(■, ①))를 선택하여 변경하고 그림과 같이 꼭지 윗부분 점들을 선택합니다.

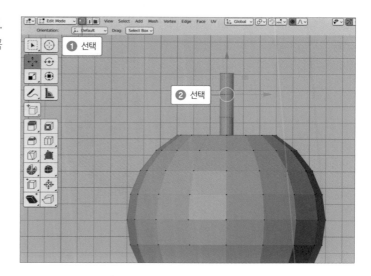

11 Toolbar 패널에서 (Rotate(◉, ℝ))를 선택하고 (Gizmo)의 초록색 원을 드래그하여 선택된 면을 회전합니다. 계속해서 선택 영역을 축소하고 회전하여 체리 꼭지를 만듭니다.

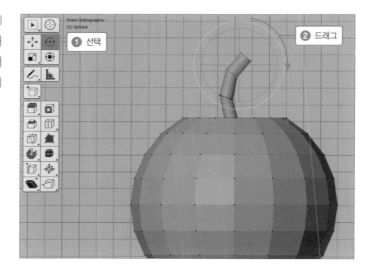

12 편집이 끝났으면 (Tab)을 눌러 (Object Mode)로 변경합니다. Properties 패널의 (Modifier(🔧)) 탭에서 (Add Modifier)를 클릭하여 표시되는 목록에서 (Subdivision Surface)를 실행합니다.

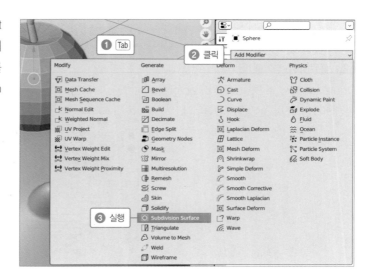

13 | Subdivision Surface 설정 창에서 Levels Viewport를 '2'로 설정하여 매끄럽게 만듭니다.

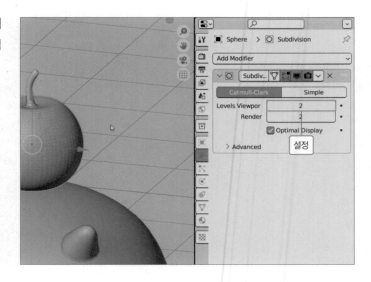

14 | 다시 Header 패널에서 [Object Mode] → [Edit Mode(Tab)]를 선택하여 변경합니다.

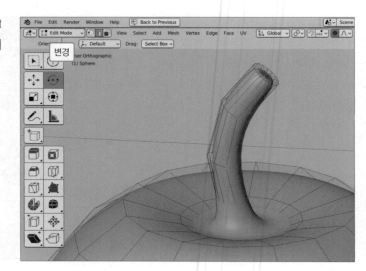

15 | Toolbar 패널에서 [Loop Cut(📏, Ctrl+R])을 선택하고 꼭지와 체리의 경계선을 클릭하여 추가해 날카롭게 만듭니다. Operation에서 추가한 선들의 Factor를 설정하여 경계선을 날카롭게 만듭니다.

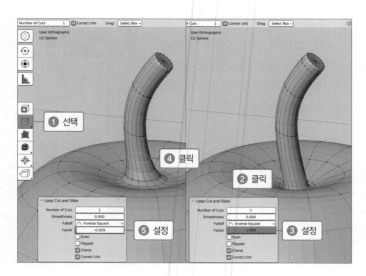

16 Header 패널에서 (Edit Mode) → (Object Mode((Tab)))를 선택하여 변경하고 (Object) → (Shade Smooth)를 실행하여 표면을 부드럽게 만들어 체리 모델링을 마무리합니다.

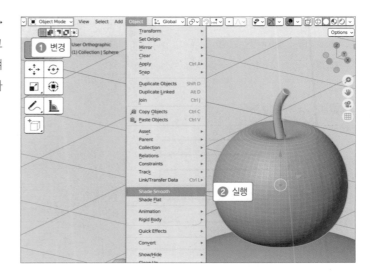

아이스크림 콘 만들기

01 좀 더 쾌적한 작업 환경을 하기 위해 Outliner 패널에서 '체리(Sphere)'와 '돼지(Cube)' 오브젝트의 '눈' 아이콘((⊙), (H))을 클릭하여 오브젝트를 숨깁니다.

TIP 오브젝트를 선택하고 (H)를 누르면 오브젝트를 숨길 수 있고 다시 보이게 하려면 (Alt)+(H)를 누르면 됩니다.

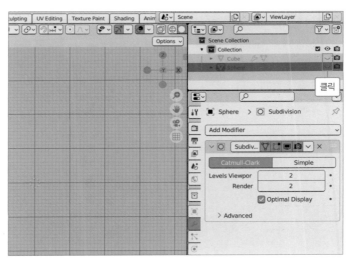

02 Header 패널에서 (Add) → (Mesh) → (Cone((Shift)+(A)))를 실행하여 콘을 생성합니다.

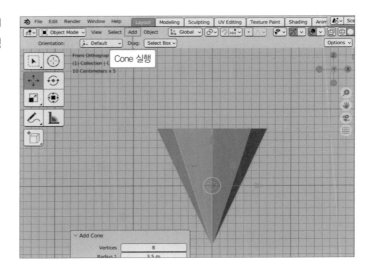

03 Operation에서 Vertices를 '8' Radius 1을 '3.5m' Radius 2를 '0.1m' Depth를 '7.5m', Rotation X를 '180°'로 설정합니다.

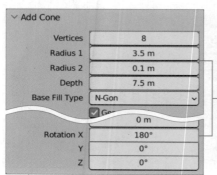

Add Cone	
Vertices	8
Radius 1	3.5 m
Radius 2	0.1 m
Depth	7.5 m
Base Fill Type	N-Gon
	0 m
Rotation X	180°
Y	0°
Z	0°

설정

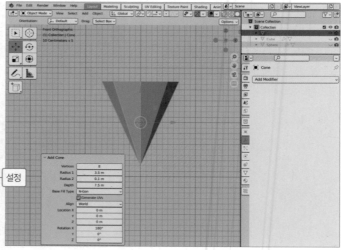

04 Header 패널에서 (Object Mode) → (Edit Mode((Tab)))를 선택하여 변경하고 (Face(■, (3)))를 선택하여 변경한 다음 콘의 윗면을 선택합니다.

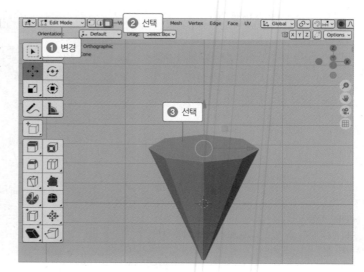

05 넘버 패드 (1)을 눌러 Front View로 시점을 변경한 다음 (X)를 눌러 표시되는 창에서 (Faces)를 실행하여 면을 삭제합니다.

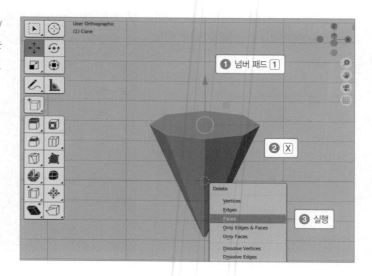

06 | Header 패널에서 (Edit Mode) → (Object Mode(Tab))를 클릭하여 변경한 다음 Properties 패널에서 (Modifier(🔧)) 탭을 선택하고 (Add Modifier)를 클릭하여 표시되는 목록에서 (Subdivision Surface)를 실행합니다.

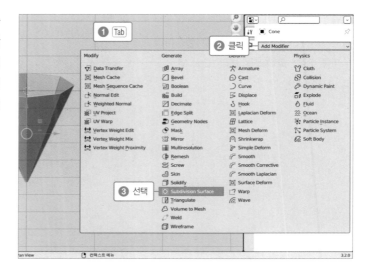

07 | Subdivision Surface 설정 창에서 Levels Viewport를 '2'로 설정하여 매끄럽게 만듭니다.

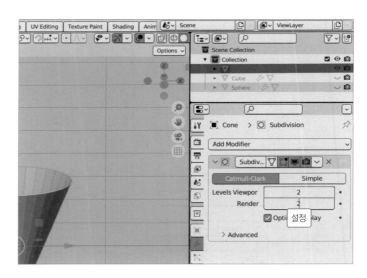

08 | 같은 방법으로 (Add Modifier)를 클릭하여 표시되는 목록에서 (Solidify)를 실행합니다.

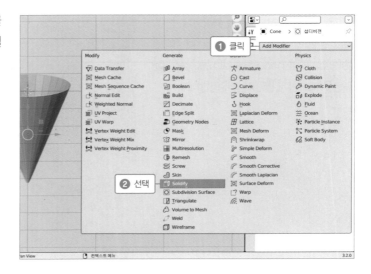

09 면의 두께가 생성되면 Solidify 설정 창에서 Thickness를 '0.3m'로 설정하여 두께를 조절하고 [Tab]을 눌러 (Edit Mode)로 변경합니다.

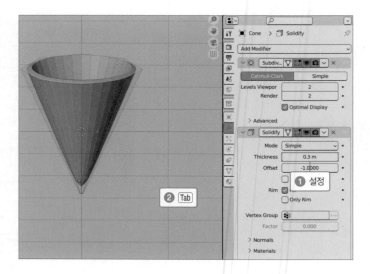

10 Header 패널에서 (Edge(⬛, ②)) 를 선택하여 변경합니다. Toolbar 패널에서 (Loop Cut(⬛, [Ctrl]+[R]))을 선택하고 그림과 같이 클릭하여 수평으로 선을 생성해 자른 다음 Operation에서 Factor를 '-0.929'로 설정하여 끝부분의 경계를 명확하게 만듭니다.

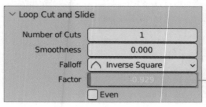

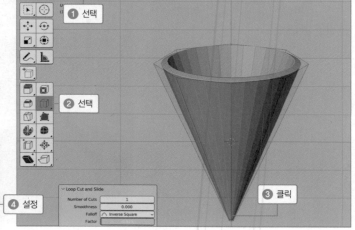

11 [Tab]을 눌러 (Object Mode)로 변경하고 콘을 선택합니다. Header 패널에서 (Object) → (Shade Smooth)를 실행하여 표면을 매끄럽게 만들어 마무리합니다.

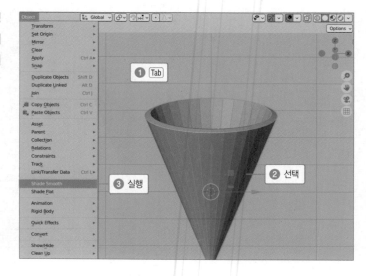

12 Properties 패널에서 (Object Data(▽)) 탭을 선택하고 Normals 항목의 'Auto Smooth'를 체크 표시하여 각도에 따라 매끄럽게 설정합니다.

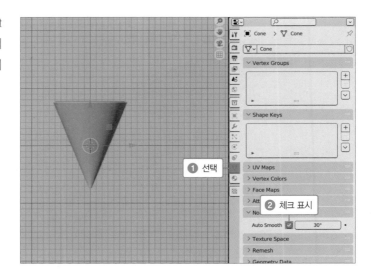

13 콘 작업이 완료되면 Outliner 패널에서 숨겨 놓은 오브젝트의 '눈' 아이콘(◉)을 클릭하여 보이게 합니다.

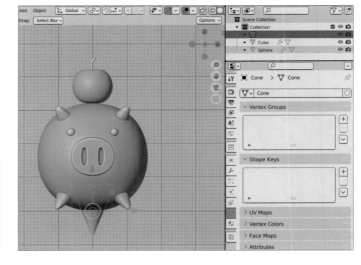

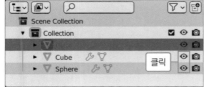

14 Toolbar 패널에서 (Move(✛, G))를 선택하고 (Gizmo)의 파란색 Z 화살표를 아래로 드래그하여 돼지 아래로 이동합니다. 귀여운 돼지콘을 완성했습니다.

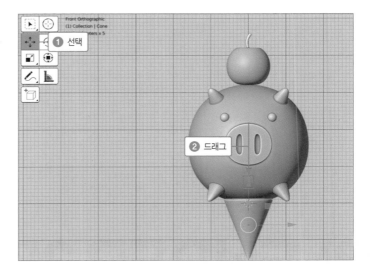

BLENDER 3D

BLENDER 3D
3D MODELING PROGRAM

Part **3**

실사같은 재질 작업과
렌더링하기

원하는 형태를 모델링하고 메테리얼을 생성하여 만들어진 형태에 색상과 재
질을 부여하는 작업을 합니다. 가상의 스튜디오를 만들고 스튜디오의 조명과
카메라를 설정한 다음 최종 렌더링하여 완성도 높이는 방법을 알아봅니다.

UV로 큐브 오리에 메테리얼 적용하기

파트 2-2에서 만들었던 오리 캐릭터에 메테리얼을 적용하겠습니다. 간단하게 UV를 펼쳐 맵 핑하고 이미지를 불러와서 적용하겠습니다.

● 예제 파일 : 03\큐브 오리 메테리얼.blend, 512×512.png   ● 완성 파일 : 03\큐브 오리 메테리얼_완성.blend

POINT

❶ UI 및 Workspaces 작업 화면 변경하기

❷ Mark Seam을 이용하여 UV 자르기

❸ Node에서 이미지 불러오기

UV 나누고 색상 지정하기

01 메뉴에서 (File) → (Open)을 실행하고 03 폴더에서 '큐브 오리.blend' 파일을 불러옵니다.

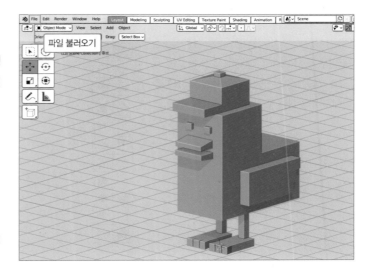

TIP 파트 2-2에서 작업한 파일을 불러와 이어 진행하면 더욱 좋습니다.

02 (Tab)을 눌러 (Object Mode)를 (Edit Mode)로 변경합니다. 이제부터 선을 선택하고 (Mark Seam)을 실행해서 UV를 부분으로 나누겠습니다.

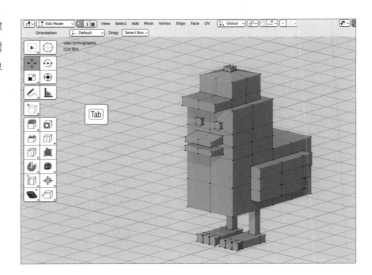

03 Workspaces에서 (UV Editing) 탭을 선택하여 UV를 작업하기 편한 구성으로 변경합니다. (Camera View(📷))를 클릭하여 Orthographic으로 변경합니다.

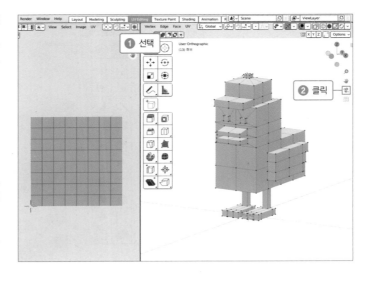

TIP 기본 작업 환경에서 창을 분할하고 Editor Type을 변경하여 자신이 원하는 환경을 설정할 수도 있습니다.

TIP Cube를 기반으로 작업했으므로 기본 UV가 보입니다.

04 마우스 포인터를 날개 오브젝트 위에 위치하고 [L]을 눌러 양쪽 날개를 선택합니다. Header 패널에서 (Mesh) → (Show/Hide) → (Hide Selected([H]))를 실행하여 날개를 숨깁니다.

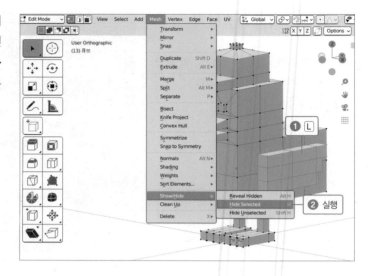

05 Header 패널에서 (Edge([1], [2]))를 선택하여 변경하고 오브젝트를 하나씩 분리하겠습니다. 먼저 부리 주변 선을 [Alt]를 누른 상태로 클릭하여 루프 선택합니다.

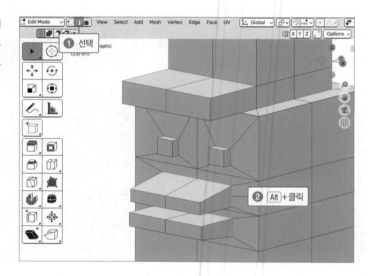

06 Header 패널에서 (Edge) → (Mark Seam)을 실행하여 선을 자릅니다. 선택된 선이 빨간색으로 변하면서 적용되었습니다.

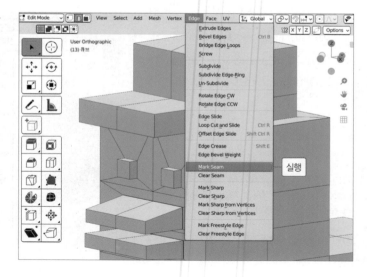

07 이어서 같은 방법으로 눈과 몸통의 경계선을 Alt를 누른 상태로 클릭하여 루프 선택하고 Header 패널에서 (Edge) → (Mark Seam)을 실행하여 자릅니다.

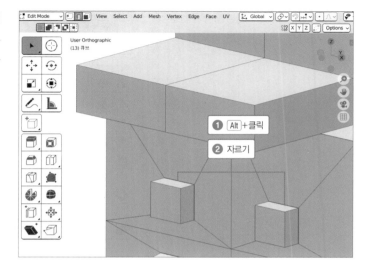

TIP 선을 선택하고 Header 패널에서 (Edge) → (Clear Seam)을 실행하면 지워집니다.

08 모자의 챙과 꼭지 부분은 서로 다른 색을 적용하겠습니다. 그림과 같이 경계선을 모두 선택하고 (Mark Seam)을 실행하여 자릅니다.

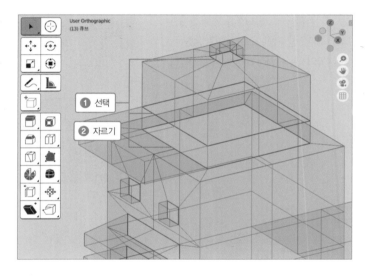

TIP 모자는 몸통과 분리되어 있지 않기 때문에 Alt+Z를 눌러 반투명하게 만든 다음 잘라주면 됩니다.

09 같은 방법으로 몸통과 다리의 경계선과 다리와 발의 경계선을 선택해서 UV를 자릅니다.

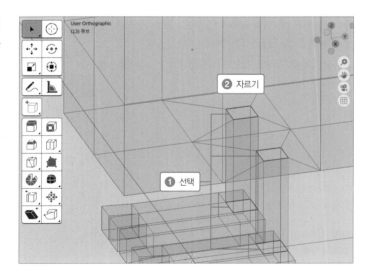

10 색상을 다르게 적용할 부분들을 모두 자르고 [Alt]+[H]를 눌러 숨겨둔 날개를 보이게 합니다.

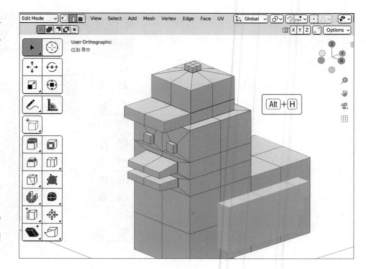

TIP Header 패널에서 (Mesh) → (Show/Hide) → (Reveal Hidden([Alt]+[H]))을 실행해도 됩니다.

11 [A]를 눌러 오브젝트 전체를 선택합니다. 기본 선 기반 오브젝트로 생성된 UV가 왼쪽의 UV Editor 패널에서 보입니다.

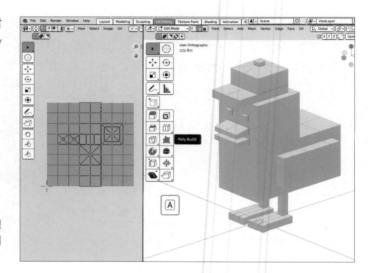

TIP 화면에 나타난 UV는 선택을 해제할 경우 사라지니 (UV Sync([?]))을 활성화해서 기본으로 보이게 합니다.

12 Toolbar 패널에서 (Move([✣], [G]))를 선택하고 UV Editor 패널에서 선택된 UV를 드래그하여 그리드 밖으로 이동합니다.

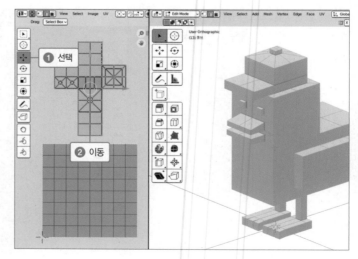

TIP UV Editor 패널에서 마우스 휠을 클릭한 상태로 드래그하면 이동할 수 있고, 마우스 휠을 돌리면 확대 및 축소됩니다.

TIP UV 이미지를 펼치는 작업은 캐릭터 파트에서 다룰 예정입니다.

13 색상표 이미지를 불러와 각 파츠의 색상을 지정하겠습니다. UV Editor 패널에서 (Open) 버튼을 클릭하여 Blender File View 대화상자가 표시되면 03 폴더에서 '512x512.png' 파일을 선택하고 (Open Image) 버튼을 클릭하여 색상표를 화면에 불러옵니다.

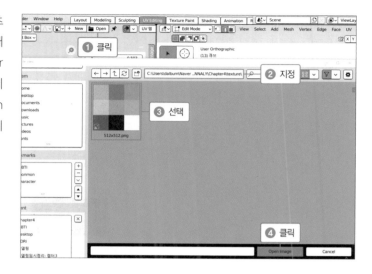

14 UV가 불러온 이미지 바깥에 있어 색상이 적용되지 않았습니다. 자른 파츠를 각각 지정할 색상 위치로 이동하겠습니다.

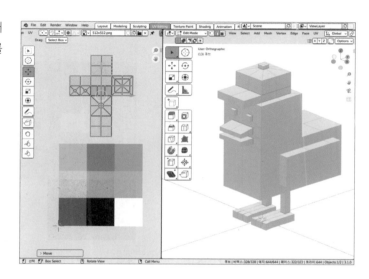

15 오브젝트에서 잘린 파츠를 선택하기 위해 Header 패널에서 (Face(▣, ③))를 선택하여 변경하고 부리 오브젝트를 선택합니다.

TIP 3D Viewport 패널에서 오브젝트를 선택하면 동시에 UV Editor 패널에서도 선택됩니다.

TIP 마우스 포인트를 선택할 부분에 위치하고 단축키 ⓛ을 누르면 잘린 부분만 선택됩니다.

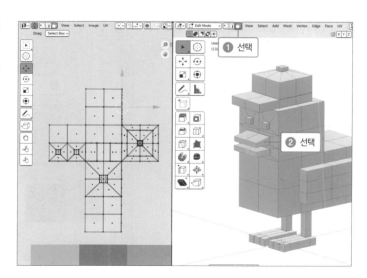

16 UV Editor 패널에서 선택된 부리 오브젝트 UV를 색상표의 주황색 위로 이동합니다.

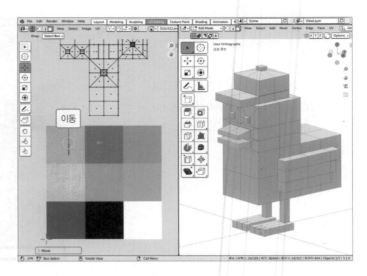

17 같은 방법으로 눈과 모자를 선택해서 각각의 색상표 위로 이동합니다.

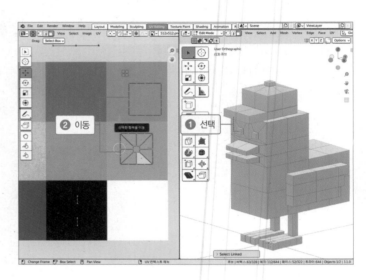

18 나머지 오브젝트도 같은 방법으로 각각의 색상 위로 이동하여 각 오브젝트 파츠의 색상을 지정합니다.

TIP 몸통 UV는 크기가 커서 색상 안으로 들어갈 수 없으니 Toolbar 패널의 (Scale(⬛))을 이용하여 축소합니다.

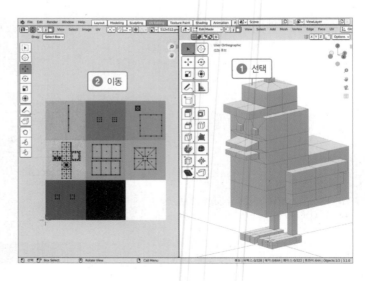

메테리얼 생성하고 오리 채색하기

01 이번엔 오브젝트에 메테리얼을 생성하여 색상표 텍스처를 적용하겠습니다. Workspaces에서 [Shading] 탭을 선택하여 작업 환경을 변경합니다.

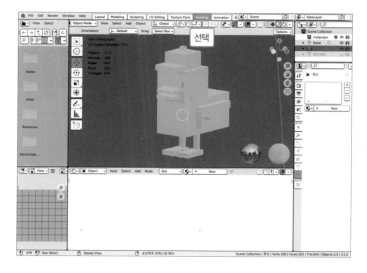

02 창의 경계선에서 마우스 오른쪽 클릭한 다음 [Join Area]를 실행하여 3D Viewport 패널을 확장합니다. 같은 방법으로 하단에 Shader Editor 패널을 확장하여 창을 합칩니다.

03 Properties 패널에서 [Material(●)] 탭을 선택하고 [New] 버튼을 클릭하여 메테리얼을 생성한 다음 이름을 'Duck'으로 입력합니다.

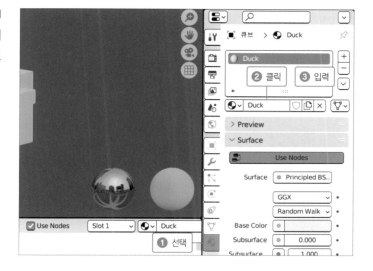

04 Shader Editor 패널에 노드가 생성
되었습니다.

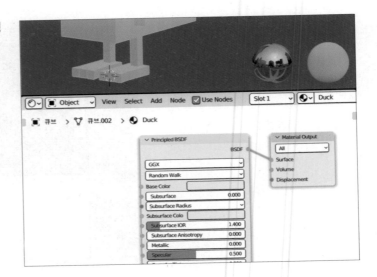

05 다른 설정은 변경하지 않고 색상표
이미지만 불러와 적용하겠습니다. Shader
Editor 패널에서 (Add) → (Texture) →
(Image Texture)를 실행하여 노드를 생성
하고 위치를 이동합니다.

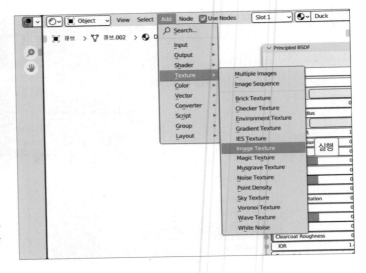

TIP 화면 조작은 UV Editor와 같이 마우스
휠을 클릭한 상태로 드래그하여 이동하고 마
우스 휠을 돌려 확대 및 축소할 수 있습니다.

06 UV Editor 패널의 Image Texture
에서 (Image Texture(▣▾))를 클릭하여
색상표인 '512x512.png'를 선택합니다.

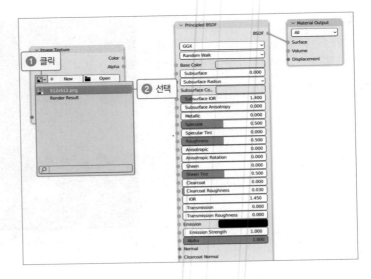

07 | 노드에서 Color 소켓을 드래그하여 Principled BSDF의 Base Color 소켓에 연결하면 캐릭터에 색상이 적용됩니다.

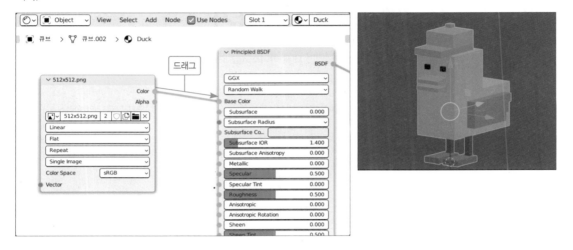

08 | 색상표 한 장을 사용하여 모델링에 색상을 입히는 작업을 진행했습니다. 계속해서 색상표의 색 지정을 교체하거나 UV Editor 패널에서 UV의 위치와 색상을 변경하여 완성합니다.

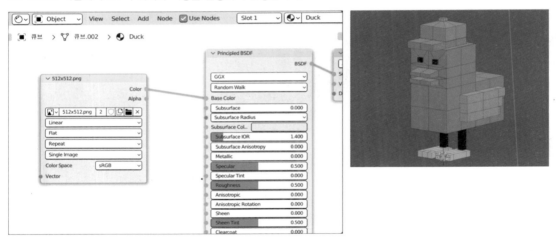

Node로 돼지콘 캐릭터 메테리얼 적용하기

파트 2-3에서 만들었던 돼지 아이스크림 모델링에 기본적인 노드를 이용해서 효과적으로 재질을 표현하겠습니다.

● 예제 파일 : 03\돼지콘 메테리얼.blend, patten.jpg   ● 완성 파일 : 03\돼지콘 메테리얼_완성.blend

POINT

❶ 기본 Material 적용하기

❷ Gradient Texture Node 적용하기

❸ Texture Image 적용하기

돼지에 그러데이션 적용하기

01 | 메뉴에서 (File) → (Open)을 실행하고 04 폴더에서 '돼지콘 메테리얼.blend' 파일을 불러옵니다.

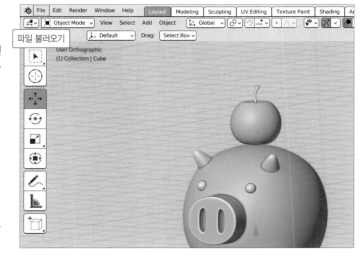

TIP 파트 2-3에서 작업한 파일을 불러와 이어 진행하면 더욱 좋습니다.

02 | Properties 패널에서 (Modifier(🔧)) 탭을 선택하고 오브젝트에 적용된 Mirror 설정 창에서 (✓)를 클릭하고 (Apply(Ctrl +A))를 실행하여 적용합니다.

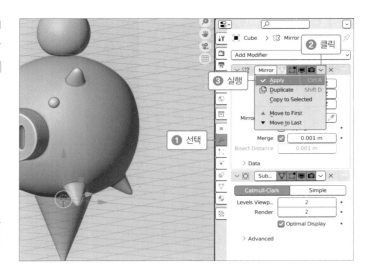

TIP Mirror가 적용되었을 때 메테리얼이 반쪽을 기준으로 적용되므로 (Apply)하는 것이 좋습니다.

03 | Workspaces에서 (Shading) 탭을 선택하여 렌더링 작업에 편리한 작업 환경으로 변경합니다.

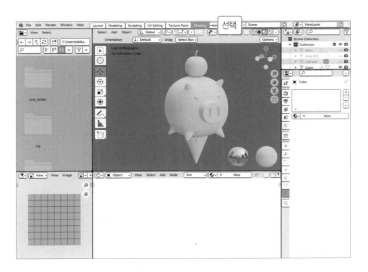

04 창의 경계선에서 마우스 오른쪽 클릭한 다음 (Join Area)를 실행하여 3D Viewport 패널을 확장합니다. 같은 방법으로 하단에 Shader Editor 패널을 확장하여 창을 합칩니다.

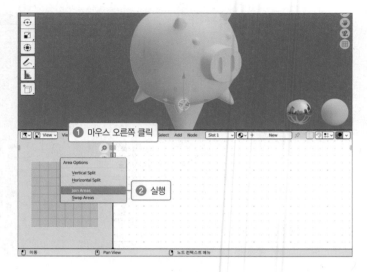

05 돼지 모델링을 선택하고 Properties 패널에서 (Material(🔵)) 탭을 선택합니다. (New) 버튼을 클릭하여 메테리얼을 생성하고 이름을 'Pig'로 입력하면 Shader Editor 패널에 노드가 생성됩니다.

TIP Shader Editor 패널에 있는 (New) 버튼을 클릭해도 메테리얼이 생성됩니다.

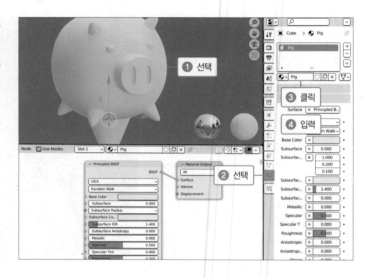

06 Principled BSDF가 적용된 메테리얼이 생성됩니다. 기본 색상을 지정하기 위해 Shader Editor 패널에서 Principled BSDF의 Base Color를 '노란색(#FFC900)'으로 지정하여 색상을 적용합니다.

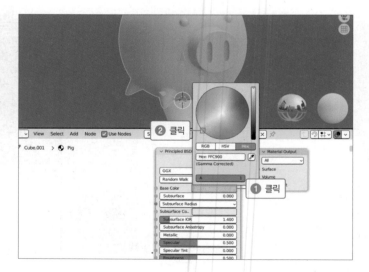

07 돼지 오브젝트의 위부터 아래로 그 러데이션 효과를 적용하겠습니다. Shader Editor 패널에서 (Add) → (Texture) → (Gradient Texture)를 실행하여 노드를 생 성합니다.

TIP Shader Editor 패널에서 Node를 생 성할 때 Shift+A를 누르면 빠르게 생성할 수 있으며, Search에서 이름을 검색하면 빠르게 찾아 적용할 수 있습니다.

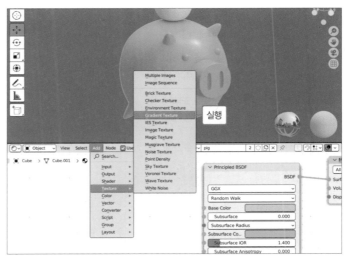

08 생성된 Gradient Texture의 Color 소켓을 드래그하여 Principled BSDF의 Base Color 소켓과 연결합니다. 돼지 오브 젝트가 노란색에서 무채색 그러데이션으로 바뀌었습니다.

TIP 2개의 노드를 같이 선택하고 F를 누르 면 자동으로 연결됩니다.

TIP Outliner 패널에서 체리와 콘 오브젝트 의 '눈' 아이콘(👁, H)을 클릭하여 잠시 숨 깁니다.

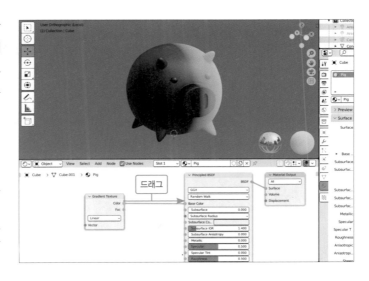

09 다양한 방법으로 텍스처를 적용하겠 습니다. Shader Editor 패널에서 (Add) → (Input) → (Texture Coordinate)를 실행 하여 노드를 생성합니다.
Texture Coordinate의 Generated 소켓 과 Gradient Texture의 Vector 소켓을 드 래그하여 연결합니다.

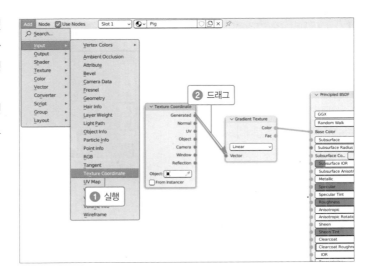

10 | 그러데이션 방향을 회전하기 위해 텍스처 상태를 조절하겠습니다. (Add) → (Vector) → (Mapping)을 실행하여 노드를 생성하고 Texture Coordinate와 Gradient Texture를 연결한 선 위로 이동하면 자연스럽게 연결됩니다.

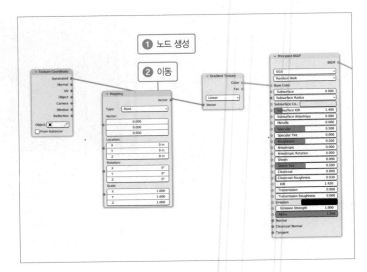

11 | Mapping에서 Rotation 소켓의 Y를 '90°'로 설정하여 원하는 방향의 그러데이션을 적용합니다.

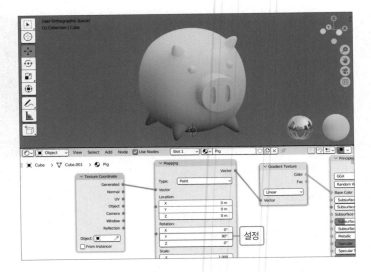

12 | 마지막으로 그러데이션의 색상을 지정하기 위해 색과 강도를 조절하겠습니다. (Add) → (Converter) → (ColorRamp)를 실행하여 노드를 생성하고 Principled BSDF와 Gradient Texture를 연결한 선 위로 이동하여 연결합니다.

TIP ColorRamp의 노드는 색상을 지정하거나 추가 및 삭제할 수 있고, 경계선의 범위를 조절할 수 있습니다.

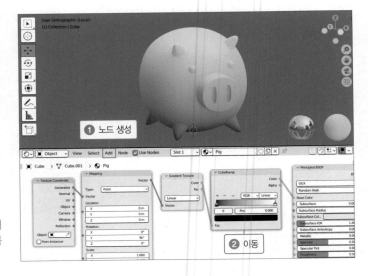

13 ColorRamp의 [▲]을 클릭하면 아래에 색상이 표시되고 클릭하여 변경할 수 있습니다. 왼쪽을 '주황색(#FF994B)', 오른쪽을 '노란색(#FFE860)'으로 지정하여 그러데이션 색상을 적용합니다.

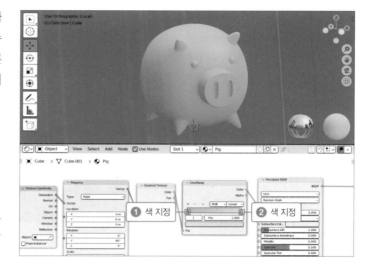

TIP ColorRamp 중간에 색상을 추가하거나 삭제할 수 있고 경계 범위도 조절할 수 있습니다.

14 그러데이션이 완성되면 Principled BSDF의 Roughness를 '0.3'으로 설정하여 광택을 표현합니다.

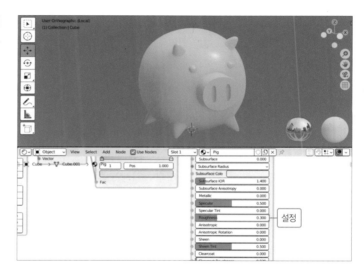

TIP Metallic을 '1'로 설정하면 금과 같은 재질이 됩니다.

15 눈에 메테리얼을 적용하겠습니다. 눈과 몸통은 같은 오브젝트로 되어 있기 때문에 새 메테리얼을 추가하려면 [Tab]을 눌러 [Object Mode]를 [Edit Mode]로 변경합니다.

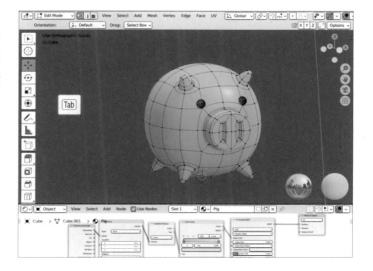

16 마우스 포인터를 눈에 위치하고 [L] 을 눌러 양쪽 눈을 선택하고 Properties 패 널의 [Material(⊙)] 탭에서 [+] 버튼을 클 릭하여 새 슬롯을 추가합니다.

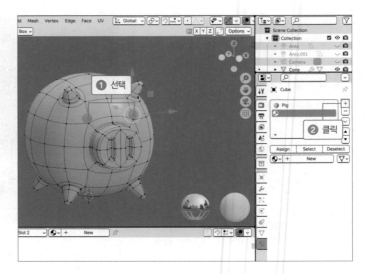

TIP 지금은 빈 슬롯으로 [Assign] 버튼을 클릭하면 선택된 부분에 재질이 적용됩니다.

17 [New] 버튼을 클릭하여 메테리얼 을 생성하고 이름을 'Eye'로 입력합니다. Principled BSDF에서 Base Color를 '검 은색(#261925)'으로 지정하고 Roughness 를 '0.25'로 설정하여 광택이 있는 눈을 표현 합니다.

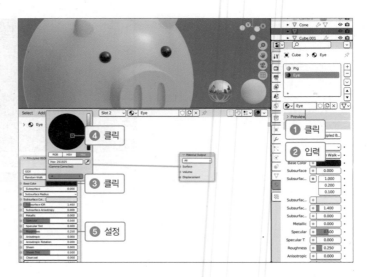

18 돼지 캐릭터의 그러데이션 메테리얼 이 완성되었습니다.

체리에 울퉁불퉁한 재질 적용하기

01 체리 모델링을 선택하고 Properties 패널의 (Material()) 탭에서 (Browse Material())을 클릭한 다음 'Pig' 메테리얼을 선택하여 체리에 적용합니다.

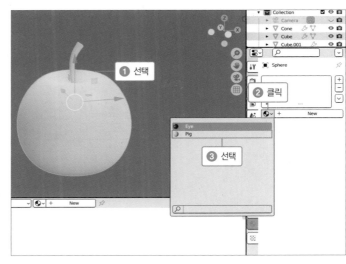

TIP Outliner 패널에서 돼지와 콘 오브젝트의 '눈' 아이콘(, ⊞)을 클릭하여 잠시 숨깁니다.

02 바로 수정하면 원본 메테리얼도 같이 변경되기 때문에 (New Material())을 클릭하여 메테리얼을 복제합니다.

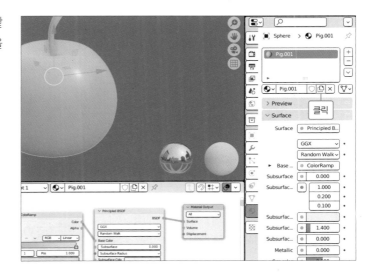

03 복제한 메테리얼의 이름을 'Cherry'로 입력하고 노드를 수정하겠습니다. Shader Editor 패널에서 그러데이션 색상을 바꾸기 위해 Color Ramp의 (▲)을 클릭하여 왼쪽을 '짙은 빨간색(#7F1400)', 오른쪽을 '빨간색(#FF3600)'으로 지정합니다.

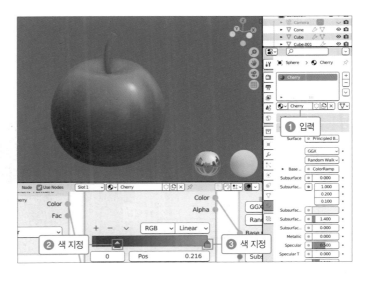

TIP Color Ramp의 색상을 지정한 다음 Pos를 설정해서 이동할 수 있습니다.

04 다음은 Noise Texture를 이용해서 불규칙한 굴곡을 표현하겠습니다. (Add) → (Texture) → (Noise Texture)를 실행하여 노드를 생성하고 Noise Texture의 Scale을 '10', Detail을 '15'로 설정합니다.

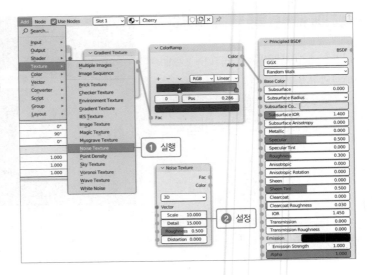

05 (Add) → (Vector) → (Bump)를 실행하여 노드를 생성하고 그림과 같이 드래그하여 소켓에 연결합니다.

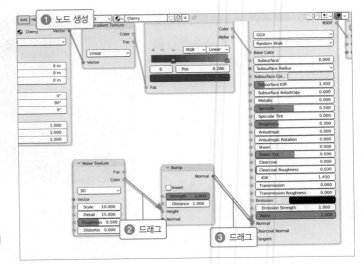

TIP 컬러가 아니라 재질이기 때문에 Normal로 연결했습니다.

06 표면이 울퉁불퉁하게 변했습니다. Bump의 Strength를 '0.1'로 설정하여 강도를 줄입니다.

TIP 재질이 울퉁불퉁하게 보이지만 실제 모델링에는 변화는 없습니다.

07 다음은 꼭지의 메터리얼을 적용하겠습니다. (Tab)을 눌러 (Edit Mode)로 변경하고 그림과 같이 면을 선택합니다. 분리되지 않은 하나의 오브젝트라서 직접 선택해야 합니다.

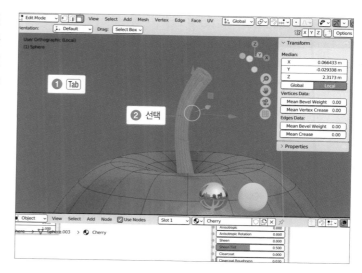

TIP 꼭대기 점을 선택한 상태로 (Ctrl)+(+)를 누르면 선택한 곳이 확장되어 선택되고, (Ctrl)+(−)를 누르면 축소되어 선택됩니다.

08 Properties 패널의 (Material(🔵)) 탭에서 (+) 버튼을 클릭하여 새 슬롯을 생성하고 (Browse Material(🔵))을 클릭한 다음 'Cherry' 메터리얼을 선택해서 적용합니다. (New Material(📄))을 클릭하여 복제하고 (Assign) 버튼을 클릭하여 선택한 곳에 적용합니다.

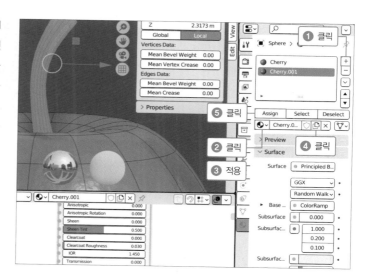

09 이름을 'Stalk'로 입력하고 Shader Editor 패널에서 ColorRamp를 선택한 다음 (Node) → (Delete)를 실행하여 삭제합니다.

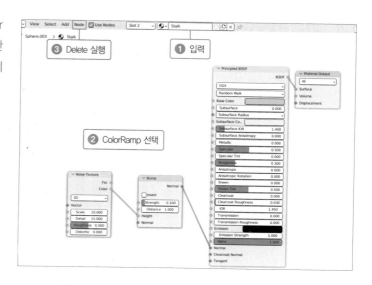

TIP (X)를 눌러 삭제할 수도 있습니다.

10 | Principled BSDF의 Base Color를 '초록색(#2B7D08)'으로 지정하고 Roughness를 '0.7'로 설정하여 광택을 최소화합니다.

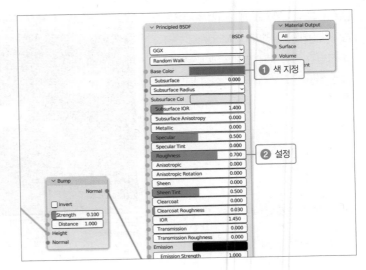

11 | 꼭지는 좀 더 울퉁불퉁하게 만들겠습니다. Bump의 Strength를 '0.35'로 설정하여 메테리얼을 완성합니다.

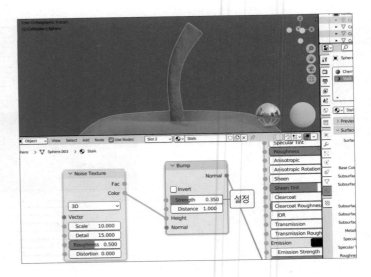

12 | 체리의 울퉁불퉁한 메테리얼이 완성되었습니다.

콘에 패턴 적용하기

01 먼저 UV를 펼치겠습니다. [Tab]을 눌러 (Edit Mode)로 변경하고 Header 패널에서 (Edge([1], [2]))를 선택한 다음 자를 선을 선택합니다.

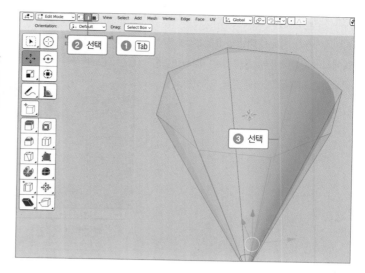

02 Header 패널에서 (Edge) → (Mark Seam)을 실행하여 선을 자릅니다.

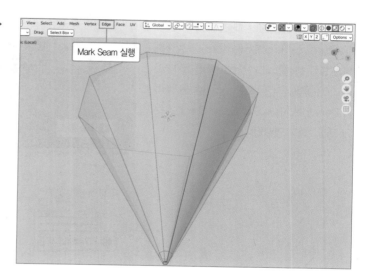

03 [A]를 눌러 콘 오브젝트를 모두 선택하고 Header 패널에서 (UV) → (Unwrap)을 실행하여 선의 UV를 펼칩니다.

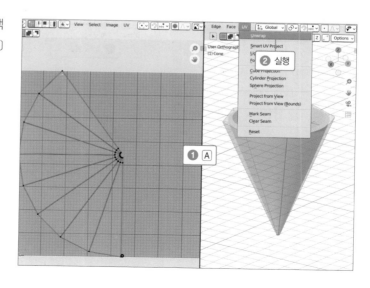

04 │ Tab을 눌러 (Object Mode)로 변경
합니다. Properties 패널의 (Material(🔵))
탭에서 (New) 버튼을 클릭하여 메테리얼을
생성하고 이름을 'Cone'으로 입력합니다.

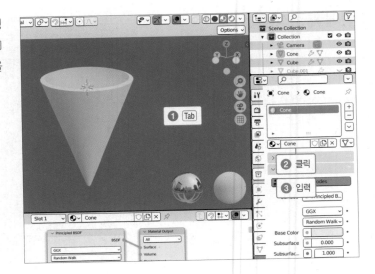

05 │ Shader Editor 패널에서 (Add) →
(Texture) → (Image Texture)를 실행하
여 노드를 생성합니다. (Open) 버튼을 클릭
하고 03 폴더에서 'patten.jpg' 파일을 불러
와 Principled BSDF의 Base Color 소켓
에 드래그하여 연결합니다.

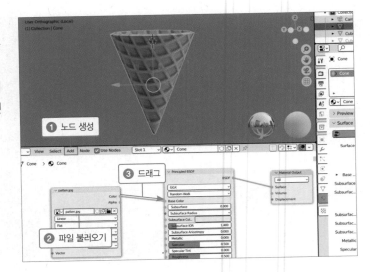

06 │ 오브젝트에 패턴이 적용되었으나
패턴이 너무 크기 때문에 줄이겠습니다.
(Add) → (Input) → (Texture Coordinate)
와 (Add) → (Vector) → (Mapping)을 실
행하여 노드를 생성하고 그림과 같이 연결
합니다.

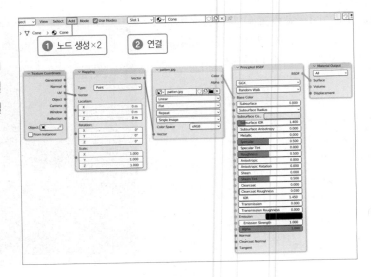

07 Mapping에서 Scale을 X, Y, Z를 '3'으로 설정하여 패턴의 크기를 작게 만듭니다.

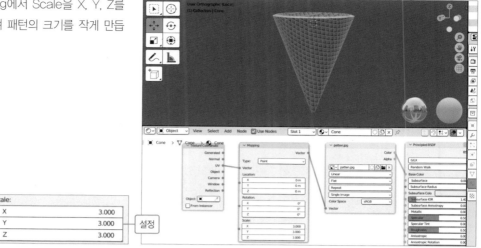

Scale:	
X	3.000
Y	3.000
Z	3.000

설정

08 Roughness를 '0.7'로 설정하여 광택을 낮추고, 깊이감을 표현하기 위해 (Add) → (Vector) → (Bump)를 실행하여 노드를 생성한 다음 그림과 같이 연결합니다. Bump의 Strength를 '0.2'로 설정하여 약간의 깊이를 표현합니다.

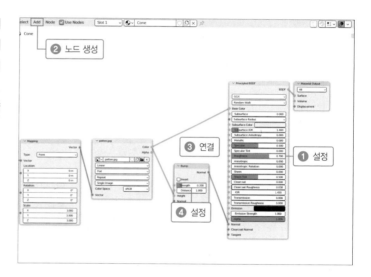

09 콘에 패턴을 넣은 메테리얼을 완성했습니다.

눈사람과 나무 만들고 메테리얼 적용하기

03

Object Mode에서 원형의 Mesh를 생성하고 다양한 조작을 통해서 눈사람 모델링을 만든 다음 메테리얼을 적용하겠습니다.

● 완성 파일 : 03\눈사람_완성.blend

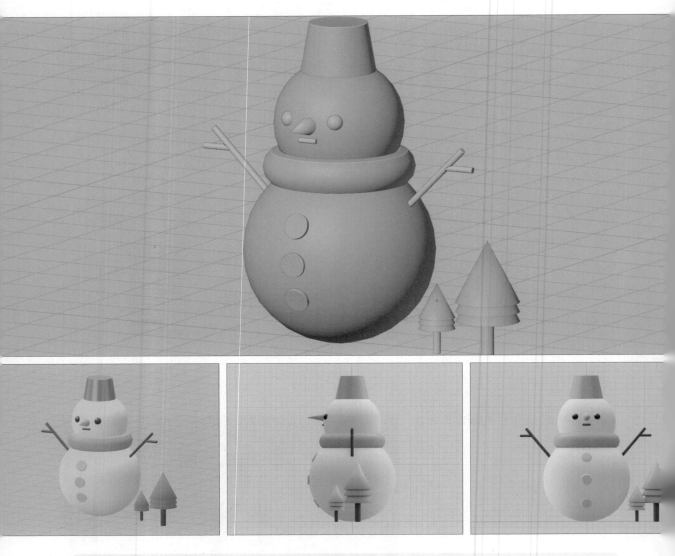

POINT

❶ UV Sphere Mesh 생성하기

❷ 오브젝트 복제하기

❸ 메테리얼 적용하기

눈사람 모델링하기

01 | 블렌더를 실행하고 메뉴에서 (File) → (New) → (General((Ctrl)+(N)))을 실행 하여 새로운 File을 생성합니다.

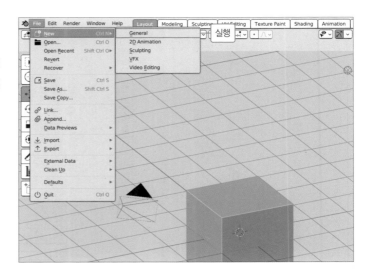

02 | Outliner 패널에서 조명과 카메라와 큐브 오브젝트를 선택하고 Header 패널에 서 (Object) → (Delete((X)))를 실행하여 삭 제합니다.

TIP 오브젝트 삭제는 단축키 (X)를 사용하여 지우면 편리합니다.

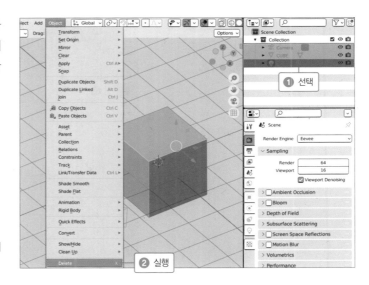

03 | Header 패널에서 (Add) → (Mesh) → (UV Sphere((Shift)+(A)))를 실행하여 스 피어를 생성하고 Operation에서 Radius 를 '1.5m'로 반지름을 설정합니다.

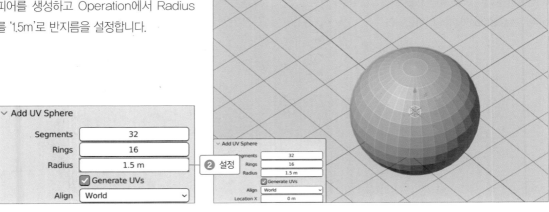

04 Shift+D를 눌러 복제하고 복제된 상태로 Z를 눌러 Z 방향 위로 이동합니다.

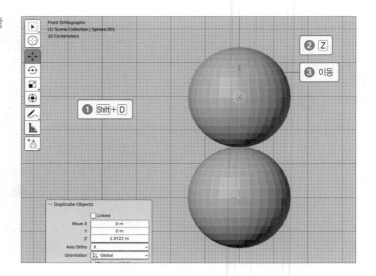

05 Toolbar 패널에서 (Scale(■, S))을 선택하고 흰색 원을 안쪽으로 드래그하여 비율을 유지한 채로 축소합니다.

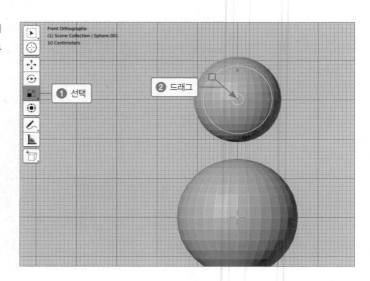

06 다시 Toolbar 패널에서 (Move(⊕, G))를 선택하고 축소된 스피어 오브젝트 (Gizmo)의 파란색 Z 화살표를 드래그하여 몸통 오브젝트와 가까이 이동합니다.

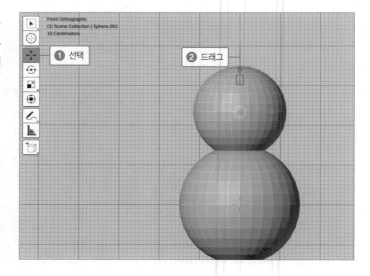

07 눈사람의 목도리를 만들겠습니다. Header 패널에서 (Add) → (Mesh) → (Torus(Shift+A))를 실행하여 도넛 모양의 오브젝트를 생성합니다.

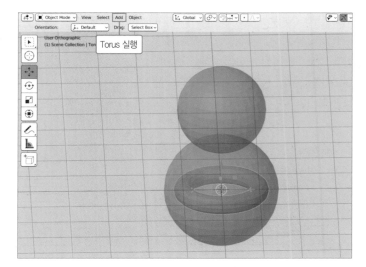

TIP (Toggle X–Ray(Alt+Z))가 적용된 모습입니다.

08 Operation에서 Major Radius를 '0.9m', Minor Radius를 '0.3m'로 설정하고 토러스 오브젝트 (Gizmo)의 파란색 Z 화살표를 드래그하여 몸통과 머리 사이로 이동합니다.

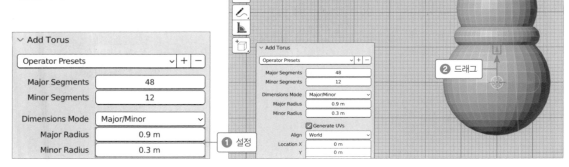

09 콘이 생성될 위치를 설정합니다. 넘버 패드 ③을 눌러 Right View로 시점을 변경하고 Toolbar 패널에서 (Cursor(⊙))를 선택한 다음 코가 될 위치를 클릭하여 포인트를 위치합니다.

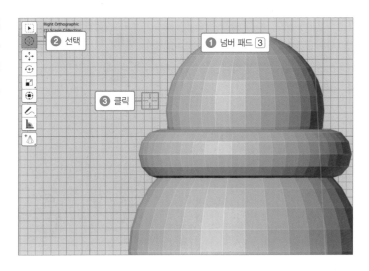

10 Header 패널에서 (Add) → (Mesh) → (Cone(Shift+A))을 실행하여 콘을 생성하고 Operation에서 Radius 1을 '0.15m', Depth를 '0.7m', Rotation X를 '90°'로 설정합니다.

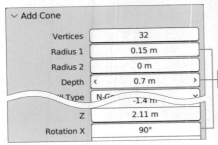

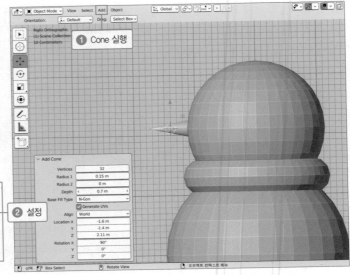

11 Toolbar 패널에서 (Move(✛, G))를 선택하고 콘 오브젝트 (Gizmo)의 빨간색 X 화살표를 드래그하여 그림과 같이 얼굴 중앙으로 이동합니다.

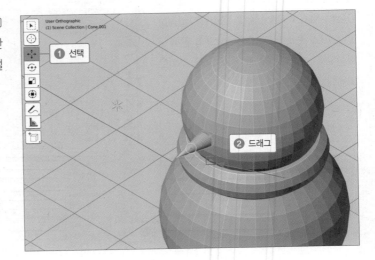

12 넘버 패드 1을 눌러 Front View로 시점을 변경하고 Toolbar 패널에서 (Cursor(◉))를 선택한 다음 눈이 될 위치를 클릭하여 포인트를 위치합니다.

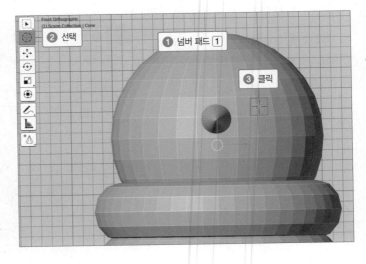

TIP (Cursor(◉)) 포인트가 있는 위치에 오브젝트가 생성됩니다.

13 | Header 패널에서 (Add) → (Mesh) → (UV Sphere(Shift+A))를 실행하여 스피어 오브젝트를 생성합니다.

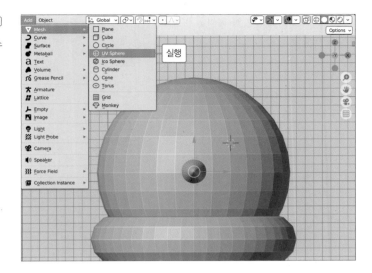

14 | Operation에서 Radius를 '0.13m', Rotation X를 '90°'로 설정합니다. Toolbar 패널에서 (Move(⊹, G))를 선택하고 이동하여 눈을 만듭니다.

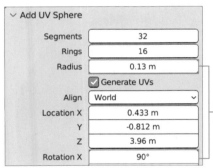

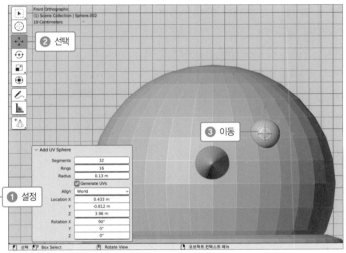

15 | 스피어 오브젝트가 선택된 상태로 Header 패널에서 (Object) → (Duplicate Object(Shift+D))를 실행하여 복제합니다.

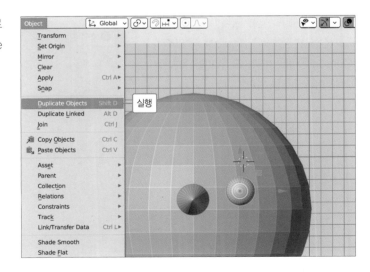

16 | 복제된 상태로 ⓧ를 눌러 X 방향 왼쪽으로 이동합니다.

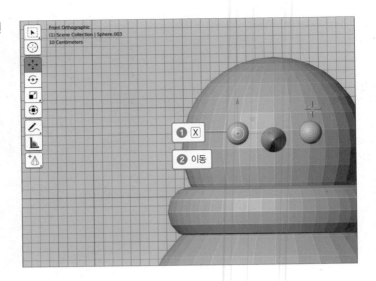

17 | Shift를 누른 상태로 2개의 스피어 오브젝트를 클릭하여 선택하고 Header 패널에서 (Object) → (Join(Ctrl+J))을 실행하여 오브젝트를 합칩니다.

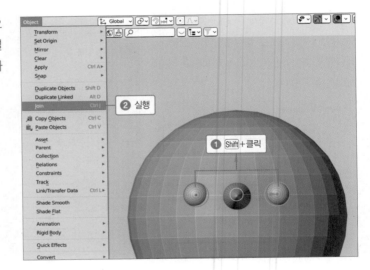

18 | 넘버 패드 ①을 눌러 Front View로 시점을 변경합니다. Toolbar 패널에서 (Cursor(◎))를 선택하고 입이될 위치를 클릭하여 포인트를 위치합니다.

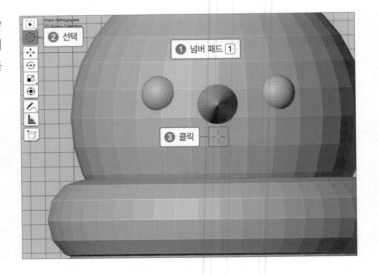

19 │ Header 패널에서 [Add] → [Mesh]
→ [Cylinder([Shift]+[A])]를 실행하여 실린
더 오브젝트를 생성합니다. Operation에서
Radius를 '0.04m', Depth를 '0.3m', Rotation
Y를 '90°'로 설정하여 입을 만듭니다.

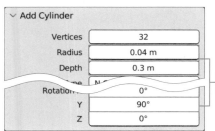

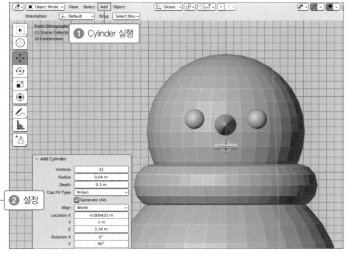

눈사람 세부 요소 모델링하기

01 │ Header 패널에서 [Add] → [Mesh]
→ [Cone([Shift]+[A])]을 실행하여 콘을 생성
합니다. Operation에서 Radius 1을 '0.9m',
Radius 2를 '0.7m', Depth를 '1.2m'로 설정
하여 양동이 모양으로 만듭니다.

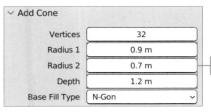

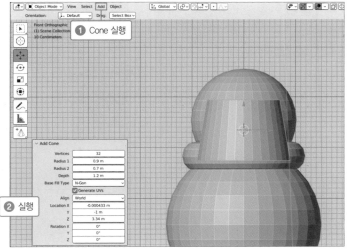

02 │ 넘버 패드 [3]을 눌러 Right View
로 시점을 변경하고 콘 오브젝트 [Gizmo]
의 파란색 Z 화살표를 머리 위로 드래그하
여 모자를 만듭니다.

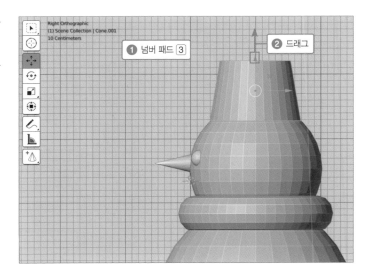

03 │ 눈사람 몸통에 단추를 만들기 위해
Toolbar 패널에서 (Cursor(◎))를 선택하고
몸통 앞을 클릭하여 포인트를 위치합니다.

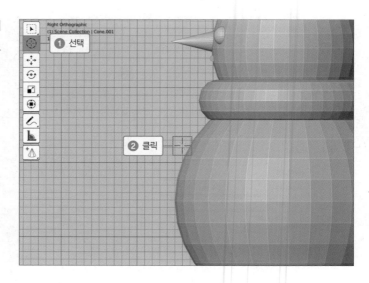

04 │ Shift +A를 눌러 표시되는 창에서
(Mesh) → (Cylinder)를 실행하여 실린더
오브젝트를 생성합니다.

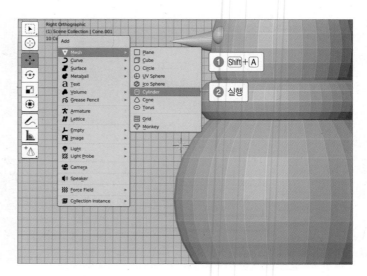

05 │ Operation에서 Radius를 '0.2m',
Depth를 '0.06m', Rotation X를 '90°'로 설
정하여 실린더를 넓적하게 만듭니다.

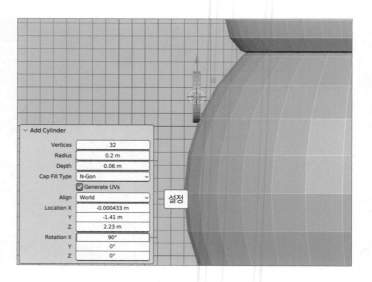

06 생성된 실린더 오브젝트를 선택하고 Shift + D를 두 번 눌러 오브젝트를 두 번 복제한 다음 그림과 같이 복제한 오브젝트를 배치합니다.

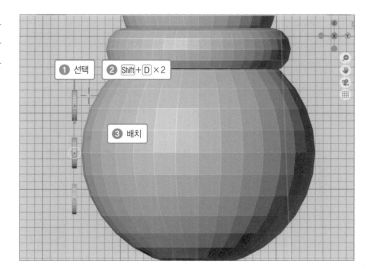

07 단추로 만든 실린더 오브젝트를 각각 선택하고 Toolbar 패널에서 (Rotate (🔄, R))를 선택한 다음 몸통 오브젝트에 맞게 회전합니다.

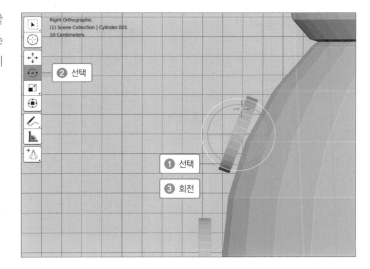

08 단추로 만든 실린더 오브젝트를 각각 선택하고 Toolbar 패널에서 (Move(✛, G))를 선택한 다음 (Gizmo)의 초록색 Y 화살표를 드래그하여 몸통에 맞게 이동합니다.

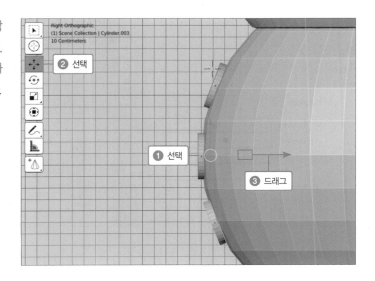

09 | Shift를 누른 상태로 3개의 실린더 오브젝트를 클릭하여 선택하고 Header 패널에서 (Object) → (Join((Ctrl)+(J)))을 실행하여 오브젝트를 합칩니다.

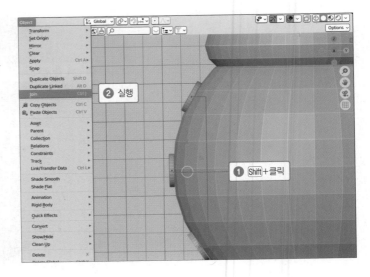

눈사람 팔 모델링하기

01 | 실린더 오브젝트를 생성하여 얇은 나무 팔을 만들겠습니다. 넘버 패드 (1)을 눌러 Front View로 시점을 변경하고 Toolbar 패널에서 (Cursor(◎))를 선택한 다음 몸통 오른쪽을 클릭하여 포인트를 위치합니다. Shift+(A)를 눌러 표시되는 창에서 (Mesh) → (Cylinder)를 실행합니다.

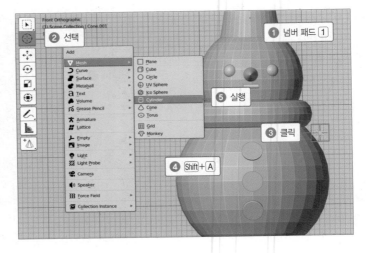

02 | 오브젝트가 생성되면 Operation에서 Radius를 '0.05m', Depth를 '1.4m', Rotation Y를 '45°'로 설정해서 실린더 오브젝트를 길쭉한 형태로 만듭니다.

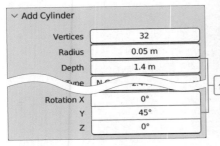

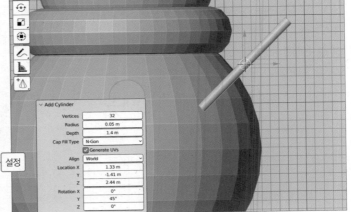

03 Toolbar 패널에서 (Move(⊹, G))
를 선택하고 (Gizmo)의 빨간색 X와 파란색
Z 화살표를 드래그하여 이동합니다.

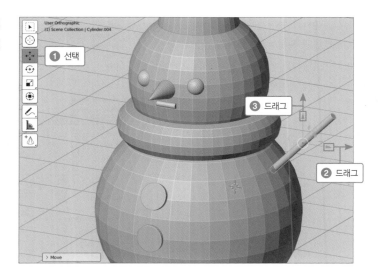

04 Header 패널에서 (Add) → (Mesh)
→ (Cylinder(Shift+A))를 실행하여 실린더
오브젝트를 하나 더 생성합니다.

Operation에서 Radius를 '0.05m', Depth
를 '0.4m', Rotation Y를 '90°'로 설정하여
손으로 만듭니다.

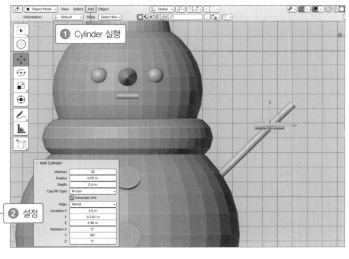

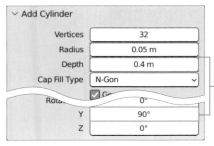

∨ Add Cylinder	
Vertices	32
Radius	0.05 m
Depth	0.4 m
Cap Fill Type	N-Gon ∨
	☑ G○
Rot○	0°
Y	90°
Z	0°

❷ 설정

05 Toolbar 패널에서 (Move(⊹, G))
를 선택하고 (Gizmo)의 빨간색 X 화살표를
드래그하여 실린더 오브젝트를 이동합니다.

06 | Shift를 누른 상태로 2개의 실린더 오브젝트를 클릭하여 선택하고 Header 패널에서 (Object) → (Join(Ctrl+J))을 실행하여 오브젝트를 합칩니다.

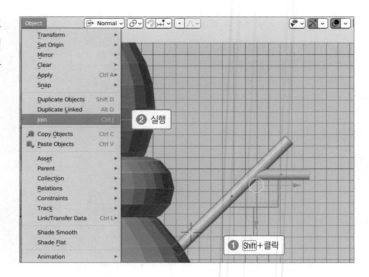

07 | 나머지 한쪽 팔은 완성된 오브젝트를 복제해서 만들겠습니다. Shift+D를 눌러 복제한 다음 X를 눌러 X 방향으로 복제한 오브젝트를 이동합니다.

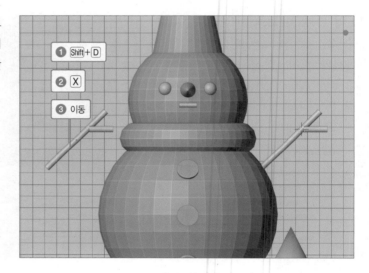

08 | 복제한 오브젝트를 Header 패널에서 (Object) → (Mirror) → (X Global(Ctrl+M))을 실행하면 팔 오브젝트가 X 방향으로 대칭됩니다.

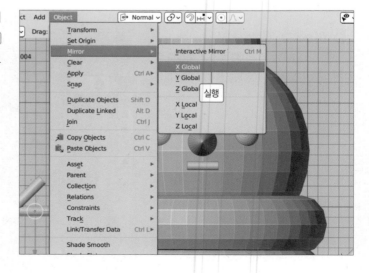

09 | Toolbar 패널에서 (Move(✛, G))를 선택하고 (Gizmo)의 빨간색 X 화살표를 드래그하여 위치를 이동해 눈사람 모델링을 완성합니다.

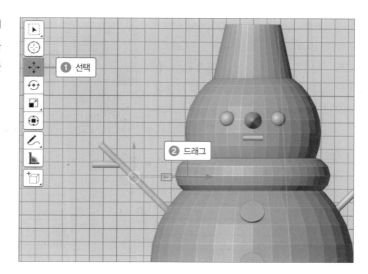

나무 모델링하고 매끄럽게 만들기

01 | 넘버 패드 1을 눌러 Front View로 시점을 변경합니다. Toolbar 패널에서 (Cursor(◉))를 선택하고 나무를 생성할 위치를 클릭하여 포인트를 위치한 다음 Shift +A를 눌러 표시되는 창에서 (Mesh) → (Cylinder)를 실행합니다.

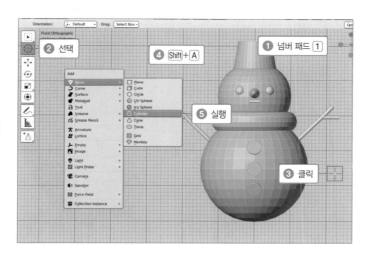

02 | 오브젝트가 생성되면 Operation에서 Radius를 '0.1m', Depth를 '1m'로 설정하고 Toolbar 패널에서 (Move(✛, G))를 선택한 다음 나무 기둥이 될 실린더 위치를 이동합니다.

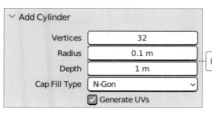

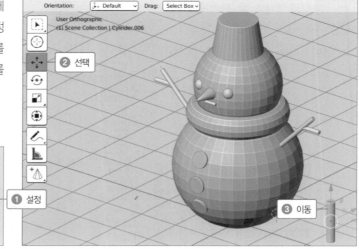

03 Header 패널에서 (Add) → (Mesh) → (Cone(Shift+A))을 실행하여 콘 오브젝트를 생성합니다. Operation에서 Radius 1을 '0.5' Radius를 '0', Depth를 '1'로 설정하고 (Gizmo)의 파란색 Z 화살표를 드래그하여 나무 기둥 오브젝트 위로 이동합니다.

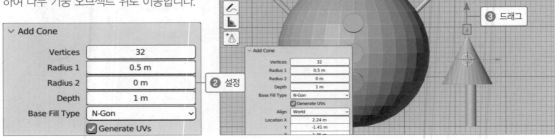

∨ Add Cone	
Vertices	32
Radius 1	0.5 m
Radius 2	0 m
Depth	1 m
Base Fill Type	N-Gon
	☑ Generate UVs

04 생성된 콘 오브젝트를 선택한 상태로 Shift+D를 눌러 복제하고 Z를 눌러 Z축 방향으로 이동합니다. 같은 방법으로 콘 오브젝트를 하나 더 복제하여 그림과 같이 배치합니다.

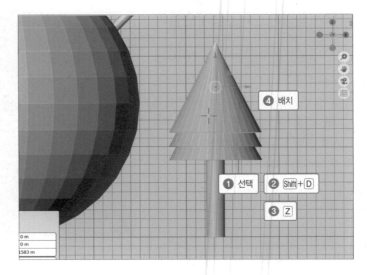

05 완성된 3개의 콘 오브젝트를 선택하고 Header 패널에서 (Object) → (Join(Ctrl+J))을 실행하여 오브젝트를 합칩니다.

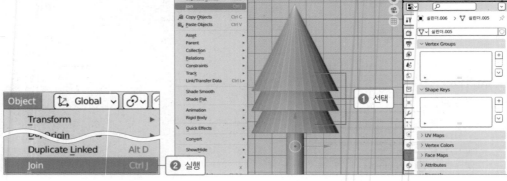

06 Shift를 누른 상태로 나무 기둥 오브젝트를 클릭하여 나무 모델링을 모두 선택하고 Shift+D를 눌러 복제합니다. Toolbar 패널에서 (Scale(🔲, S))과 (Move(✛, G))를 선택하고 크기와 위치를 조절하여 그림처럼 만듭니다.

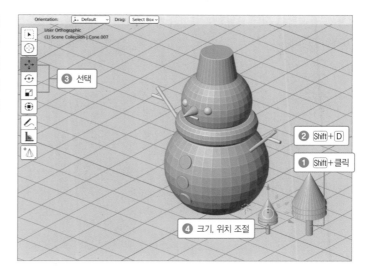

07 눈사람과 나무 모델링이 완성되었습니다. 표면을 매끄럽게 하기 위해 (Shade Smooth)를 적용하겠습니다. 먼저 눈사람 모델링을 선택합니다.

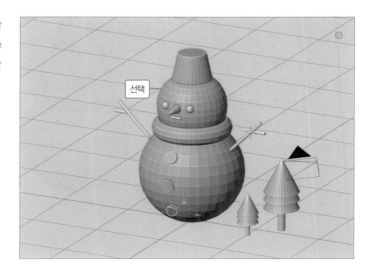

08 Header 패널에서 (Object) → (Shade Smooth)를 실행합니다.

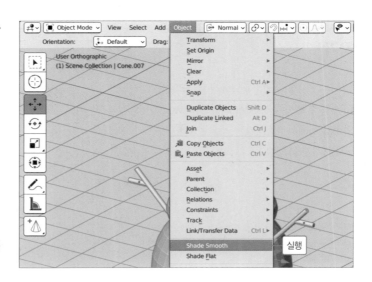

TIP 오브젝트에서 마우스 오른쪽 버튼을 클릭하여 같은 효과를 적용할 수 있습니다.

09 | 눈사람의 모든 오브젝트 표면이 매끄러워졌습니다.

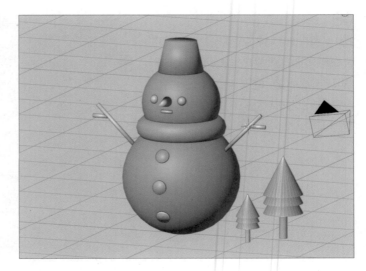

10 | 각도에 따라 Smooth가 적용되기 때문에 적용되지 않은 곳이 있습니다. Properties 패널에서 (Object Data(▽)) 탭을 선택하고 Normals 항목의 'Auto Smooth'를 체크 표시한 다음 '35°'로 설정하여 모든 표면을 매끄럽게 적용합니다.

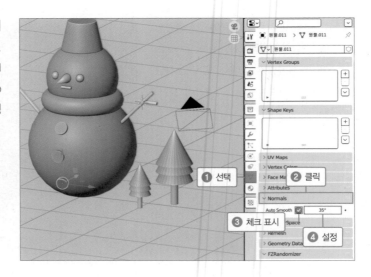

눈사람과 나무에 메테리얼 적용하기

01 | 3D Viewport 패널에서 메테리얼을 미리 볼 수 있도록 Header 패널의 Viewport Shading에서 (Material Preview(🔵))를 클릭하여 변경합니다.

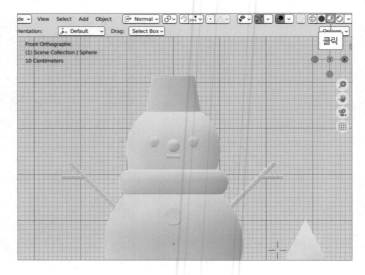

TIP 단축키 Z를 누르면 Viewport Shading을 마우스를 이동한 것만으로 변경할 수 있는 파이 메뉴가 표시됩니다.

02 | 몸통 모델링을 선택하고 Properties 패널에서 (Material(🔵)) 탭을 선택한 다음 메테리얼 설정 창에서 (New) 버튼을 클릭합니다.

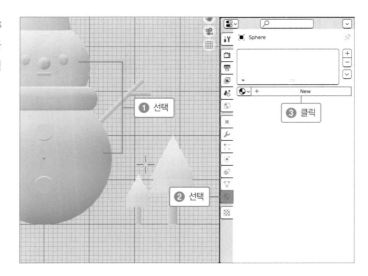

03 | 메테리얼이 생성되었습니다. 자동으로 생성된 메테리얼은 Principled BSDF라는 기본 속성을 가지고 있으며 재질과 색상을 변경해서 다양한 메테리얼을 생성합니다. 메테리얼 이름을 'Body'로 입력합니다.

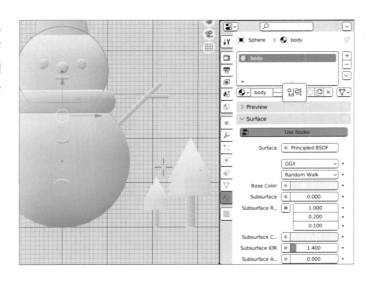

04 | Base Color를 클릭하여 색상 팔레트 창이 표시되면 색상을 '흰색(#FFFFFF)'으로 지정합니다.

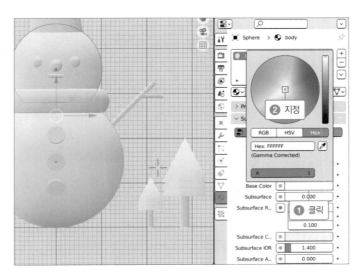

TIP 색상 팔레트 창을 통해서 기본 색상을 설정할 수 있으며, 스포이트로 화면의 색상을 가져올 수 있습니다.

05 눈을 선택하고 Properties 패널에서 (New) 버튼을 클릭하여 메테리얼을 생성합니다. 이름을 'eye'로 입력하고 Base Color를 '검은색(#292929)'으로 지정합니다.

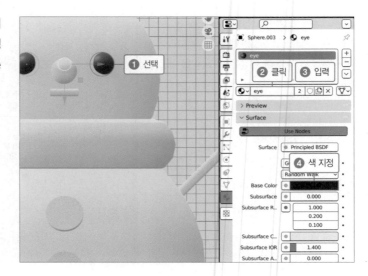

06 눈은 반사광이 강한 재질을 적용하겠습니다. Principled BSDF에서 Roughness를 '0.3'으로 설정하여 반짝이게 합니다.

07 코와 목도리는 같은 메테리얼을 적용하겠습니다. 먼저 코 오브젝트를 선택하고 Properties 패널에서 Base Color를 '주황색(#FF925A)'으로 지정하여 메테리얼을 생성한 다음 이름을 'nose'로 입력합니다.

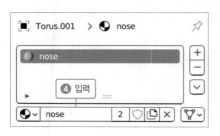

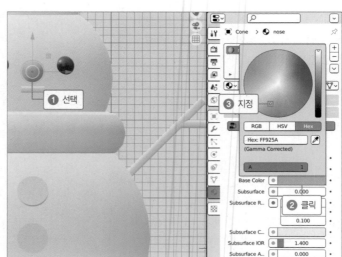

08 │ 목도리를 선택하고 Properties 패널에서 (Browse Material(●))을 클릭한 다음 표시되는 창에서 'nose' 메테리얼을 선택하여 목도리에 같은 재질을 적용합니다.

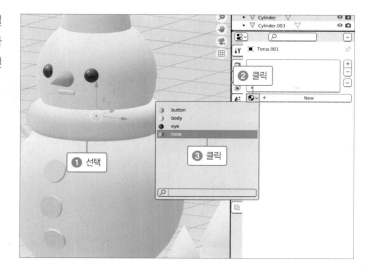

09 │ 양동이 모자를 선택하고 Properties 패널에서 (New) 버튼을 클릭하여 메테리얼을 생성합니다. Base Color를 '회색(#BAB0B1)'으로 지정하여 메테리얼을 생성하고 이름을 'cap'으로 입력합니다.

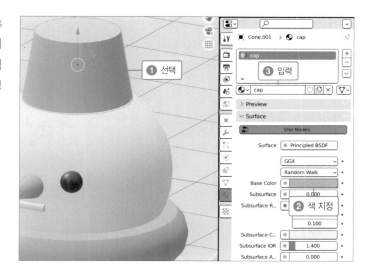

10 │ 양동이의 쇠 재질을 만들기 위해 Principled BSDF에서 Metallic을 '0.777', Roughness를 '0.3'으로 설정합니다.

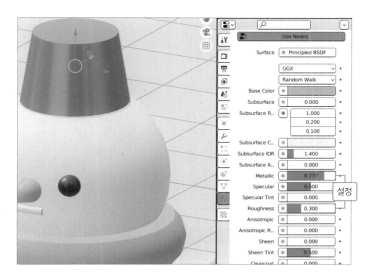

11 | 팔과 입은 같은 메테리얼로 적용하겠습니다. 먼저 입 오브젝트를 선택하고 Properties 패널에서 (New) 버튼을 클릭하여 메테리얼을 생성한 다음 Base Color를 '갈색(#6A3A32)'으로 지정하고 이름을 'Tree'로 입력합니다. 광택의 강도를 낮추기 위해 Principled BSDF에서 Roughness를 '0.7'로 설정합니다.

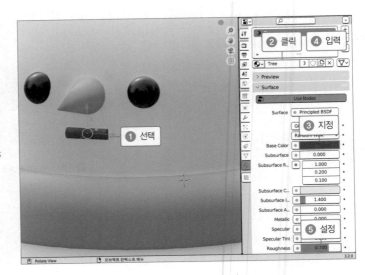

12 | 팔을 선택하고 Properties 패널에서 (Browse Material(●))을 클릭한 다음 표시되는 창에서 'tree' 메테리얼을 선택하여 재질을 적용합니다.

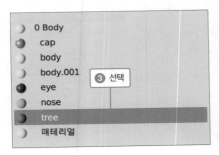

13 | 같은 방법으로 반대쪽 팔도 색과 재질을 적용합니다.

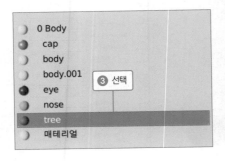

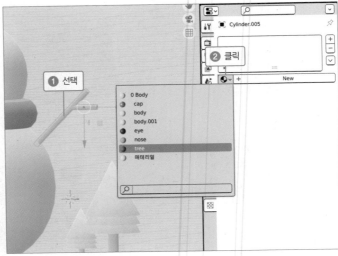

14 | 같은 방법으로 소나무 기둥 오브젝트를 하나씩 선택하고 Properties 패널에서 (Browse Material(◉))을 클릭한 다음 표시되는 창에서 'tree' 메테리얼을 적용합니다.

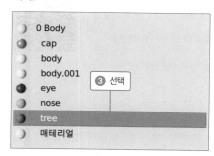

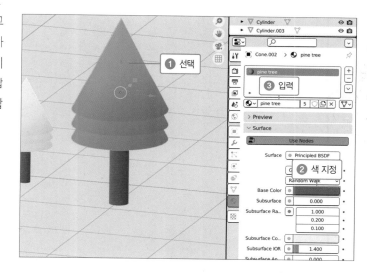

15 | 나무 윗부분 오브젝트를 선택하고 Properties 패널에서 메테리얼을 생성하고 Base Color를 '녹색(#376E25)'으로 지정한 다음 이름을 'pine tree'로 입력합니다. 같은 방법으로 복제된 나무도 적용합니다.

16 | 마지막으로 단추 오브젝트를 선택하고 Properties 패널에서 메테리얼을 생성합니다. Base Color를 '청록색(#55C1B8)'으로 지정하고 이름을 'button'으로 입력하여 눈사람과 나무를 완성합니다.

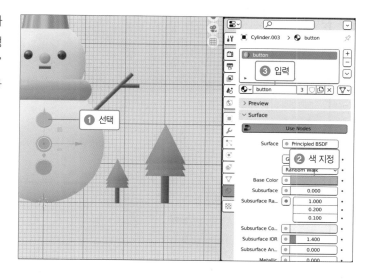

렌더링을 위한
가상의 스튜디오 만들기

작업물을 렌더링하기 위한 가상의 스튜디오를 만들겠습니다. 가상의 스튜디오는 조명과 카메라가 있는 실제 스튜디오와 비슷합니다. 스튜디오를 세팅하고 파트 3-3의 눈사람을 Scene으로 불러와 렌더링하겠습니다.

● 완성 파일 : 03\눈사람 스튜디오.blend ● 완성 파일 : 03\눈사람 스튜디오_완성.blend

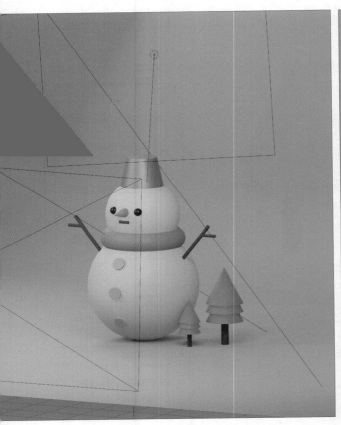

POINT

❶ Plane을 생성하여 배경 판 만들기

❷ 라이트를 생성하여 3점 조명 세팅하기

❸ 화면을 조작해서 렌더링 화면 구성하기

스튜디오 배경 만들기

01 | 블렌더를 실행하고 메뉴에서 [File]
→ [New] → [General]을 실행하여 새로운
File을 생성합니다. 큐브 오브젝트를 선택하
여 삭제하고 Shift+A를 눌러 표시되는 창에
서 [Mesh] → [Plane]을 실행하여 생성합
니다.

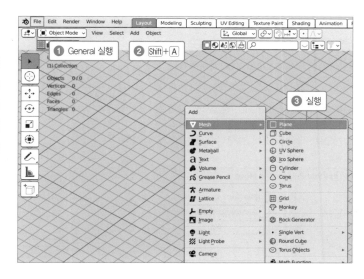

02 | 오브젝트가 생성되면 Operation에
서 Size를 '20m'으로 설정하여 크기를 조절
합니다.

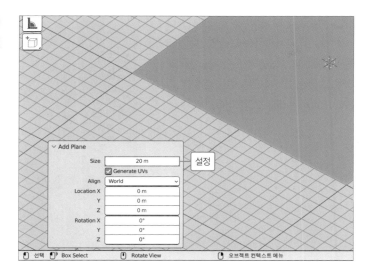

03 | Tab을 눌러 [Object Mode]를 [Edit
Mode]로 변경합니다. Header 패널에서
[Edge([1], [2])]를 선택하여 변경하고 그림
과 같이 플래인 오브젝트의 선을 선택합니다.

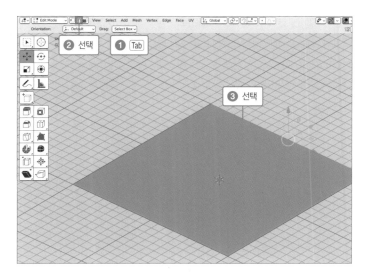

04 Toolbar 패널에서 (Extrude Region (⬛, E))을 선택하고 Z 방향으로 드래그하여 벽을 생성합니다. Operation에서 Move X 를 '0m', Y를 '0m', Z를 '15m'로 설정합니다.

TIP E를 눌러 Extrude Region을 활성화 한 상태에서 Z를 누르고 '15'를 입력하여 Z 방향으로 '15m'만큼만 돌출할 수도 있습니다.

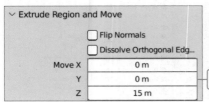

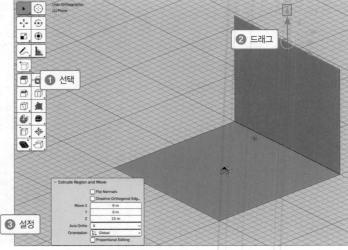

05 바닥과 벽 사이 선을 선택한 다음 Toolbar 패널에서 (Bevel(⬛, Ctrl+B)) 을 선택합니다. 노란색 포인트를 선택하고 마우스 휠을 돌려 5개로 선을 분할한 다음 드래그하여 너비를 조절합니다.

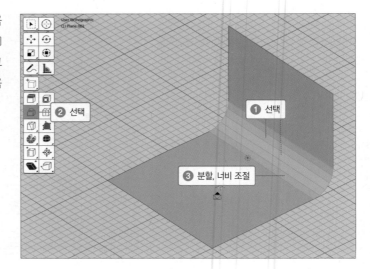

06 Tab을 눌러 (Object Mode)로 변경 하고 Toolbar 패널에서 (Scale(⬛, S))을 선택하고 (Gizmo)의 빨간색 포인트를 드래 그하여 넓게 만듭니다.

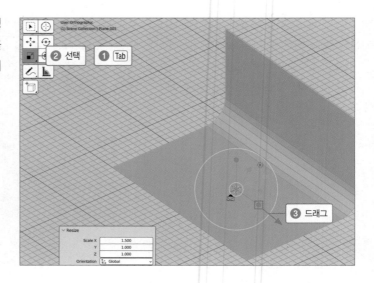

07 Properties 패널에서 (Modifier
(🔧)) 탭을 선택하고 (Add Modifier)를 클
릭한 다음 (Subdivision Surface)를 실행
합니다. Subdivision Surface 설정 창에
서 Levels Viewport를 '2'로 설정하여 표
면을 더 부드럽게 만듭니다.

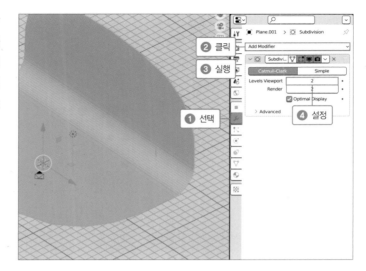

08 Header 패널에서 (Object) →
(Shade Smooth)를 실행하여 표면을 매끄
럽게 합니다.

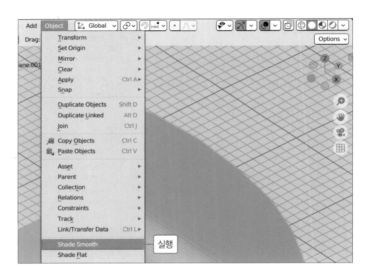

09 Tab을 눌러 (Edit Mode)로 변경하
고 Header 패널에서 (Edge(🔲, ②))를 선
택하여 변경합니다.

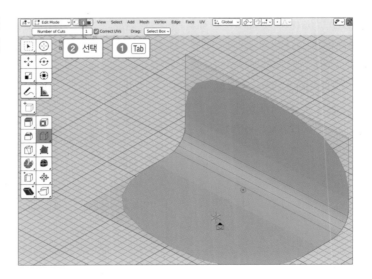

10 | Toolbar 패널에서 (Loop Cut(⟦⟧, Ctrl)+(R))을 선택하고 그림과 같이 클릭하여 선을 분할한 다음 경계선에 가깝게 이동하여 날카롭게 만듭니다.

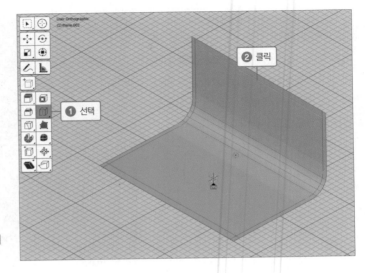

TIP 오브젝트에 추가한 선을 드래그하여 이동할 수 있습니다.

카메라 설정하기

01 | 카메라를 설정하기 전에 작업한 눈사람 모델링을 불러오겠습니다. 메뉴에서 (File) → (Append)를 실행합니다.

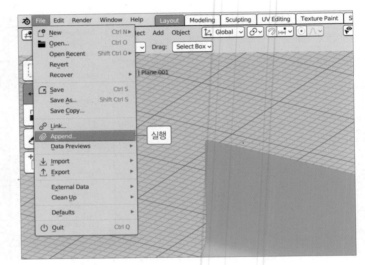

02 | Blender File View 대화상자가 표시되면 블렌더 파일로 들어가면 모델링과 카메라 등 파일을 구성하는 세부 목록이 나열됩니다. 03 → 눈사람 스튜디오 → Object 폴더에서 지정한 이름의 모델링을 모두 선택하고 (Append) 버튼을 클릭하여 불러옵니다.

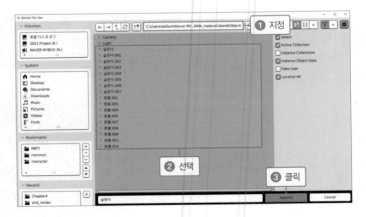

03 눈사람 오브젝트와 메테리얼이 화면에 표시됩니다. 모두 선택하고 Ctrl+J를 눌러 하나의 파일로 합친 다음 가운데로 이동합니다.

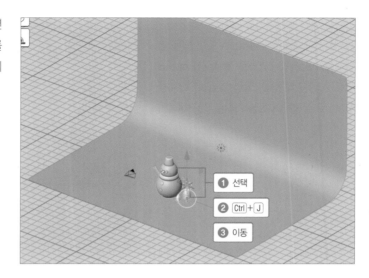

04 시점 변경을 위해 Header 패널에서 (View) → (Cameras) → (Active Camera(넘버 패드 0))를 실행합니다. 그림과 같이 Camera View로 변경됩니다.

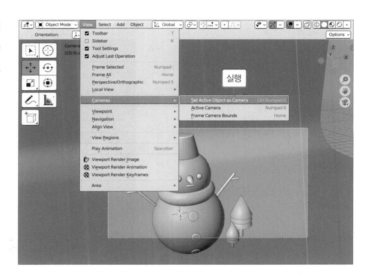

05 Sidebar에서 (View) 탭을 선택하고 View Lock의 'Camera to View'를 체크 표시하여 화면을 제어하는 것처럼 Camera View에서도 조정할 수 있게 합니다.

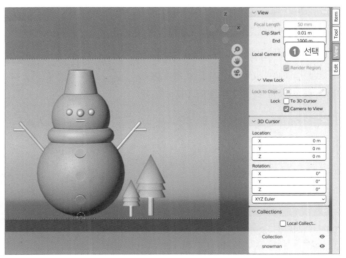

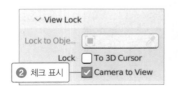

06 | 화면에 캐릭터를 배치합니다. Pro-
perties 패널에서 (Camera(📷)) 탭을 선
택하고 Lens의 Type을 'Orthographic'
으로 지정한 다음 Orthographic Scale을
'9.814'로 설정하여 초점 거리를 맞춥니다.

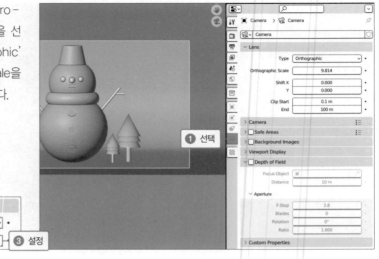

조명 설정하기

01 | Viewport Shading을 (Rendered
View(⬤))로 클릭하여 변경합니다. 라이팅
과 메테리얼을 확인할 수 있습니다.

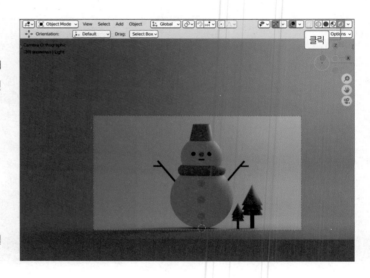

TIP 보이는 화면이 최종 결과물이 렌더링 될
화면입니다.

02 | 넘버 패드 [0]을 눌러 3D Viewport
로 시점을 변경하고 라이트를 선택합니다.
Properties 패널에서 (Light(💡)) 탭을 선
택하고 Light의 (Area) 버튼을 클릭하여
Point를 지정한 방향으로 빛이 퍼져나가게
변경합니다.

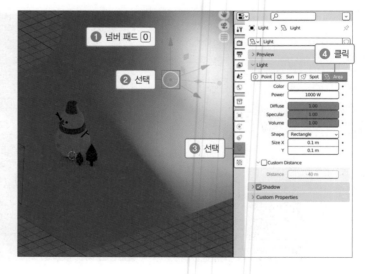

TIP 라이트를 선택해야 Properties 패널에
(Light(💡)) 탭이 표시됩니다.

03 라이트가 변경된 것을 확인하고 Power를 '900W'로 설정하여 빛의 세기를 조절합니다.

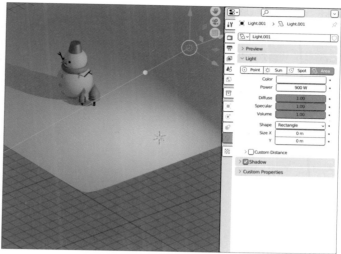

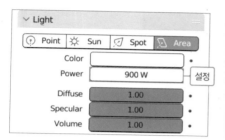

04 넘버 패드 ③을 눌러 Right View로 시점을 변경합니다. 선택된 라이트의 노란색 포인트를 드래그하여 빛의 방향 초점을 오브젝트에 맞춰 위치를 조절합니다.

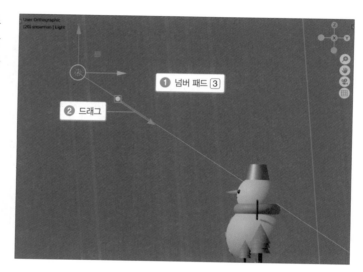

❶ 넘버 패드 ③

❷ 드래그

TIP 라이트의 위치를 조절할 때 Toolbar 패널의 (Move(⊕))와 (Rotate(⟳))를 이용하거나, Move의 단축키 G, Rotate의 단축키 R을 이용하여 조절하면 됩니다.

05 넘버 패드 ⑦을 눌러 Top View로 시점을 변경하고 빛의 방향을 오브젝트 쪽으로 드래그하여 정확한 위치를 조절합니다.

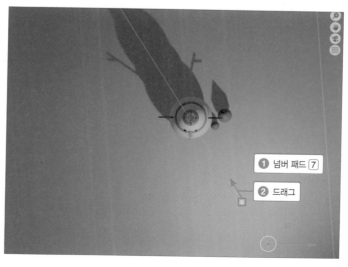

❶ 넘버 패드 ⑦

❷ 드래그

06 그림자의 경계선이 날카로운 느낌이 들어 부드럽게 만들기 위해 빛이 나오는 영역을 크게 만들겠습니다. Properties 패널의 (Light(💡)) 탭에서 Rectangle의 Size X와 Y를 '5m'로 설정하여 빛이 나오는 영역을 확대합니다.

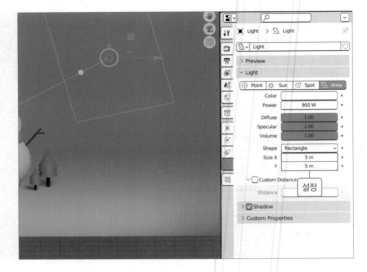

TIP 빛이 나오는 형태는 Rectangle 이외에 다양한 형태로 바꿀 수 있습니다.

07 라이트를 추가하겠습니다. 넘버 패드 7을 눌러 Top View로 시점을 변경합니다.

08 Header 패널에서 (Object) → (Duplicate Object(Shift+D))를 실행하여 복제합니다.

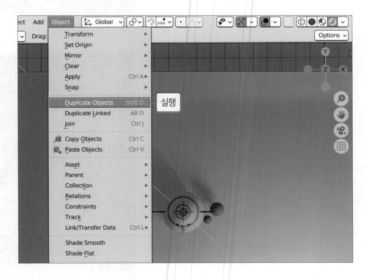

TIP 라이트를 새로 생성하는 것보다 설정된 라이트를 복제해서 조정하는 것이 좋습니다.

09 라이트의 빛 방향을 모델링에 맞춰 조정합니다.

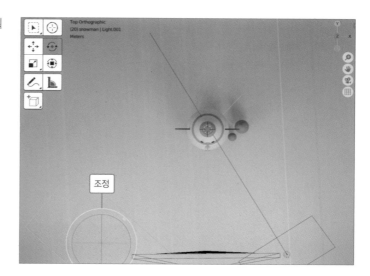

10 Properties 패널의 (Light(💡)) 탭에서 Color를 '살구색(#FFE9C9)'으로 지정한 다음 Power를 '1200W'로 설정하여 은은한 느낌의 빛으로 만듭니다.

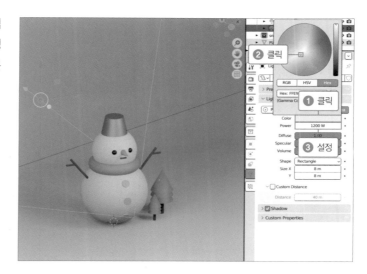

11 08번과 같은 방법으로 라이트를 복제합니다.

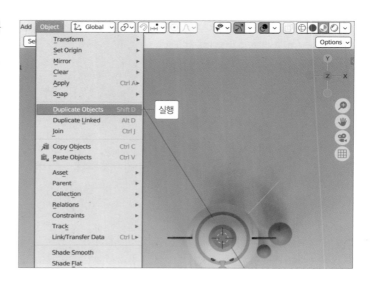

12 │ 복제한 라이트를 오브젝트 뒤로 이동합니다. Color를 '하늘색(#CBECFF)'으로 지정하고 Power를 '800W'로 설정하여 대칭되는 색으로 표현합니다.

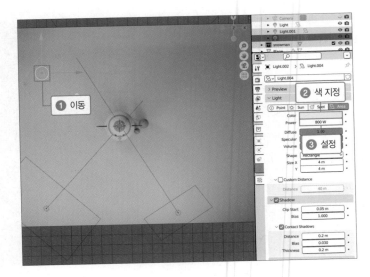

13 │ 렌더링 환경을 설정하겠습니다. Properties 패널에서 (Render(📷)) 탭을 선택하고 Sampling의 Render를 '512', Viewport를 '16', Ambient Occlusion의 Distance를 '1.41m', Bloom의 Threshold를 '1.384'로 설정한 다음 'Screen Space Reflections'를 체크 표시하고 'Refraction', 'Half Res Trace'를 체크 표시합니다.

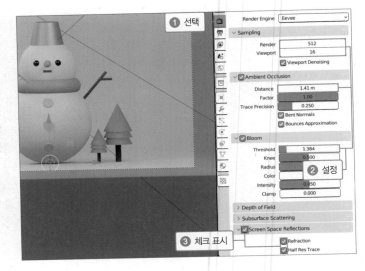

14 │ Properties 패널에서 (Output(🖼)) 탭을 선택하여 출력될 포맷을 지정합니다. Output의 File Format을 'PNG'로 지정합니다.

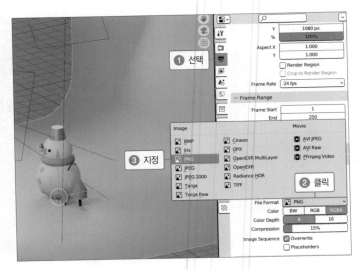

TIP File Format에는 다양한 이미지 및 영상 포맷이 있습니다.

15 | 메뉴에서 (Render) → (Render Image((F12)))를 실행하여 화면을 렌더링합니다. Blender Render 대화상자가 표시되면 렌더링 된 이미지가 보입니다.

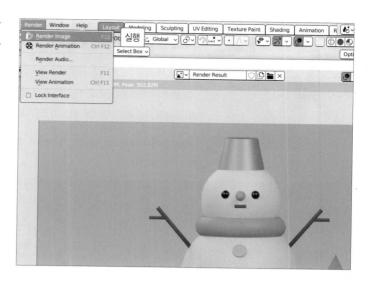

16 | 렌더링이 완료되면 (Image) → (Save((Alt)+(S)))를 실행하여 이미지를 원하는 곳에 저장합니다.

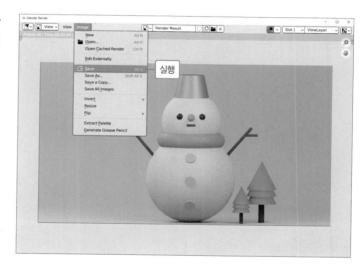

17 | 스튜디오를 만들고 EEVEE 렌더링을 적용했습니다. 스튜디오 배경에 다양한 메테리얼을 적용하고 라이트 설정을 바꿔보면서 자신만의 렌더링 환경을 만들어 보세요.

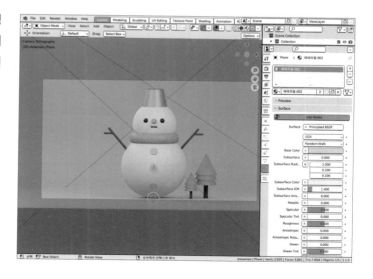

렌더를 보정한 트로피 아이콘 만들기

게임에서 자주 보상으로 사용되는 트로피를 만들어 보겠습니다. 어도비 일러스트레이터의 패스 툴과 비슷한 Curve를 생성하고 모양을 수정하여 뼈대를 만든 다음 Modifier의 Screw로 회전하여 트로피의 형태를 완성하겠습니다.

● 예제 파일 : 03\music_hall_01_1k.hdr　　● 완성 파일 : 03\트로피 아이콘_완성.blend

POINT

❶ Curve 생성하여 뼈대 만들기

❷ Screw Modifier 적용하기

❸ 환경 맵 적용하기

❹ Compositor에서 렌더 결과물 보정하기

트로피 형태 모델링하기

01 블렌더를 실행하고 메뉴에서 (File) → (New) → (General(Ctrl)+N))을 실행하여 새 File을 생성합니다. 조명(Lamp), 카메라(Camera)를 선택하고 X를 눌러 삭제합니다.

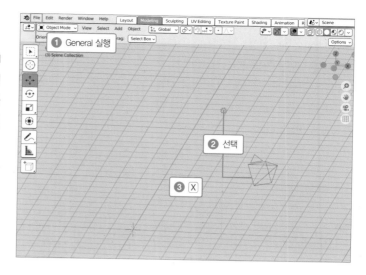

02 넘버 패드 1을 눌러 Front View로 시점을 변경하고 Header 패널에서 (Add) → (Curve) → (Bezier)를 실행하여 생성합니다.

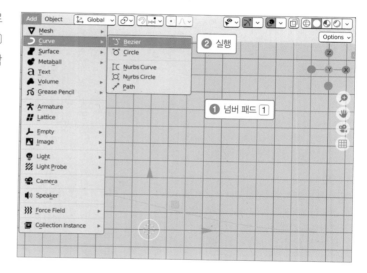

TIP Operation에서 Align을 'View'로 지정하면 현재 보이는 화면에 정면으로 생성됩니다.

03 Toolbar 패널에서 (Rotate(⊙, R))를 선택하고 회전하면서 형태를 만들고 세부 모양을 만들기 위해 Tab을 눌러 (Edit Mode)로 변경합니다.

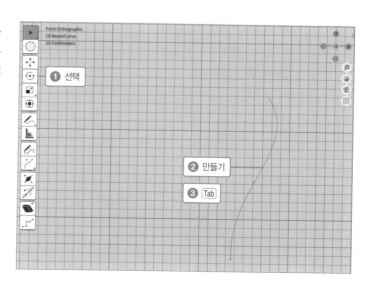

04 점이 선택된 상태로 Toolbar 패널에서 (Move(✛, G))를 선택한 다음 트로피의 단면 라인을 만듭니다.

윗부분이 완료되면 아래에 있는 점을 선택하고 E를 눌러 Curve를 추가해 그림과 같은 모습을 만듭니다.

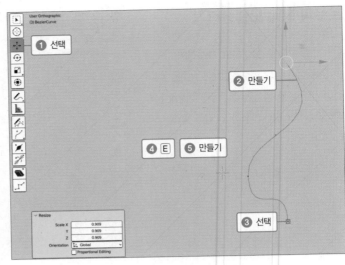

TIP Curve를 조작할 때는 Toolbar 패널에서 (Extrude(🗡))를 선택하는 것보다 단축키를 사용하여 작업하는 것이 편리합니다.

05 계속해서 전체 외각을 만들고 사이사이에 포인트를 추가하여 단면 라인을 만들어 갑니다.

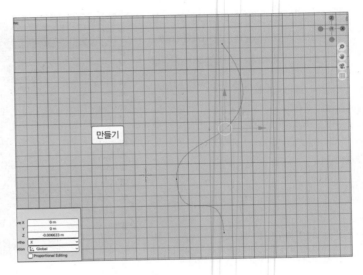

TIP 점을 2개 선택하고 마우스 오른쪽 버튼을 클릭하여 (Subdivide)를 실행하면 중간에 포인트가 추가됩니다. 반대로 점을 선택하고 X를 눌러 (Dissolve Vertices)를 실행하면 형태 변화 없이 점이 삭제됩니다.

06 계속해서 Bezier와 양옆의 점을 조절하면서 그림과 같은 모양을 만들고 Tab을 눌러 (Object Mode)로 변경합니다.

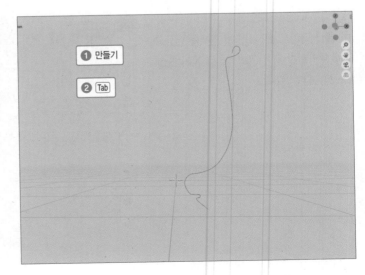

07 | Properties 패널에서 (Modifier(🔧))
탭을 선택하고 (Add Modifier)를 클릭한
다음 (Screw)를 실행하면 Z 중심축을 기준
으로 360° 회전한 오브젝트가 생성됩니다.
Screw 설정 창에서 Steps Viewport를
'36'으로 설정하여 부드럽게 만듭니다.

08 | 같은 방법으로 (Add Modifier)를
클릭하고 (Solidify)를 실행한 다음 Solidify
설정 창에서 Thickness를 '0.08'로 설정하
여 오브젝트의 두께를 만듭니다.

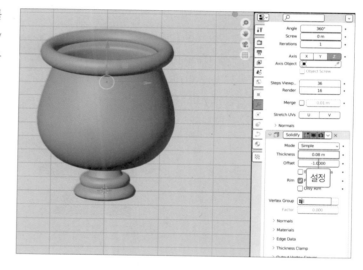

TIP 이후에 (Edit Mode)에서 계속 수정할
수 있으니 처음부터 너무 디테일하게 만들지
않아도 됩니다.

09 | 트로피의 몸통을 완성되었습니다.
Toolbar 패널에서 (Cursor(⊙))를 선택하
고 그림과 같이 손잡이가 만들어질 위치를
클릭합니다. 넘버 패드 1을 눌러 Front
View로 시점을 변경하고 Header 패널에
서 (Add) → (Curve) → (Bezier)를 실행
하여 생성합니다.

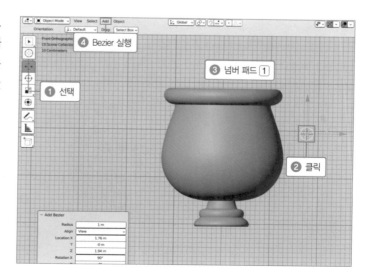

TIP Operation에서 Align을 'View'로 지정
합니다.

10 Bezier를 조절하여 손잡이 형태를 만듭니다.

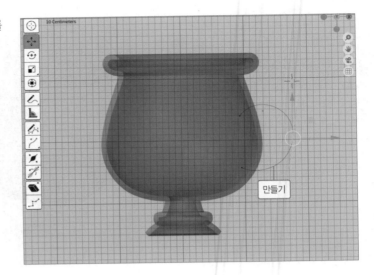

11 Properties 패널에서 (Object Data(▽)) 탭을 선택하고 Geometry → Bevel → Round의 Depth를 '0.12m'로 설정하여 두께를 생성하고 Resolution Preview U를 '36'으로 설정하여 표면을 부드럽게 만들어 손잡이를 완성합니다.

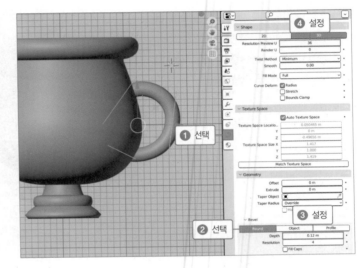

12 완성된 손잡이가 선택된 상태로 Properties 패널에서 (Modifier(🔧)) 탭을 선택하고 (Add Modifier)를 클릭하여 표시되는 목록에서 (Mirror)를 실행합니다.

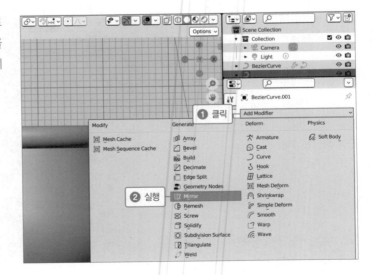

13 Mirror 설정 창에서 Mirror Object 의 '스포이트' 아이콘(🖊)을 클릭하고 트로 피 몸통을 선택하면 몸통이 회전기준이 되 어 (Mirror)가 적용됩니다.

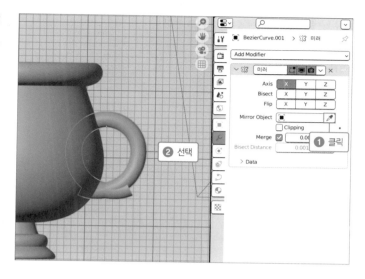

14 트로피를 선택하고 (Modifier(🔧)) 탭에서 (Add Modifier)를 클릭한 다음 (Subdivision Surface)를 실행합니다. Subdivision Surface 설정 창에서 Levels Viewport를 '1'로 설정합니다.

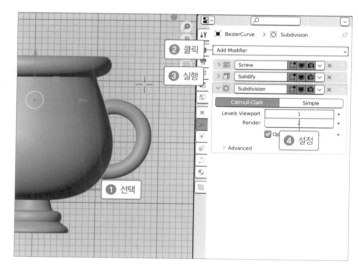

15 이번엔 트로피를 받쳐주는 받침대를 만들겠습니다. Header 패널에서 (Add) → (Cube)를 실행하여 오브젝트를 생성하고 Toolbar 패널에서 (Scale(▣, S))을 선택 하여 모양을 납작하게 만듭니다.

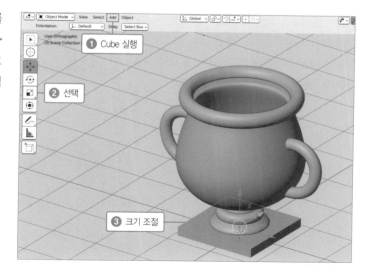

16 축소된 사이즈를 초기화하기 위해 Header 패널에서 (Object) → (Apply) → (Scale)을 실행합니다.

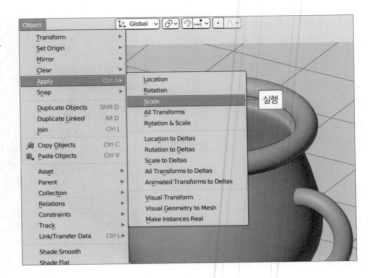

17 Properties 패널의 (Modifier(🔧)) 탭에서 (Add Modifier)를 클릭한 다음 (Bevel)을 실행합니다.
Bevel 설정 창에서 Amount를 '0.05m', Segments를 '4'로 설정하여 선의 모서리를 일정하게 분할하고 부드럽게 만듭니다.

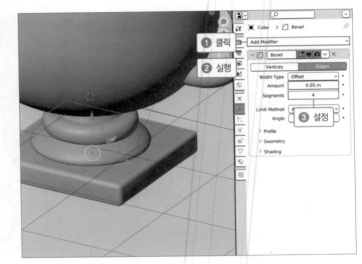

18 받침대 오브젝트를 선택하고 Shift+D를 눌러 복제합니다. 복제한 받침대 오브젝트를 Z 방향으로 이동하고 (Gizmo)를 이용하여 크기를 확대해 받침대를 추가합니다.

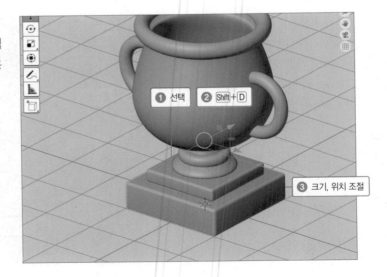

19 │ Header 패널에서 (Add) → (Cube)를 실행하여 추가하고 같은 방법으로 이름표를 만든 다음 그림과 같이 배치합니다. 이름표 오브젝트는 받침대 오브젝트보다 작아 Bevel 설정 창에서 Amount를 '0.02m', Segments를 '3'으로 설정합니다.

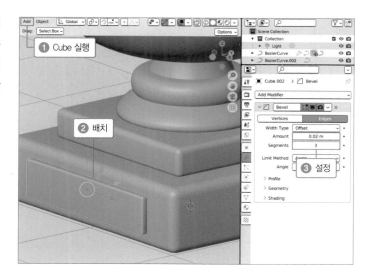

20 │ 이름표 오브젝트에 나사를 추가하기 위해 Header 패널에서 (Add) → (Cylinder)를 실행하여 오브젝트를 생성합니다.

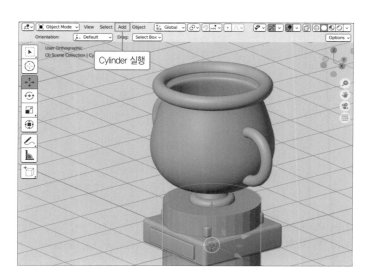

21 │ Properties 패널의 (Modifier(🔧)) 탭에서 (Add Modifier)를 클릭하고 (Bevel)을 실행한 다음 설정 창에서 Amount를 '0.001m', Segments를 '3'으로 설정합니다. Toolbar 패널의 (Scale(🔳, S))로 크기를 조절하고 (Move(✥, G))로 이동합니다.

22 나사 오브젝트를 선택한 상태로 (Shift) +(D)를 3번 눌러 복제하고 그림과 같이 배치한 다음 (Ctrl)+(J)를 눌러 하나의 오브젝트로 합칩니다.

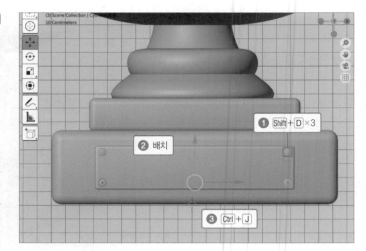

TIP Modifier가 서로 다르게 적용되었기 때문에 모델링을 모두 선택하여 합치면 좋지 않습니다. 이런 경우는 하나를 부모로 설정하여 다른 부분들을 연결하는 것이 좋습니다.

23 (Shift)를 누른 상태로 받침대 오브젝트와 손잡이 오브젝트를 클릭하고, 마지막으로 몸통 오브젝트를 클릭하여 선택합니다.

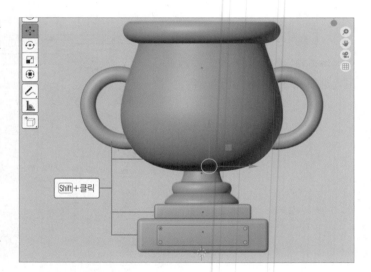

TIP 마지막에 선택한 오브젝트의 색이 다른 것을 확인할 수 있습니다.

24 (Ctrl)+(P)를 눌러 표시되는 창에서 (Object(Keep Transform))를 실행하면 마지막에 선택한 몸통 오브젝트가 부모가 되어 연결됩니다. 부모가 된 오브젝트를 이동하면 다른 오브젝트들도 같이 이동됩니다.

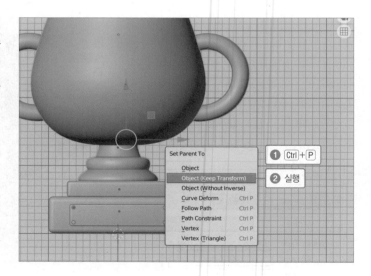

TIP (Alt)+(P)를 눌러 연결을 해제할 수 있습니다.

25 │ 하나로 연결된 트로피 모델링을 완성했습니다.

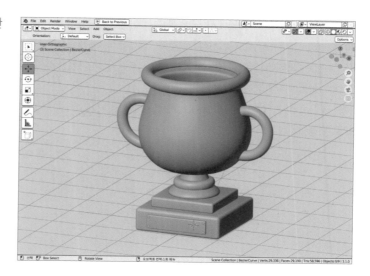

렌더링 설정과 환경 맵 적용하기

01 │ Workspaces에서 (Shading) 탭을 선택하여 변경합니다. 패널 경계선에서 마우스 오른쪽 버튼을 클릭하고 (Join Area)를 실행하여 3D Viewport 패널과 Shader Editor 패널을 각각 확장합니다.

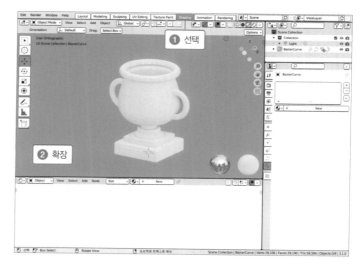

02 │ 앞으로 만들 매터리얼을 확인할 수 있는 설정을 하겠습니다. Header 패널에서 (Add) → (Plane)을 실행하여 생성하고 크기를 확대하여 바닥을 만듭니다.

03 3D Viewport 패널에서 넘버 패드 [0]을 눌러 Camera View로 시점을 변경하고 Outliner 패널에서 카메라를 선택합니다. Properties 패널의 (Camera(📷)) 탭을 선택하고 Lens의 Type을 'Orthographic'으로 지정합니다.

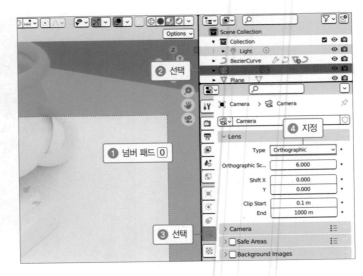

04 최종 렌더링 사이즈를 변경하기 위해 Properties 패널에서 (View Layer(🖼️)) 탭을 선택하고 Format의 Resolution X와 Y를 '1300px'로 설정하여 정사각형으로 만듭니다.

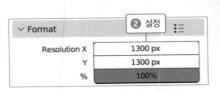

05 Sidebar에서 (View) 탭을 선택하고 View → Lock의 'Camera to View'를 체크 표시하여 그림과 같이 화면을 배치합니다.

TIP Camera View가 Orthographic이라면 카메라 안에서 회전과 이동은 조작할 수 있으나, 확대는 Orthographic Scale의 수치를 변경하는 것으로만 할 수 있습니다.

06 │ Viewport Shading에서 (Rendered (◉))을 클릭하여 라이팅과 재질이 표현된 렌더링 화면으로 변경합니다.

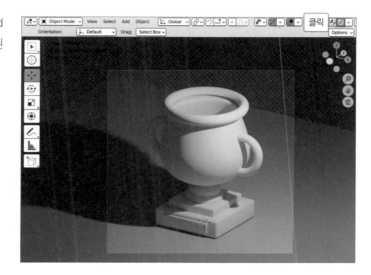

07 │ Properties 패널에서 (Render (◙)) 탭을 선택하고 Render Engine을 'Cycles'로 지정한 다음 Sampling → Render의 Max Sampling을 '1024'로 설정합니다.

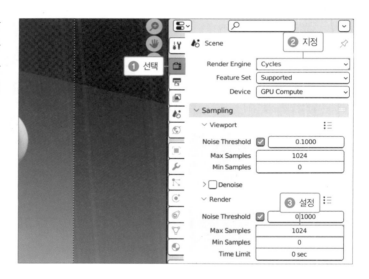

08 │ 환경 맵 적용을 위해 Properties 패널에서 (World(◉)) 탭을 선택하고 Color 의 (◉)를 클릭한 다음 (Environment Texture)를 실행합니다.

TIP Perspective에서는 배경이 명확하게 보이지만 Orthographic에서는 광원만 보입니다. Strength를 설정하여 빛의 세기를 조절할 수 있습니다.

09 [Open(■)] 버튼을 클릭하여 03 폴더에서 'music_hall_01_1k.hdr' 파일을 불러오면 렌더러가 적용된 화면이 오브젝트 배경에 보입니다.

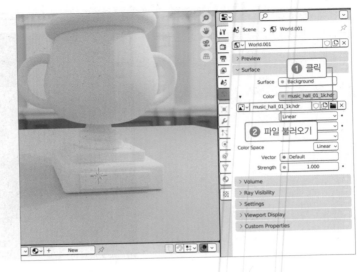

10 렌더링할 때 환경 맵은 출력되면 안 되므로 Properties 패널에서 [Render(■)] 탭을 선택하고 Film의 'Transparent'를 체크 표시하여 화면의 배경은 숨기고 맵의 영향력은 남아있게 합니다.

11 라이트를 선택하여 밝기의 방향을 조절하고 이동합니다.

12 그림자만 남기고 플래인 오브젝트를 지우겠습니다. 플래인 오브젝트를 선택하고 Properties 패널의 (Object(▣)) 탭을 선택한 다음 Visibility → Mask의 'Shadow Catcher'를 체크 표시하여 활성화하면 플래인 오브젝트는 사라지고 그림자만 남게 됩니다.

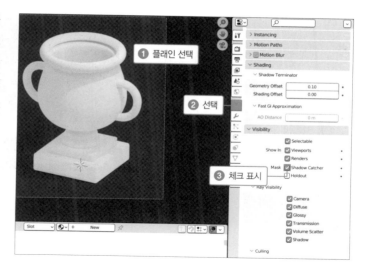

트로피 메테리얼 적용하기

01 트로피 오브젝트를 선택합니다. Properties 패널에서 (Material(🔴)) 탭을 선택하고 (New) 버튼을 클릭하여 메테리얼을 생성한 다음 이름을 'Trophy'로 입력합니다.

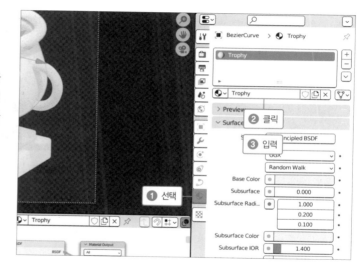

02 메테리얼을 적용하고 Shader Editor 패널에서 Principled BSDF Node의 Base Color를 '주황색(#FF8E00)'으로 지정한 다음 Metallic을 '0.3', Roughness를 '0.4'로 설정합니다.

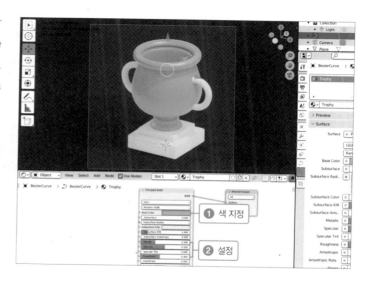

03 약간의 손때가 묻어있는 느낌을 표현하기 위해 Shader Editor 패널에서 (Add) → (Musgrave Texture)를 실행하여 노드를 생성하고 Vector 소켓의 Scale을 '12.9', Detail/Dimension/Lacunarity를 '2'로 설정합니다.

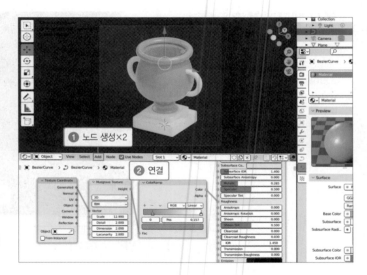

TIP Musgrave Texture는 얼룩진 재질의 텍스처입니다.

04 Shader Editor 패널에서 (Add) → (Input) → (Texture Coordinate)와 (Add) → (Converter) → (ColorRamp)를 실행하여 노드를 생성합니다. 그림과 같이 소켓을 연결하면 자동으로 컬러와 위치를 조절하면서 광택을 표현합니다.

TIP ColorRamp의 색상이 짙어질수록 광택이 나고 옅어질수록 무광이 됩니다.

05 Shift를 누른 상태로 손잡이와 이름표 오브젝트를 선택하고 마지막에 몸통 오브젝트를 선택한 다음 Ctrl+L을 눌러 표시되는 창에서 (Link Materials)를 실행하면 한 번에 'Trophy' 메테리얼이 적용됩니다.

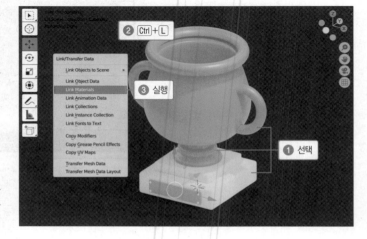

TIP Link/Transfer Data(Ctrl+L)를 이용하면 손쉽게 이미 적용된 기능과 메테리얼을 복사할 수 있어서 유용합니다.

06 받침대 오브젝트의 메테리얼을 적용하겠습니다. Properties 패널의 (Material (🔘)) 탭에서 (New) 버튼을 클릭하여 메테리얼을 생성하고 이름을 'under'로 입력합니다. Base Color를 '짙은 회색(#2E2E2E)'으로 지정하고 Roughness를 '0.5'로 설정합니다.

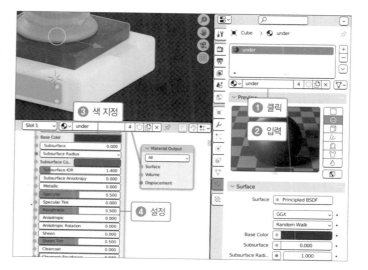

07 05번과 같은 방법으로 아래 받침대와 나사 오브젝트도 받침대 오브젝트와 같은 메테리얼을 적용합니다.

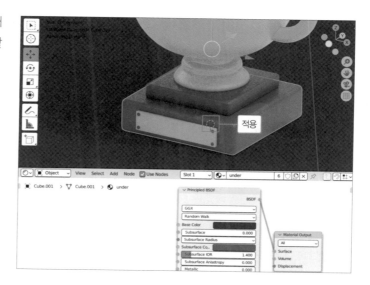

08 메테리얼이 모두 적용되면 F12를 눌러 Blender Render 대화상자를 표시하고 렌더링을 진행합니다.

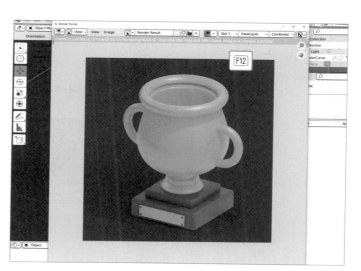

TIP 메뉴에서 (Render) → (Render Image)를 실행해도 됩니다.

09 │ Blender Render 대화상자에서
(Image) → (Save((Alt)+(S)))를 실행하여
Png 파일로 저장합니다. 포토샵 등 이미지
프로그램에서 파일을 불러오면 배경이 투명
한 상태에서 그림자가 적용되어있는 것을
확인할 수 있습니다.

렌더링 결과물 보정하기

01 │ Workspaces에서 (Compositing)
탭을 선택하여 변경합니다. Timeline 패
널에서 마우스 오른쪽 버튼을 클릭하고
(Close Area)를 실행하여 Compositor 패
널을 넓게 만듭니다.

TIP 화면에 아무것도 보이지 않습니다.

02 │ Header 패널에서 'Use Nodes'를
체크 표시하면 Compositor 패널에 노드가
표시되며 Render Layers에 렌더링한 결
과물이 보입니다.

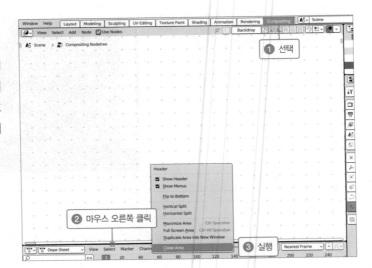

TIP Compositor 패널도 노드 기반으로 조
작 및 생성은 Shader Editor 패널의 노드와
같습니다.

03 Ctrl+Shift 를 누른 상태로 Render Layers를 클릭하면 화면에 렌더링 결과물이 크게 나타납니다.

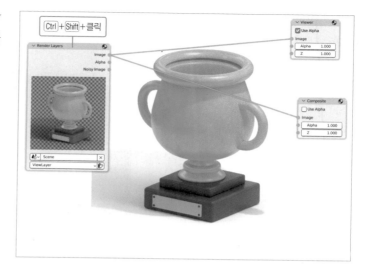

TIP 이것은 Backdrop 기능으로 상단의 (Backdrop) 버튼을 클릭하여 숨길 수 있습니다. 또한, Compositor 패널의 (View)에서 이동 및 축소 확대를 할 수 있습니다.

04 Backdrop 화면을 맞추고 노드를 추가하겠습니다. (Add) → (Color) → (Bright/Contrast)를 실행하여 노드를 생성하고 소켓을 그림과 같이 연결한 다음 Bright를 '4', Contrast를 '10'으로 설정합니다.

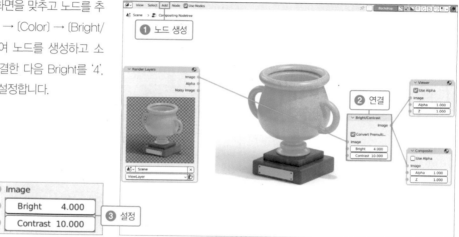

05 다음은 배경을 추가하겠습니다. (Add) → (Color) → (Alpha Over)를 실행하여 노드를 생성하고 소켓을 그림과 같이 연결하면 투명한 렌더링 결과물 뒤로 배경이 나타납니다.

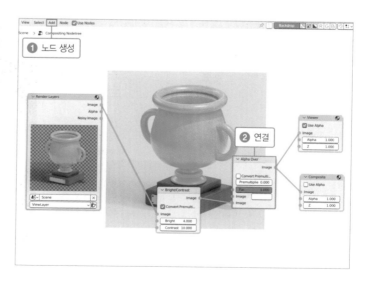

06 | Alpha Over의 Image를 원하는 색상으로 지정하여 투명한 오브젝트 뒤로 배경 색상이 나타나게 합니다.

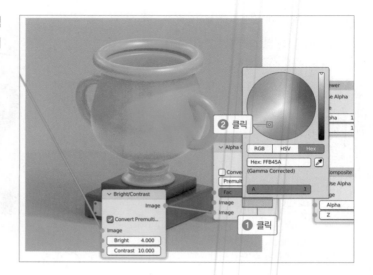

07 | 화면 끝이 자연스럽게 어두워지는 비네팅 효과를 만들겠습니다. 효과가 적용될 영역을 만들기 위해 (Add) → (Matte) → (Ellipse Mask)를 실행하여 노드를 생성하고 Ellipse Mask의 Width와 Height를 '0.9'로 설정합니다.

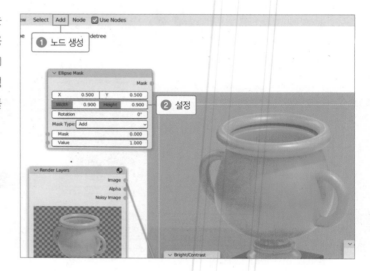

08 | Ellipse Mask의 Mask 소켓을 Alpha Over의 빈 Image 소켓에 드래그하여 연결하면 설정한 원만큼 테두리가 생깁니다.

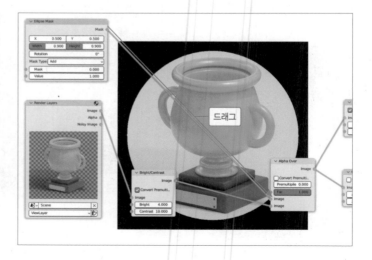

09 날카로운 경계선을 부드럽게 만들겠습니다. (Add) → (Filter) → (Blur)를 실행하여 노드를 생성하고 소켓을 그림과 같이 연결합니다. Blur의 'Gamma'를 체크 표시하고 X와 Y를 '600'으로 설정합니다.

10 마지막으로 배경색을 지정하기 위해 (Add) → (Converter) → (ColorRamp)를 실행하여 노드를 생성하고 Ellipse Mask와 Blur의 사이로 소켓을 연결한 다음 원하는 색상을 지정합니다.

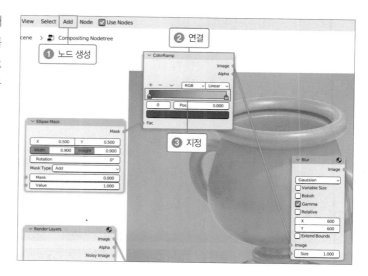

11 Compositing으로 보정을 마무리하고 렌더링을 실행하면 자동으로 적용한 효과가 결과물에 적용됩니다.

토끼 캐릭터 만들고 볼륨감 있는 메테리얼 적용하기

생성한 Mesh를 Edit Mode에서 모델링을 만들고 완성된 모델링에 기본적인 메테리얼을 적용해서 마술사의 모자에서 나온 귀여운 토끼를 완성하겠습니다.

● 완성 파일 : 03\마술 토끼_완성.blend

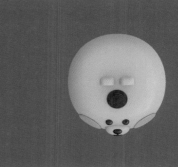

POINT

❶ 기본 Mesh인 Cube를 이용해서 캐릭터 만들기

❷ 모델링에 메테리얼 적용하기

❸ 가상의 스튜디오에서 렌더링하기

192　Part 3 실사같은 재질 작업과 렌더링하기

토끼 얼굴형 모델링하기

01 블렌더를 실행하고 메뉴에서 (File)
→ (New) → (General((Ctrl)+(N)))을 실행
하여 새 File을 생성합니다.

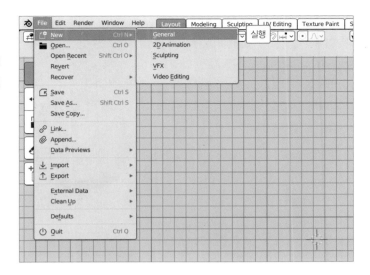

02 기본 Mesh인 큐브 오브젝트를 사
용하여 모델링을 하겠습니다. 넘버 패드 (1)
을 눌러 Front View로 시점을 변경하고
3D Viewport 패널에서 (Orthographic
(圆, 넘버 패드 (5)))를 클릭하여 투시를 변
경합니다.

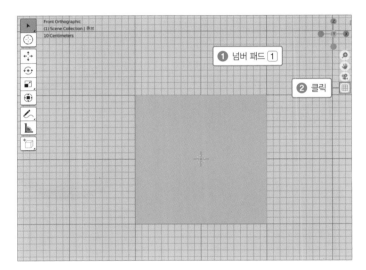

03 큐브를 선택하고 Properties 패널에
서 (Modifier(🔧)) 탭을 선택한 다음 (Add
Modifier)를 클릭하여 표시되는 목록에서
(Subdivision Surface)를 실행합니다.

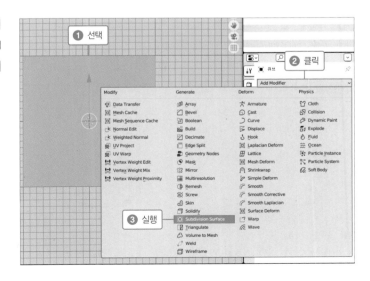

04 그림과 같이 큐브 오브젝트의 면이 나누어져 구 형태가 되었습니다.

Apply를 하기 전에는 적용되기 전 미리 보기 상태입니다. Subdivision Surface 설정 창에서 (☑)를 클릭하고 (Apply((Ctrl)+(A)))를 실행하여 적용합니다.

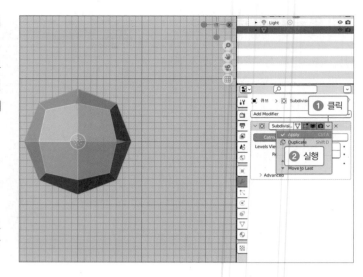

TIP Subdivision Surface는 구 형태를 모델링 할 때 큐브 오브젝트의 면을 한 번에 나누어 주기 때문에 자주 사용합니다.

05 같은 방법으로 (Add Modifier)를 클릭하여 (Subdivision Surface)를 한 번 더 실행합니다. Subdivision Surface 설정 창에서 Levels Viewport를 '3'으로 설정하여 면을 더 부드럽게 나눕니다.

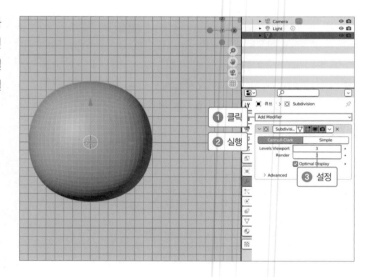

06 캐릭터를 대칭되는 형태로 만들기 위해 (Add Modifier)의 (Mirror)를 적용하겠습니다. 먼저 형태의 반쪽을 지워주기 위해 (Tab)을 눌러 (Edit Mode)로 전환합니다.

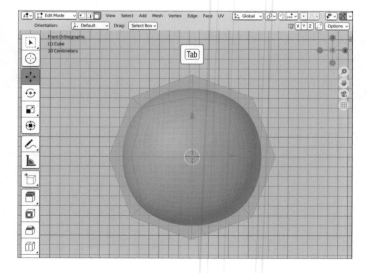

TIP 단축키 (Tab)을 누르면 (Object Mode)와 (Edit Mode)를 쉽게 이동할 수 있습니다.

07 Header 패널에서 (Face(■, ③))를 선택하여 변경하고 보이지 않는 면을 선택하기 위해 (Toggle X-Ray(▣, Alt+Z))를 클릭하여 활성화합니다.

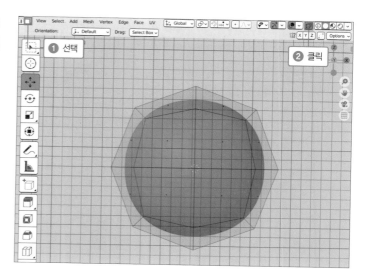

08 드래그하여 그림과 같이 반쪽 면을 선택합니다.

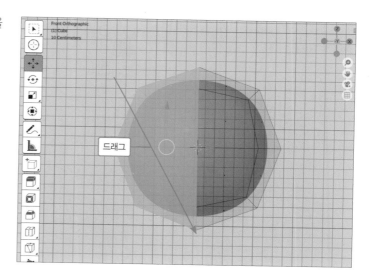

09 선택된 반쪽의 면을 지우기 위해 삭제 단축키 X를 눌러 표시되는 창에서 (Faces)를 실행하여 삭제합니다. 작업이 끝나고 다시 (Toggle X-Ray(▣, Alt+Z))를 클릭해서 비활성화합니다.

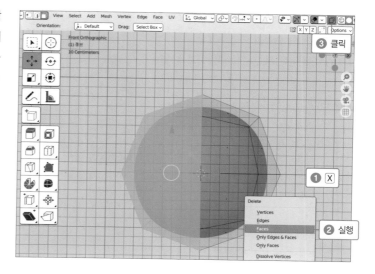

10 [Tab]을 눌러 [Object Mode]로 변경하고 Properties 패널의 [Modifier(🔧)] 탭에서 [Add Modifier]를 클릭하여 표시되는 목록에서 [Mirror]를 실행합니다.

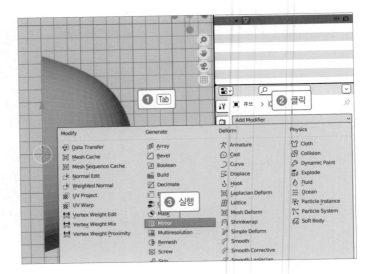

11 실행하면 그림과 같이 구 형태가 이상하게 표현됩니다.

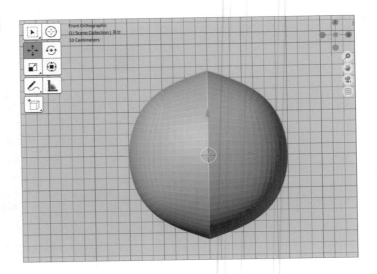

12 위에서부터 순서대로 Modifier가 적용되므로 적용 순서를 변경해야 합니다. Mirror 설정 창에서 [▼]를 클릭하고 [Move to first]를 실행하여 Mirror의 위치를 위로 이동합니다.

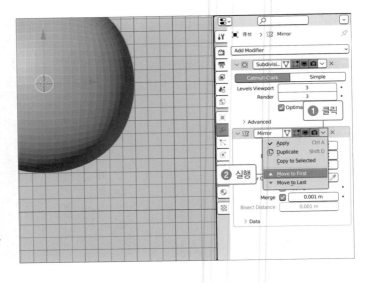

TIP 여러 Modifier를 적용 경우 순서에 따라 형태가 달라질 수 있습니다.

13 이제 대칭된 형태의 모델링을 하겠습니다. [Tab]을 눌러 (Edit Mode)로 변경하고 Header 패널에서 (Vertex(□, 1))를 선택하여 변경합니다.

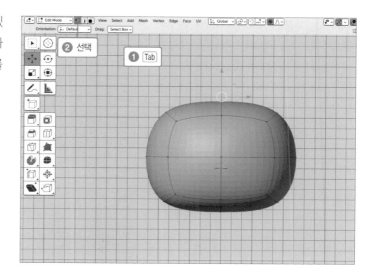

14 Toolbar 패널에서 (Move(✛, G))를 선택하고 넘버 패드 1과 3을 눌러 Front View와 Right View로 시점을 돌려보면서 그림과 같이 머리를 만듭니다.

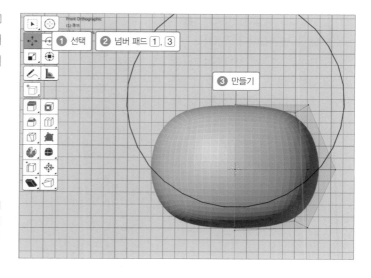

TIP Mesh의 형태를 잡을 때 Proportional Editing(O)을 활성화하면 부드럽게 이동되고, 이동할 때 마우스 휠을 돌리면서 영역 범위를 조절할 수 있습니다.

15 머리 형태가 완성되면 큐브 오브젝트를 생성하여 토끼 귀를 만들겠습니다. Toolbar 패널에서 (Cursor(⊙))를 선택한 다음 머리 윗부분을 클릭하여 포인트를 위치합니다.

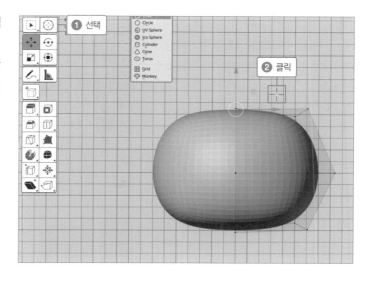

16 │ Toolbar 패널에서 (Move(✛, G))
를 선택한 다음 Header 패널에서 (Add)
→ (Cube)를 실행하여 (Cursor(⊙)) 포인
트가 위치한 곳에 새로운 큐브 오브젝트를
생성합니다.

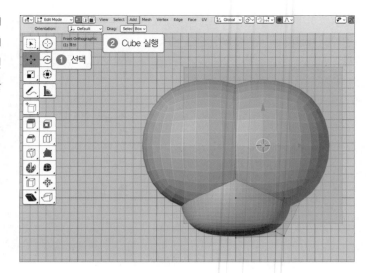

17 │ Header 패널에서 (Face(■, 3))
를 선택하여 변경합니다. Toolbar 패널에
서 (Scale(■, S))을 선택하여 크기를 축
소하고 아랫면을 선택한 다음 X를 눌러 표
시되는 창에서 (Faces)를 실행하여 삭제합
니다.

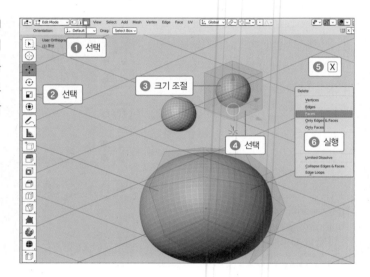

18 │ Toolbar 패널에서 (Loop Cut(▥,
Ctrl+R))을 선택하고 그림과 같이 수평과
수직으로 한 번씩 클릭하여 귀 오브젝트를
분할합니다.

TIP (Loop Cut(▥))은 도형 편집 때에 자주
사용하는 기능으로 단축키 Ctrl+R을 사용하
면 편리합니다.

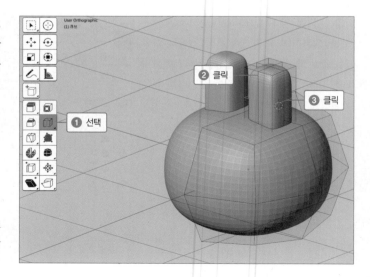

19 Header 패널에서 [Vertex(■, [1])]를 선택하여 변경하고 Toolbar 패널에서 [Move(✣, [G])]를 선택합니다. 귀 오브젝트에서 분할된 점을 선택하고 [Gizmo]의 파란색 Z와 초록색 Y 화살표를 이용하여 귀의 형태를 만듭니다.

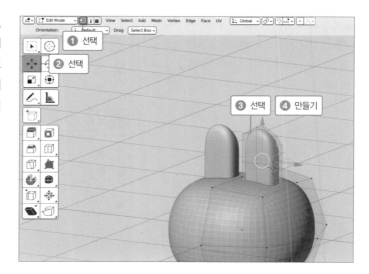

20 귀의 형태가 만들어졌다면 안쪽으로 넣어주기 위해 넘버 패드 [1]을 눌러 Front View로 시점을 변경합니다. Header 패널에서 [Face(■, [3])]를 선택하여 변경하고 그림과 같이 면을 4개 선택합니다.

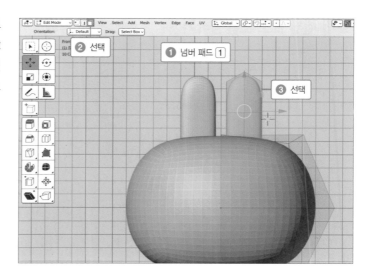

21 Toolbar 패널에서 [Inset Faces (■, [I])]를 선택한 다음 노란색 원을 안쪽으로 드래그하여 면을 분할해서 작게 만듭니다.

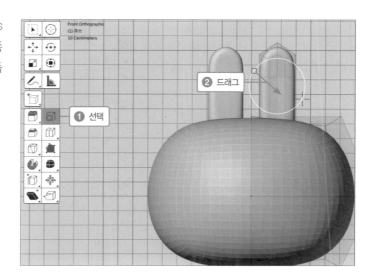

22 | Toolbar 패널에서 (Extrude Region (▣, E))을 선택하고 (+)를 Y 방향으로 드래그하여 그림과 같이 안쪽으로 면을 넣어 입체감 있는 귀를 만듭니다.

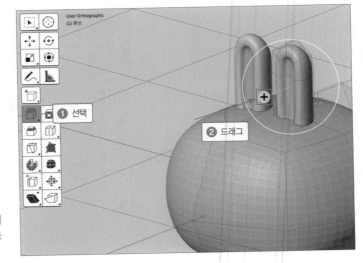

TIP (Extrude Region(▣))은 모델링할 때 자주 사용하는 면을 분할해서 돌출하는 기능으로 단축키 (E)를 주로 사용합니다.

토끼 세부 요소 모델링하기

01 | 코와 입은 얼굴 오브젝트의 면을 복제해서 만들겠습니다. 얼굴 앞면을 2개 선택하고 (Shift)+(D)를 눌러 선택한 면을 복사하고 Y 방향으로 이동합니다.

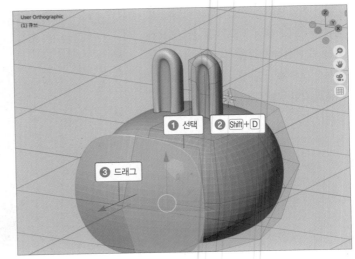

TIP (Modifier(🔧)) 탭의 Mirror 설정 창에서 'Clipping'를 체크 표시하면 형태를 만들 대 중심의 Vertex가 서로 떨어지지 않습니다.

02 | Toolbar 패널에서 (Scale(▣, S))을 선택하여 복제된 면을 축소하여 작은 형태를 만듭니다.

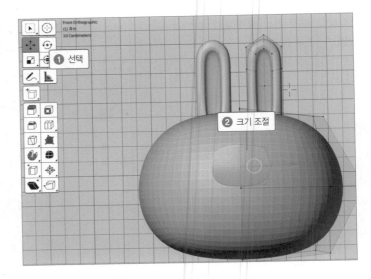

03 | Toolbar 패널에서 (Extrude Region (　, E))을 선택하고 (+)를 초록색 Y 방향으로 드래그하여 두께를 만들고 얼굴 오브젝트 쪽으로 위치를 이동하여 형태를 다듬습니다.

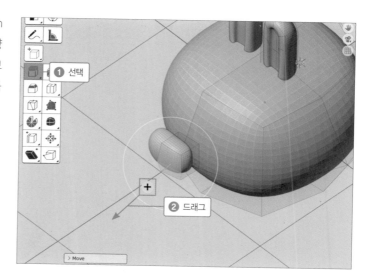

04 | 넘버 패드 ③을 눌러 Right View로 시점을 변경하고 주둥이 오브젝트에 마우스 포인터를 위치한 다음 (L)을 눌러 모두 선택합니다. (Shift)+(D)를 눌러 오브젝트를 복제하고 X 방향 왼쪽으로 이동합니다.

TIP 특정 부분을 선택할 때 마우스 포인터를 오브젝트 위에 두고 단축키 (L)을 누르면 마우스 포인터가 있는 오브젝트가 모두 선택됩니다. 개체 수가 많아 복잡할 때 단축키를 이용하여 유용하게 작업하세요.

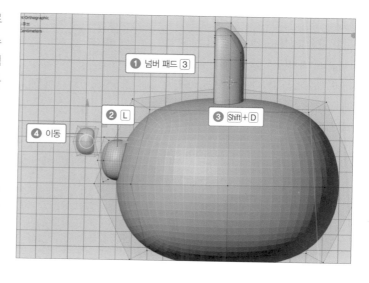

05 | Toolbar 패널에서 (Scale(　, (S))) 을 선택하고 복제한 코 오브젝트를 축소합니다. 다시 Toolbar 패널에서 (Move(　, (G))를 선택하고 (Gizmo)의 초록색 Y 화살표를 드래그하여 주둥이 오브젝트 위로 이동합니다.

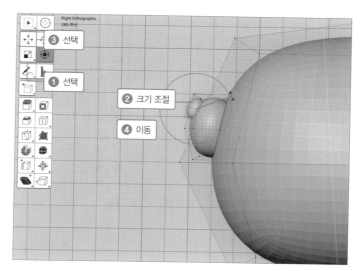

06 넘버 패드 **1**을 눌러 Front View 로 시점을 변경합니다. 코 오브젝트의 형태 와 위치를 조절하여 코를 완성합니다.

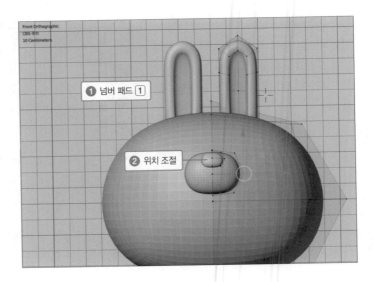

07 입도 간단하게 주둥이 오브젝트의 일부 면을 복사해서 만들겠습니다. Header 패널에서 (Face(■, **3**))를 선택 하여 변경하고 그림과 같이 면을 선택한 다 음 (Gizmo)의 파란색 Z 화살표를 아래로 드래그하여 이동합니다.

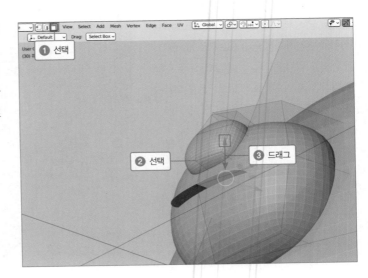

08 Toolbar 패널에서 (Extrude Region (■, **E**))을 선택하고 (**+**)를 Y 방향으로 드 래그하여 면을 돌출시켜 두께를 줍니다.

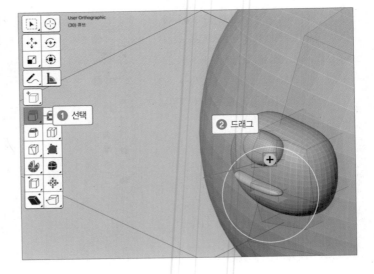

09 Toolbar 패널에서 (Loop Cut(⊞, Ctrl+R))을 선택하고 그림과 같이 클릭하여 가운데에 선을 추가합니다.

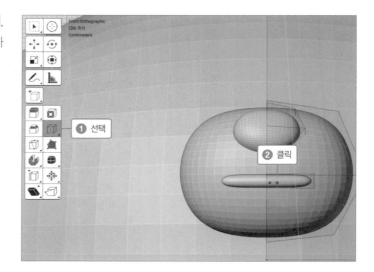

10 윗면을 선택하고 Toolbar 패널에서 (Extrude Region(⬛, E))을 선택한 다음 (➕)를 Z 방향으로 드래그하여 돌출합니다. 점을 수정하여 그림과 같은 입 모양을 만듭니다.

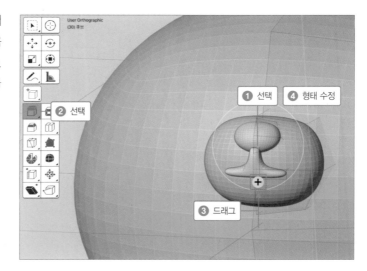

11 ②를 눌러 (Edge(⬛))로 변경하고 Toolbar 패널에서 (Loop Cut(⊞, Ctrl+R))을 선택한 다음 그림과 같이 클릭하여 선을 추가하여 입 모양을 만듭니다.

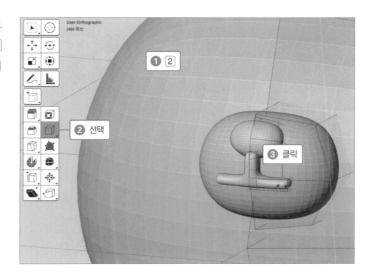

12 | 눈을 만들기 위해 Toolbar 패널에서 [Cursor(◎)]를 선택하고 눈이 될 위치를 클릭하여 포인트를 위치합니다. Header 패널에서 [Add] → [Cube(Shift+A)]를 실행하여 큐브 오브젝트를 생성합니다. 생성된 큐브 오브젝트를 눈의 위치와 크기 조절해서 눈을 만듭니다.

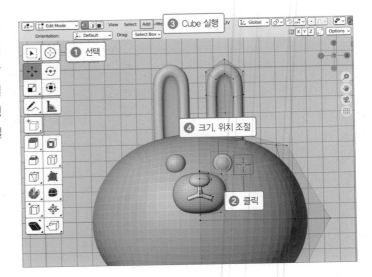

13 | 눈 오브젝트를 복제한 다음 모양을 잡아 볼 터치를 만들겠습니다. Shift+D를 눌러 눈 오브젝트를 복제하고 앞쪽으로 드래그하여 이동한 다음 Toolbar 패널에서 [Scale(■, S)]을 선택하고 [Gizmo]를 이용하여 그림과 같이 납작하게 만듭니다.

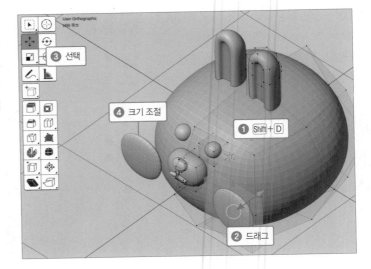

14 | 넘버 패드 7을 눌러 Top View로 시점을 변경합니다.
Toolbar 패널에서 [Rotate(◉, R)]를 선택하고 [Gizmo]의 원을 드래그하여 얼굴 오브젝트에 맞춰 회전하고 이동합니다.

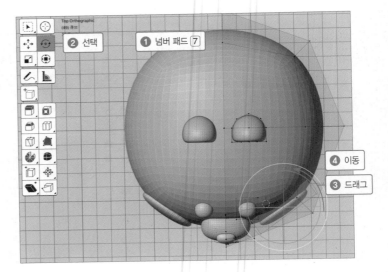

15 이번은 몸통을 만들겠습니다. 얼굴 오브젝트 아랫면을 2개 선택합니다.

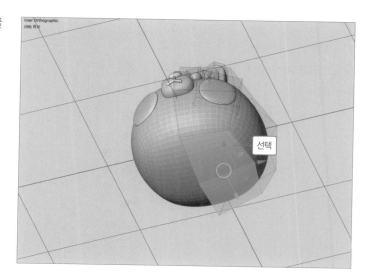

16 Toolbar 패널에서 (Extrude Region (⬛, E))을 선택한 다음 Z 방향으로 드래그 하여 돌출된 몸통을 만듭니다.

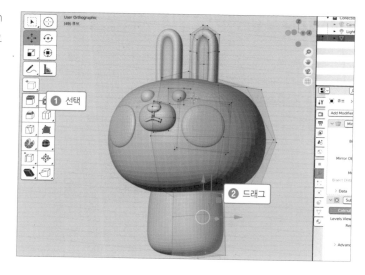

TIP 오브젝트의 면이 많아져 복잡해 보일 때 (Modifier(🔧)) 탭의 Subdivision Surface 설정 창에서 (On Cage(🔻))를 클릭하여 활성화 하면 미리 보기와 와이어가 같이 표시됩니다.

17 팔을 만들기 위해 Toolbar 패널에서 (Cursor(🔘))를 선택하고 얼굴 아래를 클릭하여 포인트를 위치합니다. Header 패널에서 (Add) → (Cube) 실행하여 큐브 오브젝트를 생성하고 그림과 같이 토끼의 손으로 만듭니다.

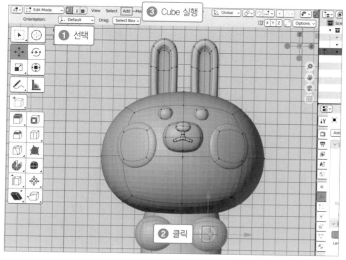

18 │ Toolbar 패널에서 (Scale(⬚, S))을 선택하고 (Gizmo)의 파란색 포인트를 아래로 드래그하여 손을 납작하게 만들어 마무리합니다.

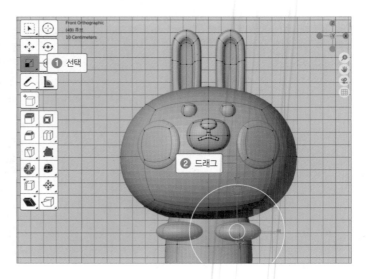

마술사 모자 모델링하기

01 │ Tab을 눌러 (Object Mode)로 변경하고 토끼 오브젝트를 선택한 다음 (Gizmo)의 파란색 Z 화살표를 드래그하여 위로 이동합니다.

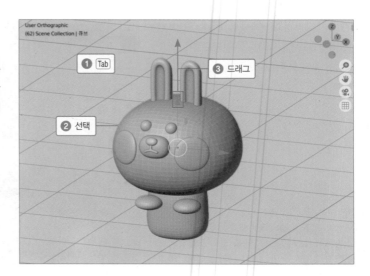

02 │ Cursor를 중심으로 이동하기 위해 Shift+S를 눌러 표시되는 파이 메뉴에서 (Cursor to World Origin)을 실행합니다.

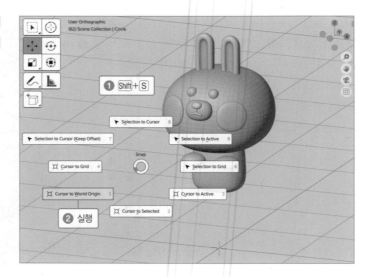

03 Header 패널에서 (Add) → (Circle)
을 실행하여 써클 오브젝트를 생성하고
Operation에서 Vertices를 '16'으로 설정
합니다.

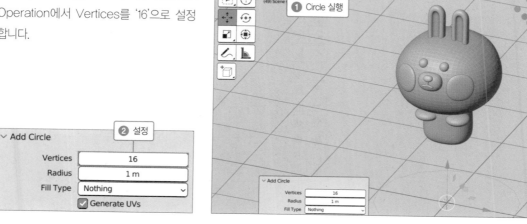

∨ Add Circle		② 설정
Vertices	16	
Radius	1 m	
Fill Type	Nothing	∨
	☑ Generate UVs	

04 Tab을 눌러 (Edit Mode)로 변경하고
Toolbar 패널에서 (Extrude Region (🔲,
E))를 길게 클릭하여 표시되는 (Extrude
Along Normals(🔲))를 선택하여 면을 만
든 다음 축소하여 모자챙을 만듭니다.

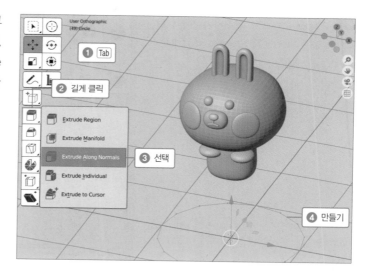

05 Header 패널에서 (Vertex(🔲,
1))를 선택하여 변경하고 안쪽의 점들을
선택합니다.

다시 Toolbar 패널에서 (Extrude Along
Normals(🔲))를 길게 클릭하여 표시되는
(Extrude Region(🔲, E))을 선택하고
(+)를 Z 방향으로 드래그하여 두께를 만듭
니다.

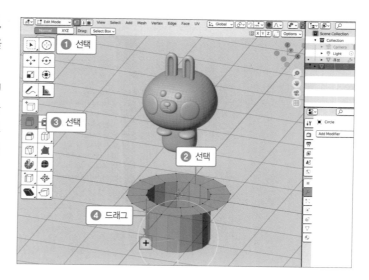

06 모자의 윗부분에 구멍을 만들기 위해 아랫부분 점을 모두 선택하고 Header 패널에서 (Face) → (Grid Fill)을 실행합니다.

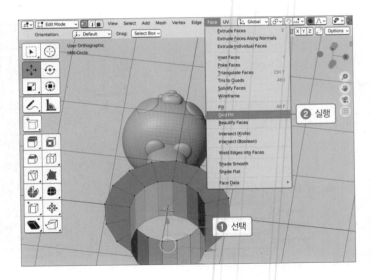

07 일정하게 면이 생성되어 채워졌습니다. Operation에서 Span을 '4', Offset을 '1'로 설정합니다.

TIP Vertex는 Ctrl+E, Edge는 Ctrl+V, Face는 Ctrl+F 단축키로 빠르게 작업할 수 있습니다.

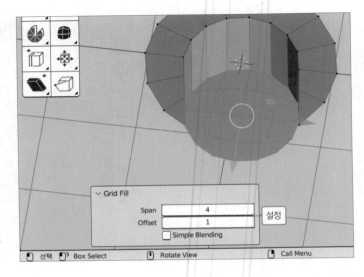

08 모자에 일정한 두께를 만들겠습니다. Properties 패널에서 (Modifier(🔧)) 탭을 선택하고 (Add Modifier)를 클릭하여 (Solidify)를 실행합니다.

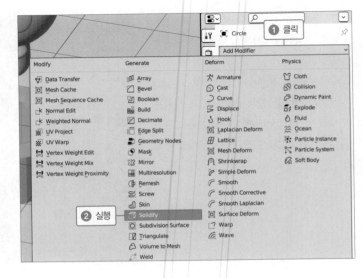

09 Solidify 설정 창에서 Thickness를 '0.12m'로 설정하고 'Even Thickness'를 체크 표시하여 두께를 일정하게 만듭니다.

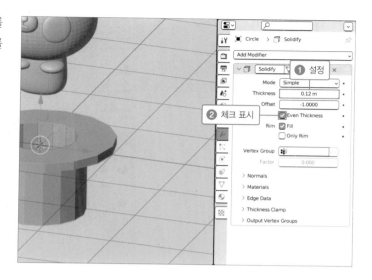

10 설정한 두께로 적용하겠습니다. Solidify의 설정 창에서 (☑)를 클릭하고 (Apply(Ctrl+A))를 실행합니다.

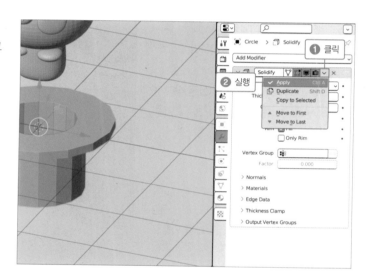

11 경계면을 미리 날카롭게 만들기 위해 Header 패널에서 (Edge(①, ②))를 선택하여 변경하고 그림과 같이 외각 부분의 선을 모두 선택합니다.

TIP 경계선 위에 마우스 포인터를 위치하고 Alt 를 누른 상태로 클릭하면 연결된 선이 모두 선택됩니다.

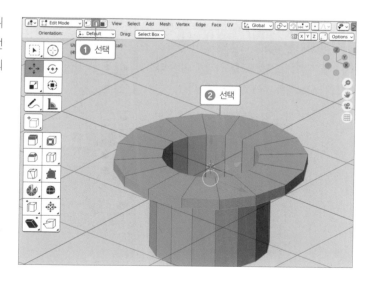

12 │ 선택된 선에 Bevel을 적용하여 면을 나누겠습니다.
Toolbar 패널에서 (Bevel(📐, Ctrl+B))을 선택하고 노란색 포인트를 드래그하여 선택된 선을 분할합니다.

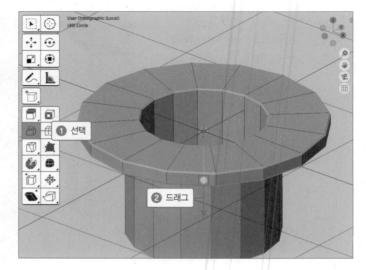

13 │ Properties 패널의 (Modifier(🔧)) 탭에서 (Add Modifier)를 클릭하여 표시되는 목록에서 (Subdivision Surface)를 실행하고 Subdivision Surface 설정 창에서 Levels Viewport를 '2'로 설정하여 표면을 더 부드럽게 만듭니다.

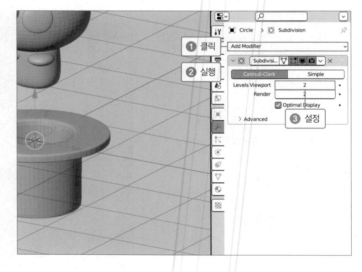

TIP Apply를 적용하면 작업을 다시 되돌릴 수 없으니 필요할 때만 적용해 주는 것이 좋습니다.

14 │ Toolbar 패널에서 (Loop Cut(🔲, Ctrl+R))을 선택하고 그림과 같이 클릭하여 선을 추가해 오브젝트를 각지게 만든 다음 토끼 오브젝트 아래로 이동합니다.

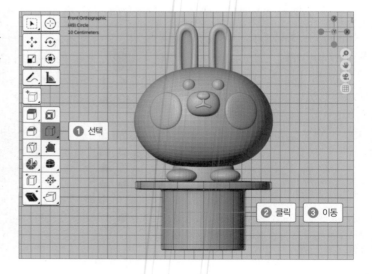

15 모델링이 완성되면 [Tab]을 눌러 (Object Mode)로 변경하고 토끼와 모자 오브젝트의 위치를 조절한 다음 2개의 오브젝트를 선택합니다. Header 패널에서 (Object) → (Shade Smooth)를 실행하여 표면을 부드럽게 만듭니다.

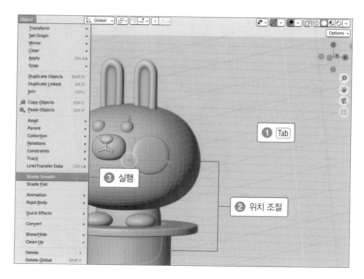

토끼에 볼륨감 적용하기

01 메테리얼 작업 전에 Properties 패널 (Modifier(🔧)) 탭의 Mirror 설정 창에서 (☑)를 클릭하고 (Apply([Ctrl]+[A]))를 실행합니다.

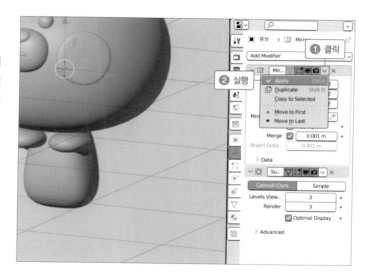

02 Workspaces에서 (Shading) 탭을 선택하여 작업 화면을 변경합니다. 필요하지 않은 패널의 경계선에서 마우스 오른쪽 버튼을 클릭한 다음 (Join Area)를 실행하여 3D Viewport 패널을 확장하고 하단에 Shader Editor 패널을 표시합니다.

03 | 토끼 오브젝트에 메테리얼을 적용하겠습니다. 모자 오브젝트를 선택하고 H를 눌러 숨긴 다음 토끼 오브젝트를 선택합니다. Properties 패널에서 (Material(🔴)) 탭을 선택한 다음 (New) 버튼을 클릭하여 메테리얼을 생성합니다.

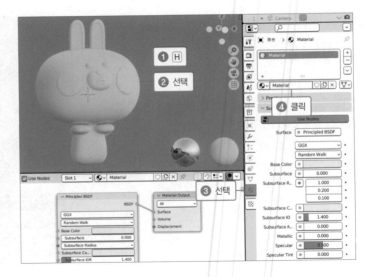

04 | 모델링 기본 메테리얼이 생성되면 이름을 'Rabit'으로 입력합니다. Base Color를 '분홍색(#FFBE97)'으로 지정하고 Roughness를 '0.35'로 설정하여 표면에 약간의 광택을 표현합니다.

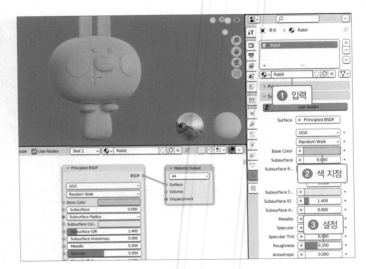

05 | 기본 메테리얼에 볼륨감을 추가하겠습니다. Shader Editor 패널에서 (Add) → (Input) → (Ambient Occlusion)과 (Add) → (Color) → (Mix RGB)를 실행하여 노드를 생성한 다음 그림과 같이 소켓을 연결합니다.

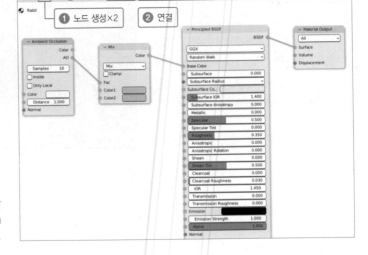

TIP Mix RGB 노드는 주로 두 가지 색을 합칠 때 사용하지만, 여기서는 Ambient Occlusion의 기능을 적용하기 위해 사용되었습니다.

06 Mix의 Color 1을 '갈색(#67473A)', Color 2를 '분홍색(#FFBE97)'으로 지정하여 자체 그림자를 생성하고 볼륨감을 표현합니다.

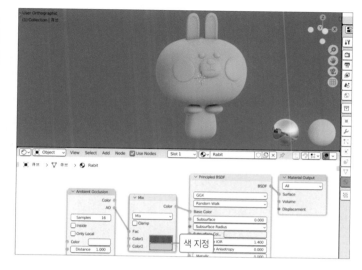

TIP 적용된 컬러를 드래그해서 해당 컬러에 넣으면 복제가 됩니다.

07 다음은 눈과 코 그리고 주둥이 오브젝트에 같은 메테리얼을 적용하겠습니다. Tab을 눌러 (Edit Mode)로 변경하고 L을 눌러 눈과 코, 주둥이 오브젝트를 선택합니다.

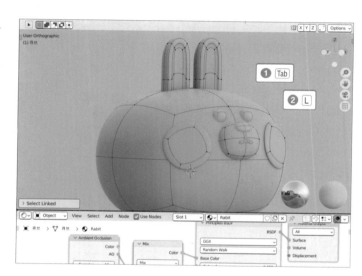

08 Properties 패널의 (Material(●)) 탭에서 (+) 버튼을 클릭하여 새 슬롯을 추가하고 (New) 버튼을 클릭하여 메테리얼을 생성합니다.
이름을 'Eye'로 입력하고 (Assign) 버튼을 클릭하여 선택된 부분에 적용합니다.

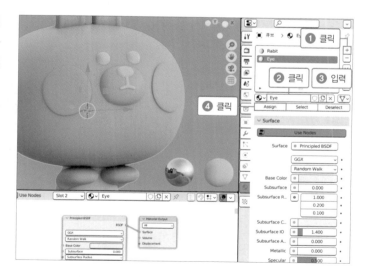

09 | Tab을 눌러 (Object Mode)로 변경
하고 Shader Editor 패널에서 Principeld
BSDF의 Base Color를 '검은색(#000000)'
으로 지정한 다음 Roughness를 '0.2'로
설정하여 반짝이는 광택을 표현합니다.

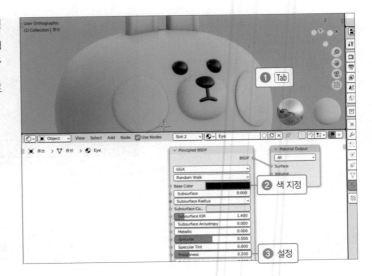

10 | Tab을 눌러 (Edit Mode)에서 볼과
귀 안쪽 오브젝트를 선택합니다. 같은 방법
으로 Properties 패널의 (Material(◉)) 탭
에서 (+) 버튼을 클릭하여 새 슬롯을 추가
하고 (New) 버튼을 클릭하여 메테리얼을
생성한 다음 이름을 'Pink'로 입력합니다.

11 | Shader Editor 패널에서 Base
Color를 '진한 분홍색(#E78B7D)'으로 지정
하고 Roughness를 '0.35'로 설정하여 메
테리얼을 적용하여 토끼 오브젝트를 완성합
니다.

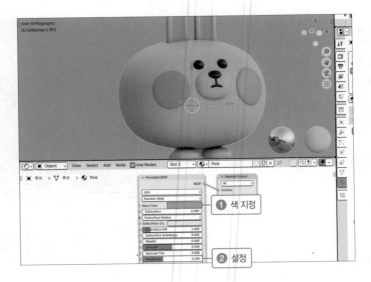

마술사 모자에 천 재질 적용하기

01 │ 다음은 모자 오브젝트에 메테리얼을 적용하기 위해 Alt+H를 눌러 숨겨둔 모자 오브젝트를 보이게 하고 토끼 오브젝트를 선택한 다음 H를 눌러 숨깁니다.

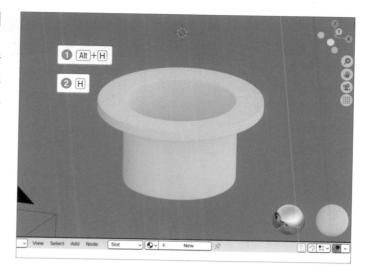

02 │ 모자 오브젝트를 선택한 상태로 Properties 패널의 [Material(◉)] 탭에서 [+] 버튼을 클릭하여 새 슬롯을 추가하고 [New] 버튼을 클릭하여 메테리얼을 생성한 다음 이름을 'Hat'으로 입력합니다.

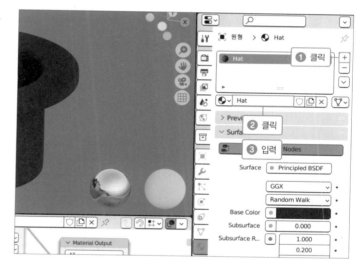

03 │ Shader Editor 패널에서 Principled BSDF의 Base Color를 '짙은 회색 (#252525)'으로 지정하고 Roughness를 '0.85'로 설정하여 천 재질의 약한 광택을 표현합니다.

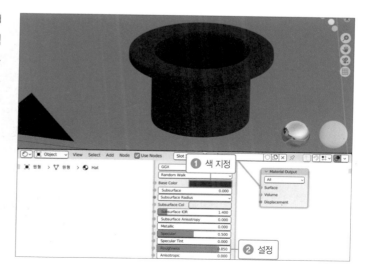

04 모자에 천 질감을 주기 위해 Shader Editor 패널에서 (Add) → (Texture) → (Wave Texture)와 (Add) → (Input) → (Texture Coordinate)를 실행하여 노드를 생성하고 소켓을 연결한 다음 그림과 같이 설정합니다.

TIP 예제에서는 Vector를 다음과 같이 설정했습니다.
Scale : 18
Distortion : 0
Detail : 2
Detail Scale : 1
Detail Roughness : 0.5
Phase Offset : 0

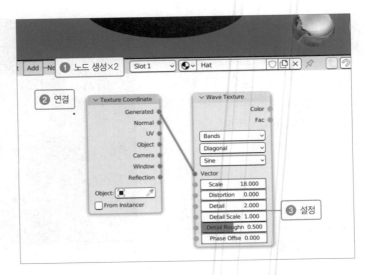

05 굴곡을 표현하기 위해 Shader Editor 패널에서 (Add) → (Vector) → (Bump)를 실행하여 노드를 생성하고 Principled BSDF의 Normal 소켓에 연결한 다음 Stregth를 '0.3'으로 설정합니다.

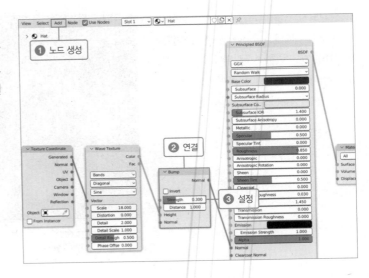

06 모자 오브젝트의 색상이 지정된 곳에 그림과 같이 줄무늬의 깊이감이 표현되었습니다.

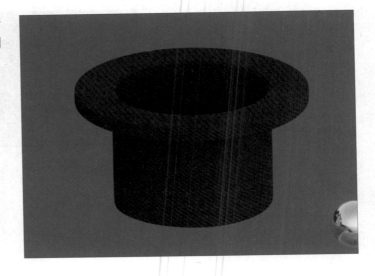

07 모자 오브젝트가 선택된 상태로 Tab 을 눌러 (Edit Mode)로 변경하고 그림과 같이 면을 선택합니다.

Properties 패널의 (Material(●)) 탭에서 (+) 버튼을 클릭하여 새 슬롯을 추가한 다음 (New) 버튼을 클릭하여 메테리얼을 생성합니다. 이름을 'Border'로 입력한 다음 (Assign) 버튼을 클릭하여 모델링에 적용합니다.

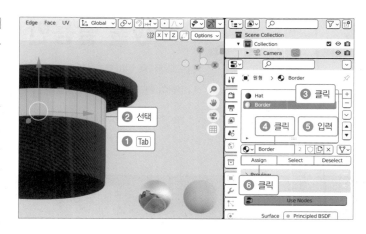

08 Shader Editor 패널의 Principled BSDF의 Base Color를 '갈색(#854432)'으로 지정하고 Roughness를 '0.35'로 설정합니다.

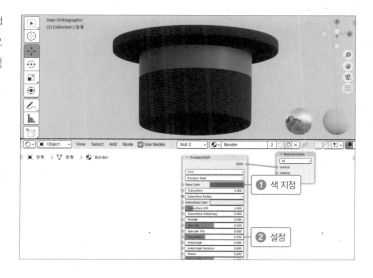

09 Alt+H를 눌러 숨겨둔 토끼 오브젝트를 다시 보이게 만들어 메테리얼 적용을 마무리합니다. 완성된 후 모자 오브젝트를 선택하고 Shift+D를 눌러 복제한 다음 토끼 머리 위로 위치와 크기를 조절하여 귀엽게 만들었습니다.

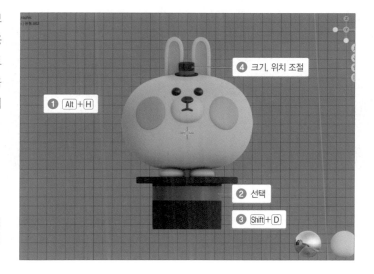

TIP 작업할 때 Viewport Shading의 환경 맵을 다양하게 적용해 보면서 설정된 메테리얼을 느낌을 보는 것도 좋습니다.

Array를 활용한 인포그래픽 만들기

인포그래픽용 이미지로 사용할 수 있는 간단한 햄버거와 음료 컵을 모델링하고 규칙적으로
나열하여 렌더링을 걸어보겠습니다.

● 완성 파일 : 03\인포그래픽_완성.blend

POINT

❶ Array Modifier를 사용하여 다중 복제하기

❷ Snap 기능 활용하기

❸ Cycle Render로 렌더링하기

햄버거 빵 모델링하기

01 블렌더를 실행하고 메뉴에서 (File)
→ (New) → (General)을 실행하여 새 File
을 생성합니다. 먼저 빵을 만들기 위해 큐브
오브젝트를 선택합니다.

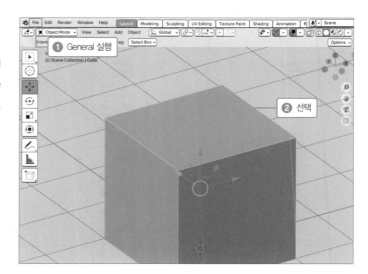

02 Properties 패널에서 (Modifier(🔧))
탭을 선택하고 (Add Modifier)를 클릭하여
(Subdivision Surface)를 실행합니다.
Subdivision Surface 설정 창에서 Levels
Viewport를 '1'로 설정합니다.

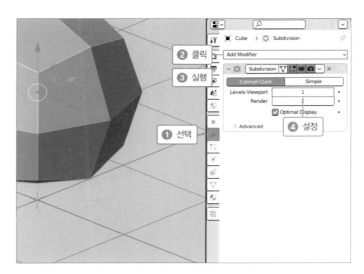

03 Subdivision Surface 설정 창의
(∨)를 클릭하여 (Apply((Ctrl)+(A)))를 실행
합니다. 미리 보기 형태가 실제 모습으로 적
용됩니다.

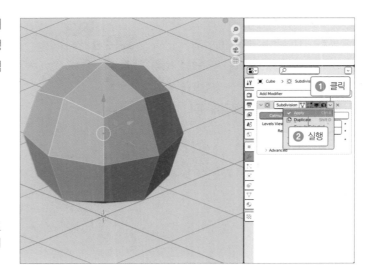

TIP 둥근 형태의 UV Sphere를 사용할 수도
있지만 위와 같은 방법으로 진행하면 Mesh의
형태가 수정하기 편리합니다.

04 [Tab]를 눌러 (Edit Mode)로 변경하고 Header 패널에서 (Edge([1], [2]))를 선택하여 변경한 다음 가운데 선을 루프 선택합니다.

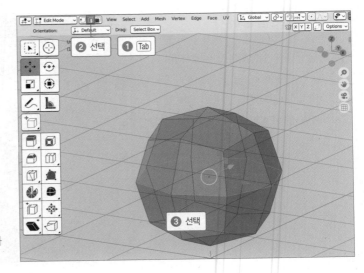

TIP Toggle X-Ray([Alt]+[Z])가 적용된 화면입니다.

05 선택한 선을 잘라 오브젝트를 나누겠습니다. 넘버 패드 [1]을 눌러 Front View로 시점을 변경하고 Header 패널에서 (Vertex) → (Rip Vertices([V]))를 실행하여 자릅니다.

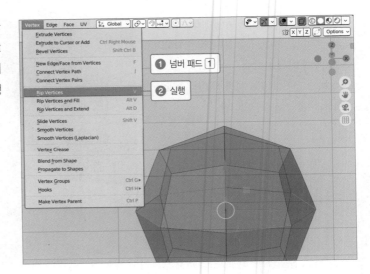

06 오브젝트의 윗부분에 마우스 포인터를 위치하고 [L]을 눌러 선택합니다. Toolbar 패널에서 (Move([⊹], [G]))를 선택하고 (Gizmo)의 파란색 Z 화살표를 위로 드래그하여 그림과 같이 분리합니다.

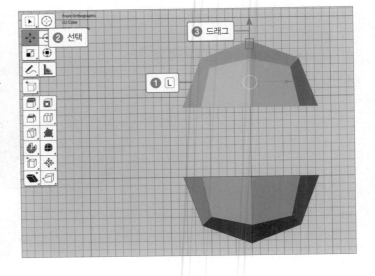

07 빵의 형태를 만들기 위해 Toolbar 패널에서 (Scale(⬛))을 선택하고 아랫부분의 빵 오브젝트를 선택한 다음 (Gizmo)의 파란색 포인트를 드래그하여 납작하게 만들고 같은 방법으로 윗부분의 빵 오브젝트를 선택하여 길게 만듭니다.

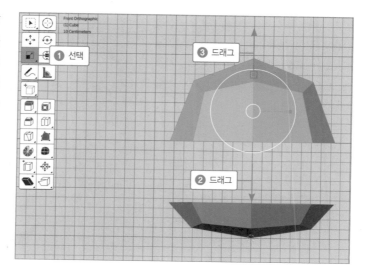

08 아랫부분 빵 오브젝트의 선을 선택하고 Toolbar 패널에서 (Extrude Region (⬛, E))을 선택한 다음 (+)를 Z 방향 위로 드래그하여 면을 돌출한 후 축소하여 그림과 같이 모양을 만듭니다.

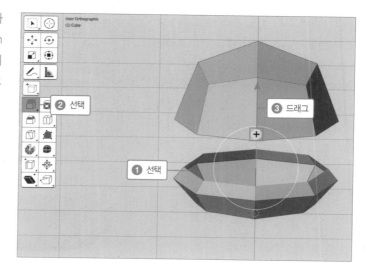

09 같은 방법으로 윗부분 빵 오브젝트의 선을 선택하고 (+)를 Z 방향 아래로 드래그하여 모양을 만듭니다.

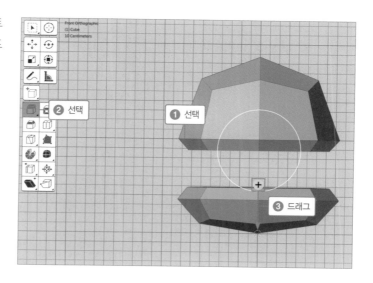

10 | 아랫부분 빵 오브젝트의 외곽선을 그림과 같이 선택하고 Header 패널에서 (Face) → (Grid Fill)을 실행하여 면을 생성합니다. 같은 방법으로 윗부분 빵 오브젝트도 면을 생성합니다.

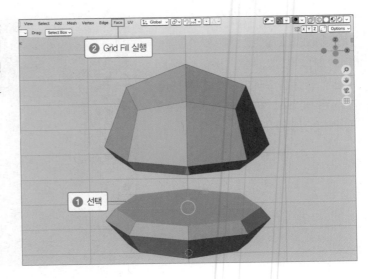

11 | 넘버 패드 **1**을 눌러 Front View로 시점을 변경하고 **Tab**을 눌러 (Object Mode)로 변경합니다.
Properties 패널에서 (Add Modifier)를 클릭하여 (Subdivision Surface)를 실행합니다. Subdivision Surface 설정 창에서 Levels Viewport를 '2'로 설정하여 표면을 더 매끄럽게 표현합니다.

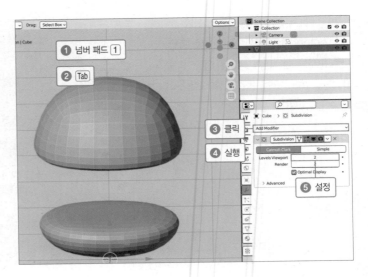

12 | Header 패널의 (Object) → (Shade Smooth)를 실행하여 표면을 부드럽게 만듭니다.

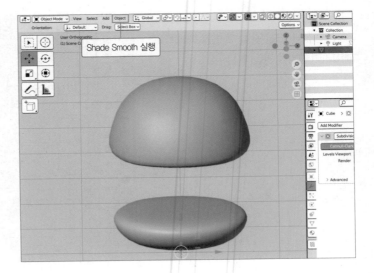

13 Tab을 눌러 [Edit Mode]로 변경하고
1을 눌러 [Vertex(⬜, 1)]로 변경합니다.
Toolbar 패널에서 [Move(✛, G)]를 선택
하고 점을 이동하여 빵의 형태를 조절합니다.

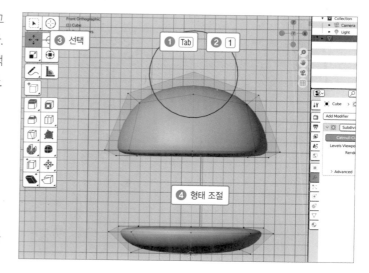

TIP Proportional Editing(O)을 활성화하
여 형태를 만듭니다.

14 Properties 패널의 Subdivision
Surface 설정 창에서 [On Cage(▽)]를
클릭하여 활성화가 적용된 상태로 작업하여
빵 오브젝트를 완성합니다.

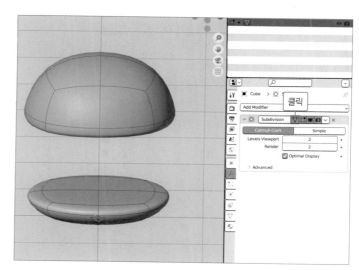

햄버거 속재료 모델링하기

01 패티를 만들기 위해 아랫부분 빵 오
브젝트의 점을 루프 선택하고 Shift+D를 눌
러 복제한 다음 Z를 눌러 Z 방향 위로 드
래그합니다.

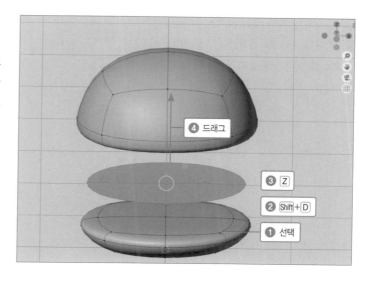

02 | 복제된 면이 선택된 상태로 Toolbar 패널에서 (Extrude Region(📦, E))을 선택한 다음 (+)를 Z 방향 아래로 드래그하여 두툼하게 두께를 생성합니다.

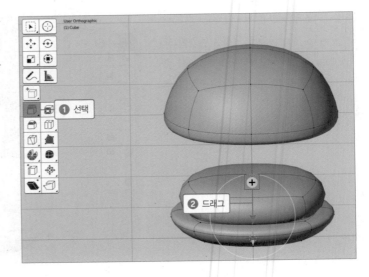

03 | Toolbar 패널에서 (Loop Cut(📖, Ctrl+R))을 선택하고 패티 오브젝트 가운데를 클릭하여 선을 추가해 완성합니다.

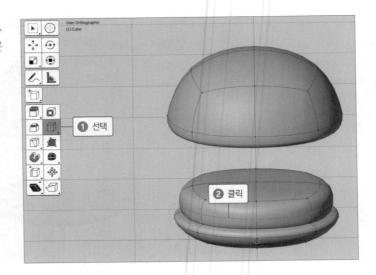

04 | 이번엔 패티 위에 얹어진 치즈를 만들겠습니다. Header 패널에서 (Add) → (Cube)를 실행하여 큐브 오브젝트를 생성합니다.

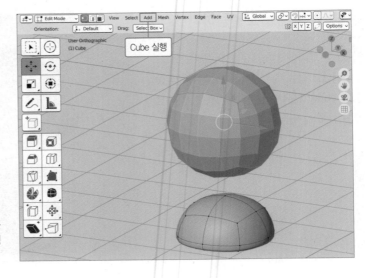

TIP Subdivision Surface가 적용되기 때문에 큐브가 아닌 둥근 모양의 오브젝트가 생성됩니다.

05 Toolbar 패널에서 (Scale(■, S))
을 선택하고 (Gizmo)의 파란색 포인트를
아래로 드래그하여 납작하게 만듭니다.

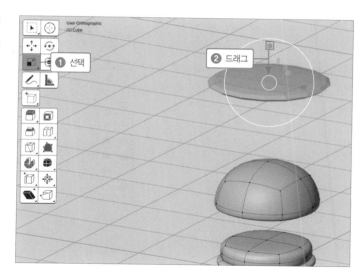

06 Toolbar 패널에서 (Loop Cut(▦,
Ctrl+R))을 선택하고 그림과 같이 클릭하
여 선을 추가한 다음 이동하여 각지게 만듭
니다.

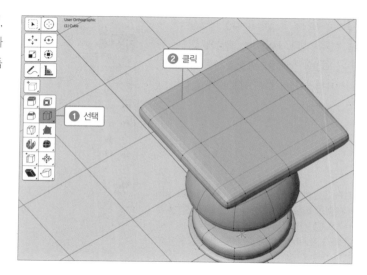

07 L을 눌러 치즈 오브젝트를 전체 선
택합니다. Toolbar 패널에서 (Scale(■))
을 선택하고 (Gizmo)의 흰색 원을 안쪽으
로 드래그하여 크기를 줄인 다음 파란색 포
인트를 아래로 드래그하여 더 납작한 형태
로 모델링합니다.

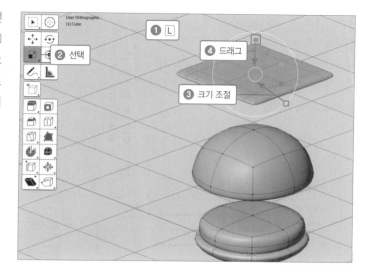

08 | 치즈 모양이 되었다면 넘버 패드 ⑦을 눌러 Top View로 시점을 변경합니다. Toolbar 패널에서 (Rotate([⊙], [R]))를 선택하고 (Gizmo)의 원을 드래그하여 45° 회전합니다.

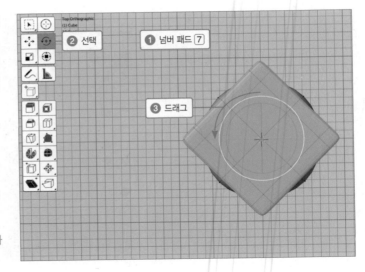

TIP 회전할 때 [Ctrl]을 누른 상태로 드래그하면 5°씩 회전됩니다.

09 | 위치를 조절하고 네 면에 모서리 점을 선택합니다. Toolbar 패널에서 (Move ([⊹], [G]))를 선택하고 (Gizmo)의 파란색 Z 화살표를 아래로 드래그하여 쳐진 치즈 모양을 만듭니다.

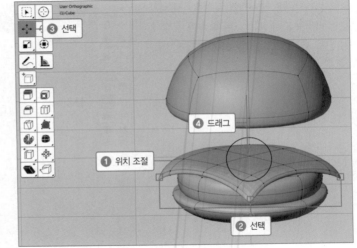

TIP Proportional Editing([O])을 활성화하여 부드럽게 이동했습니다. 설정 창에서 영향을 주는 범위를 선택할 수 있으며 'Connected Only'를 체크 표시하면 다른 오브젝트에 영향을 주지 않기 때문에 복잡한 형태일 때 좋습니다.

10 | 치즈의 각을 살리기 위해 Toolbar 패널에서 (Loop Cut([▥], [Ctrl]+[R]))을 선택하고 그림과 같이 클릭하여 사이에 선을 추가한 다음 Operation에서 Number of Cuts를 '2'로 설정합니다.

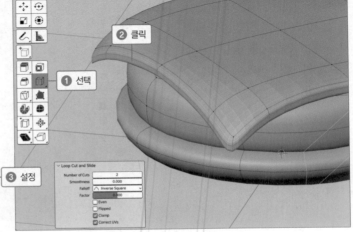

∨ Loop Cut and Slide	
Number of Cuts	2
Smoothness	0.000
Falloff	∧ Inverse Square
Factor	0.000

11 양상추를 만들기 위해 Header 패널에서 (Add) → (Cylinder)를 실행하여 실린더 오브젝트를 생성합니다. Operation에서 Vertices를 '24'로 설정하고 Cap Fill Type을 'Nothing'으로 지정합니다.

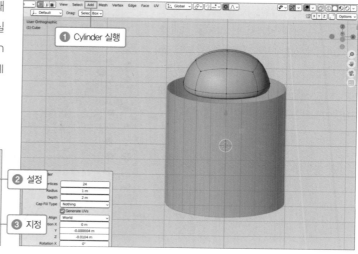

∨ Add Cylinder	
Vertices	24
Radius	1 m
Depth	2 m
Cap Fill Type	Nothing
	☑ Generate UVs

❷ 설정

❸ 지정

12 Toolbar 패널에서 (Scale(▣))을 선택하고 전체 크기를 줄인 다음 그림과 같이 납작한 형태로 만듭니다.

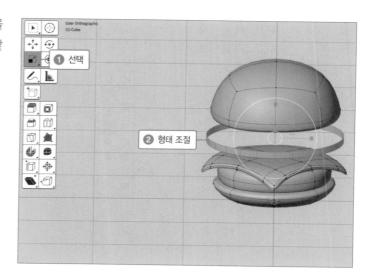

❶ 선택

❷ 형태 조절

13 양상추 오브젝트의 윗부분 점을 모두 선택하고 Toolbar 패널에서 (Extrude Region(▣, E))을 선택한 다음 (➕)를 Z 방향으로 드래그하여 면을 돌출합니다. Header 패널에서 (Mesh) → (Merge) → (At Center)를 실행하여 점들이 중심점에 모여 합쳐지도록 합니다. 같은 방법으로 아랫부분도 면을 만듭니다.

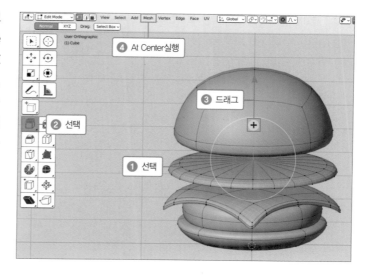

❹ At Center실행

❸ 드래그

❷ 선택

❶ 선택

14 양상추의 울퉁불퉁한 굴곡을 주기 위해 Header 패널에서 (Edge(①, ②))를 선택하여 변경한 다음 그림과 같이 선을 선택합니다. Toolbar 패널에서 (Move(⊹, ⑥))를 선택하고 (Gizmo)의 파란색 Z 화살표를 아래로 드래그하여 모양을 만듭니다.

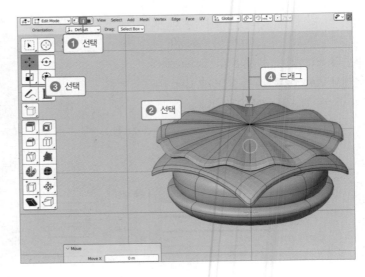

15 Toolbar 패널에서 (Loop Cut(▦, Ctrl+R))을 선택하고 그림과 같이 선을 추가하여 양상추를 만들었습니다.

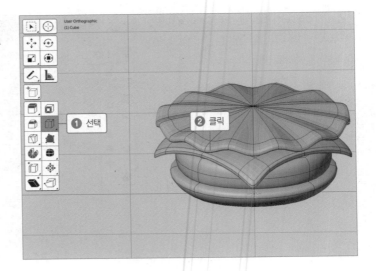

16 토마토는 패티 오브젝트를 복제하여 만들겠습니다. 패티 오브젝트를 선택하고 Shift+D를 눌러 복제하고 위로 이동합니다.

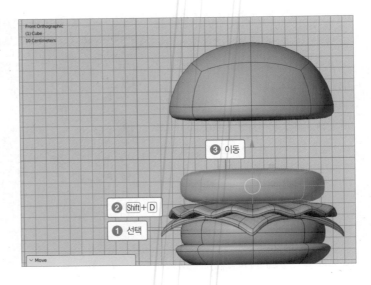

17 | Toolbar 패널에서 (Scale(⬚, S))을 선택하고 토마토 오브젝트를 납작하게 만듭니다. 다시 Toolbar 패널에서 (Bevel(⬚, Ctrl+B))을 선택하고 노란색 포인트를 드래그하여 선을 2개로 분할합니다.

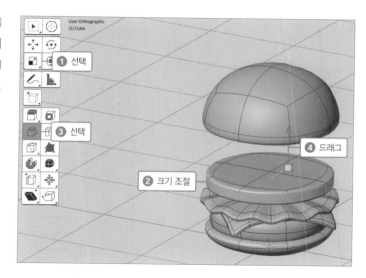

18 | 재료들을 선택하고 그림과 같이 위치를 조절한 다음 Header 패널에서 (Mesh) → (Shading) → (Smooth Faces)를 실행하여 표면을 매끄럽게 만듭니다.

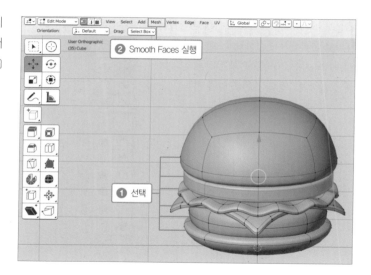

19 | 햄버거 빵 위에 깨를 뿌리겠습니다. 넘버 패드 7을 눌러 Top View로 시점을 변경하고 Tab을 눌러 (Object Mode)로 변경합니다.
Header 패널에서 (Add) → (Plane)을 실행하여 플래인 오브젝트를 생성하고 빵 위로 이동하고 크기를 축소합니다.

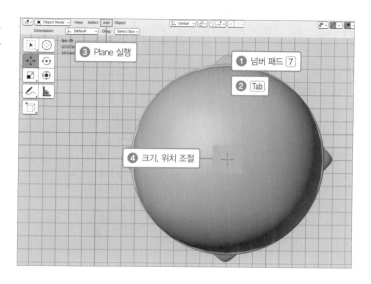

20 │ (Tab)을 눌러 (Edit Mode)로 변경하고 마우스 오른쪽 버튼을 클릭한 다음 (Subdivide)를 실행합니다. 면이 균일하게 분할되었습니다.

TIP Operation에서 Number of Cuts를 높게 설정할수록 많은 면이 분할됩니다.

21 │ Header 패널에서 (Vertex(□, ①))를 선택하여 변경하고 Toolbar 패널에서 (Move(⊹, ⒢))를 선택한 다음 점 위치를 조절하여 그림과 같은 모양을 만듭니다.

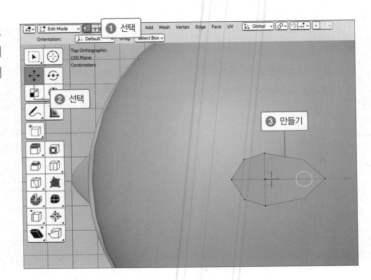

22 │ 깨 오브젝트를 전체 선택한 다음 Toolbar 패널에서 (Extrude Region(□, ⒠))을 선택하고 (+)를 Z 방향으로 드래그하여 두께를 만듭니다.

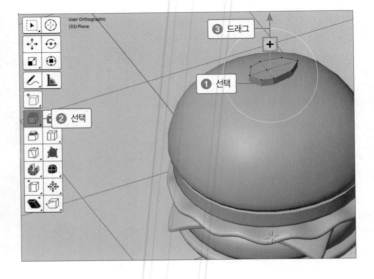

23 | Properties 패널의 Subdivide 설정 창에서 Levels Viewport를 '2'로 설정하고 Header 패널에서 (Mesh) → (Shading) → (Smooth Faces)를 실행하여 표면을 매끄럽게 합니다.

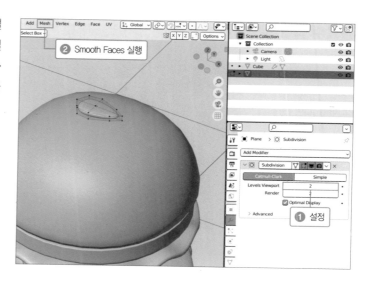

24 | (Tab)을 눌러 (Object Mode)로 변경하고 깨 오브젝트를 빵 오브젝트 위에 자연스럽게 위치하기 위해 Header 패널에서 (Snap(⟲))을 클릭하여 활성화합니다. 설정 창에서 Snap To를 (Face), Snap With를 (Center)로 선택하고 'Align Rotation to Target'을 체크 표시하여 활성화합니다.

TIP 설정을 적용하면 오브젝트가 다른 오브젝트의 표면에 붙어서 이동합니다.

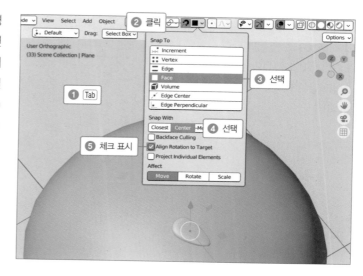

25 | 깨 오브젝트를 여러 번 복제한 다음 크기를 줄이고 회전하면서 다양하게 만들어 표면에 이동합니다. 모델링이 완성되면 모든 오브젝트를 선택하고 (Ctrl)+(J)를 눌러 합칩니다.

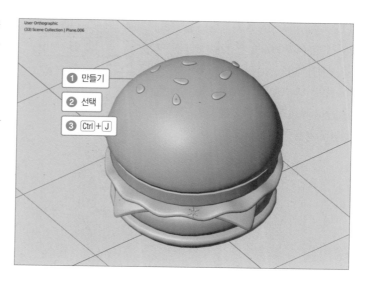

음료수 컵 모델링하기

01 Header 패널에서 (Add) → (Cylinder)를 실행하여 실린더 오브젝트를 생성합니다.

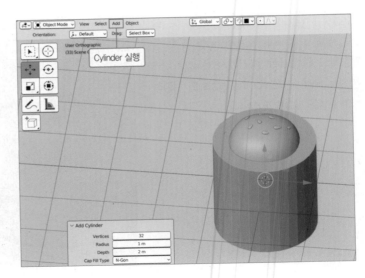

02 X 방향으로 이동한 다음 Tab 을 눌러 (Edit Mode)로 변경합니다.
Toolbar 패널에서 (Scale(▣))을 선택하고 그림과 같이 형태를 수정하여 컵 모양을 만듭니다.

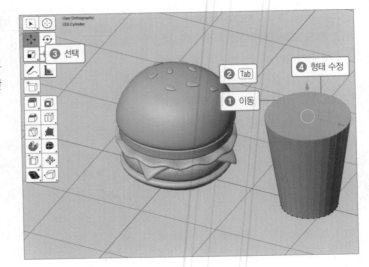

03 Header 패널에서 (Face(▣, ③))를 선택하여 변경하고 컵 오브젝트의 윗면을 선택합니다.
Toolbar 패널에서 (Extrude Region(▣, E))을 선택하고 (➕)를 Z 방향으로 드래그하여 면을 돌출합니다.

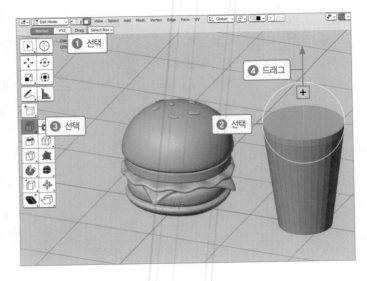

04 그림과 같이 컵 오브젝트의 옆면을 전체 선택하고 Toolbar 패널에서 (Extrude Region(🔳, E))을 길게 클릭하여 표시되는 (Extrude Along Normals(🔳))를 선택하여 면을 생성하고 뚜껑을 만듭니다.

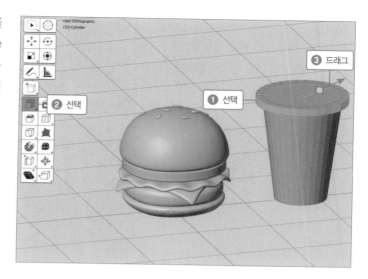

05 컵 오브젝트의 윗면을 선택합니다. 다시 Toolbar 패널에서 (Extrude Along Normals(🔳))를 길게 클릭하여 (Extrude Region(🔳, E))을 선택하고 (➕)를 Z 방향으로 드래그하여 안쪽으로 면을 넣습니다.

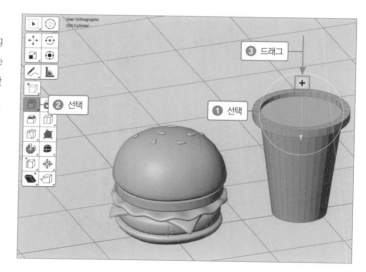

06 Toolbar 패널에서 (Inset Faces (🔳, I))를 선택한 다음 노란색 원을 안쪽으로 드래그하여 그림과 같이 면을 작게 만듭니다.

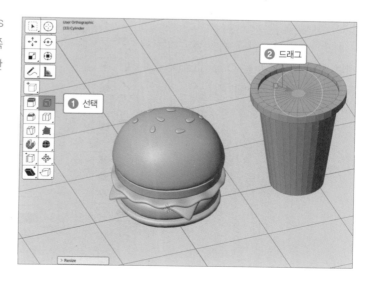

07 Toolbar 패널에서 (Extrude Region
(🔲, E))을 선택하고 (➕)를 Z 방향으로 드
래그하여 안쪽으로 면을 생성하고 넣습니다.

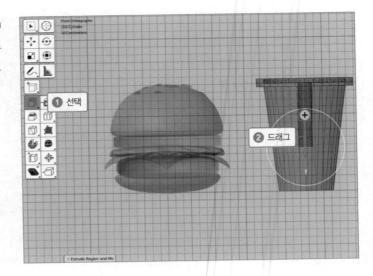

08 Header 패널에서 (Edge(🔲, 2))
를 선택하여 변경하고 그림과 같이 경계선
들을 모두 선택합니다.

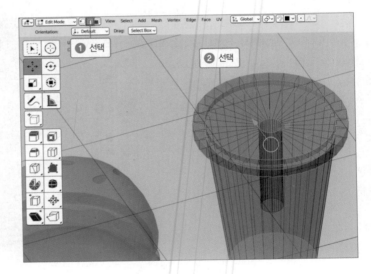

09 Toolbar 패널에서 (Bevel(🔲, Ctrl
+B))을 선택하고 노란색 포인트를 드래그
하여 선을 분할한 다음 Operation에서
Segments를 '2'로 설정합니다.

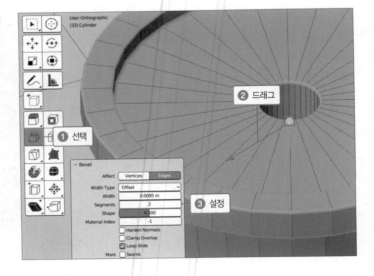

10 Properties 패널의 (Modifier(🔧))
탭에서 (Add Modifier)를 클릭한 다음
(Subdivision Surface)를 실행합니다.
Subdivision Surface 설정 창에서
Levels Viewport를 '2'로 설정하여 표면을
더 부드럽게 만듭니다.

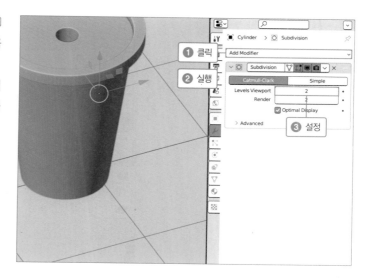

11 컵 오브젝트를 모두 선택한 다음
Header 패널에서 (Object) → (Shade
Smooth)를 실행하여 표면을 매끄럽게 만
듭니다.

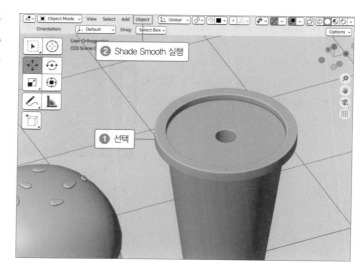

12 빨대 구멍 선을 모두 선택하고 Shift
+D를 눌러 복제한 다음 축소합니다.

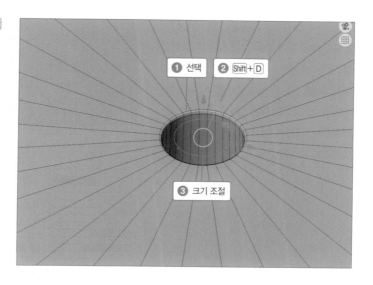

13 | 넘버 패드 ①을 눌러 Front View 로 시점을 변경합니다. Toolbar 패널에서 (Extrude Region(⬜, Ε))을 선택하고 그림과 같이 여러 번 드래그하여 빨대 모양을 만듭니다.

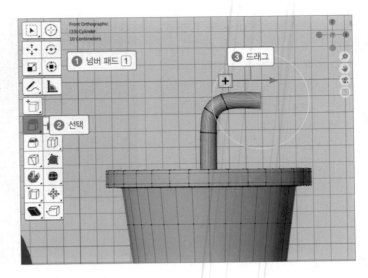

햄버거 세트 메테리얼 적용하기

01 | Workspaces에서 (Shading) 탭을 선택하여 작업 환경을 변경합니다. 활용하지 않을 패널을 비활성화하여 화면을 확장합니다.

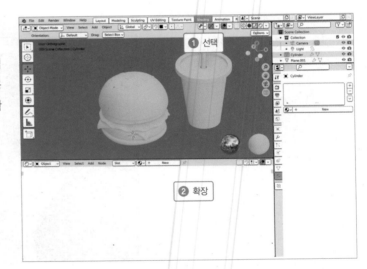

02 | Properties 패널에서 (Material(🔘)) 탭을 선택하고 (New) 버튼을 클릭하여 메테리얼을 생성한 다음 이름을 'hamburger'로 입력합니다. Shader Editor 패널에서 Principeld BSDF의 Base Color를 '갈색(#91674C)'으로 지정하고 Roughness를 '0.6'으로 설정합니다.

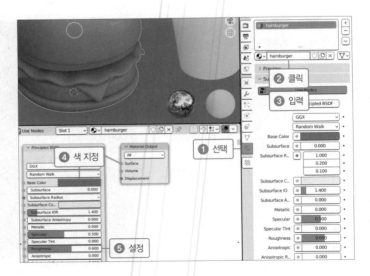

03 [Tab]을 눌러 [Edit Mode]로 변경하고 [L]을 눌러 패티 오브젝트를 선택합니다. Properties 패널의 [Material( )] 탭에서 [+] 버튼을 클릭하여 새 메테리얼을 생성하고 [Assign] 버튼을 클릭하여 선택된 부분에 적용합니다.

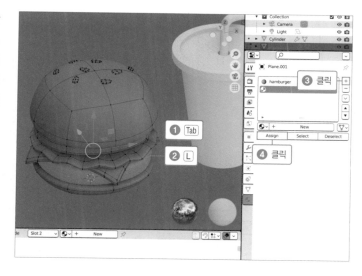

04 [Browse Material( )]을 클릭하여 'hamburger' 메테리얼을 적용하고 [New Material( )]을 클릭하여 같은 속성을 가진 메테리얼로 복제한 다음 이름을 'patties'로 입력합니다. Base Color를 '짙은 갈색(#553D2D)'으로 지정하고 완료되면 [Assign] 버튼을 클릭하여 선택된 부분에 적용합니다.

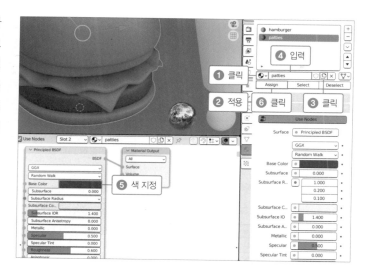

05 같은 방법으로 나머지 재료들도 기존 메테리얼을 복제하고 Base Color의 색만 변경하여 적용하겠습니다. 치즈 오브젝트를 선택하고 메테리얼 이름을 'Cheese'로 입력한 다음 Base Color를 '노란색(#FFCF1D)'으로 지정합니다.

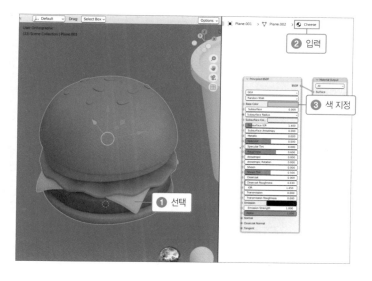

06 양상추 오브젝트를 선택하고 메테
리얼 이름을 'lettuce'로 입력한 다음 Base
Color를 '초록색(#208434)'으로 지정합니다.

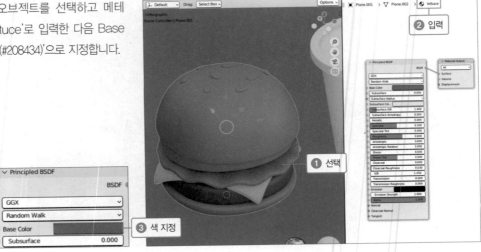

07 토마토 오브젝트를 선택하고 메테
리얼 이름을 'tomato'로 입력한 다음 Base
Color를 '주황색(#FF7348)'으로 지정합니다.

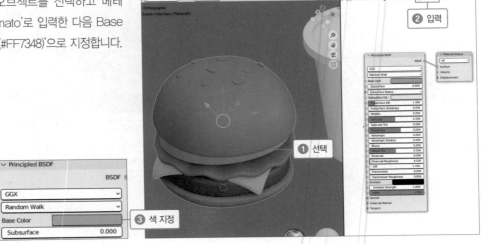

08 깨 오브젝트를 선택하고 메테리얼
이름을 'sesame'으로 입력한 다음 Base
Color를 '밝은 회색(#E7E7E7)'으로 지정합
니다.

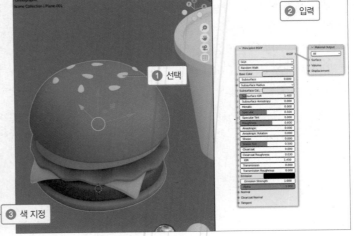

09 컵 오브젝트를 선택하고 메테리얼 이름을 'cup'으로 입력한 다음 Base Color를 '갈색(#91674C)'으로 지정합니다.

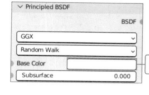

10 빨대 오브젝트를 선택하고 메테리얼 이름을 'Straw'로 입력한 다음 Base Color를 '흰색(#FFFFFF)'으로 지정합니다.

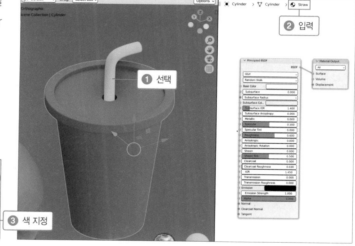

햄버거 세트 배열하고 렌더링하기

01 햄버거와 컵 오브젝트를 선택하고 Ctrl+J를 눌러 하나의 오브젝트로 만듭니다.

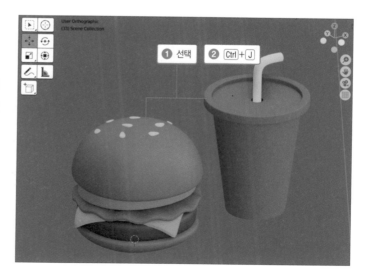

02 | Header 패널에서 (Add) → (Plane)을 실행하여 플래인 오브젝트를 생성하고 크기와 위치를 조절하여 그림과 같이 바닥을 만듭니다.

TIP 바닥 메테리얼은 햄버거 메테리얼을 같이 적용하여 사용합니다.

03 | Properties 패널의 (Modifier(🔧))에서 (Add Modifier)를 클릭하여 표시되는 목록에서 (Array)를 실행합니다.

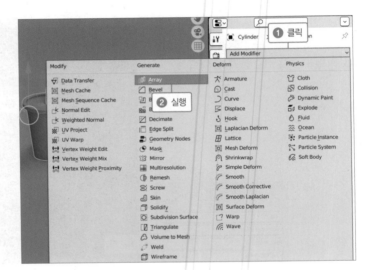

04 | Array 설정 창에서 Count를 '6'으로 설정하고 'Relative Offset'을 체크 표시한 다음 Factor X를 '1.2', Y를 '0.4'로 설정하여 수와 간격을 조절합니다.

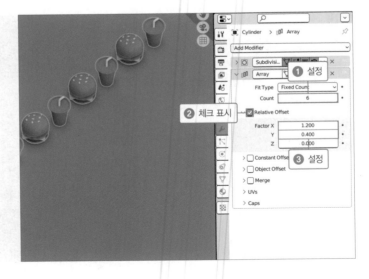

05 한 번 더 (Add Modifier)를 클릭하고 (Array)를 실행합니다. Array 설정 창에서 Count를 '5'로 설정하고 'Relative Offset'을 체크 표시한 다음 Factor Y를 '0.4'로 설정하여 기존에 적용했던 수를 하나로 인식하게 만듭니다.

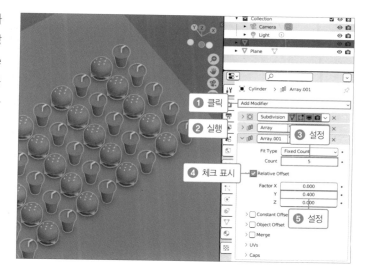

06 원하는 화면을 Camera View가 되도록 설정하겠습니다. [Ctrl]+넘버 패드 [0]을 눌러 Set Active Object as Camera 기능을 활성화합니다.

TIP Header 패널의 (View) → (Cameras) → (Set Active Object as Camera([Ctrl]+넘버 패드 [0]))를 실행해도 됩니다.

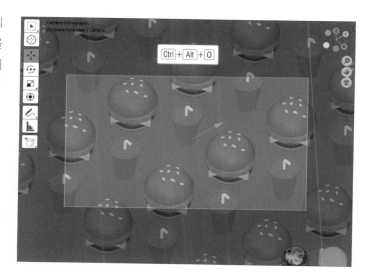

07 카메라를 선택하고 Properties 패널에서 (Camera(📷)) 탭을 선택한 다음 Lens Type을 'Orthographic'으로 지정하고 Orthographic Scale을 '8.514'로 설정하여 초점 거리를 조절합니다.

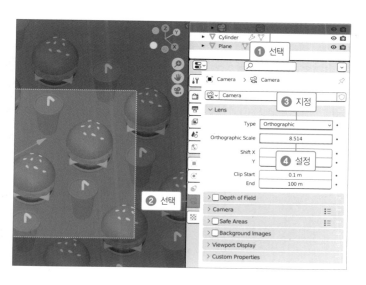

08 [Output(🖼)] 탭을 선택한 다음 Format의 Resolution X, Y를 '1300px'로 설정하여 정사각형으로 만듭니다.

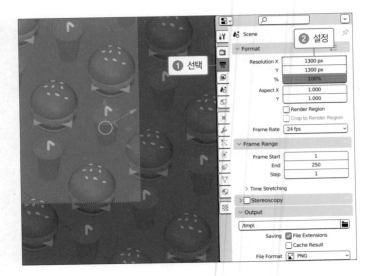

09 [Render(📷)] 탭을 선택한 다음 Render Engine을 'Cycles'로 지정합니다. Sampling의 Max Sample을 '1024'로 설정하여 크기를 지정합니다.

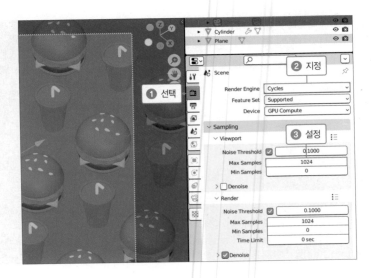

10 Viewport Shading에서 [Rendered(⊙)]를 선택하여 변경하고 라이팅과 재질이 표현된 렌더링 화면으로 변경합니다. Properties 패널에서 [World(🌐)] 탭을 선택하고 Surface의 Color를 '밝은 회색(#BDBDBD)'으로 지정하여 환경을 밝게 세팅합니다.

11 │ 라이트를 선택하고 Properties 패널에서 (Light(💡)) 탭을 선택한 다음 Color를 '연노란색(#FFEBA8)'으로 지정하고 Power를 '1500W'로 설정하여 밝기를 조절합니다.

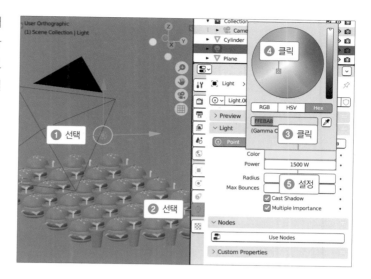

12 │ Shift+D를 눌러 조명을 하나 더 복제하고 Properties 패널의 (Light(💡)) 탭에서 (Area)를 선택하여 변경한 다음 빛의 위치 및 각도를 조정합니다. Color를 '흰색(#FFFFFF)'으로 지정하고 Power를 '800W'로 설정합니다.

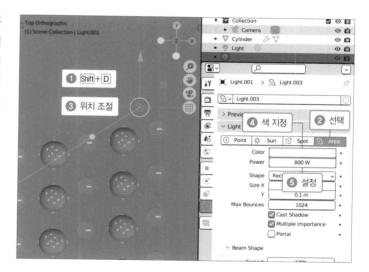

13 │ 조명까지 설정되면 Camera View를 확인하고 메뉴에서 (Render) → (Render Image(F12))를 실행하여 렌더링을 출력합니다. 렌더링이 완료되면 (Image) → (Save(Alt+S))를 실행하여 저장합니다.

BLENDER 3D **BLENDER 3D**
3D MODELING PROGRAM

Part 4

원화부터 만화까지
3D 오브젝트로 만들기

2D 그래픽과 3D 그래픽은 평면과 입체라는 차이가 있습니다. 2D 파일을 불러
와서 입체로 만들거나 쉐이더를 사용하여 3D를 2D 카툰 스타일로 예제를 만
들고 렌더링하는 작업, 2D 원화를 블렌더로 불러와서 3D 이모티콘 캐릭터를
만드는 작업을 알아봅니다.

벡터 이미지로 3D 아이콘 만들기

블렌더는 Curve로 작업하지 않아도 일러스트레이터에서 작업한 Path를 불러와 입체로 만들 수 있습니다. 일러스트레이터 프로그램을 같이 이용하여 2D로 만든 벡터 파일을 블렌더에서 3D로 만드는 과정을 알아보겠습니다.

● 예제 파일 : 04\캐릭터.ai, 캐릭터.svg, 스튜디오 배경.blend　　● 완성 파일 : 04\캐릭터_완성.blend

POINT

❶ SVG Import하기

❷ 2D를 Vector를 블렌더에서 3D로 만들기

❸ Plane에 메테리얼로 조명 효과 주기

2D 캐릭터 커브스 두께 주기

01 │ 어도비 일러스트레이터를 실행하고 메뉴에서 (File) → (Open((Ctrl)+(O)))을 실행하고 File Open 대화상자가 표시되면 04 폴더에서 '캐릭터파일.ai' 파일을 불러옵니다.

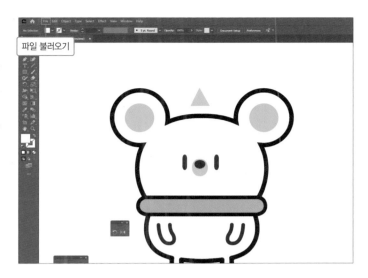

02 │ 메뉴에서 (File) → (Export) → (Export As)를 실행하고 SVG 확장자로 Export합니다.

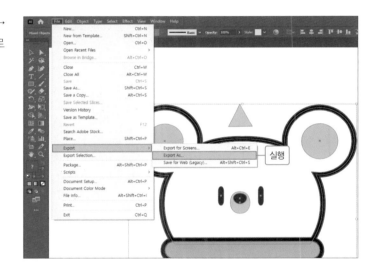

03 │ (X)를 눌러 큐브 오브젝트를 삭제하고 다시 메뉴에서 (File) → (Import) → (Scalable Vector Graphics(.svg))를 실행하여 SVG 파일을 불러옵니다.

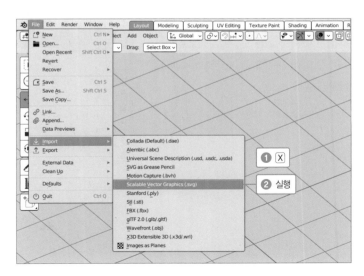

TIP 단축키 (F4)를 누르면 표시되는 File Context Menu 창에서 자주 사용하는 File Menu를 확인할 수 있습니다.

04 Curve로 구성된 Collection이 생성되어 바닥에 표시됩니다.
오브젝트를 전체 선택하고 Toolbar 패널에서 (Scale(⬛, S))을 선택한 다음 오브젝트의 크기를 확대합니다.

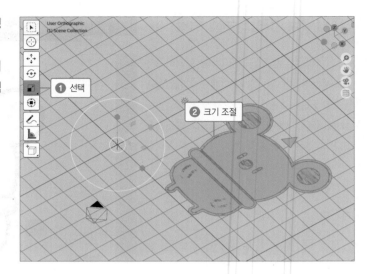

05 3D 화면에는 바닥에 붙어 있어서 수직으로 회전하겠습니다. Toolbar 패널에서 (Rotate(◉, R))를 선택하고 (Gizmo)의 원을 드래그하여 90°로 회전합니다.

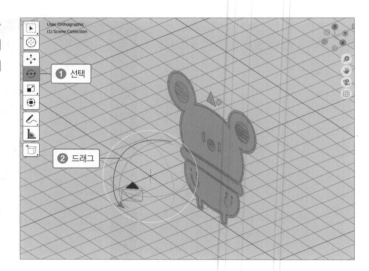

06 (Gizmo)의 중심을 오브젝트에 위치하겠습니다. Header 패널에서 (Object) → (Set Origin) → (Origin to Geometry)를 실행합니다.

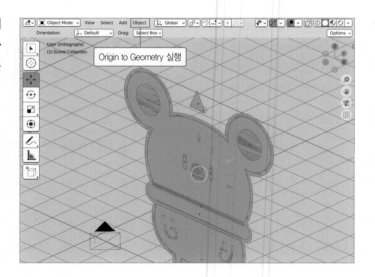

07 먼저 오브젝트 외곽선을 선택하고 Properties 패널에서 (Object Date(🗂)) 탭을 선택합니다. Geometry의 Extrude를 '0.009m', Bevel의 Depth를 '0.0005m'로 설정하여 경계선에 부드러운 두께를 만듭니다.

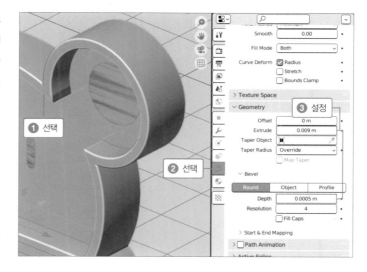

TIP SVG는 Curve라서 이와 같은 방법으로 Extrude를 해야 합니다.

08 얼굴을 선택하고 Properties 패널의 (Object Date(🗂)) 탭에서 Geometry의 Extrude를 '0.007m'로 설정하고 이어서 목도리와 몸도 같은 두께를 만듭니다.

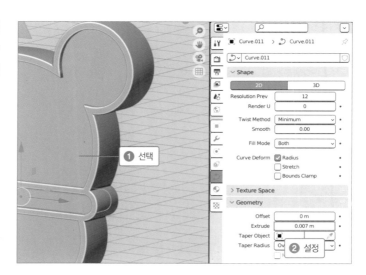

09 얼굴과 몸통 오브젝트를 선택하고 Ｈ를 눌러 숨긴 다음 눈과 팔 오브젝트를 각각 선택합니다.
같은 방법으로 (Object Date(🗂)) 탭에서 Geometry의 Extrude를 '0.009m' Bevel의 Depth를 '0m'로 설정하여 두께를 만듭니다.

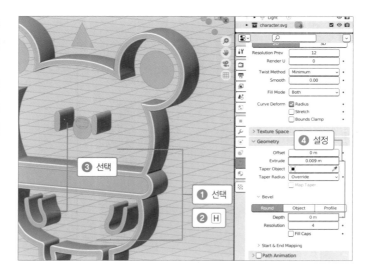

10 코 오브젝트를 선택합니다.
Properties 패널의 [Object Date(⬚)] 탭에
서 Geometry의 Extrude를 '0.009m',
Bevel의 Depth를 '0.0005m'로 설정합니다.

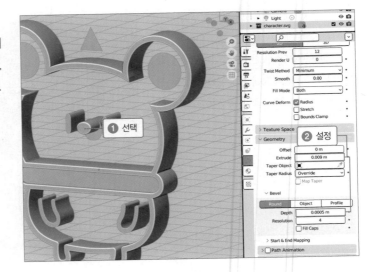

11 귀와 주둥이 오브젝트를 선택합니다.
Properties 패널의 [Object Date(⬚)] 탭
에서 Geometry의 Extrude를 '0.009m',
Bevel의 Depth를 '0.0014m'로 설정합니다.
Alt+H를 눌러 얼굴과 몸통 오브젝트를
다시 보이게 만듭니다.

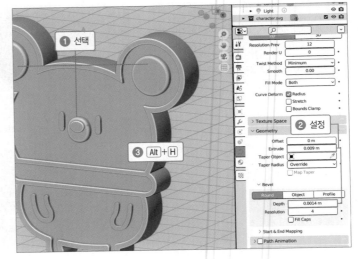

TIP 단축키 Alt+H는 숨긴 오브젝트를 모
두 보이게 합니다.

12 머리 위 고깔을 입체로 만들겠습니다.
삼각형 면을 선택하고 Properties 패널의
[Modifier(🔧)] 탭을 선택한 다음 [Add
Modifier]를 클릭하여 [Screw]를 실행합니다.
Screw 설정 창에서 Axis를 [Y]로 선택하
고 Steps Viewport를 '128', Render를
'128'로 설정하여 모델링을 마무리합니다.

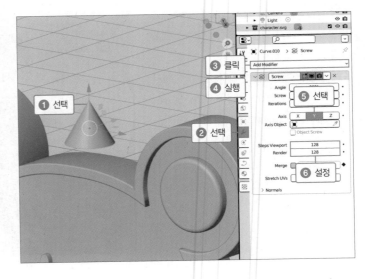

캐릭터 아이콘 메테리얼 적용하기

01 │ Workspaces에서 (Shading) 탭을 선택하여 변경하고 3D Viewport 패널에서 (Orthographic(🔳, 넘버 패드 5))을 클릭하여 투시를 변경합니다. 활용하지 않을 패널을 비활성화하여 그림과 같이 화면을 확장합니다.

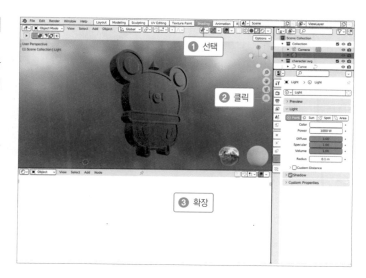

02 │ 노드를 이용하여 검은색 메테리얼을 수정하겠습니다.
Properties 패널에서 (Material(🔴)) 탭을 선택하고 Surface의 (Use Nodes) 버튼을 클릭합니다.

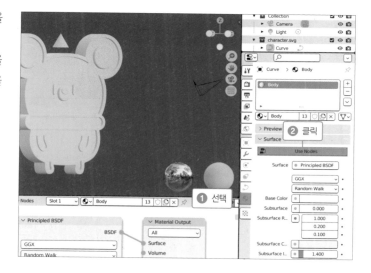

TIP 각각의 오브젝트가 하나의 메테리얼로 적용되어서 분리해야 합니다.

03 │ 메테리얼 이름을 'Body'로 입력하고 Base Color를 '밝은 회색(#F8FFFA)'으로 지정하여 기본 색상을 적용합니다.

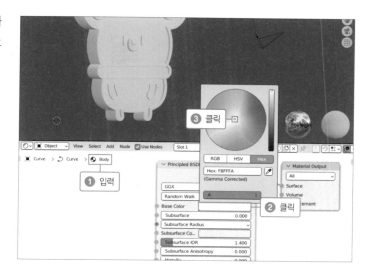

04 계속해서 각 오브젝트의 메테리얼을 적용하겠습니다. 코 오브젝트를 선택하고 Properties 패널의 (Material(⬛)) 탭에서 (−) 버튼을 클릭하여 'Body' 메테리얼을 삭제하고 (New) 버튼을 클릭하여 새로운 메테리얼을 생성합니다.

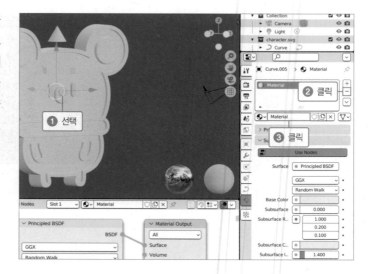

05 메테리얼 이름을 'Black'으로 입력 하고 Shader Editor 패널에서 Principled BSDF의 Base Color를 '회색(#5A5A5A)' 으로 지정한 다음 Roughness를 '0.2'로 설정합니다.

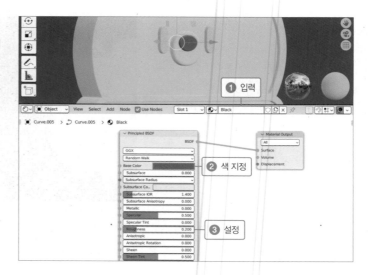

06 눈과 팔 오브젝트를 선택하고 마지 막으로 코 오브젝트를 선택합니다. Header 패널에서 (Object) → (Link/Transfer Data((Ctrl)+(L))) → (Link Materials)를 실 행하여 메테리얼을 복제합니다.

TIP 이와 같은 방법으로 메테리얼 등을 복제 할 때 오브젝트의 선택 순서가 중요합니다.

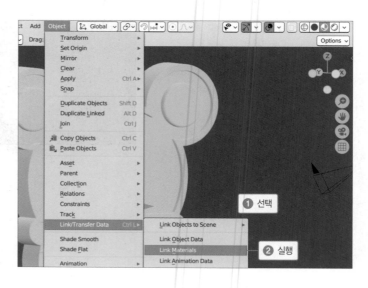

07 눈과 팔 오브젝트가 코 오브젝트와 같은 메테리얼로 적용되었습니다.

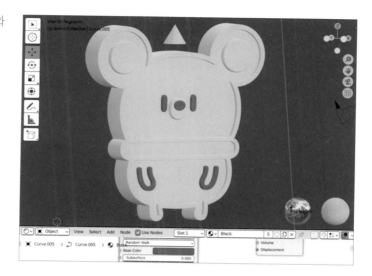

08 목도리 오브젝트를 선택한 다음 Properties 패널의 (Material(🔵)) 탭에서 (+) 버튼을 클릭하여 메테리얼을 생성하고 (New) 버튼을 클릭합니다.

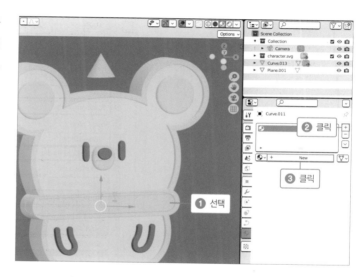

09 Shader Editor 패널에서 Principled BSDF의 Base Color를 '분홍색(#FF8C80)'으로 지정하고 이름을 'Muffler'로 입력합니다.

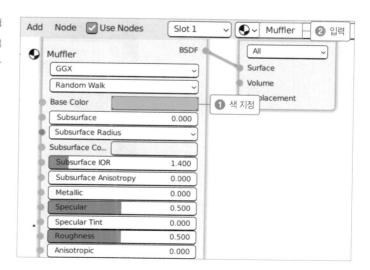

10 │ 주둥이 오브젝트를 선택한 다음 Properties 패널의 (Material(🔵)) 탭에서 (+) 버튼을 클릭하여 메테리얼을 생성하고 (New) 버튼을 클릭합니다.

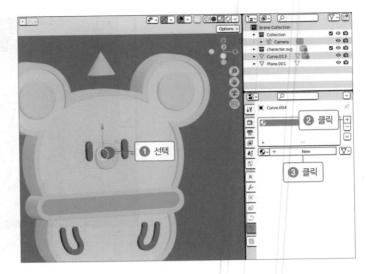

11 │ Shader Editor 패널에서 Principled BSDF의 Base Color를 '주황색(#FF955E)'으로 지정하고 이름을 'orange'로 입력합니다.

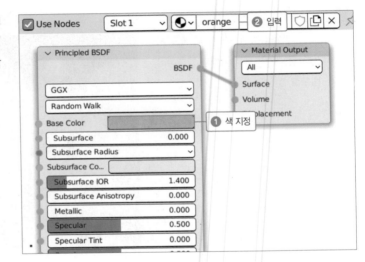

12 │ 귀 오브젝트를 선택하고 06번과 같은 방법으로 주둥이 메테리얼을 복제합니다.

13 | 머리 위의 고깔 오브젝트를 선택하고 Properties 패널의 (Material(⬤)) 탭에서 (+) 버튼을 클릭하여 메테리얼을 생성하고 (New) 버튼을 클릭합니다.

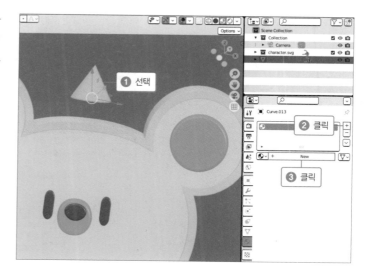

14 | Shader Editor 패널에서 Principled BSDF의 Base Color를 '노란색(#FFA800)'으로 지정하고 Metallic을 '0.7'로 설정한 다음 이름을 'Yellow'로 입력합니다.

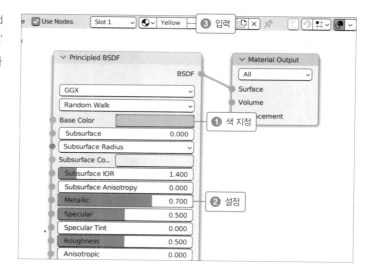

15 | 마지막으로 테두리에 유리 재질을 적용하기 위해 테두리를 선택합니다. Properties 패널의 (Material(⬤)) 탭에서 (+) 버튼을 클릭하여 메테리얼을 생성하고 (New) 버튼을 클릭한 다음 이름을 'Outline'으로 입력합니다.
Shader Editor 패널에서 Principled BSDF를 선택하고 X를 눌러 삭제합니다.

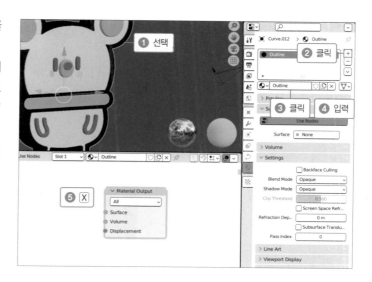

16 | Shader Editor 패널에서 (Add) → (Shader) → (Glass BSDF)를 실행하여 노드를 생성합니다. Glass BSDF의 BSDF 소켓을 Material Output의 Surface 소켓에 드래그하여 연결하고 Glass BSDF의 Color를 '회색(#C2C2C2)'으로 지정합니다.

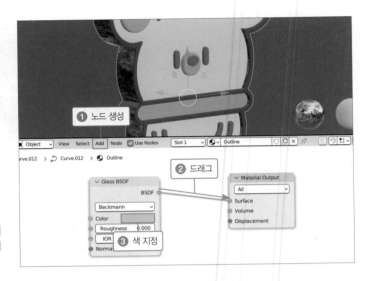

TIP EEVEE 렌더로 설정되어 있기 때문에 반사는 되지만 아직 투명한 유리 재질로 보이지는 않습니다.

17 | 일러스트레이터에서 작업한 SVG 파일을 블렌더로 불러와 3D로 만들었습니다.

스튜디오 설정하고 렌더링하기

01 | 각 오브젝트들을 조작하기 편하게 하나로 연결하겠습니다. 캐릭터 오브젝트를 먼저 선택하고 마지막에 고깔모자 오브젝트를 선택합니다.

TIP 마지막에 선택한 오브젝트의 테두리 색이 다른 것을 확인할 수 있습니다.

02 Ctrl+P를 눌러 표시되는 창에서
(Object(Keep Transform))를 실행합니다.
이제 부모인 고깔모자 오브젝트를 변형하면
다른 오브젝트들이 같은 영향을 받게 됩니다.

03 메뉴에서 (File) → (Append)를 실
행하여 Blender File View 대화상자가 표
시되면 04 폴더에서 '스튜디오 배경.blend'
파일을 불러옵니다. Toolbar 패널에서
(Scale(■, S))을 선택하여 크기를 확대하
고 오브젝트를 가운데로 위치합니다.

TIP 다른 창에 있는 오브젝트를 선택하고
Ctrl+C을 누른 다음 해당 화면에 Ctrl+V를
눌러 오브젝트를 가져올 수 있습니다.

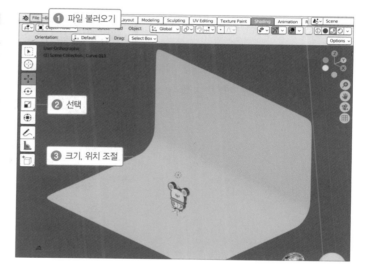

04 Viewport Shading에서 (Rendered
(◎))를 클릭하여 라이팅과 재질이 표현된
렌더링 화면으로 변경합니다. 넘버 패드
1을 눌러 Front View로 시점을 변경하고
Ctrl+넘버 패드 0을 눌러 실행하여 표시
되는 화면을 Camera View로 변경합니다.

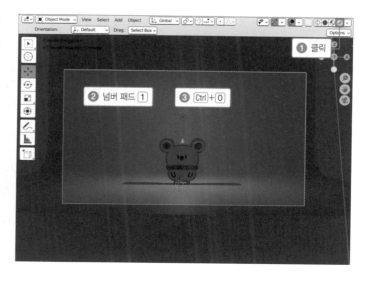

05 Sidebar에서 (View) 탭을 선택하고 View Lock의 'Camera to View'를 체크 표시하여 그림과 같이 화면에 배치하고 Properties 패널의 (Render(🖼️)) 탭을 선택한 다음 Render Engine을 'Cycles'로 지정합니다.

TIP Cycle Render에서 테두리의 유리 재질을 확인할 수 있습니다.

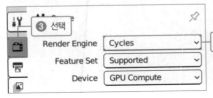

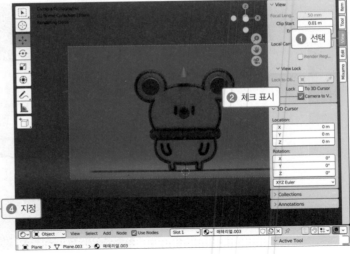

06 스튜디오를 선택하고 Shader Editor 패널에서 Principled PSDF 노드의 Base Color를 '검은색(#242424)'으로 지정합니다. 라이트가 선택된 상태로 X를 눌러 삭제합니다.

TIP 빛이 없으므로 화면은 어둡게 보입니다.

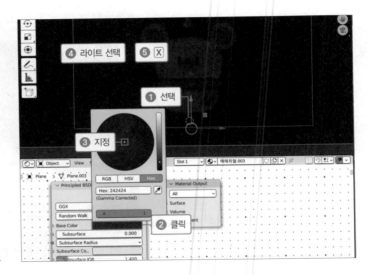

07 플래인을 생성하여 라이트 효과를 주겠습니다. Header 패널에서 (Add) → (Mesh) → (Plane)을 실행하여 플래인 오브젝트를 생성하고 크기를 확대한 다음 그림과 같이 위치를 조절합니다.

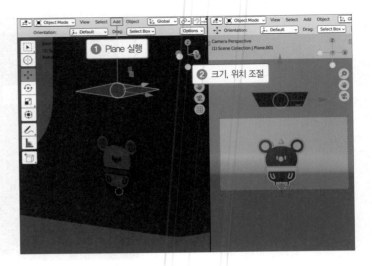

08 Properties 패널의 (Material(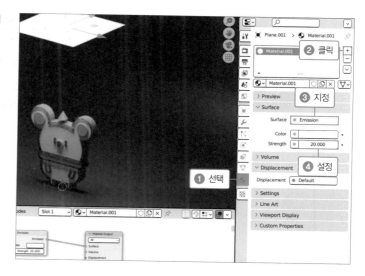)) 탭을 선택하고 (+) 버튼을 클릭하여 메테리얼을 생성합니다. 설정 창에서 Surface를 'Emission'으로 지정하고 Strength를 '20'으로 설정하면 플래인 오브젝트에 빛이 발산됩니다.

09 플래인 오브젝트를 선택하고 Tool bar 패널에서 (Rotate(🔘, R))를 선택한 다음 빨간색 X 방향으로 드래그하여 오브젝트를 향하게 회전합니다.
Properties 패널의 (Material(🔘)) 탭에서 Color를 '살구색(#FFDDC8)'으로 지정합니다.

TIP Strength 값을 조절하거나 색을 바꿔서 다양하게 빛을 줄 수 있습니다.

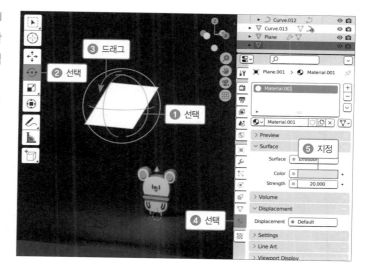

10 Camera View에서 오브젝트의 위치와 조명을 알맞게 조절하여 완성합니다. F12 를 눌러 표시되는 Blender Render 대화상자에서 이미지를 저장하여 작업을 마무리합니다.

2D 그래픽 같은 만화 폭탄 만들기

폭탄을 모델링하고 Toon Shader를 사용하여 만화적인 메테리얼을 적용하겠습니다. Toon Shader는 라이트에 반응하고 그러데이션을 조절하여 다양한 만화적인 느낌을 표현할 수 있습니다. 추가로 화면에 외곽선도 표현하여 만화적인 효과를 적용하여 2D 느낌이 나는 만화 폭탄을 만들겠습니다.

● 완성 파일 : 04\만화 폭탄_완성.blend

POINT

❶ Shader 메테리얼 적용하기

❷ Emission Node로 빛 효과 주기

❸ 모델링에 Outline 표현하기

폭탄 모델링하기

01 | 블렌더를 실행하여 표시되는 큐브 오브젝트를 선택하고 Properties 패널에서 (Modifier(🔧)) 탭을 선택합니다.
(Add Modifier)를 클릭하여 (Subdivision Surface)를 실행하고 Subdivision Surface 설정 창에서 Levels Viewport를 '2'로 설정합니다. (✓)를 클릭한 다음 (Apply(Ctrl + A))를 실행하여 적용합니다.

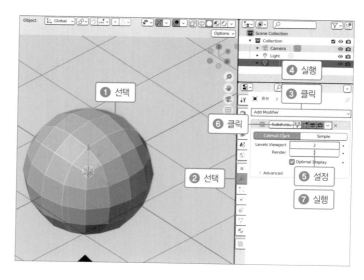

02 | 한 번 더 (Subdivi sion Surface)를 실행합니다. Subdivision Surface 설정 창에서 Levels Viewport를 '2'로 설정하고 Header 패널에서 (Object) → (Smooth Faces)를 실행하여 표면을 부드럽게 만듭니다.

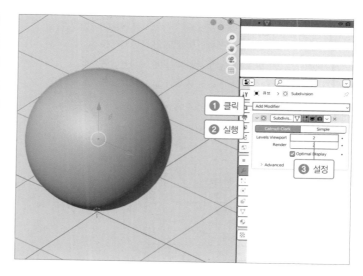

03 | (Tab)을 눌러 (Edit Mode)로 변경하고 Properties 패널에서 (On Cage(🔻))를 클릭하여 활성화합니다. Header 패널에서 (Face(■, 3))를 선택하여 변경하고 윗면 4개를 선택합니다.

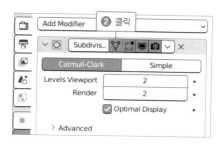

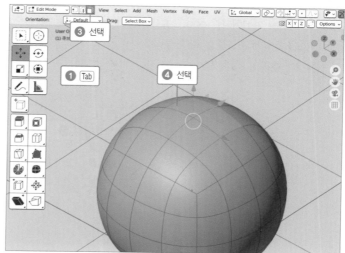

04 | Toolbar 패널에서 (Inset Faces (🔲, ①))를 선택하고 노란색 원을 안쪽으로 드래그하여 작은 면을 생성합니다.

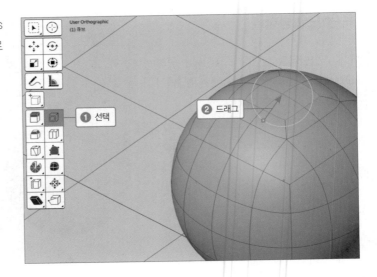

05 | Sidebar의 (Edit) 탭을 선택하고 LoopTool의 'Circle'을 선택하여 선택한 면을 원형으로 만듭니다. Toolbar 패널에서 (Extrude Region(🔲, ⑤))을 선택하고 (➕)를 Z 방향으로 드래그하여 면을 돌출합니다.

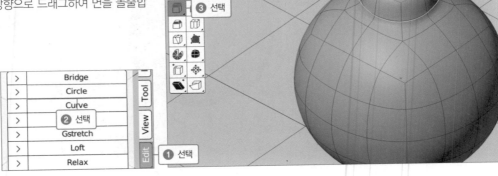

06 | Toolbar 패널에서 (Loop Cut(🔟, Ctrl+R))을 선택하고 그림과 같이 클릭하여 선을 2개 추가해 경계선을 날카롭게 만듭니다.

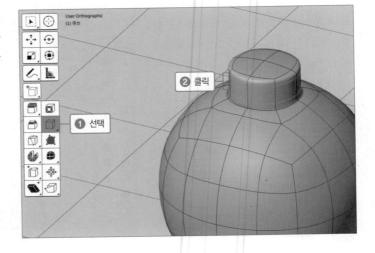

07 다시 윗면을 4개 선택하고 Toolbar 패널에서 (Inset Faces(🔲, ①))를 선택한 다음 노란색 원을 안쪽으로 드래그하여 작은 면을 생성합니다.

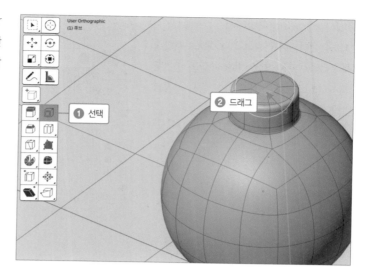

08 넘버 패드 ③을 눌러 Right View로 시점을 변경합니다.
Toolbar 패널에서 (Extrude Region(🔲, Ε))을 선택하고 (⊞)를 Z 방향으로 드래그하여 면을 돌출해 폭탄의 심지를 만듭니다.

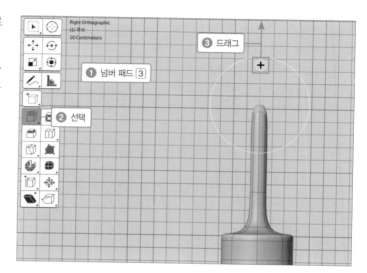

09 Toolbar 패널에서 (Loop Cut(🔲, Ctrl+R))을 선택하고 그림과 같이 클릭하여 선을 2개 추가하여 경계선을 날카롭게 만듭니다.

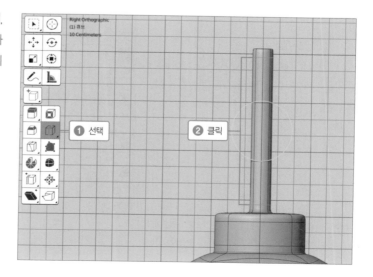

10 | Header 패널에서 (Vertex(⬚, 1))를 선택하여 변경하고 Toolbar 패널에 서 (Rotate(⟳, R))와 (Move(✥, G))를 이용하여 그림과 같이 휘어진 심지 모양을 만듭니다.

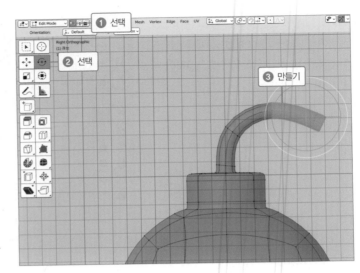

TIP Toggle X-Ray(Alt+Z)가 적용된 모습입니다.

11 | 폭탄 오브젝트에 테두리 장식을 만들기 위해 중심의 면을 둘러 선택하고 Shift +D를 눌러 복제합니다. Toolbar 패널에서 (Scale(⬛, S))을 선택한 다음 (Gizmo)의 파란색 포인트를 아래로 드래그하여 납작하게 만듭니다.

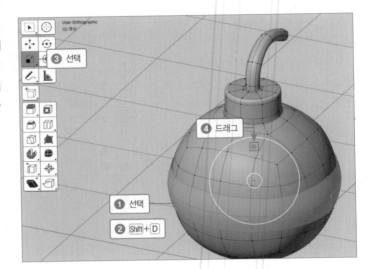

12 | 넘버 패드 1을 눌러 Front View로 시점을 변경합니다. 각각의 위와 아래 점을 선택하고 Toolbar 패널에서 (Scale(⬛, S))을 선택한 다음 반듯하게 형태를 수정합니다.

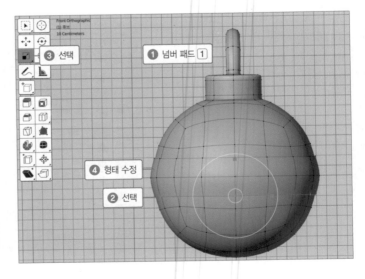

TIP 단축키 S를 누르고 Z를 누른 상태에서 넘버 패드 0을 누르면 선택된 부분이 평평하게 됩니다.

13 Ⓛ을 눌러 테두리 장식을 모두 선택하고 Toolbar 패널에서 (Extrude Region (🖼, Ⓔ))을 길게 클릭하여 표시되는 (Extrude Along Normals(🖼))를 선택한 다음 노란색 포인트를 드래그하여 일정한 두께를 만듭니다.

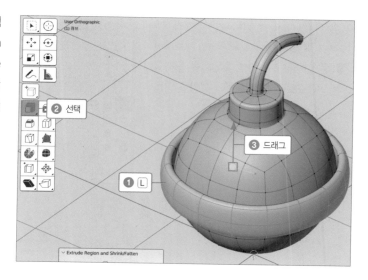

14 Toolbar 패널에서 (Scale(🖼, Ⓢ))을 선택한 다음 폭탄에 맞춰 축소합니다. Header 패널에서 (Edge(🔢, Ⓞ))를 선택하여 변경하고 다시 Toolbar 패널에서 (Loop Cut(🖼, Ⓒtrl+Ⓡ))을 선택한 다음 클릭하여 그림과 같이 위아래로 선을 만듭니다.

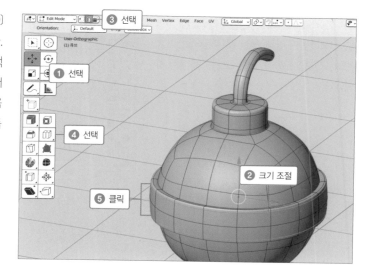

15 테두리 장식 오브젝트의 가운데 선을 선택하고 Toolbar 패널에서 (Bevel(🖼, Ⓒtrl+Ⓑ))을 선택한 다음 노란색 포인트를 드래그하여 그림과 같이 분할합니다.

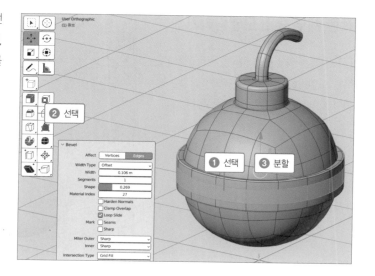

16 그림과 같이 면이 선택된 상태로 Toolbar 패널에서 (Extrude Along Normals (⬚))를 선택하고 노란색 포인트를 드래그하여 안쪽으로 면을 생성하며 모양을 만듭니다.

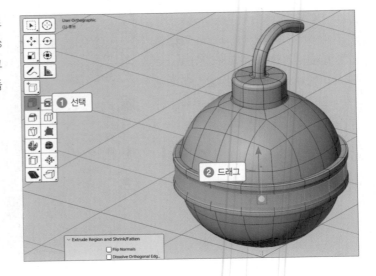

17 Toolbar 패널에서 (Move(✛, G))를 선택하여 위아래 선을 끝 부분으로 이동하여 모양을 만들고 폭탄 모델링을 마무리합니다.

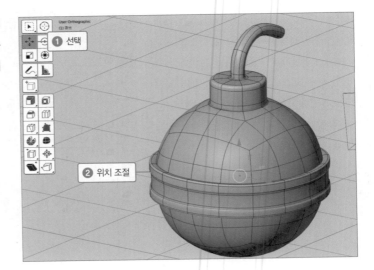

폭탄 세부 요소 모델링하기

01 폭탄 위에 해골 장식을 만들겠습니다. 폭탄 모델링하기의 01번~02번과 같은 방법으로 만들고 폭탄 앞으로 이동합니다.

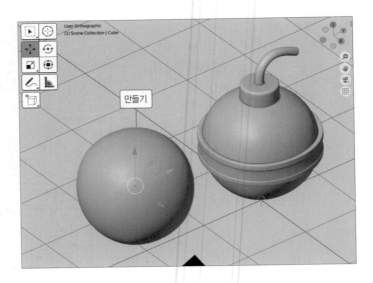

02 Toolbar 패널에서 (Scale(▣, S))
을 선택하여 크기를 축소한 다음 초록색 Y
방향으로 드래그하여 납작하게 만들고 위치
를 이동합니다.

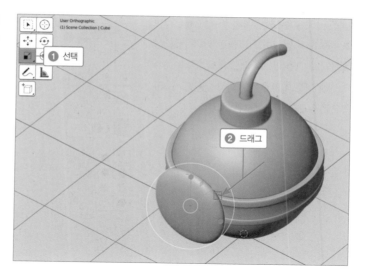

03 Tab을 눌러 (Edit Mode)로 변경하
고 넘버 패드 1을 눌러 Front View로 시
점을 변경합니다.

Header 패널에서 (Vertex(▣, 1))를 선
택하여 변경하고 점을 수정하여 그림과 같
은 모양을 만듭니다.

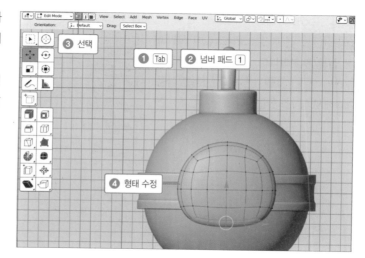

04 해골 입을 만들기 위해 아랫면을 4
개 선택하고 Toolbar 패널에서 (Inset
Faces(▣, I))를 선택한 다음 노란색 원
을 안쪽으로 드래그하여 작은 면을 생성합
니다.

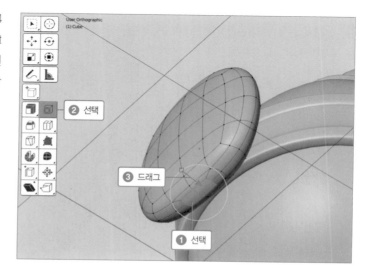

05 | Header 패널에서 (Face(■, ③))
를 선택하여 변경하고 그림과 같이 면을 선
택합니다. Toolbar 패널에서 (Extrude
Region(■, E))을 선택하고 (+)를 Z 방
향으로 드래그하여 돌출합니다.

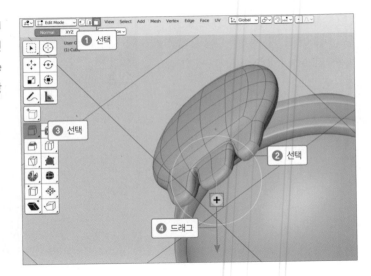

06 | Toolbar 패널에서 (Loop Cut(■,
Ctrl+R))을 선택하고 그림과 같이 클릭하
여 선을 추가합니다. Header 패널에서
(Vertex(□, ①))를 선택하여 변경한 다음
계속해서 형태를 만듭니다.

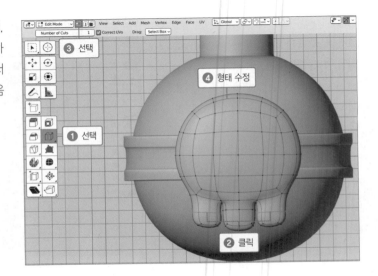

07 | 한쪽 눈을 먼저 편집하고 반대쪽 눈
을 복제하겠습니다. 오른쪽 면을 6개 선택
합니다.

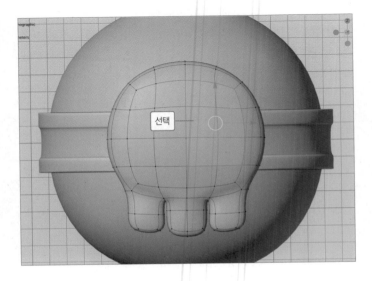

08 | Toolbar 패널에서 (Inset Faces (⬚, I))를 선택하고 노란색 원을 안쪽으로 드래그하여 작은 면을 생성하고 X 를 눌러 면을 삭제합니다.

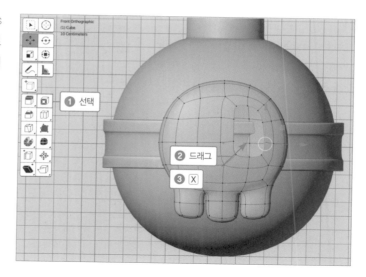

09 | 해골 오브젝트의 점을 수정하여 둥근 눈 모양을 만듭니다.

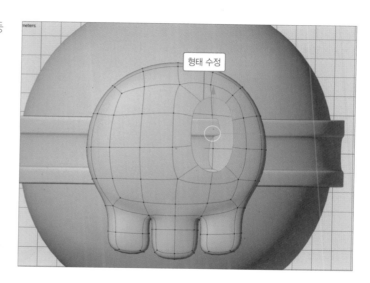

10 | Toolbar 패널에서 (Extrude Region (⬚, E))을 선택하고 ＋ 를 Y 방향으로 드래그하여 안쪽으로 면을 생성합니다.

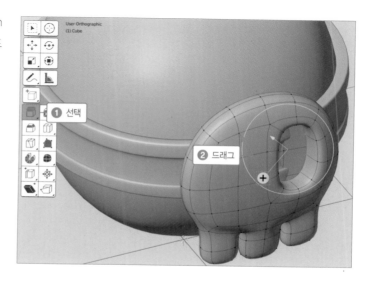

11 눈의 구멍의 점이 선택된 상태로 Header 패널에서 [Face] → [Grid Fill]을 실행하여 면을 생성합니다. Operation에서 Span을 '2', Offset을 '1'로 설정합니다.

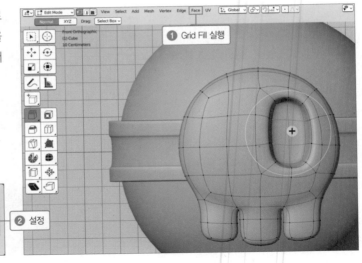

12 계속해서 눈의 점을 수정하고 마무리되면 ⒜를 눌러 해골을 전체 선택합니다.

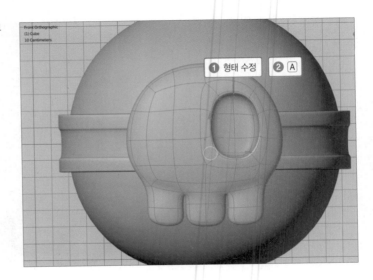

13 Header 패널에서 [Mesh] → [Symmetrize]를 실행하여 반대쪽도 눈을 만듭니다.

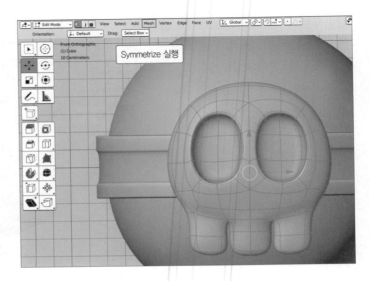

TIP Operation에서 Direction을 '+ X to – X'으로 지정해야 정확하게 복제됩니다.

14 ┃ 폭탄의 불꽃을 만들기 위해 [Add] → [Mesh] → [UV Sphere]를 실행하여 오브젝트를 생성합니다. Properties 패널에서 [Modifier([🔧])]탭을 선택하고 [Add Modifier]를 클릭하여 [Subdivision Surface]를 실행합니다. Subdivision Surface 설정 창에서 Levels Viewport를 '2'로 설정하고 심지 끝으로 이동합니다.

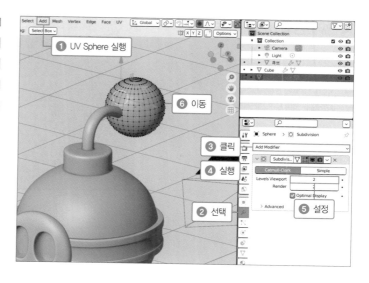

15 ┃ Header 패널에서 [Vertex([▫], [1])]를 선택하여 변경합니다.
Toolbar 패널에서 [Move([✛], [G])]를 선택한 다음 [Gizmo]의 파란색 Z 화살표를 위로 드래그하여 불꽃 모양을 만듭니다.

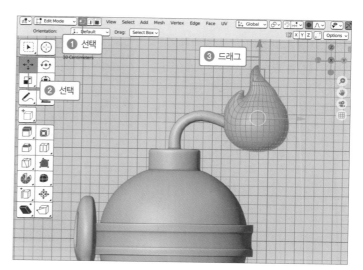

16 ┃ 각각의 오브젝트를 선택하고 [Ctrl] +[J]를 눌러 모델링을 합칩니다. 해골 장식과 불꽃이 붙은 폭탄 모델링이 완성되었습니다.

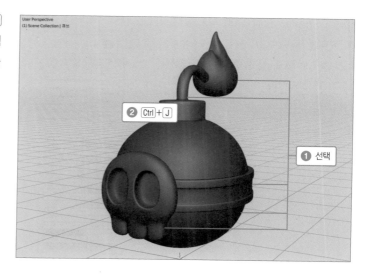

폭탄에 만화 효과 적용하기

01 | Workspaces에서 (Shading) 탭을 선택하여 작업 환경을 변경하고 3D Viewport 패널과 Shader Editor 패널을 확장합니다.

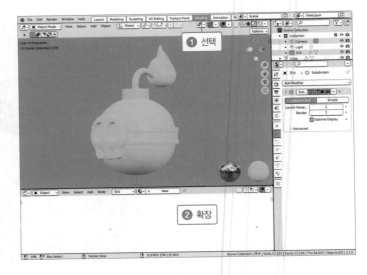

02 | 폭탄을 선택하고 Properties 패널에서 (Material(🔵)) 탭을 선택한 다음 (New) 버튼을 클릭하여 메테리얼을 생성합니다. 생성된 메테리얼 이름을 'Bomb'으로 입력합니다.

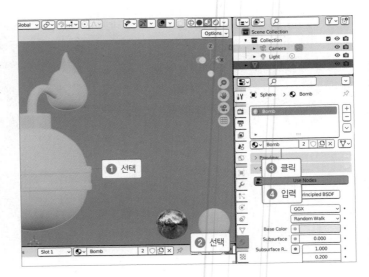

03 | Shader Editor 패널에서 노드 위치를 이동하고 (Add) → (Converter) → (Shader to RGB)를 실행하여 노드를 생성하고 그림과 같이 소켓을 연결합니다.

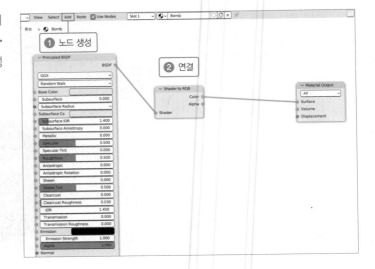

04 | Shader Editor 패널에서 (Add) → (Converter) → (ColorRamp)를 생성하여 Fac을 Shader To RGB의 Color 소켓, Color를 Material Output의 Surface 소켓에 드래그하여 연결합니다.

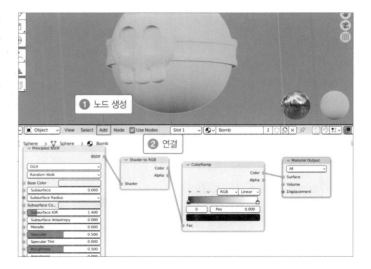

05 | ColorRamp의 색상 바에서 검은색과 흰색 포인트를 그림과 같이 조절하고 그러데이션의 경계를 'Constant'로 지정하여 두 색상의 경계선을 명확하게 만듭니다.

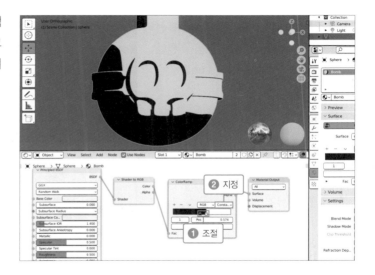

06 | ColorRamp에서 (+) 버튼을 클릭하여 색상 바에 포인트를 추가하고 위치를 조절하면서 메테리얼을 확인합니다.

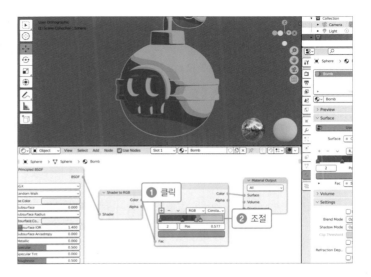

TIP 예제에서는 색상을 왼쪽 포인트부터 '#004271', '#21255F', '#0095FF', '#00D0FF'로 지정했습니다.

07 (Tab)을 눌러 (Edit Mode)로 변경하고 테두리 오브젝트를 선택합니다. Proper ties 패널의 (Material(🔴)) 탭에서 (+) 버튼을 클릭하여 새 슬롯을 생성하고 (Browse Material(🔴))을 클릭한 다음 'Bomb'을 선택합니다. (New Material(📋))을 클릭하여 복제하고 (Assign) 버튼을 클릭하여 적용한 다음 이름을 'Deco'로 입력합니다. ColorRamp를 그림과 같이 조절합니다.

TIP 테두리 장식과 폭탄 심지 오브젝트의 메테리얼 색상을 왼쪽 포인트부터 '#712C4B', '#A13E34', '#FF7700', '#FFAA70'로 지정했습니다.

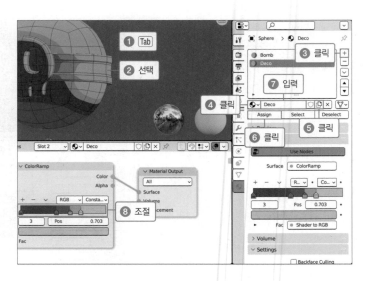

08 같은 방법으로 해골 오브젝트를 선택하고 메테리얼을 적용한 다음 이름을 'Skull'로 입력합니다. ColorRamp를 그림과 같이 조절합니다.

TIP 색상을 왼쪽 포인트부터 '#252525', '#5B5A5D', '#FBF2FF'로 지정했습니다.

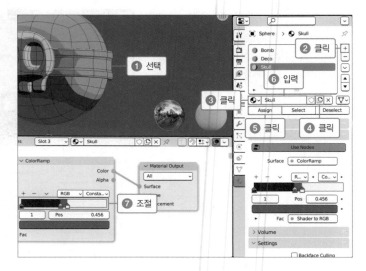

09 같은 방법으로 쇠붙이 오브젝트를 선택하고 메테리얼을 적용한 다음 이름을 'Metallic'으로 입력합니다. ColorRamp를 그림과 같이 조절합니다.

TIP 색상을 왼쪽 포인트부터 '#4F6DAB', '#282F4C', '#FCF9FF'로 지정했습니다.

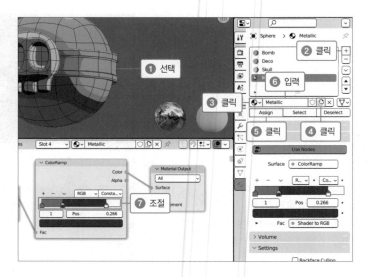

10 불꽃 오브젝트는 새로운 메테리얼을 생성하겠습니다. 불꽃 오브젝트를 선택하고 Properties 패널의 (Material(🔘)) 탭에서 (+) 버튼을 클릭하여 새 슬롯을 만든 다음 (New) 버튼을 클릭하여 메테리얼을 생성합니다. 새 메테리얼 이름을 'Fire'로 입력합니다.

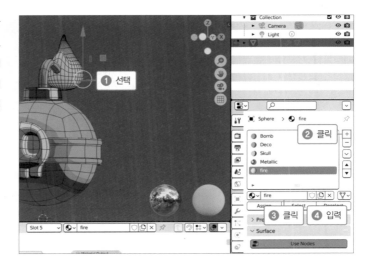

11 Surface를 'Emission'으로 지정합니다.

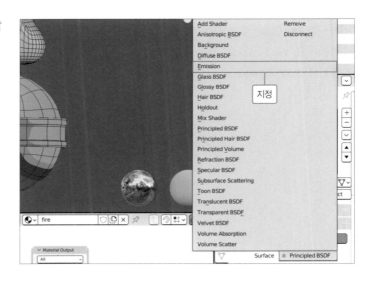

12 Shader Editor 패널에서 Emission의 Color를 '노란색(#FFCF00)'으로 지정하고 Strength를 '15'로 설정합니다.
Properties 패널에서 (Render(📷)) 탭을 선택하고 'Bloom'을 체크 표시하면 그림과 같이 빛을 확인할 수 있습니다.

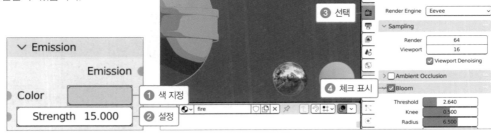

13 모델링에 외곽선을 만들겠습니다. Properties 패널에서 (Material(◉)) 탭을 선택하고 (+) 버튼을 클릭하여 새 슬롯을 만든 다음 (New) 버튼을 클릭하여 메테리얼을 생성하여 이름을 'Outline'으로 입력합니다.

14 Shader Editor 패널에서 Principled BSDF의 Base Color를 '짙은 보라색 (#0B0C1F)'으로 지정하고 Roughness를 '1'로 설정합니다.

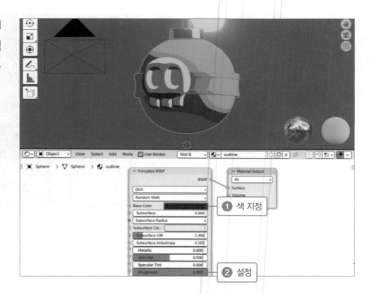

15 (Tab)을 눌러 (Object Mode)로 변경하고 Properties 패널에서 (Modifier(🔧)) 탭을 선택한 다음 (Add Modifier)를 클릭하여 (Solidify)를 실행합니다. Solidify 설정창에서 Thickness를 '-0.049m'로 설정하고 Normals의 'Flip'을 체크 표시한 다음 Materials의 Material Offset을 '6'으로 설정합니다.

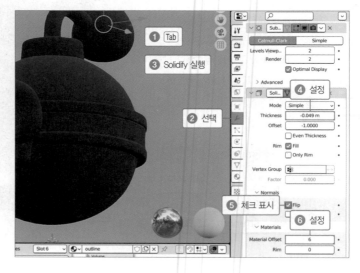

16 아직 테두리가 적용되지 않았습니다. 외곽선을 선택하고 Properties 패널에서 (Material(●)) 탭을 선택하고 Settings의 'Backface Culling'을 체크 표시하면 테두리가 생성됩니다.

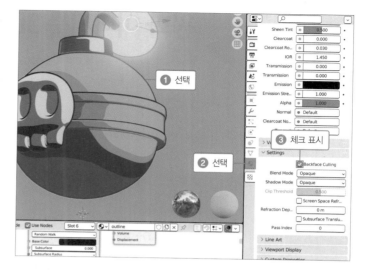

TIP 메테리얼 색상과 Soildfy의 설정을 변경하면서 마음에 드는 외곽선을 만들어보세요.

17 Viewport Shading에서 (Rendered(●))를 클릭하여 라이팅과 재질이 표현된 렌더링 화면으로 변경합니다.

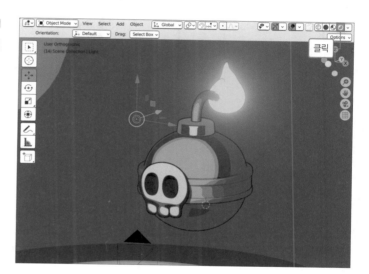

18 배경과 여러 오브젝트를 추가하여 Toon Shading이 적용된 카툰 스타일의 3D 모델링을 완성합니다.

원화 이미지를 3D 캐릭터로 만들기

2D로 작업한 캐릭터 원화 이미지를 블렌더 화면에 불러와서 원화를 바탕으로 모델링하고 UV 작업한 다음 블렌더의 Texture Painting 기능을 이용하여 모델링에 직접 그림을 그려보겠습니다.

● 예제 파일 : 04\이모티콘 캐릭터.png　　　● 완성 파일 : 04\이모티콘 캐릭터_완성.blend

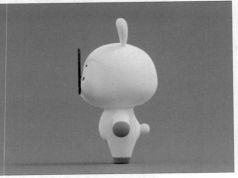

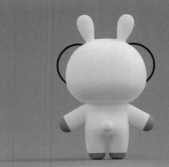

POINT

① 2D 이미지를 블렌더 화면에 불러오기

② Texture Painting으로 모델링에 색칠하기

③ Texture 메테리얼 적용하기

캐릭터 레퍼런스 화면에 불러오기

01 블렌더를 실행하고 메뉴에서 (File) → (New) → (General)을 실행하여 새 File 을 생성합니다. 넘버 패드 ①을 눌러 Front View로 시점을 변경하고 큐브 오브젝트를 선택한 다음 H를 눌러 오브젝트를 숨깁니다.

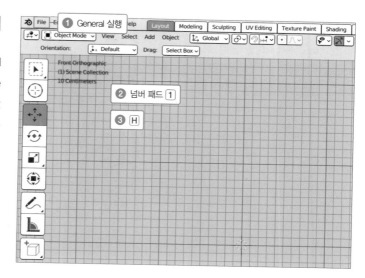

02 2D 원화 이미지를 화면에 가져오 겠습니다. Header 패널에서 (Add) → (Image) → (Background)를 실행하여 Blender File View 대화상자가 표시되면 04 폴더에서 '이모티콘 캐릭터.png' 파일을 선택하여 이미지를 불러옵니다.

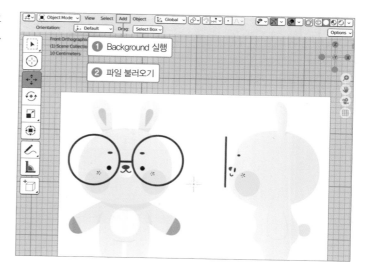

03 Properties 패널에서 (Object Data(▽)) 탭을 선택하고 Empty의 Offset X를 설정하여 (Gizmo) 위치를 정면 이미지 중심에 맞춥니다.

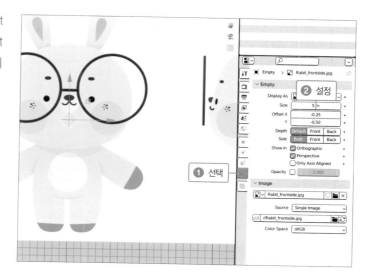

TIP 수치를 입력하는 곳에 H를 누른 상태 로 좌우로 드래그하면 값을 미세하게 움직일 수 있습니다.

04 옆면을 중심에 맞추기 위해 이미지를 선택하고 [Shift]+[D]를 눌러 복제한 다음 Toolbar 패널에서 (Rotate([⟳], [R]))를 선택하고 그림과 같이 90°로 회전합니다.

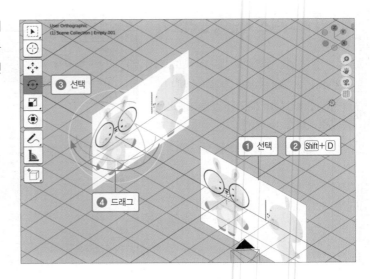

05 넘버 패드 [3]을 눌러 Right View로 시점을 변경하고 옆 이미지에 맞춰 이동합니다. 정면 이미지도 뒤쪽으로 이동하여 작업할 공간을 만듭니다.

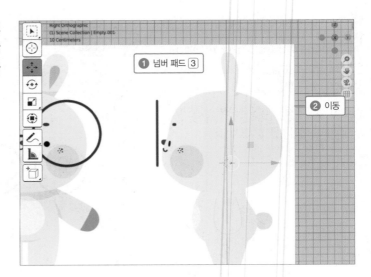

06 넘버 패드 [1]을 눌러 Front View로 시점을 변경하고 Properties 패널의 (Object Data([▽])) 탭에서 'Opacity'를 체크 표시한 다음 '0.6'으로 설정하여 이미지를 투명하게 합니다. 이제 원화를 토대로 모델링 작업할 준비가 됐습니다.

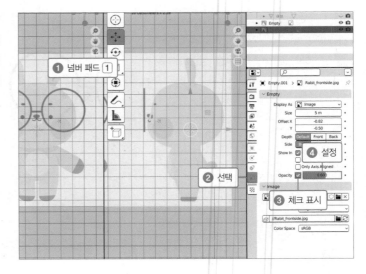

캐릭터 형태 모델링하기

01 Alt+H를 눌러 숨겼던 큐브 오브젝트를 다시 보이게 하고 Properties 패널에서 (Modifier(🔧)) 탭을 선택한 다음 (Add Modifier)를 클릭하여 표시되는 목록에서 (Subdivision Surface)를 실행합니다.

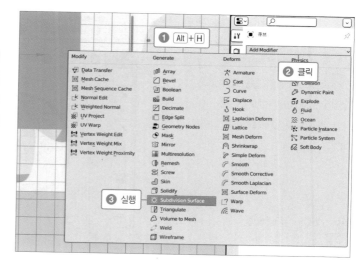

02 Subdivision Surface 설정 창에서 Levels Viewport를 '2'로 설정하고 (∨)를 클릭하여 (Apply(Ctrl+A))를 실행하여 적용합니다.

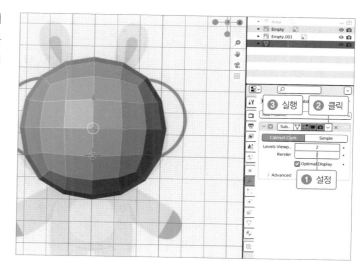

03 같은 방법으로 (Subdivision Surface)를 실행합니다. Subdivision Surface 설정 창에서 Levels Viewport를 '2'로 설정하고 Header 패널에서 (Object) → (Shading) → (Smooth Faces)를 실행하여 표면을 부드럽게 만듭니다.

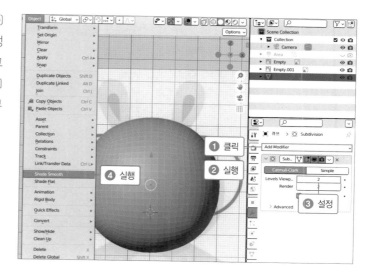

04 │ 넘버 패드 1을 눌러 Front View
로 시점을 변경하고 1을 눌러 (Vertex
(◻, 1))로 변경한 다음 Alt+Z를 눌러
Toggle X-Ray를 활성화합니다.
Toolbar 패널에서 (Move(✛, G))를 선택
하고 원화에 맞춰서 머리의 형태를 수정합
니다.

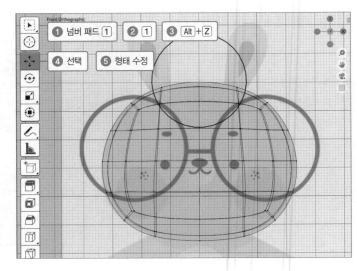

TIP 대칭인 오브젝트는 Header 패널의
(✂ X Y Z)를 활성화하면 선택한 방향대로
Mirror가 적용된 것처럼 적용됩니다.

05 │ 넘버 패드 3을 눌러 Right View
시점으로 변경하고 원화의 이미지대로 형태
를 수정합니다.

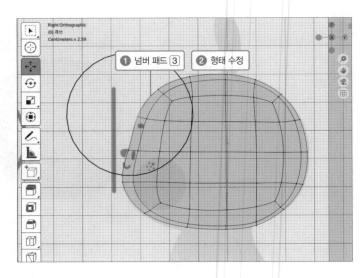

TIP 수정이 끝나면 다시 Alt+Z를 눌러
Toggle X-Ray를 비활성화합니다.

06 │ 몸통을 만들기 위해 3을 눌러 (Face
(◼))로 변경하고 아랫면을 4개 선택합니다.
Toolbar 패널에서 (Inset Faces(◲, I))
를 선택하고 노란색 원을 안쪽으로 드래그
하여 작은 면을 생성합니다.

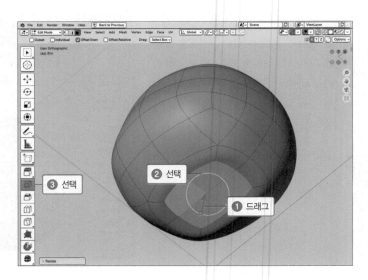

07 넘버 패드 ①을 눌러 Front View
로 시점을 변경합니다. Toolbar 패널에서
(Extrude Region(▣, E))을 선택하고
(➕)를 Z 방향으로 드래그하여 몸통을 만듭
니다.

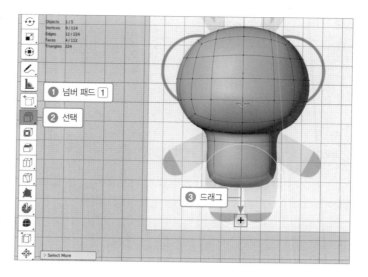

08 몸통 형태 조절을 위해 Toolbar 패
널에서 (Loop Cut(▥, Ctrl+R))을 선택하
고 몸통 오브젝트를 클릭하여 선을 2개 추
가합니다.

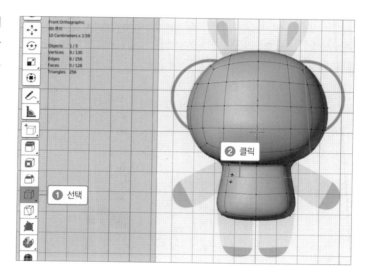

09 머리와 같은 방법으로 몸통도 Toolbar 패널에서 (Move(✛, G))를 선택하고 넘버 패드 ①과 ③을 눌러 View를
변경하면서 원화에 맞춰 형태를 수정합니다.

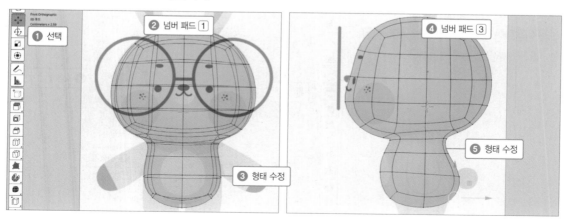

10 Front View와 Right View에 맞춰 만들어도 3D View에서 모델링이 어색할 수 있으니 다양한 각도에서 계속 수정하면서 자연스러운 형태를 만듭니다.

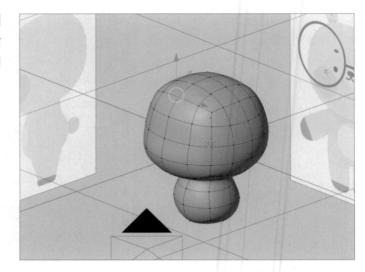

11 이어서 꼬리를 만들기 위해 Header 패널에서 (Face(■, 3))를 선택하여 변경하고 뒤의 4개의 면을 선택합니다. Toolbar 패널에서 (Inset Faces(■, I))를 선택하고 노란색 원을 안쪽으로 드래그하여 작은 면을 생성합니다.

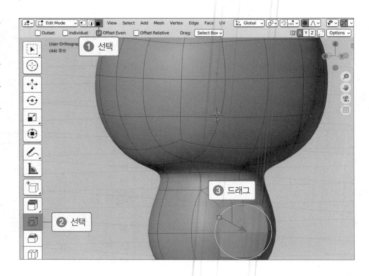

12 Toolbar 패널에서 (Extrude Region (■, E))을 선택하고 (+)를 Y 방향으로 3번 드래그하여 면을 돌출한 다음 크기와 회전을 이용하여 꼬리 형태를 만듭니다. 다양한 각도에서 자연스럽게 만듭니다.

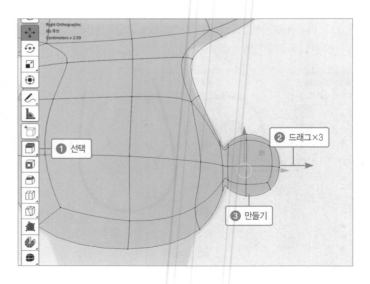

13 ┃ 꼬리가 완성되면 넘버 패드 1을 눌러 Front View로 시점을 변경합니다. Alt +Z를 눌러 Toggle X-Ray를 활성화한 다음 드래그하여 오브젝트 절반을 선택합니다. X를 눌러 표시되는 창에서 (Faces)를 실행하여 그림과 같이 삭제합니다.

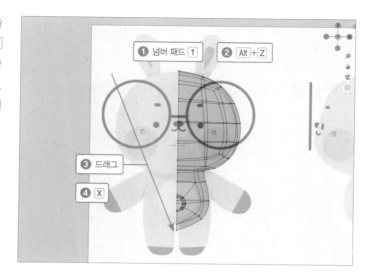

14 ┃ Tab을 눌러 (Object Mode)로 변경합니다. Properties 패널에서 (Modifier (🔧)) 탭을 선택하고 (Add Modifier)를 클릭하여 (Mirror)를 실행합니다. 설정 창에서 Mirror를 위로 드래그하여 설정 순서를 변경합니다.

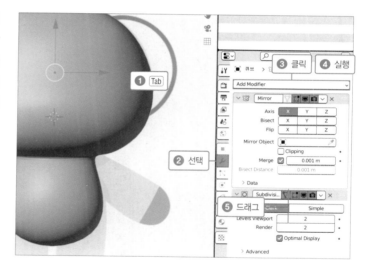

15 ┃ 대칭 형태인 귀와 다리와 팔을 만들겠습니다. 귀를 만들기 위해 Tab을 눌러 (Edit Mode)로 변경하고 머리 오브젝트의 점을 4개 선택합니다. Toolbar 패널에서 (Inset Faces(⬜, I))를 선택하고 노란색 원을 안쪽으로 드래그하여 작은 면을 생성합니다.

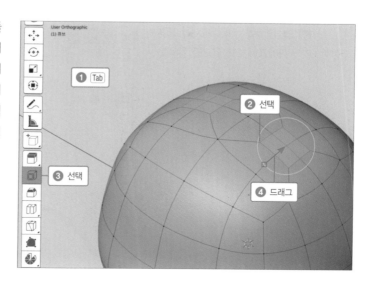

16 | ⓧ를 눌러 표시되는 창에서 (Faces)를 선택하여 삭제하고 Sidebar에서 (Edit) 탭을 선택한 다음 LoopTools의 (Circle)을 선택하여 원을 만듭니다.

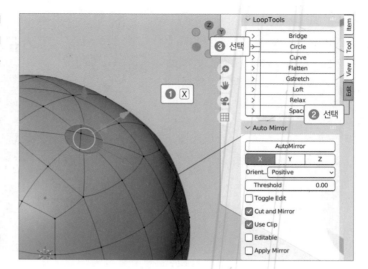

TIP LoopTools는 Preferences에서 'Add on'을 체크 표시해야 사용할 수 있습니다.

17 | Toolbar 패널에서 (Extrude Region (⬚, E))을 선택하고 (＋)를 Z 방향으로 드래그하여 면을 돌출합니다.

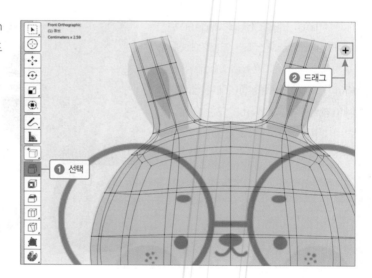

18 | Toolbar 패널에서 (Scale(▣, S))을 선택하고 원화에 맞게 크기를 조절합니다.

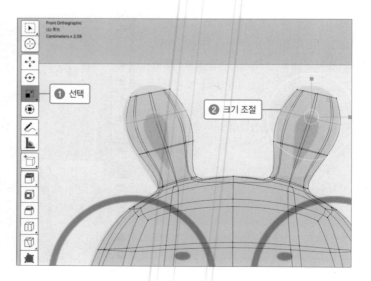

19 그림과 같이 귀와 머리의 경계선을 선택하고 Toolbar 패널에서 (Bevel(🔲, Ctrl+B))을 선택한 다음 노란색 포인트를 드래그하여 선을 분할하여 날카롭게 만듭니다.

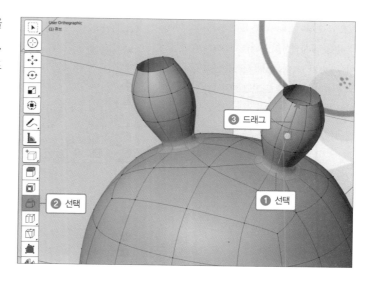

20 귀 오브젝트에 구멍 난 곳을 선택하고 Header 패널에서 (Face) → (Grid Fill)을 실행하여 면을 생성합니다.

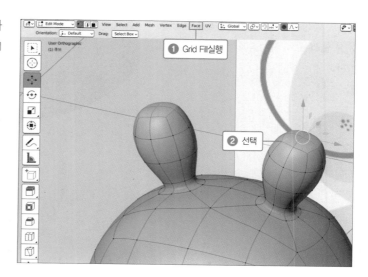

21 넘버 패드 1과 3을 눌러 Front View와 Right View로 시점을 변경하면서 귀의 형태를 원화에 맞게 수정합니다.

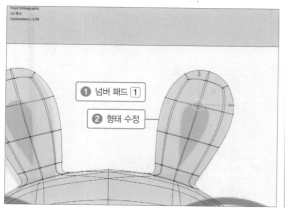

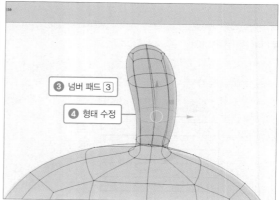

22 팔을 만들겠습니다. 몸통 오브젝트의 점을 4개 선택한 다음 Toolbar 패널에서 (Inset Faces(▣, Ⅰ))를 선택하고 노란색 원을 안쪽으로 드래그하여 작은 면을 생성합니다.

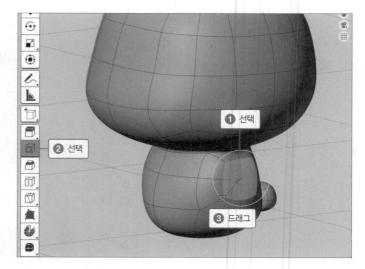

23 생성된 작은 면이 선택된 상태로 Ⅹ를 눌러 표시되는 창에서 (Faces)를 실행하여 면을 삭제합니다.

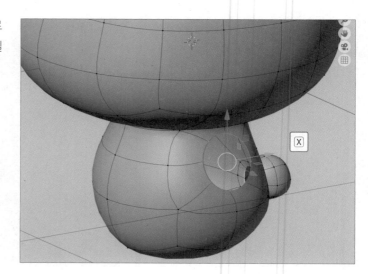

24 Sidebar에서 (Edit) 탭을 선택하고 LoopTools의 (Circle)을 선택하여 원을 만든 다음 넘버 패드 3을 눌러 Right View로 시점을 변경하여 점을 수정합니다.

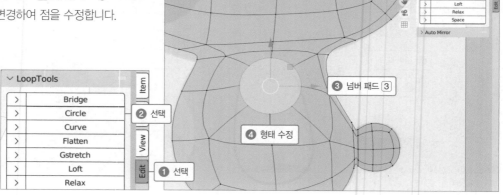

25 | Toolbar 패널에서 (Extrude Region (⬚, E))을 선택하고 (+)를 X 방향으로 드래그하여 면을 돌출하면서 원화에 맞춰 팔의 길이를 조절합니다.

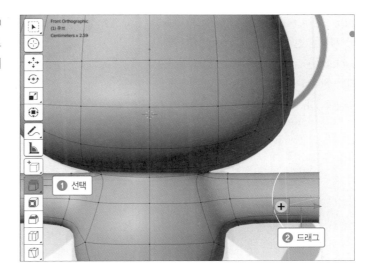

26 | Toolbar 패널에서 (Loop Cut(⬚, Ctrl+R))을 선택하고 그림과 같이 클릭하여 선을 3개 추가합니다.

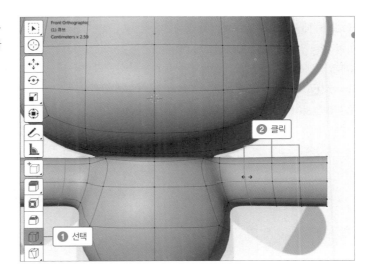

27 | 팔에 구멍이 난 곳을 선택한 다음 Header 패널에서 (Face) → (Grid Fill)을 실행하여 면을 생성합니다.

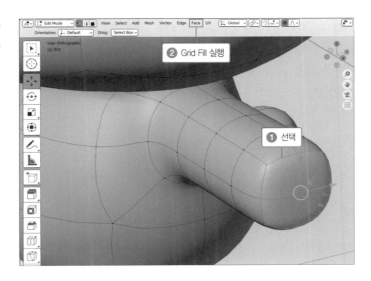

28 넘버 패드 **1**을 눌러 Front View 로 시점을 변경합니다. Toolbar 패널에서 (Rotate(⊙, **R**))를 선택하고 점을 회전한 다음 원화에 맞춰 이동하면서 팔의 형태를 수정합니다.

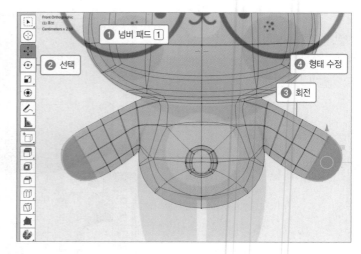

29 같은 방법으로 다리를 만들겠습니다. Header 패널에서 (Face(■, **3**))를 선택 하여 변경합니다. 몸통 오브젝트의 아랫면 4개를 선택하고 Toolbar 패널에서 (Inset Faces(■, **I**))를 선택한 다음 노란색 원 을 드래그하여 작은 면을 생성합니다.

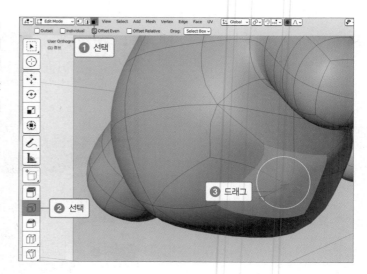

30 생성한 작은 면이 선택된 상태로 **X**를 눌러 표시되는 창에서 (Faces)를 실행 하여 면을 삭제합니다. Sidebar에서 (Edit) 탭을 선택하고 LoopTools의 (Circle)을 선 택하여 원을 만듭니다.

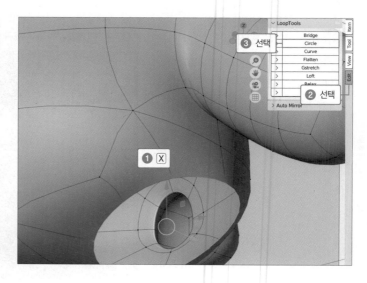

TIP Circle을 적용할 때 생각처럼 안 나올 수 있으니 Vertex를 계속 조정하면서 형태를 만들어야 합니다.

31 │ 넘버 패드 1을 눌러 Front View
로 시점을 변경합니다. Toolbar 패널에서
(Extrude Region(⬚, E))을 선택하고
(+)를 Z 방향으로 드래그하여 면을 돌출해
다리를 만듭니다.

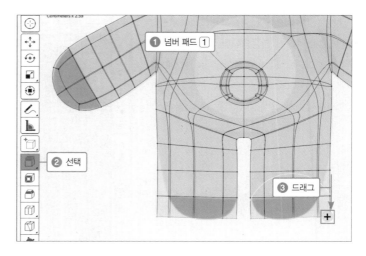

32 │ 다리에 구멍난 곳을 선택하고 Header 패널에서 (Face) → (Grid Fill)을 실행하여 면을 생성합니다. Toolbar 패
널에서 (Loop Cut(⬚, Ctrl+R))을 선택하고 오브젝트를 클릭하여 선을 추가한 다음 넘버 패드 1과 3을 눌러 Front
View와 Right View로 시점을 변경하면서 다리의 형태를 원화에 맞게 수정합니다.

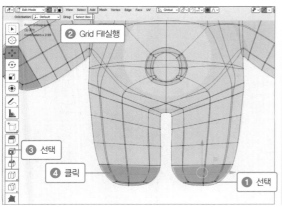
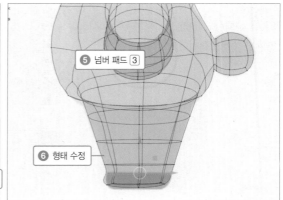

캐릭터 세부 요소 모델링하기

01 │ 코를 만들기 위해 넘버 패드 1을
눌러 Front View로 시점을 변경합니다. 얼
굴 오브젝트의 면을 2개 선택하고 Toolbar
패널에서 (Inset Faces(⬚, I))를 선택하
여 작은 면을 생성합니다. X를 눌러 표시
되는 창에서 (Faces)를 실행하여 그림과
같이 면을 삭제합니다.

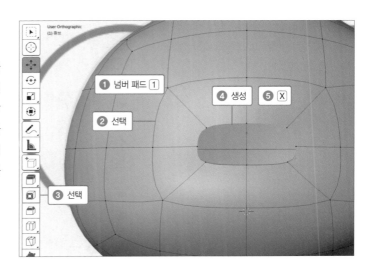

02 | Header 패널에서 (Vertex(▣,
①))를 선택하여 변경합니다. Alt+Z를 눌
러 Toggle X-Ray를 활성화하고 Toolbar
패널에서 (Move(✥, G))를 선택한 다음
원화에 맞춰서 코 단면 형태를 수정합니다.

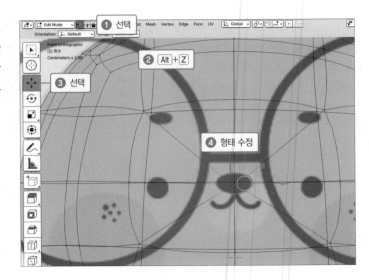

03 | 넘버 패드 ③을 눌러 Right View로
시점을 변경합니다.
Toolbar 패널에서 (Extrude Region(▣,
E))을 선택하고 +를 Y 방향으로 드래그
하여 코를 돌출합니다.

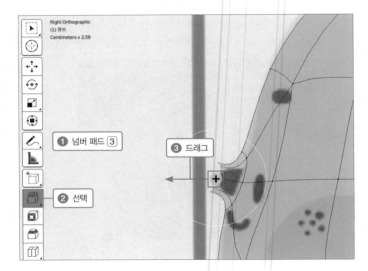

04 | Toolbar 패널에서 (Loop Cut(▥,
Ctrl+R))을 선택하고 그림과 같이 클릭하
여 선을 추가합니다.

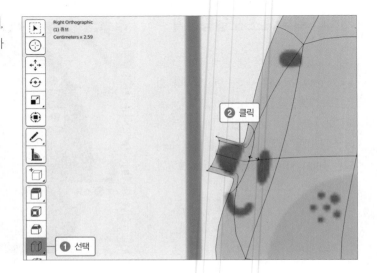

05 코끝의 점들을 선택하고 F를 눌러 면을 생성합니다.

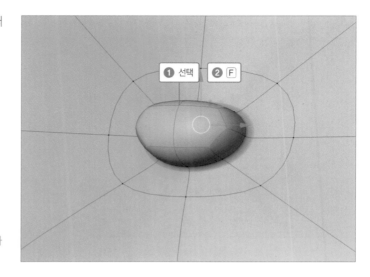

TIP Mirror가 적용된 부분의 경계선이라 Grid Fill 적용되지 않습니다.

06 점을 Quads로 정리하기 위해 그림과 같이 점을 2개 선택하고 마우스 오른쪽 버튼을 클릭하여 (Subdivide)를 실행합니다.

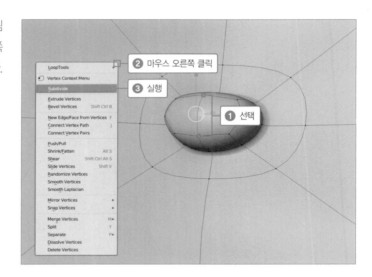

07 점을 선택하고 J를 눌러 그림과 같이 연결합니다.

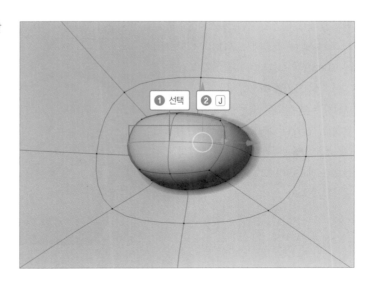

08 넘버 패드 1과 3을 눌러 Front View와 Right View로 시점을 변경하면서 계속 형태를 수정합니다.

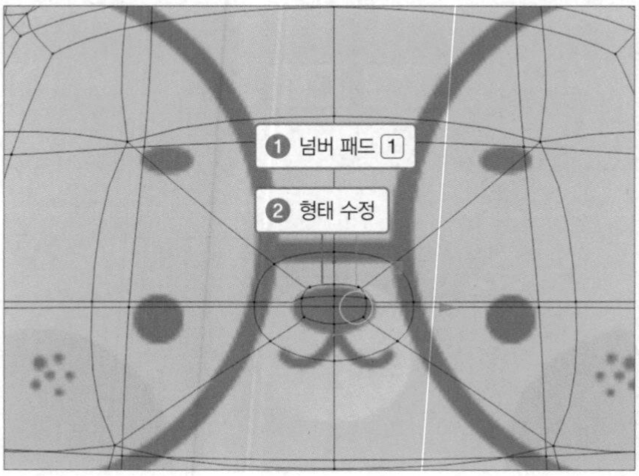

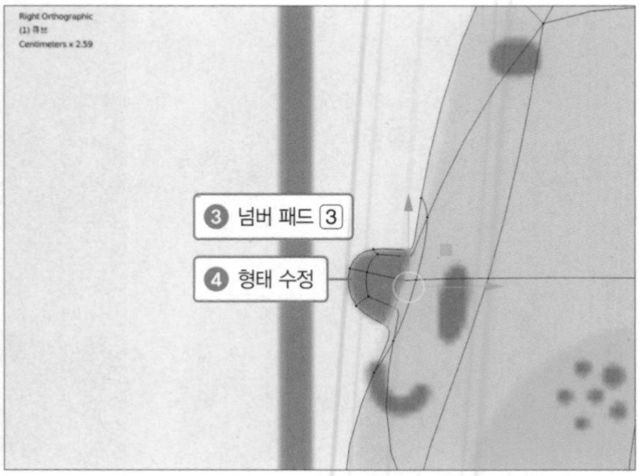

09 전체 모습을 여러 시점에서 확인하면서 계속 수정하여 자연스러운 형태를 만듭니다.

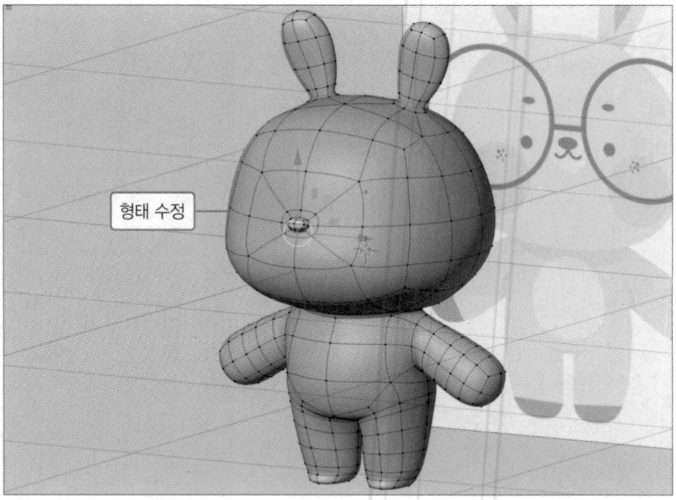

10 동그란 안경을 만들겠습니다. 넘버 패드 1을 눌러 Front View로 시점을 변경하고 Header 패널에서 [Add] → [Mesh] → [Circle]을 실행하여 써클 오브젝트를 생성한 다음 크기를 축소합니다.
Alt를 누른 상태로 점을 클릭하여 루프 선택하고 Toolbar 패널에서 [Extrude Along Normals(아이콘)]를 선택한 다음 노란색 포인트를 드래그하여 그림과 같이 안쪽으로 면을 생성합니다.

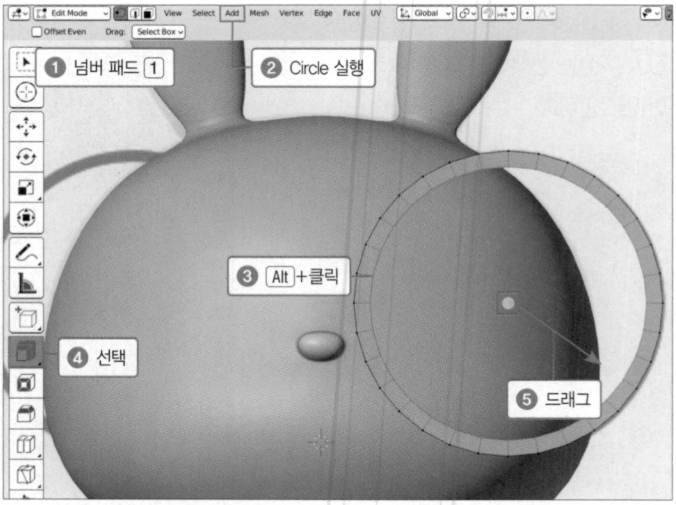

11 A를 눌러 원을 전체 선택합니다.
Toolbar 패널에서 (Extrude Region(□,
E))을 선택하고 (+)를 Y 방향으로 면을
생성하여 두께를 만듭니다.

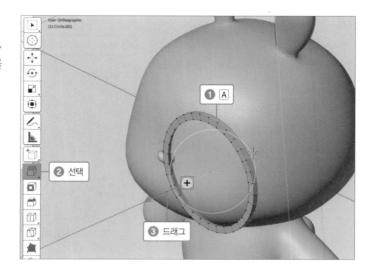

12 넘버 패드 1을 눌러 Front View
로 시점을 변경합니다. Properties 패널에
서 (Modifier(🔧)) 탭을 선택하고 (Add
Modifier)를 클릭하여 (Mirror)를 실행한 다
음 Mirror 설정 창에서 Mirror Object의
'스포이트' 아이콘(🖈)을 클릭하고 기준점이
될 토끼를 선택하면 토끼를 중심으로 대칭
됩니다.

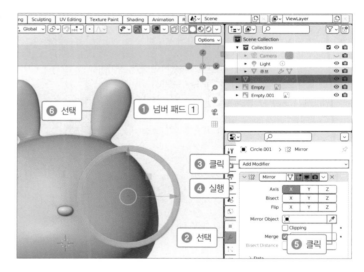

13 그림과 같이 면을 1개 선택하고 Shift
+D를 눌러 복제합니다. Toolbar 패널에
서 (Extrude Region(□, E))을 선택하고
그림과 같이 드래그하여 안경테 2개를 연결
합니다.

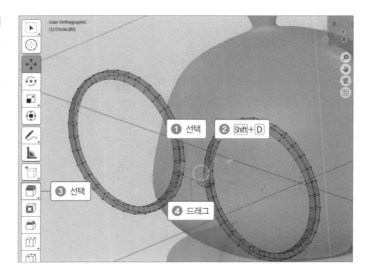

14 │ Tab을 눌러 [Object Mode]로 변경
하고 Properties 패널에서 [Add Modifier]
을 클릭한 다음 [Subdivision Surface]를
실행합니다. Subdivision Surface 설정
창에서 Levels Viewport를 '2'로 설정하여
면을 분할하고 Header 패널에서 [Object]
→ [Shade Smooth]를 실행하여 표면을
부드럽게 만듭니다.

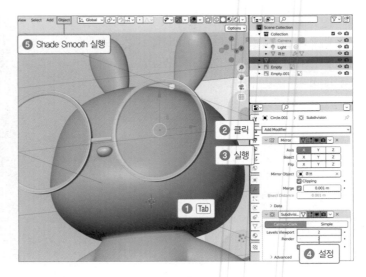

15 │ 2D 원화를 기반으로 3D 캐릭터 모
델링을 만들었습니다. 원화가 더 여러 방향
으로 있다면 더 정확하게 만들 수 있으며,
정면과 측면으로 작업한다면 원하는 모양이
나올 때까지 화면을 돌려보면서 최대한 자
연스럽게 만드는 것이 중요합니다.

캐릭터 UV 펼치기

01 │ Workspaces에서 [UV Editing]
탭을 선택하여 작업 환경을 변경하고 3D
Viewport 패널에서 [Orthographic(⊞,
넘버 패드 5)]을 클릭하여 투시를 변경합
니다.

TIP 여기에서는 오른쪽 Properties 패널과
Outliner 패널을 통합하였습니다.

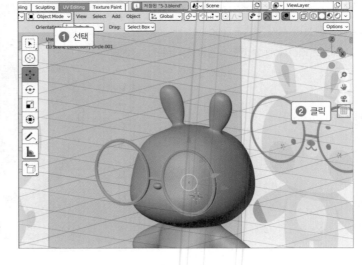

02 레퍼런스 이미지와 안경 오브젝트를
선택하고 H를 눌러 숨깁니다. 토끼 오브젝
트를 선택하고 Tab을 눌러 (Edit Mode)로
변경합니다. Header 패널에서 (Edge(⬚,
2))를 선택하여 변경한 다음 (UV) →
(Mark Seam)을 실행하여 UV를 자르기
위한 준비를 합니다.

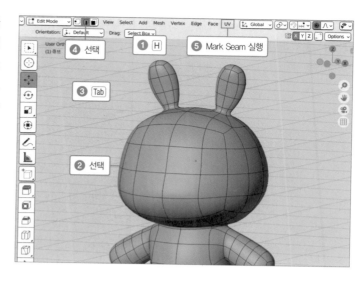

03 먼저 귀의 UV를 자르겠습니다.
Alt+Z를 눌러 Toggle X-Ray를 활성
화하고 그림과 같이 귀의 선을 선택한 다
음 Header 패널에서 (Edge) → (Mark
Seam)을 실행하여 UV를 자릅니다. 선택된
선이 빨간색으로 변하면서 적용되었습니다.

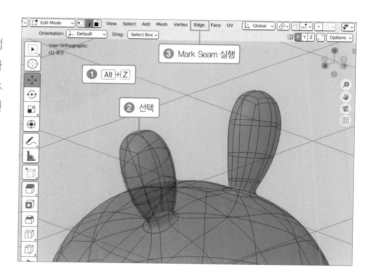

04 같은 방법으로 머리의 선을 선택하
고 Header 패널에서 (Edge) → (Mark
Seam)을 실행하여 UV를 자릅니다.

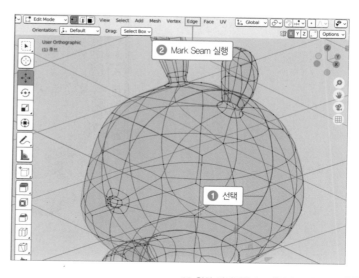

05 같은 방법으로 팔의 선을 선택하고 Header 패널에서 (Edge) → (Mark Seam)을 실행하여 UV를 자릅니다.

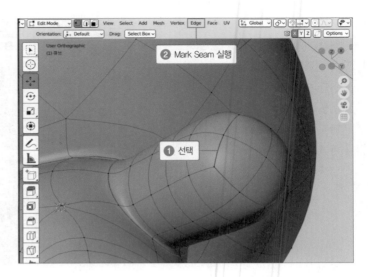

06 계속해서 몸통과 다리의 선을 선택하고 Header 패널에서 (Edge) → (Mark Seam)을 실행하여 UV를 자릅니다.

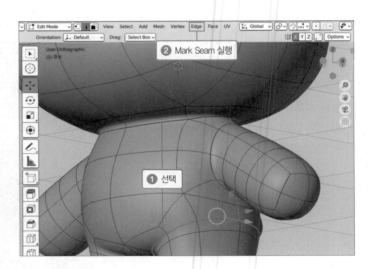

07 이렇게 잘린 선은 되도록 보이지 않게 안쪽으로 위치하는 것이 좋습니다.

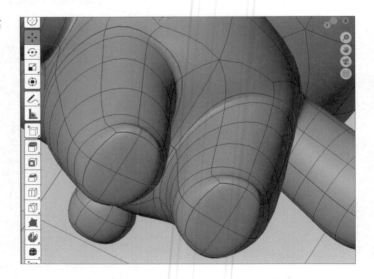

08 같은 방법으로 꼬리의 선을 선택하고 Header 패널에서 (Edge) → (Mark Seam)을 실행하여 UV를 자릅니다.

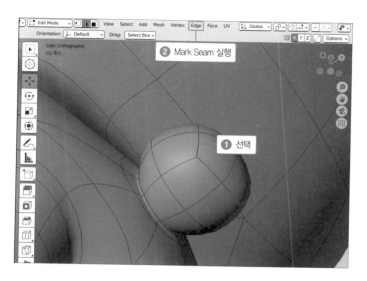

09 마지막으로 코의 선을 선택하고 Header 패널에서 (Edge) → (Mark Seam)을 실행하여 UV를 잘라서 마무리합니다.

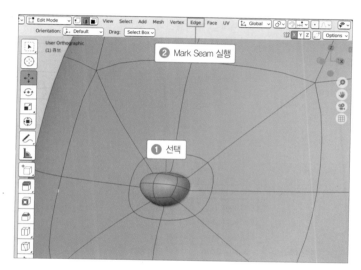

10 Properties 패널의 (Modifier(🔧)) 탭 → Mirror 설정 창에서 (∨)를 클릭하고 (Apply(Ctrl+A))를 실행하여 완전히 적용합니다.

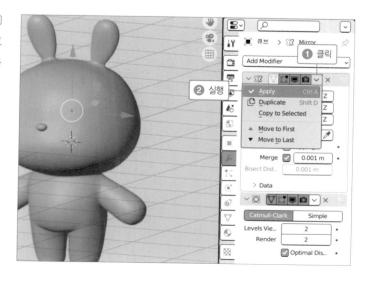

11 Ⓐ를 눌러 전체 오브젝트를 선택하고 자른 Mesh를 UV로 펼치기 위해 Header 패널에서 (UV) → (Unwrap)을 실행합니다. UV Editor 패널에 펼쳐진 UV가 표시됩니다.

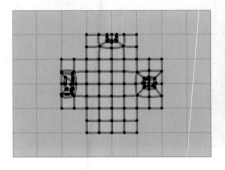

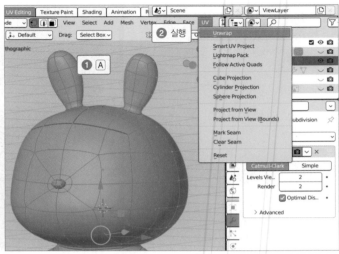

12 Operation에서 Margin을 설정하여 각 파츠 사이의 간격을 조절합니다.

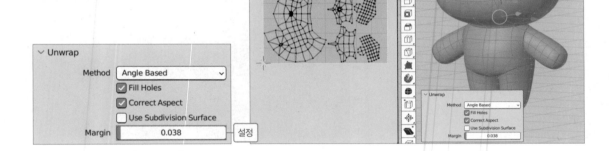

13 UV Editor 패널에서 (UV Sync(🔗))를 클릭하여 선택하지 않아도 활성화되어 보이게 하고 Toolbar 패널에서 (Rotate (⟲, Ⓡ))를 선택한 다음 드래그하여 시계 방향으로 90° 회전합니다.

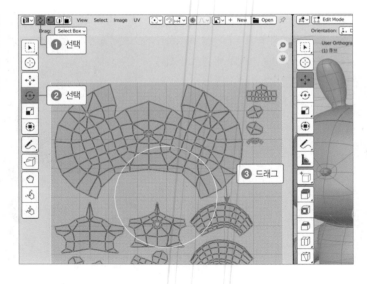

14 │ UV Editor 패널에서 [L]을 눌러 각 펼쳐진 맵을 선택합니다. Toolbar 패널에서 (Move([⊹], [G]))를 선택하고 서로 겹치지 않게 배치하여 UV 작업을 마무리합니다.

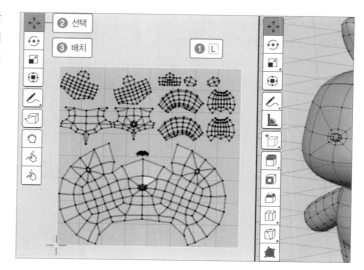

TIP UV는 비율에 맞게 자동으로 펼쳐지지만 그려질 공간이 많은 얼굴 부분을 좀 더 크게 만드는 것이 좋습니다.

브러시로 세부적인 채색하기

01 │ 모델링 표면에 직접 그리기 위해 Workspaces에서 (Texture Paint) 탭을 선택하여 작업 환경을 변경합니다. 그림과 같이 각 패널이 배치됩니다.

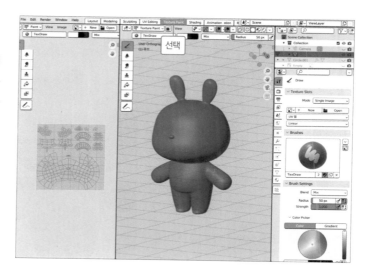

02 │ 그림과 같이 왼쪽 창을 분할하여 Image Editor 패널과 UV Editor 패널이 표시되도록 변경합니다.
UV Editor 패널에서 (Browse Image ([▣▾]))를 클릭하여 원화 이미지를 불러온 다음 (View)의 'Display Texture Paint UVs'를 체크 표시 해제하면 UV가 보이지 않게 됩니다.

TIP 원화 이미지는 색을 지정할 때 도움됩니다.

03 Properties 패널에서 (Active Tool()) 탭을 선택하고 Texture Slots의 Mode를 'Single Image'로 지정한 다음 (New) 버튼을 클릭하여 새로운 이미지를 생성합니다.

04 표시되는 New Image 창에서 이름을 'Rabbit'으로 입력하고 Width와 Height를 '2048px'로 설정한 다음 Generated Type을 'UV Grid'로 지정하고 (OK) 버튼을 클릭합니다.

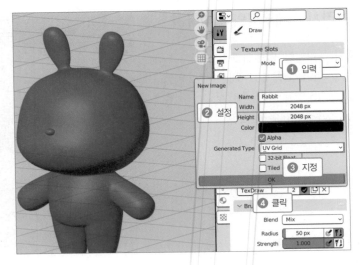

TIP Generated Type에서 컬러를 지정할 수도 있습니다.

05 모델링에 UV 이미지가 표면에 적용된 모습을 확인할 수 있습니다. 이제 표면에 그림을 그리겠습니다.

TIP 그림을 그릴 때 태블릿을 사용한다면 마우스를 사용했을 때 보다 더 자연스럽게 페인팅할 수 있습니다.

06 전체 색상을 칠하기 위해 Toolbar 패널에서 (Fill(📥))을 선택합니다. Properties 패널의 (Active Tool(🔧)) 탭에서 Color의 왼쪽 색상 바를 클릭하고 표시되는 창에서 '스포이트' 아이콘(🎨)을 클릭한 다음 UV Editor 패널의 원화 이미지의 몸을 클릭하여 색상을 지정합니다.

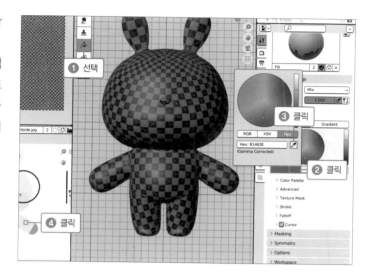

07 캐릭터 오브젝트를 클릭하여 지정한 색상을 전체 채색합니다. 오브젝트에 전체 색상이 적용되며 Image Editor 패널의 이미지에도 색이 적용됩니다.

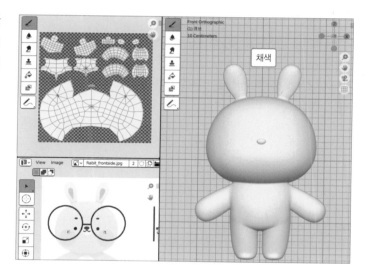

08 페인팅 작업을 할 때 조명이 없어 탁할 수 있습니다. Viewport Shading의 (⌄)를 클릭하고 표시되는 창에서 Lighting의 (Studio) 탭에서 구체를 클릭한 다음 (Studiolight(⬤))를 선택하여 변경합니다.

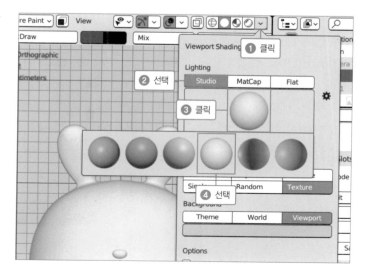

09 Toolbar 패널에서 (Draw(✏️))를 선택하고 세부적으로 그림을 그리겠습니다. Properties 패널의 (Active Tool(🔧)) 탭에서 Color Palette의 (New) 버튼을 클릭하여 자주 사용하는 컬러를 저장할 수 있는 팔레트를 생성합니다.

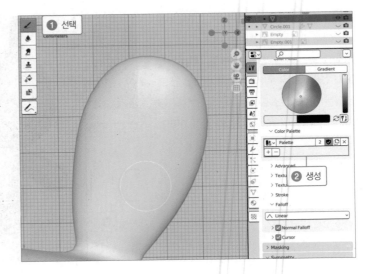

10 Color Picker에서 색상을 '살구색(#F1B591)'으로 지정하고 Color Palette의 (+) 버튼을 클릭하여 색상을 추가 저장합니다. (Draw(✏️))가 선택된 상태로 그림과 같이 귀를 그립니다.

TIP 단축키 F를 눌러 브러시의 크기를 조절할 수 있으며 Shift+F를 누르면 세기를 조절할 수 있습니다.

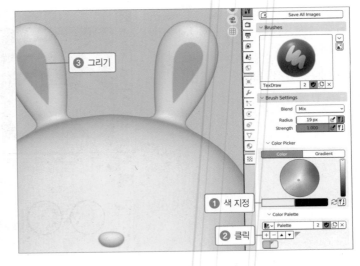

11 Properties 패널의 (Active Tool(🔧)) 탭 → Color Picker에서 색상을 '짙은 갈색(#521D19)'으로 지정하여 눈썹을 그립니다. Properties 패널의 (Active Tool(🔧)) 탭 → Stoke에서 Stoke Method를 'Anchored'로 지정하고 원을 그려 눈을 만듭니다.

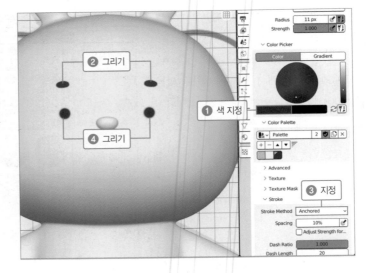

12 Properties 패널의 (Active Tool (⚙️)) 탭 → Color Palette에서 귀를 그린 색상을 선택하고 눈과 같은 방법으로 원을 그려 볼 터치를 만듭니다.

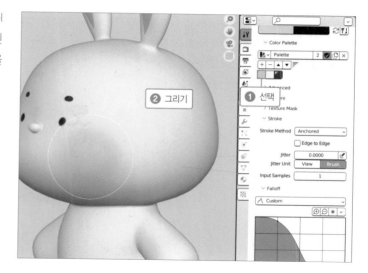

TIP 브러시로 볼 터치를 부드럽게 표현하기 위해 Fall off 조절하여 그립니다.

13 같은 방법으로 Properties 패널의 (Active Tool(⚙️)) 탭 → Color Picker에 서 색상을 '흰색(#FFF3F3)'으로 지정하여 코 주변과 배의 흰색 부분에 원을 그리고 Toolbar 패널에서 (Smear(👆))을 선택하 고 문질러 모양을 만듭니다.

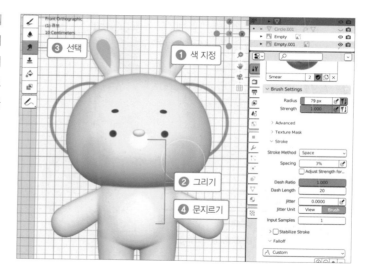

14 Properties 패널의 (Active Tool (⚙️)) 탭 → Color Picker에서 색상을 '짙 은 갈색(#521D19)'으로 지정합니다. Toolbar 패널에서 (Draw(✏️))를 선택하고 Image Editor 패널에서 분리된 코를 채색 합니다.

TIP UV Editor 패널의 코 UV에 채색해도 동일한 채색이 적용됩니다.

15 | Properties 패널의 (Active Tool (🔧)) 탭 → Stoke에서 Stroke Method를 'Space'로 지정하여 입을 그리고 Spacing 을 '123%'로 설정하고 브러시 크기를 축소하여 주근깨를 표현합니다.

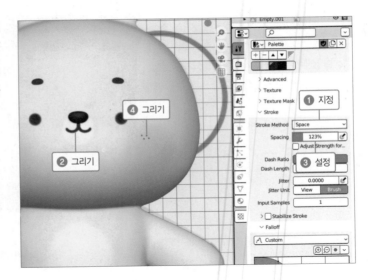

16 | 손과 발을 그리겠습니다. Properties 패널의 (Active Tool(🔧)) 탭 → Fall off에서 그래프를 그림과 같이 조절하여 브러시 끝을 조정한 다음 Options에서 'Occlude' 와 'Backface Culling'을 체크 표시 해제 하여 비활성화합니다.

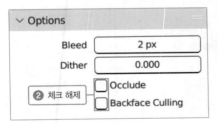

17 | Stoke에서 Stoke Method를 'Line'으로 지정하고 Color Picker에서 색 상을 '갈색(#AB7768)'으로 지정하여 그림과 같이 손과 발을 채색합니다.

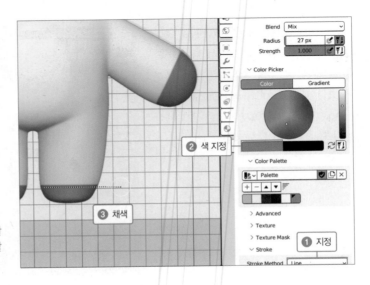

TIP | Occlude와 Backface Culling을 비활 성화하면 보이지 않는 반대쪽까지 페인팅할 수 있습니다.

18 화면을 회전해 보면 빈 곳이 생깁니다. Properties 패널의 (Active Tool(🔧)) 탭 → Stoke에서 Stoke Method를 'Space' 로 지정하고 나머지 부분을 채색합니다.

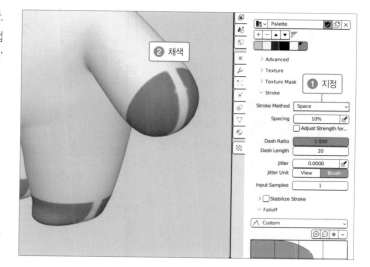

TIP 채우는 작업할 때 Options의 'Occlude' 와 'Backface Culling'을 다시 체크 표시해야 합니다.

19 채색 작업이 완료되었습니다. 완료된 작업은 (Texture Painting) 탭에서만 보이기 때문에 메테리얼에 적용하기 위해 Image Editor 패널에서 (Image) → (Save)를 실행하여 이미지를 저장합니다.

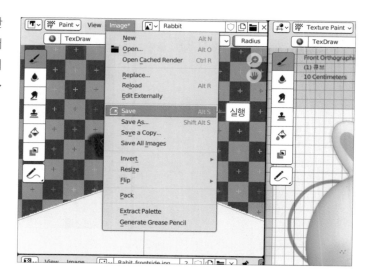

20 메테리얼에 채색한 이미지를 적용하기 위해 Workspaces에서 (Shading) 탭을 선택하여 작업 환경을 변경합니다. Properties 패널에서 (Material(🔴)) 탭을 선택하고 (New) 버튼을 클릭하여 새로운 메테리얼 생성한 다음 이름을 'Rabbit'으로 입력합니다.

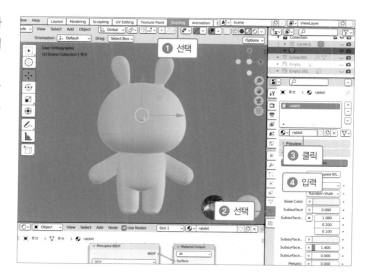

TIP 이미지 적용 전으로 (Object Mode)에서는 보이지 않습니다.

21 Shader Editor 패널에서 (Add) → (Texture) → (Image Texture)를 실행하여 노드를 생성하고 Image Texture의 (Browse Image(■))를 클릭하여 이미지를 불러온 다음 Roughness를 '1'로 설정합니다. Image Texture의 Color 소켓과 Principled BSDF의 Base Color 소켓을 드래그하여 연결하면 Material Preview에서 이미지가 보입니다.

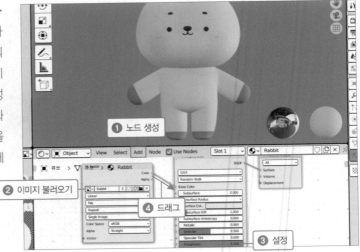

22 코에만 광택을 표현하겠습니다. (Tab)을 눌러 (Edit Mode)로 변경하고 (L)을 눌러 코 오브젝트만 선택합니다.

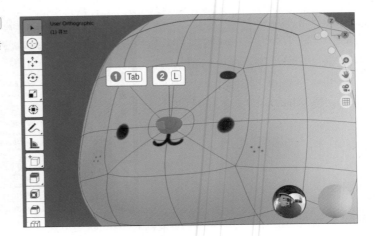

23 Properties 패널의 (Material(●)) 탭에서 (+) 버튼을 클릭하여 새 슬롯을 만들고 (Browse Material(●))을 클릭한 다음 'Rabbit' 메테리얼을 선택하여 적용합니다.

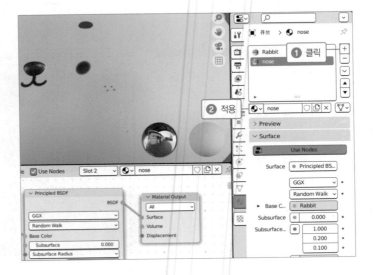

24 (New Material(▣))을 클릭하여 메
테리얼을 복제하고 (Assign) 버튼을 클릭
한 다음 Roughness를 '0.3'으로 설정하여
광택을 표현합니다.

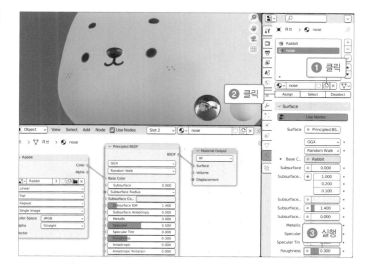

25 Alt+H를 눌러 숨겨둔 안경 오브
젝트를 보이게 합니다. 같은 방법으로 메테
리얼을 생성하고 Base Color를 '검은색
(#FFF3F3)'으로 지정합니다.

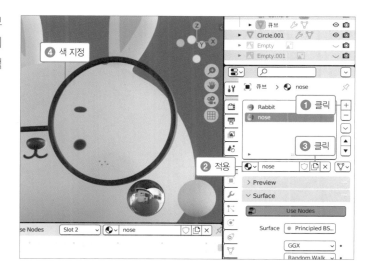

26 채색을 마무리하여 캐릭터를 완성하
였습니다.

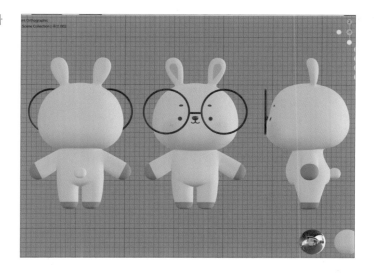

BLENDER 3D

BLENDER 3D

3D MODELING PROGRAM

Part 5

제페토 스튜디오
아이템 만들기

메타버스 플랫폼인 제페토의 아이템은 오토데스크의 마야를 기반으로 가이드 작업되었지만, 대부분 많은 사용자가 무료 프로그램인 블렌더를 사용하여 아이템을 제작합니다. 블렌더를 이용하여 제페토 캐릭터의 상의를 만들고 유니티를 같이 활용하여 작업하는 법을 알아봅시다.

블렌더와 유니티를 활용한
의상 제작하기

대표적인 메타버스 플랫폼 제페토 스튜디오의 아이템을 블렌더에서 제작하고 유니티를 거쳐
제페토에서 제공하는 크리에이티브에서 아이템을 등록하는 심사 과정을 알아보겠습니다.

- 예제 파일 : 05\패턴.png
- 완성 파일 : 05\제페토 의상_완성.blend, 제페토 의상_완성.unity, 제페토 패턴_완성.png

POINT

❶ 제페토 스튜디오에서 Mask 모델링 다운로드하기

❷ 블렌더에서 의상 제작하기

❸ 유니티에서 Export하기

❹ 제페토 스튜디오에서 아이템 등록하기

상의 모델링하기

01 | 제페토 스튜디오 홈페이지(https://
studio.zepeto.me/kr)에 접속합니다. 메뉴
에서 '가이드'를 클릭하고 (가이드)를 클릭합
니다.

02 | 왼쪽 메뉴에서 (3D 가이드) → (3D-
시작하기) 탭을 선택하고 creator Base-
Set_zepeto.zip 파일의 '다운로드'를 클릭
하여 파일을 다운로드합니다.

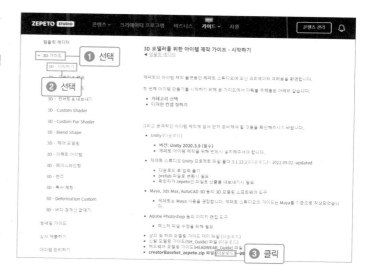

TIP 작업할 때 홈페이지의 가이드 내용을 꼼
꼼이 읽어보시길 바랍니다.

03 | 블렌더를 실행하고 메뉴에서 (File)
→ (New) → (General(Ctrl+N))을 실행하
여 새 File을 생성합니다. 조명(Lamp), 카메
라(Camera), 큐브(Cube)를 선택하고 X를
눌러 표시되는 창에서 (Delete)를 실행하여
삭제합니다.

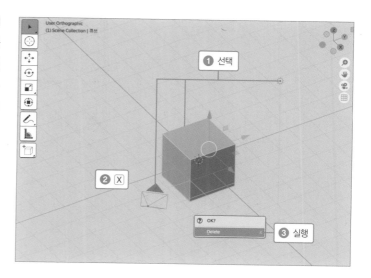

04 제페토 스튜디오에서 다운로드한 파일을 불러오겠습니다. 메뉴에서 (File) → (Import) → (FBX(.fbx))를 실행합니다.

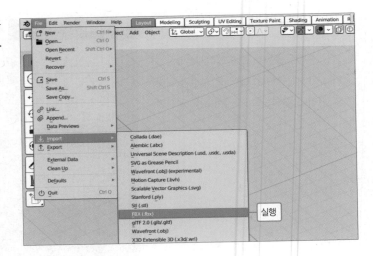

05 Blender File View 대화상자가 표시되면 저장한 폴더에서 'creatorBase-Set_zepeto.fbx' 파일을 선택하고 (Import FBX) 버튼을 클릭하여 사람(Mask) 오브젝트를 불러옵니다.

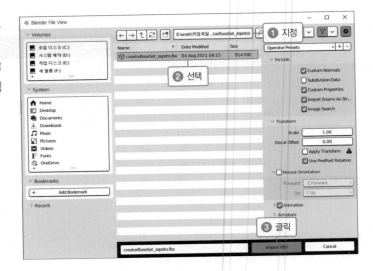

06 (Object Mode)에서 본(Armature)을 선택하고 H를 눌러 보이지 않게 숨깁니다.

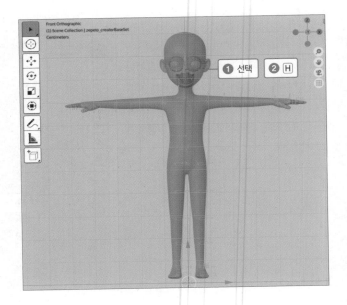

07 반소매 티를 만들기 위해 옷을 복제하겠습니다. 사람 오브젝트를 선택하고 [Tab]을 눌러 (Edit Mode)로 변경합니다. Header 패널에서 (Face(⬛, [3]))를 선택하고 그림과 같이 면을 선택합니다.

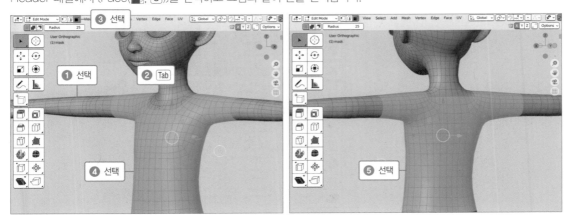

TIP 많은 면을 선택할 때 Toolbar 패널의 (Select Circle(⊙, [C]))을 이용하면 붓으로 칠하는 것처럼 선택할 수 있어서 편리합니다.

08 Header 패널에서 (Mesh) → (Duplicate([Shift]+[D]))를 실행하고 마우스 오른쪽 버튼을 클릭하여 복제한 면을 원래 있던 자리에 복제합니다.

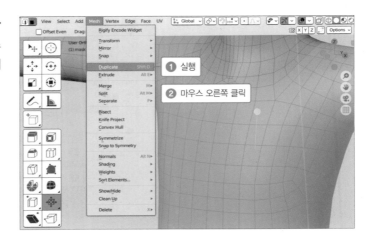

09 Toolbar 패널에서 (Shrink/ Fatten(⬚, [Alt]+[S]))을 선택하고 노란색 포인트를 위로 드래그하여 노멀 방향으로 팽창하여 크기를 키웁니다.

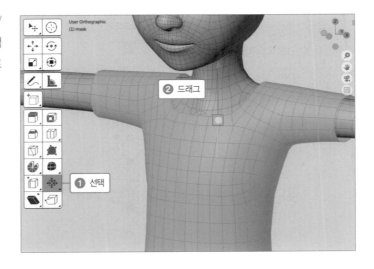

10 Header 패널에서 (Mesh) → (Selection(P))을 실행하여 선택된 면을 새로운 오브젝트로 분리합니다.

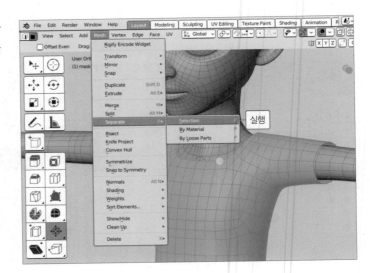

11 Tab을 눌러 (Object Mode)로 변경하고 의상 오브젝트를 선택한 다음 다시 Tab을 눌러 (Edit Mode)로 변경합니다. ①을 눌러 선택 모드를 변경하고 의상의 점을 수정하여 원하는 형태를 만듭니다.

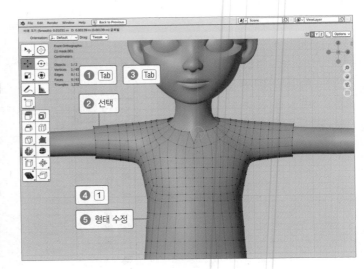

12 Header 패널에서 (Proportional Editing(·, O))을 클릭하여 선택된 점의 주변까지 부드럽게 영향을 받을 수 있게 활성화하여 작업합니다.

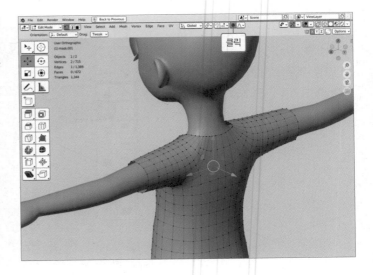

13 의상 밑단이 짧아 보여 길게 만들겠습니다. Alt 를 누른 상태로 하단 점을 하나 클릭하여 그림과 같이 루프 선택하고 Toolbar 패널에서 [Extrude Region(📦, E])을 선택한 다음 (➕)를 Z 방향 아래로 드래그하여 면을 길게 만듭니다.

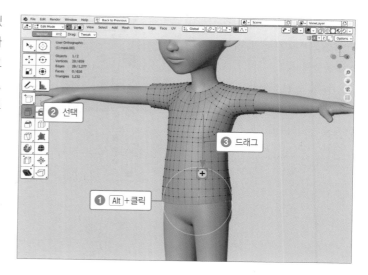

14 의상에 모양을 주겠습니다. 넘버 패드 1 을 눌러 Front View로 시점을 변경합니다. Alt + Shift 를 누른 상태로 그림과 같이 팔과 밑단의 점을 클릭하여 루프 선택합니다.

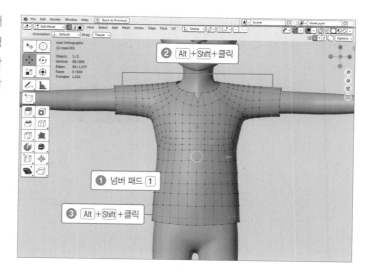

15 Toolbar의 [Bevel(📦, Ctrl + B])을 선택하고 노란색 포인트를 Z 방향 위로 드래그하여 선택된 선을 나눕니다. Operation에서 Segments를 '2'로 설정하여 선을 추가합니다.

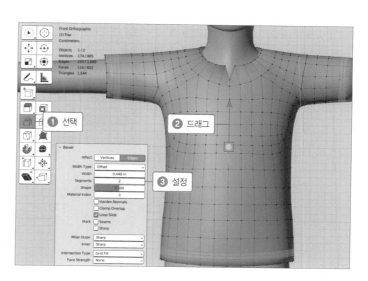

TIP [Bevel(📦)]을 선택한 상태로 마우스 휠을 돌리면 Operation에서 설정하지 않아도 Segment를 늘릴 수 있습니다.

16 선택 축소 단축키 Ctrl+넘버 패드 ─를 눌러 선택된 선의 가운데 선만 선택된 상태로 만듭니다.

Alt+S를 눌러 (Shrink/Fatten(⊕))을 활성화한 상태로 노멀 방향으로 축소하여 선이 조금 들어가도록 합니다.

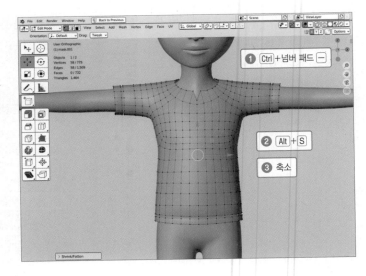

17 선이 계속 선택된 상태로 Header 패널에서 (Mesh) → (Mark Sharp)를 실행하여 선을 날카롭게 만듭니다.

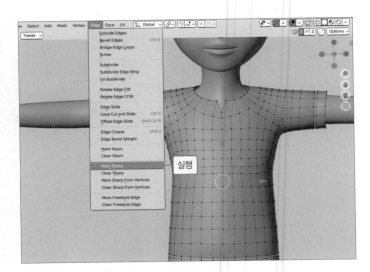

18 Tab을 눌러 (Object Mode)로 변경하고 작업을 확인하고 확인이 끝나면 다시 Tab을 눌러 (Edit Mode)로 변경합니다.

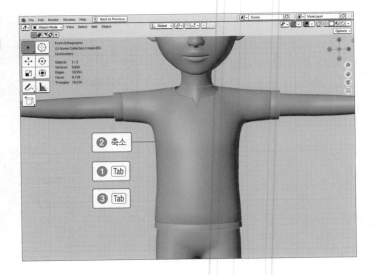

19 제페토에 적용했을 때 뚫린 부분이 투명하지 않도록 구멍 부분을 메워주어야 합니다. 그림과 같이 [Alt]를 누른 상태로 구멍의 점을 클릭하고 Toolbar 패널에서 (Extrude Region(🔲, [E]))을 선택한 다음 ([+])를 X 방향으로 드래그하여 면을 생성합니다.

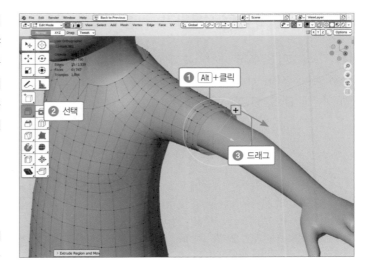

TIP 이 작업할 때는 Header 패널에서 🔁[X][Y][Z]의 (X)를 비활성화하는 것이 좋습니다.

20 Toolbar 패널에서 (Scale(🔲))을 선택하고 (Gizmo)의 흰색 원을 안으로 드래그하여 그림과 같이 공간을 메꿉니다.

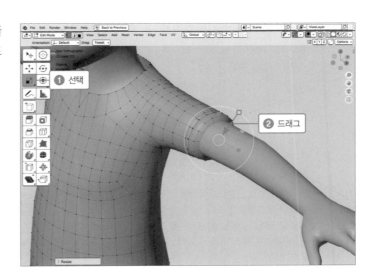

TIP 완전히 메꿀 필요는 없습니다.

21 같은 방법으로 나머지 팔과 목, 아랫부분의 구멍을 메꿉니다.

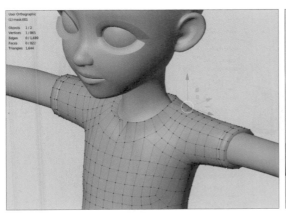

상의 UV 작업과 패턴 적용하기

01 | 모델링이 완성되면 UV 작업을 위해 Workspaces에서 (UV Editing) 탭을 선택하여 작업 환경을 변경합니다.

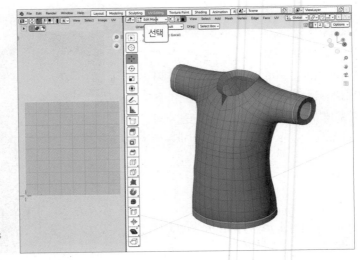

TIP 예제에서는 편의상 오른쪽 Properties 패널과 Outliner 패널을 통합하였습니다.

02 | 2를 눌러 선택 도구를 (Edge(▣))로 변경하고 그림과 같이 Alt를 누른 상태로 선을 클릭하여 루프 선택합니다.

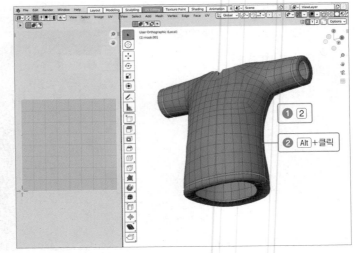

TIP Alt를 누른 상태로 선을 클릭하면 연결되어 있는 선들이 루프 선택됩니다. 같은 방법으로 선이 루프 선택된 상태로 Shift+Alt를 눌러 다른 선을 선택하면 여러 개의 루프된 선을 다중 선택할 수 있습니다.

03 | Header 패널에서 (Edge) → (Mark Seam)을 실행하여 선을 자릅니다.

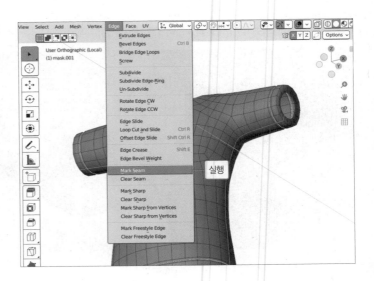

04 Mark Seam이 적용되면서 잘린 선이 빨간색으로 표시되었습니다.

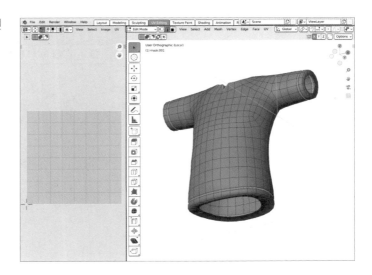

05 같은 방법으로 그림과 같이 팔 라인을 선택하고 자릅니다.

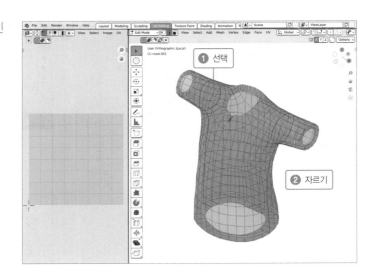

06 Ⓐ를 눌러 오브젝트를 전체 선택하고 Header 패널에서 [UV] → [Unwrap(Ⓤ)]을 실행합니다. UV Editor 패널에서 펼쳐진 맵을 확인할 수 있습니다.

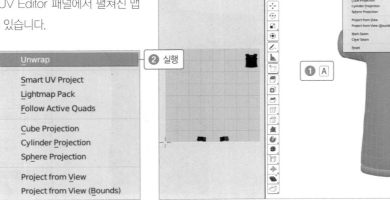

07 UV Editor 패널에서 펼쳐진 맵을
확인하고 A를 눌러 전체 선택합니다. R을
누르고 그림과 같이 시계방향으로 90° 회전
합니다.

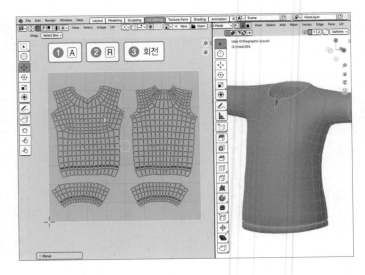

TIP UV Editor의 Header 패널에서 (UV)
→ (Export UV Layout)을 실행하면 UV 레이
아웃 파일을 Png 파일로 저장할 수 있습니다.
포토샵 등 다른 프로그램에서 사용할 때 이 기
능을 이용하면 좋습니다.

08 의상에 무늬 패턴을 직접 그리기 위
해 Workspaces에서 (Texture Paint) 탭
을 선택하여 변경합니다.

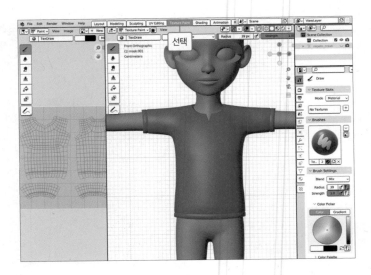

09 Texture 브러시를 이용하여 패턴을
만들겠습니다. (Active Tool(🛠)) 탭에서
Texture Slots의 (+) 버튼을 클릭하고
(Base Color)를 선택합니다.

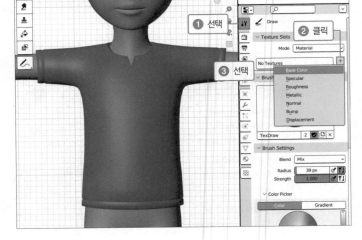

TIP 패턴을 만들지 않고 모델링에 그림을 그
릴 경우, 파트 4-3 예제에서 사용한 방법으로
페인팅하면 됩니다.

10 Name에 'top'을 입력하고 Width와 Height를 제페토 텍스처 크기인 '512'로 설정한 다음 (OK) 버튼을 클릭합니다. 지정된 컬러의 텍스처가 모델링에 적용되었습니다.

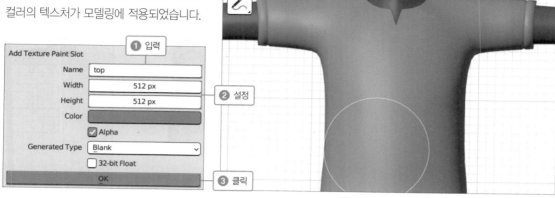

11 Outliner 패널에서 'mask' 오브젝트의 '눈' 아이콘(◉, H)을 클릭하여 숨깁니다.

12 의상의 패턴을 만들겠습니다. (Active Tool(🎛)) 탭의 (Symmetry)에서 (X)를 클릭하여 비활성화하고 Texture에서 (New) 버튼을 클릭합니다.

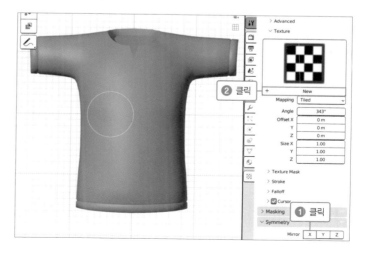

13 │ (Show texture(⬚))를 클릭하여 패턴 이미지를 설정하겠습니다.

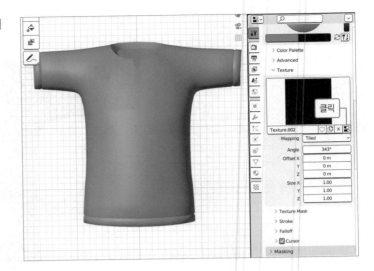

14 │ (Texture Properties(▨)) 탭으로 이동되면, Image → Settings의 (Open) 버튼을 클릭합니다. Blender File View 대화상자가 표시되면 05 폴더에서 '패턴.png' 파일을 선택하고 (Open Image) 버튼을 클릭합니다.

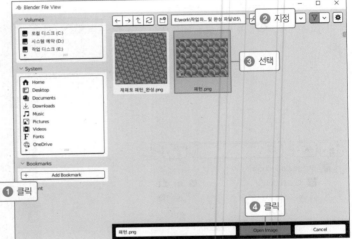

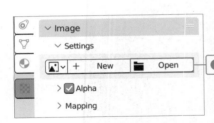

15 │ (Active Tool(⚙)) 탭을 선택하고 브러시로 의상에 패턴을 칠합니다. 브러시 크기를 조절하고 화면을 회전하면서 골고루 칠해 줍니다.

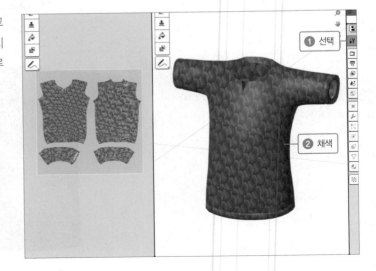

TIP Image Editor 패널에서 칠해도 자연스
러운 패턴 텍스를 만들 수 있습니다.

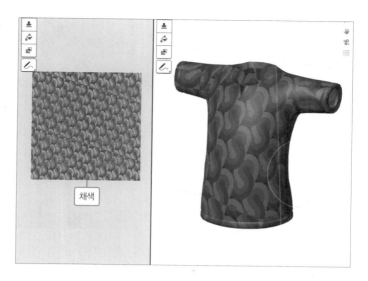

채색

16 │ 텍스처를 완성했다면 저장해야 합
니다. Image Edit 패널에서 (Image) →
(Save As)를 실행하여 텍스처 작업을 완료
합니다.

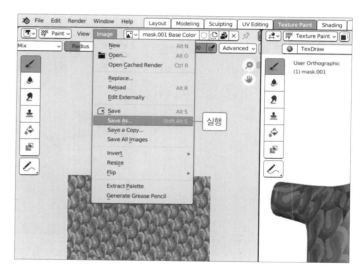

실행

상의에 리깅 적용하기

01 │ 블렌더에서 리깅 작업을 진행하겠습
니다. Workspaces에서 (Layout) 탭을 선
택하여 작업 환경을 변경합니다. Outliner
패널에서 'mask' 오브젝트와 'zepeto_
creatorBaseSet' 오브젝트의 '눈' 아이콘
(◉, Alt + H)을 클릭하여 보이게 합니다.

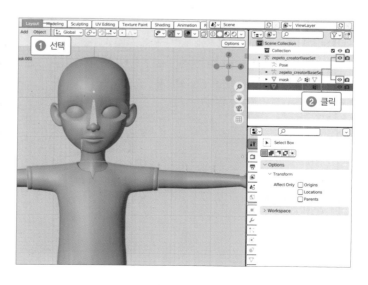

① 선택

② 클릭

02 본을 선택하고 (Object Data(▽)) 탭을 선택합니다. Viewport Display에서 'In Front'를 체크 표시하여 본을 모델링 위로 보이게 합니다.

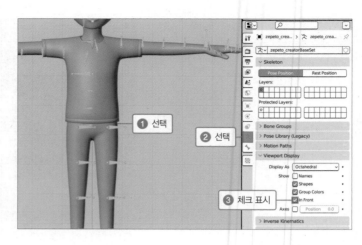

TIP 오토데스크의 마야 프로그램으로 작업된 제페토 mask는 Export 과정에서 변경되어 기존에 작업했던 리깅 모양과 달라보입니다.

03 의상 오브젝트는 기존 사람(mask) 오브젝트를 복제해서 작업해 사람 오브젝트의 리깅 속성을 유지하고 있습니다.
의상 오브젝트를 선택하고 Header 패널에서 (Object) → (Parent) → (Clear and Keep Transformation(Alt+P))을 실행하여 종속을 분리합니다.

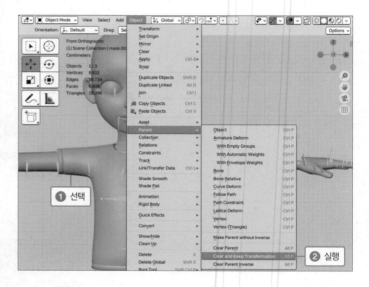

04 먼저 의상 오브젝트를 선택하고 Shift를 누른 상태로 본을 같이 클릭하여 다중 선택합니다. Header 패널에서 (Object) → (Parent) → (With Automatic Weights (Ctrl+P))를 실행하여 선택한 오브젝트를 연결합니다.

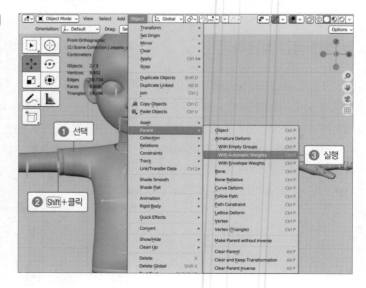

05 사람 오브젝트에 적용된 본을 의상 오브젝트에도 적용하겠습니다. 순서대로 본을 선택하고 Shift를 누른 상태로 사람 오브젝트를 클릭한 다음 의상 오브젝트를 클릭하여 다중 선택합니다.

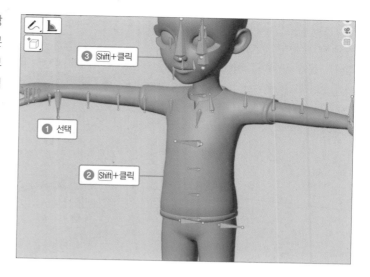

06 Header 패널에서 (Weight Paint)로 변경하고 (Weights) → (Transfer Weights)를 실행합니다.

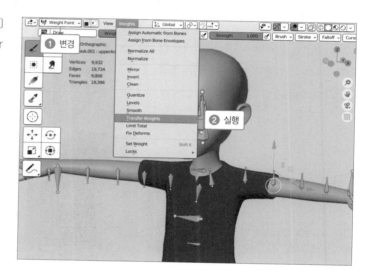

07 Operation에서 Source Layers Selection을 'By Name'으로 지정합니다.

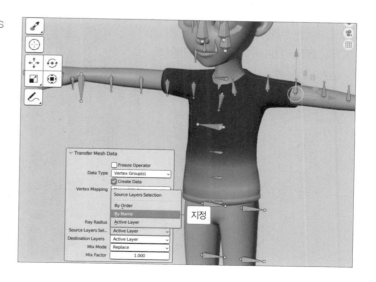

08 | 불필요한 영향력을 제거하겠습니다. Header 패널에서 (Object Mode)로 변경합니다. 본을 선택하고 Shift를 누른 상태로 의상 오브젝트를 클릭하여 다중 선택한 다음 다시 Header 패널에서 (Weight Paint)로 변경합니다.

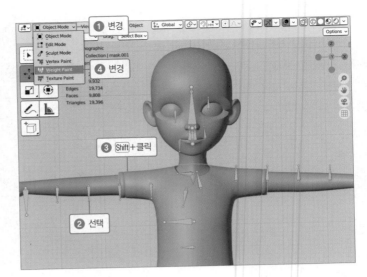

09 | (Object Data(▽)) 탭을 선택하고 Vertex Groups의 본을 선택하면 의상 오브젝트에 본의 가중치 값이 표현되는 것을 확인할 수 있습니다.

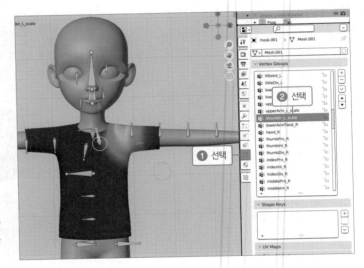

TIP Vertex Groups 하단에 (⠿)를 클릭한 채로 드래그하면 본 이름이 적힌 화면 길이를 조절할 수 있습니다.

10 | Tab을 눌러 (Edit Mode)로 변경합니다. (Object Data(▽)) 탭에서 이름에 'Scale'이 붙어 있는 본을 제외한 모든 본을 각각 선택하고 (Remove) 버튼을 클릭하여 영향력을 제거합니다.

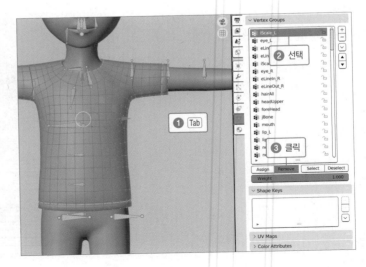

11 Tab을 눌러 다시 (Weight Paint)로 변경합니다. 각각의 본을 Ctrl을 누른 상태로 클릭하여 선택하고 R을 눌러 회전하면서 의상 오브젝트가 잘 붙어있는지 테스트합니다.

TIP 의상이 튀거나 찢어지는 현상이 있다면 본을 선택하고 브러시로 문질러 가중치를 조절합니다.

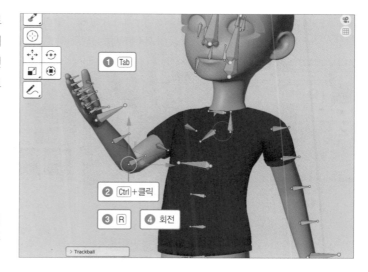

12 확인이 끝나면 A를 눌러 본을 전체 선택하고 Alt+R을 눌러 기본 자세로 변경합니다. Header 패널에서 (Object Mode)로 변경합니다.

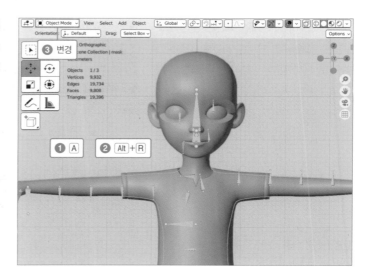

13 내보내기 전에 작업된 의상 오브젝트에 가려져 보이지 않는 사람 오브젝트를 투명하게 만들겠습니다.
의상 오브젝트를 선택하고 (Object(■)) 탭의 Viewport Display에서 Display As를 'Wire'로 지정합니다.

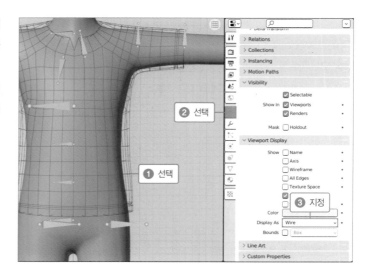

14 사람 오브젝트를 선택하고 Header 패널에서 (Vertex Paint)로 변경합니다. Toobar 패널에서 (Draw(✏))를 선택하고 (Active Tool(👤)) 탭의 Brushes에서 이미지를 클릭하여 프리셋을 표시한 다음 'F Subtract'를 선택합니다.

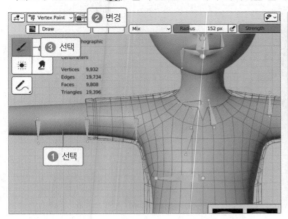
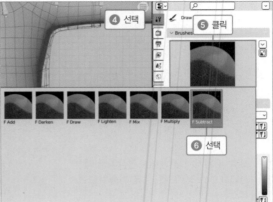

15 Texture Painting과 같은 방법으로 칠할 수 있습니다. 브러시 크기를 조절하면서 사람 오브젝트와 의상이 겹쳐지는 부분을 칠합니다.

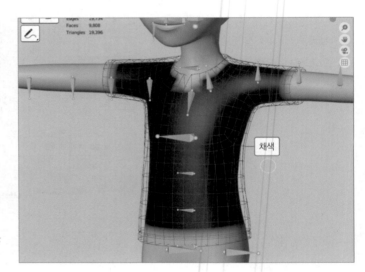

TIP 옷 밖으로 벗어난 부분은 프리셋의 'F Add' 브러시로 칠하여 수정할 수 있습니다.

16 작업이 완료되면 Header 패널에서 (Object Mode)로 변경합니다.
의상 오브젝트를 선택하고 (Object(▣)) 탭에서 Viewport Display의 Display As를 'Textured'로 지정합니다.

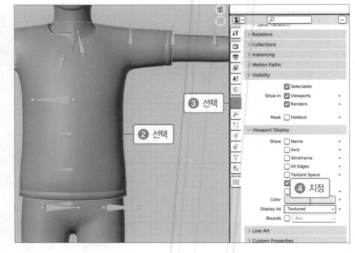

17 사람 오브젝트를 선택하고 Header 패널에서 (Object) → (Parent) → (Clear and Keep Transformation((Alt)+(P)))을 실행하여 종속을 분리합니다. (Modifier(🔧)) 탭에서 Armature의 (X)를 클릭하여 제거합니다.

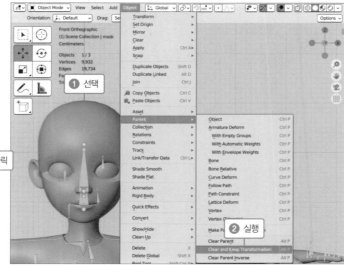

18 Outliner 패널에서 의상 오브젝트 이름을 'Top'으로 변경하고 (Material(🔴)) 탭에서 메테리얼 이름을 'TOP_shd'로 변경합니다.

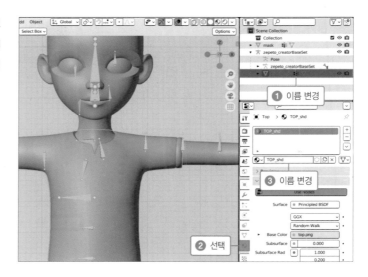

19 제페토 스튜디오는 업로드할 때 본의 수를 100개로 제한하기 때문에 아이템에 영향을 주지 않는 본을 선택하여 삭제해야 합니다. 모든 작업이 완료되면 Header 패널에서 (Edit Mode)로 변경하고 얼굴 등의 본을 선택한 다음 (Delete)를 눌러 표시되는 창에서 (Bones)를 실행하여 지웁니다.

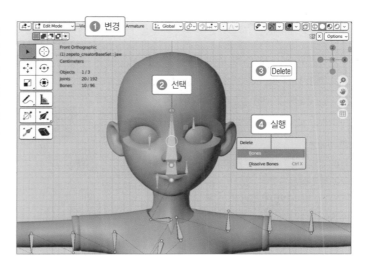

20 │ 메뉴에서 [File] → [Export] →
[FBI(.fbx)]를 실행합니다.

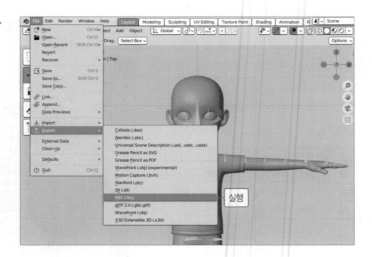

21 │ Blender File View 대화상자가 표
시되면 Geometry의 'Tangent Space'를
체크 표시하고 이름을 입력한 다음 [Export
FBX] 버튼을 클릭합니다. 이렇게 블렌더에
서 의상 아이템 작업이 마무리되었습니다.

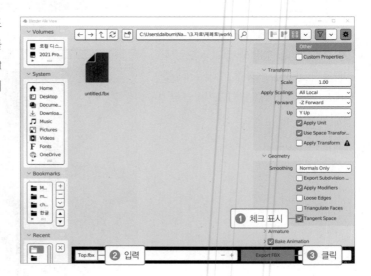

유니티와 연동하여
제페토 파일로 내보내기

01 │ 제페토 스튜디오를 사용할 때 필수
프로그램인 유니티 2020.3.9. 버전을 설치하
고 [zepeto-studio-unity] → [Assets]
→ [Playground]를 클릭하여 유니티를 실
행합니다.

TIP 유니티는 제페토 스튜디오 가이드에서
찾아서 다운로드할 수 있으며, 유니티 공식 사
이트(unity.com/releases/editor/whats-
new/2020.3.9)에 접속하여 유니티 허브를 먼
저 다운로드할 수 있습니다. 버전은 반드시
2020.3.9. 버전을 다운로드해야 합니다.

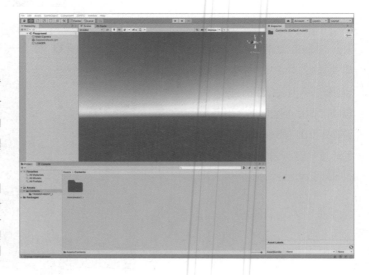

02 Project 패널에서 'Contents' 폴
더를 더블클릭하여 안으로 들어갑니다. 빈
공간에 마우스 오른쪽 버튼을 클릭한 다음
(Create) → (Folder)를 실행하여 폴더를
생성합니다.

03 새로 만들어진 폴더 이름을 'Top'으
로 입력하고 'Top' 폴더를 더블클릭하여 안
으로 들어갑니다.

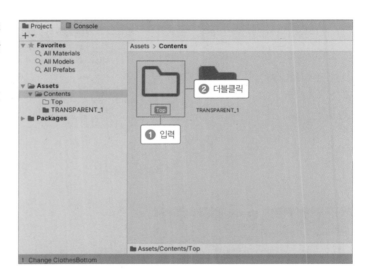

04 블렌더 파일을 저장한 폴더에서
'fbx', '텍스처' 파일을 Top 폴더로 드래그하
여 파일을 불러옵니다.

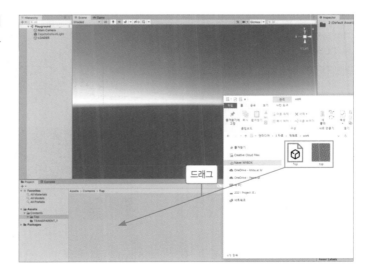

06 Project 패널에서 마우스 오른쪽 버튼을 클릭한 다음 (Create) → (Material)을 실행하여 메테리얼을 생성합니다.

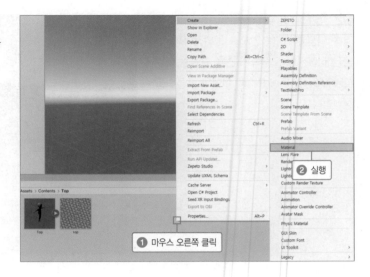

07 만들어진 메테리얼 이름을 'Top'으로 입력하고 선택합니다. Inspector 패널에서 Shader를 'ZEPETO' → 'Standard'로 지정합니다.

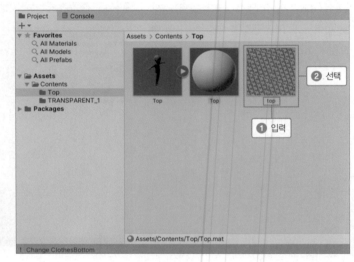

08 Project 패널의 'Top' 텍스처 파일을 Inspector 패널의 Select로 드래그하여 메테리얼에 텍스처를 적용합니다.

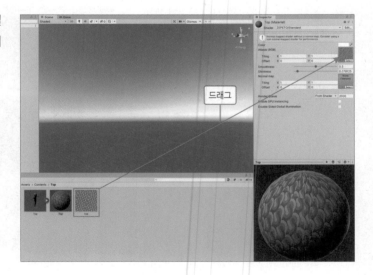

09 모델링에 메테리얼을 적용하겠습니다. Project 패널에서 'Top' 모델링을 선택하고 Inspector 패널에서 (Material) 탭을 선택합니다. Project 패널의 'Top' 메테리얼을 Inspector 패널의 Top_shd로 드래그하여 적용하고 (Apply) 버튼을 클릭하여 메테리얼을 적용합니다.

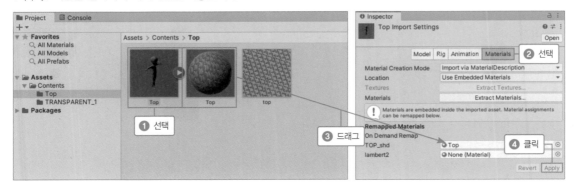

10 Project 패널의 'Top' 모델링에서 마우스 오른쪽 버튼을 클릭한 다음 (Zepeto Studio) → (Convert to ZEPETO style)을 실행하면 같은 폴더에 같은 이름의 Prefab 파일이 생성됩니다.

11 Hierarchy 패널에서 'LOADER'를 선택하고 Inspector 패널에서 Clothes의 'Clothes Top'을 체크 표시하여 활성화한 다음 Project 패널의 Prefab 파일을 Clothes Top에 드래그하여 적용합니다.

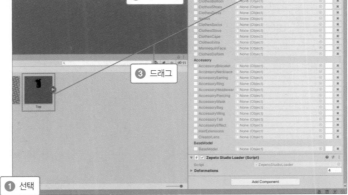

12 │ 화면 상단에서 'Play' 아이콘(▶)을
클릭하면 그림과 같이 화면이 표시됩니다.
(DEFORM) 버튼을 클릭하면 다양한 체형
으로 변경되고, 옷이 잘 보이는지 확인할 수
있습니다.

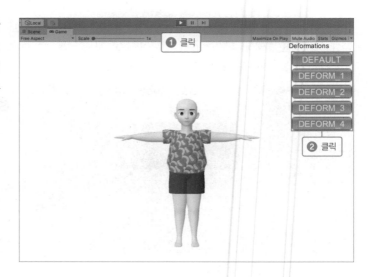

TIP 체형을 선택하고 Scene 패널에서 세밀
하게 확인할 수 있어요. 마우스 오른쪽 버튼을
클릭한 상태로 드래그하면 화면이 회전합니다.

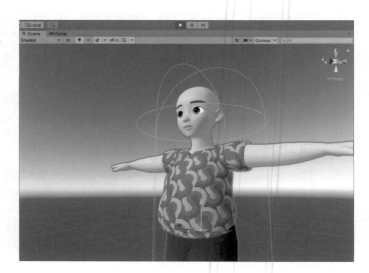

13 │ 문제없이 잘 보이면 'Play' 아이콘
(▶)을 클릭하여 다시 일반 모드로 변경합
니다. Project 패널의 Prefab 파일에서 마
우스 오른쪽 버튼을 클릭한 다음 (Zepeto
Studio) → (Export as .zepeto)를 실행하
여 제페토 파일을 생성합니다.

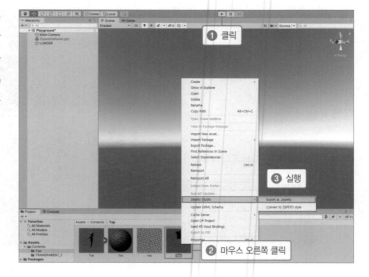

제페토 스튜디오에서
심사 제출하기

01 │ 제페토 스튜디오(https://studio. zepeto.me/ko)에 접속하고 로그인합니다. 오른쪽 상단의 (콘텐츠 관리하기)를 클릭합니다.

02 │ 내 콘텐츠 화면이 표시되면 (만들기) 버튼을 클릭하고 (아이템)을 클릭합니다.

03 │ 제일 먼저 보이는 (3D 파일로 아이템 만들기)를 선택하여 가이드를 확인합니다.

04 무엇을 업로드하시겠어요?가 표시되면 카테고리에서 [상의]를 선택합니다.

05 [.zepeto 파일을 드래그 앤 드롭하기]를 클릭하여 Unity에서 내보내기한 'Top. zepeto' 파일을 불러오거나 저장한 폴더에서 파일을 드래그하여 첨부합니다.

06 업로드가 성공하면 상세 정보 페이지가 표시됩니다. 캐릭터를 회전하면서 의도한 대로 잘 보이는지 확인하고 [체형 1]을 클릭한 다음 1~14 체형을 적용하여 옷이 찢어져 보이는 곳이 없는지 확인합니다.

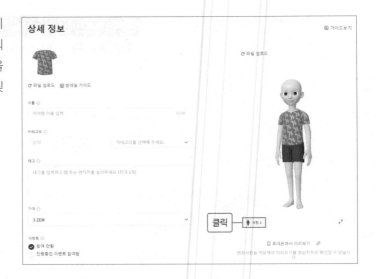

07 │ 확인이 끝나면 상세 정보에서 이름을 입력하고 카테고리를 지정한 다음 태그를 설정합니다. 가격을 지정하고 〔심사 제출하기〕 버튼을 클릭합니다.

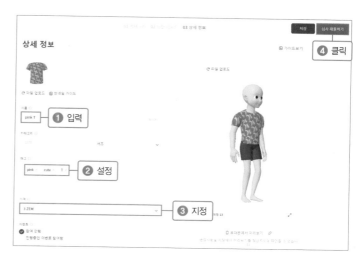

07 │ 심사 가이드라인을 확인해 주세요! 창이 표시되면 내용을 확인하고 '심사 가이드라인을 확인하였습니다.'를 체크 표시한 다음 〔심사 제출하기〕 버튼을 클릭하여 작업을 마무리합니다.

BLENDER 3D

BLENDER 3D
3D MODELING PROGRAM

움직이는 3D 애니메이션 제작하기

Part

6

움직이는 3D 애니메이션
제작하기

블렌더의 Timeline 패널에서 Keyframe을 생성하고 조정하여 애니메이션을
만들 수 있습니다. 예제를 활용하여 다양하게 애니메이션을 만드는 방법을 알
아봅니다.

3D 텍스트로 인트로 영상 만들기

블렌더에서 원하는 텍스트를 입력하고 폰트를 지정한 다음 입체화하여 간단하게 애니메이션 영상을 만들겠습니다.

● 예제 파일 : 06\music_hall_01_1k.hdr   ● 완성 파일 : 06\텍스트 인트로_완성.blend

POINT

① Text 생성하기

② 생성한 Text 입체로 만들기

③ Text에 Motion 적용하기

텍스트 생성하기

01 블렌더를 실행하고 메뉴에서 (File)
→ (New) → (General((Ctrl)+(N))을 실행
하여 새 File을 생성합니다. 큐브 오브젝트
를 선택하고 (X)를 눌러 삭제합니다.

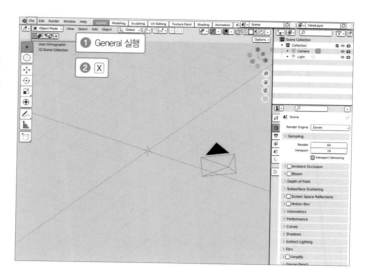

02 넘버 패드 (1)을 눌러 Front View
로 시점을 변경하고 Header 패널에서
(Add) → (Text)를 실행하여 텍스트를 생성
합니다.

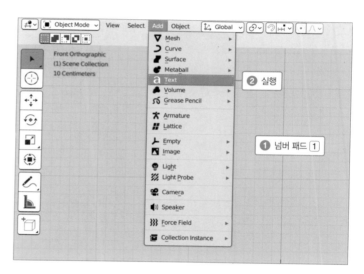

03 Operation에서 Align을 'View'로
지정하여 생성한 텍스트를 정면을 향하게
합니다.

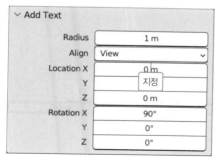

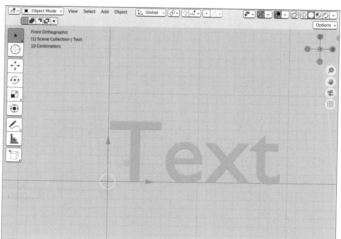

04 │ Header 패널에서 (Object Mode)를 (Edit Mode((Tab)))로 변경하고 텍스트를 지운 다음 원하는 문구를 입력합니다. 예제에서는 'DALBUM'을 입력했습니다.

TIP 블렌더는 아직 한글 텍스트를 지원하지 않아 영문으로만 입력할 수 있습니다.

05 │ (Tab)을 눌러 (Object Mode)로 전환하고 폰트 교체를 위해 (Properties(a)) 탭을 선택하고 Font → Regular에서 'Open Font' 아이콘(📁)을 클릭합니다.

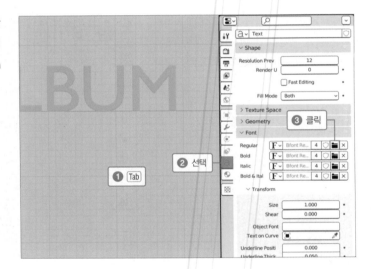

06 │ Blender File View 대화상자가 표시되면 PC 내부의 폰트가 저장된 C:\WINDOWS\Fonts\ 폴더에서 원하는 폰트를 선택하고 (Open Font) 버튼을 클릭합니다.

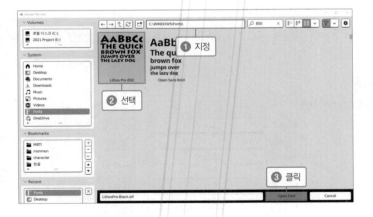

TIP 예제서는 영문 무료 폰트인 'Lithos Pro 850'을 사용하였습니다.

07 3D Viewport 패널에서 폰트가 적용된 것을 확인합니다.

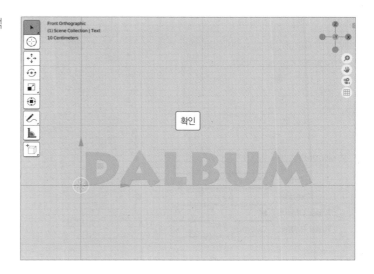

08 (Properties(ⓐ)) 탭에서 Paragraph → Alignment → Horizontal을 'Center'로 지정하여 중심축을 텍스트 가운데로 이동합니다.

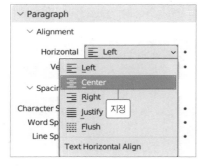

09 (Properties(ⓐ)) 탭에서 Paragraph → Spacing → Character Spacing을 '0.9'로 설정하여 글자 간격을 줄입니다.

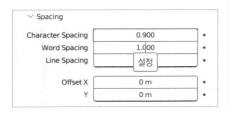

10 두께를 주기 위해 (Properties(ⓐ)) 탭에서 Geometry → Extrude를 '0.2m'로 설정하여 두께를 생성합니다.

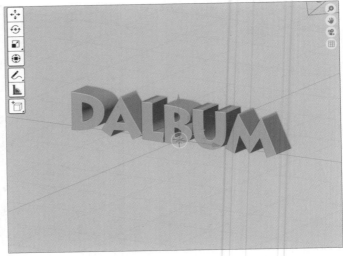

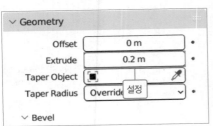

11 경계선에 날카로운 부분을 둥글게 만들기 위해서 (Properties(ⓐ)) 탭에서 Geometry → Bevel → Round의 Depth를 '0.013m'로 설정합니다.

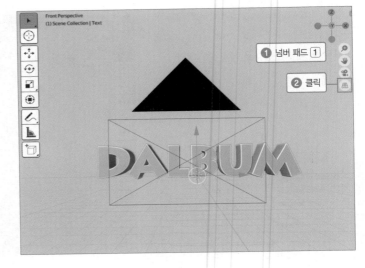

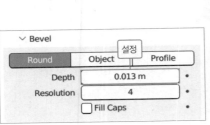

12 넘버 패드 ①을 눌러 Front View 로 시점을 변경하고 3D Viewport 패널에서 (Orthographic(▦, 넘버 패드 ⑤))을 클릭하여 View를 Perspective로 변경합니다.

13 Header 패널에서 (View) →
(Cameras) → (Set Active Object as
Camera(Ctrl+넘버 패드 0))를 실행하여
Camera View를 표시합니다.

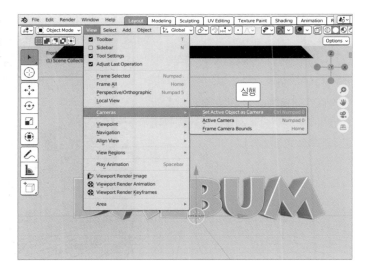

14 Sidebar에서 (View) 탭을 선택
하고 (View) → (Lock)의 'Camera to
View'를 체크 표시합니다.

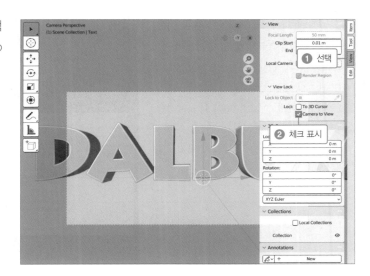

15 화면을 조작하여 그림과 같이 화면
을 배치합니다.

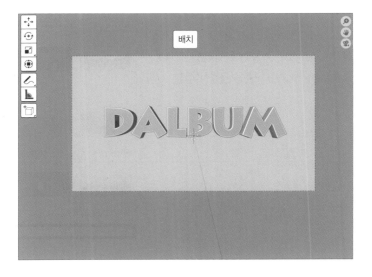

렌더링 환경 설정하기

01 | 애니메이션 작업하기 전에 텍스트에
메테리얼 적용하고 조명을 설정하겠습니다.
Viewport Shading에서 (Rendered(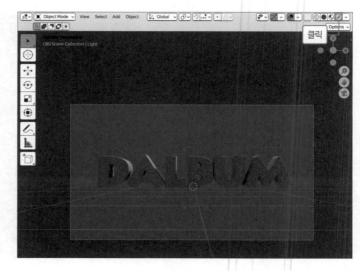))
를 클릭하여 라이팅과 재질이 표현된 렌더
링 화면으로 변경합니다.

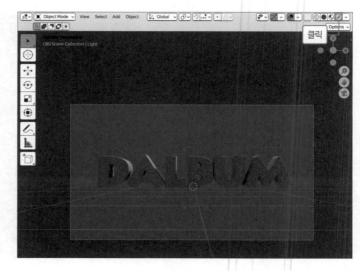

02 | 텍스트에 금속 재질을 적용할 예정
으로 반사효과를 돋보이게 할 환경 맵을 적
용하겠습니다. Properties 패널에서
(World(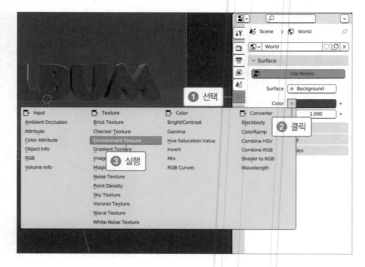)) 탭을 선택하고 Color의 (●)
를 클릭한 다음 (Environment Texture)를
실행합니다.

03 | (Open) 버튼을 클릭하고 Blender
File View 대화상자가 표시되면 06 폴더에
서 'music_hall_01_1k.hdr' 파일을 선택하
고 (Open Image) 버튼을 클릭합니다.

04 환경 맵이 배경에 적용됩니다.

05 글자의 배경 판을 만들겠습니다. Header 패널에서 (Add) → (Mesh) → (Plane(Shift + A))을 실행합니다.

06 Operation에서 Align을 'View'로 지정하여 생성한 플래인을 정면을 향하게 합니다.

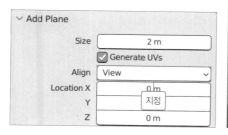

07 | Toolbar 패널에서 (Scale(▣, S))을 선택하고 Camera View에 꽉 차도록 크기를 조절합니다.

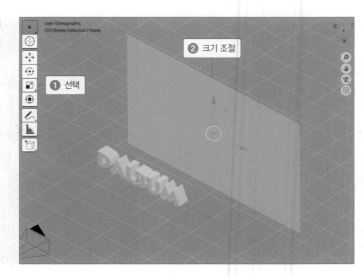

08 | 넘버 패드 O을 눌러 Camera View로 시점을 변경하고 Toolbar 패널에서 (Move(✛, G))를 선택한 다음 (Gizmo)의 초록색 Y 화살표를 이용하여 뒤로 이동합니다.

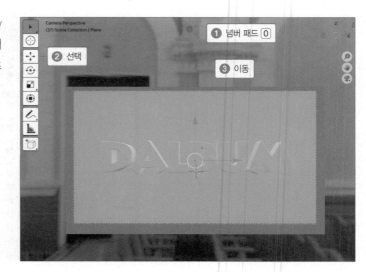

09 | 같은 방법으로 라이트(Lamp)를 선택하고 초록색 Y 방향 앞으로 이동합니다.

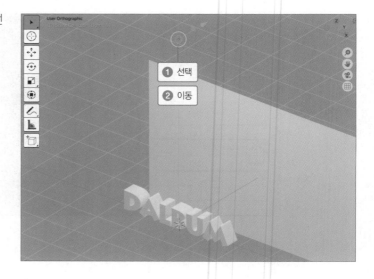

10 Properties 패널에서 (Light(💡)) 탭을 선택하고 Light의 (Area)를 선택하여 속성을 변경합니다. 넘버 패드 ③을 눌러 Right View로 시점을 변경합니다.

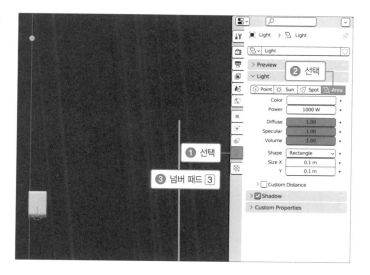

11 Toolbar 패널에서 (Rotate(🔄, ℝ))를 선택하여 텍스트 방향으로 드래그하여 회전하고 Color를 '파란색(#00CFFF)'으로 지정합니다. 넘버 패드 ⓪을 눌러 다시 Camera View로 변경합니다.

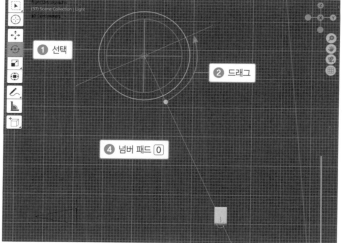

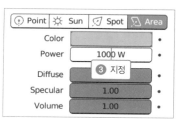

12 메테리얼을 설정하기 위해 텍스트를 선택하고 Properties 패널에서 (Material(🔴)) 탭을 선택한 다음 (New) 버튼을 클릭하여 메테리얼을 생성합니다.

13 메테리얼 이름을 클릭하고 'Text'를
입력하여 이름을 변경합니다.

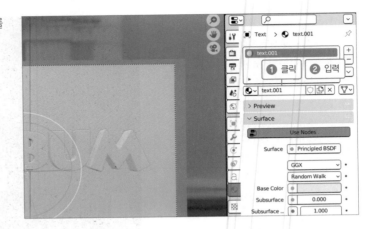

14 Shader Editor 패널의 Principled
BSDF에서 Metallic을 '1', Roughness를
'0.2'로 설정하여 표면에 금속 재질을 표현
합니다.

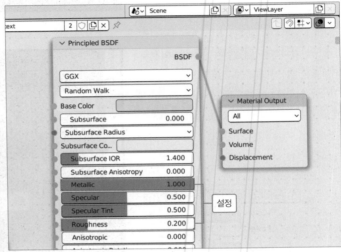

15 Shader Editor 패널의 Header 패널에서 (Texture Coordinate), (Mapping), (Gradient Texture),
(ColorRamp) 노드를 생성하고 그림 화면과 같이 소켓들을 연결하여 메테리얼을 적용한 다음 ColorRamp의 왼쪽 색상
을 '주황색(#FF7B00)', 오른쪽 색상을 '노란색(#FFF600)'으로 지정합니다.

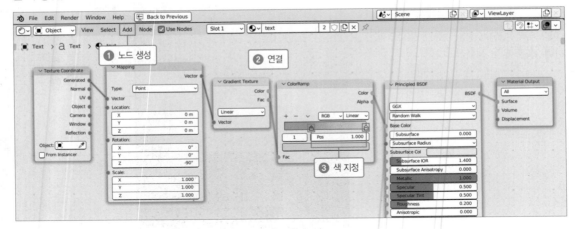

16 플래인 오브젝트를 선택한 다음 Properties 패널에서 (Material(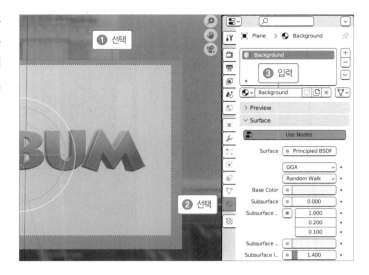)) 탭을 선택합니다. (New) 버튼을 클릭하여 메테리얼을 생성하고 이름을 'Background'로 입력합니다.

17 Shader Editor 패널의 Principled BSDF에서 Base Color를 '보라색(#553D2D)' 으로 지정하고 Roughness를 '1'로 설정하여 광택이 없는 메테리얼을 적용합니다.

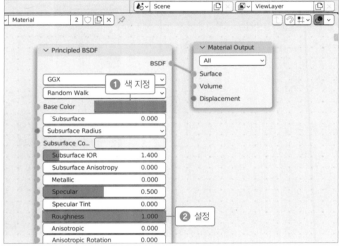

애니메이션 만들기

01 텍스트 오브젝트를 선택한 다음 Workspaces에서 (Animation) 탭을 선택하여 애니메이션에 적합한 작업 환경으로 변경합니다.

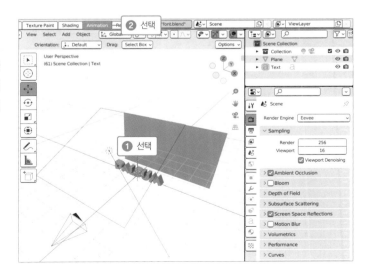

02 | Header 패널의 Viewport Shading
에서 (Rendered(⊙))를 클릭하여 라이팅
과 재질이 표현된 렌더링 화면으로 변경합
니다.

03 | 각각의 글자를 분리하기 위해 Text
를 선택하고 Header 패널에서 (Object)
→ (Convert) → (Mesh)를 실행합니다.

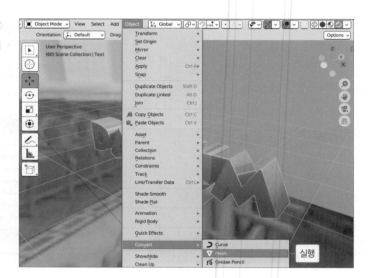

04 | [Tab]을 눌러 (Edit Mode)로 변경합
니다. [A]를 눌러 전체 선택하고 Header
패널에서 (Mesh) → (Separate) → (By
Loose Parts([P]))를 실행하여 각각의 글자
를 분리합니다.

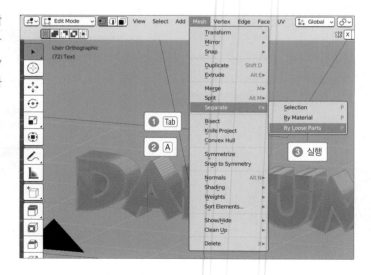

05 (Tab)을 눌러 (Object Mode)로 변경하고 각 글자에 중심축을 이동하기 위해 (Shift)를 누른 상태로 글자들을 모두 클릭하여 선택합니다. Header 패널에서 (Object) → (Set Origin) → (Origin to Geometry)를 실행합니다.

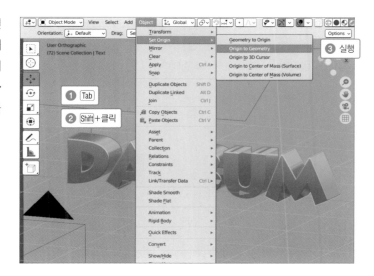

06 분리한 글자들을 빈 오브젝트에 종속으로 연결하기 위해 Header 패널에서 (Add) → (Empty) → (Plain Axes)를 실행하여 생성합니다.

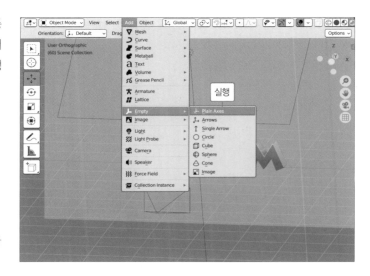

TIP Empty는 빈 오브젝트로 렌더링에는 나타나지 않습니다.

07 각각의 텍스트를 (Shift)를 누른 상태로 클릭하여 전체 선택하고 플레인 오브젝트를 마지막에 선택합니다.

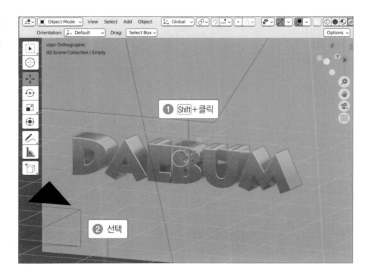

08 Header 패널에서 (Object) → (Parent) → (Object((Ctrl)+(P)))를 실행하여 글자들을 플래인 오브젝트에 종속시킵니다.

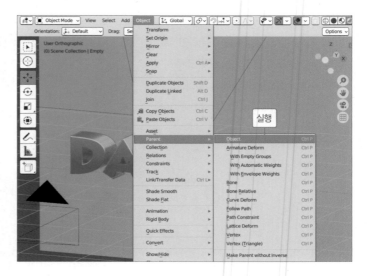

09 애니메이션 작업을 위해 플래인 오브젝트를 선택하고 Timeline 패널에서 현재 프레임을 '1프레임'으로 이동합니다. Header 패널에서 (Object) → (Animation) → (Insert Keyframe((I)))을 실행합니다.

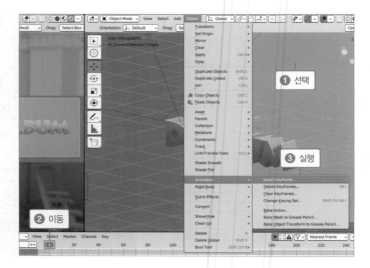

10 Insert Keyframe Menu 창이 표시됩니다. (Location & Rotation)을 실행하여 키프레임을 생성합니다.

TIP Keyframe은 단축키 (I)를 눌러 간편하게 적용할 수 있어요.

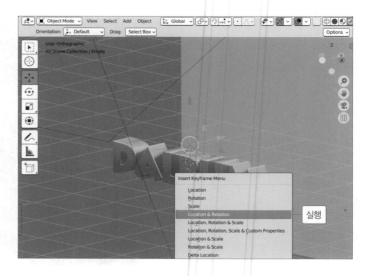

11 1프레임에서 키프레임을 확인할 수 있습니다. 복제하여 60프레임으로 이동하겠습니다. 1프레임의 키프레임을 선택하고 Shift+D를 눌러 60프레임으로 이동합니다.

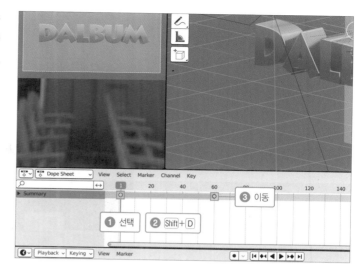

TIP 2개의 키프레임 사이에 변화가 없으므로 재생해도 움직임이 없습니다.

12 Toolbar 패널의 (Move(⊹, G))를 선택합니다. '1프레임'에서 텍스트 오브젝트를 선택하고 (Gizmo)의 초록색 Y 화살표를 앞으로 드래그하여 카메라 뒤로 이동합니다.

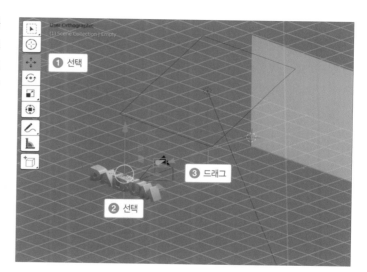

13 변경된 값으로 키프레임을 다시 생성하기 위해 I를 눌러 표시되는 창에서 (Location & Rocation)을 실행합니다. Spacebar를 눌러 재생하면 텍스트가 이동하는 것을 확인할 수 있습니다.

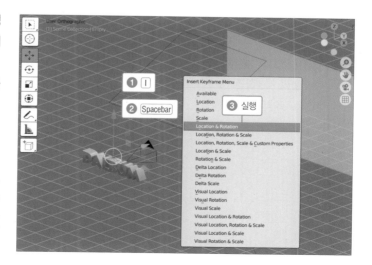

TIP 단축키 I를 누를 때 마우스 포인터가 3D Viewport 패널에 위치해야 Insert Keyframe Menu 창이 표시됩니다. 다른 패널에 마우스 포인터를 올린 상태로 I를 누르면 다른 메뉴 창이 표시되거나, 표시되지 않을 수 있습니다.

14 | Timeline 패널에서 현재 프레임을 '60프레임'으로 이동하고 분리된 텍스트 오브젝트를 모두 선택합니다. [I]를 눌러 표시되는 창에서 (Rotation)을 실행하여 키프레임을 생성합니다.

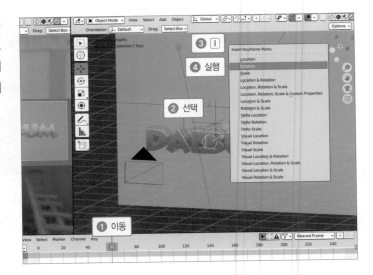

15 | 현재 프레임을 '20프레임'으로 이동합니다. Toolbar 패널에서 (Rotate([⊙], [R]))를 선택하고 각각의 텍스트 오브젝트를 선택하여 원하는 방향으로 회전합니다.

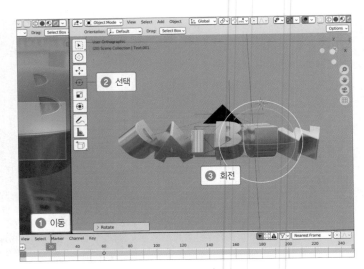

16 | 모든 텍스트 오브젝트를 선택하고 [I]를 눌러 표시되는 창에서 (Rotation)을 실행하여 키프레임을 생성합니다.
[Spacebar]를 눌러 재생하면 텍스트가 회전하면서 카메라 프레임 안에 들어오는 것을 확인할 수 있습니다.

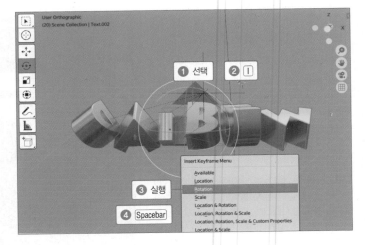

17 ｜ 카메라 화면에 들어온 다음 한 바퀴 돌게 하기 위해 현재 프레임을 '100프레임'으로 이동하고 텍스트 오브젝트를 선택합니다. 넘버 패드 [7]을 눌러 Top View로 시점을 변경하고 Toolbar 패널에서 (Rotate (🔄, [R]))를 선택합니다.

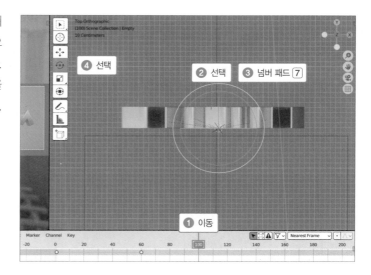

18 ｜ [Ctrl]을 누른 상태로 (Gizmo)의 빨간색 원을 드래그하여 텍스트 오브젝트를 360° 회전한 다음 [I]를 눌러 표시되는 창에서 (Rotation)을 실행하여 키프레임을 생성합니다.

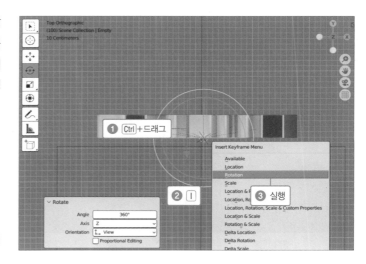

TIP 텍스트를 회전할 때 Operation에서 Angle을 '360°'로 설정해도 됩니다.

19 ｜ [Spacebar]를 눌러 재생하면 지금까지 만든 텍스트가 화면으로 들어와서 한 바퀴 도는 애니메이션을 확인할 수 있습니다.

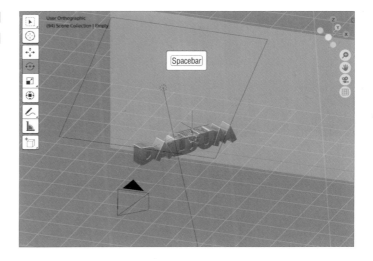

모션 그래픽 기초 애니메이션 만들기

02

블렌더는 오프 소스로 배포되는 무료 3D 도구이지만 유료 도구 못지않은 수많은 기능이 있습니다. 블렌더 애니메이션을 간단한 예제를 통해 모션 그래픽 기능을 간단히 알아보겠습니다.

● 예제 파일 : 06\애니메이션.blend　　● 완성 파일 : 06\애니메이션_완성.blend

POINT

❶ 블렌더 애니메이션 기초 익히기

❷ Shape Key Frame 설정하기

❸ 애니메이션 파일 저장하기

애니메이션 작업 준비하기

01 메뉴에서 [File] → [Open([Ctrl]+[O])]을 실행하고 06 폴더에서 '애니메이션.blend' 파일을 불러옵니다. 먼저 애니메이션을 위한 작업 환경을 설정하겠습니다.

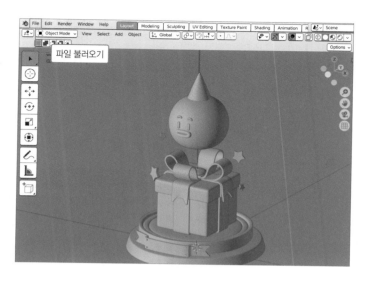

02 창을 분할하여 카메라 View로 만들겠습니다. 화면 경계선에 마우스 오른쪽 버튼을 클릭한 다음 [Vertical Split]를 실행합니다. 화면의 분할될 부분을 클릭하여 수직으로 창을 나눕니다.

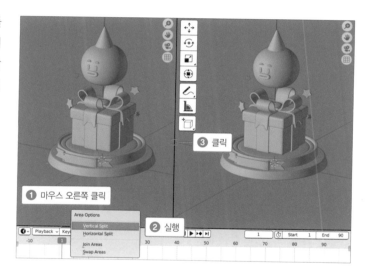

03 왼쪽 화면을 선택하고 넘버 패드 ③을 눌러 Front View로 전환하고 Header 패널에서 [View] → [Cameras] → [Set Active Object as Camera]를 실행하여 현재 보이는 화면에 [Camera View]의 프레임을 넣습니다.

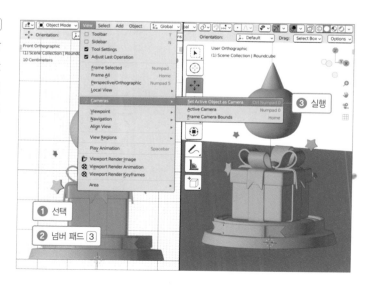

04 │ Viewport Shading에서 [Rendered (●)]를 클릭하여 재질이 표현된 렌더링 화면으로 변경하고 Outliner 패널에서 'Board Collection'과 'Plane'을 제외한 모든 오브젝트의 '눈' 아이콘(●)을 클릭하여 숨깁니다.

05 │ Frame을 설정하기 위해 Properties 패널에서 [Output(●)] 탭을 선택합니다. Format의 Frame Rate를 '30fps'으로 지정하고 Frame Range의 End를 '180'으로 설정합니다.

TIP 30fps는 1초에 30개의 이미지를 화면에 보여 주고, End는 '180'으로 설정하여 6초의 시간을 설정하였습니다. Timeline 화면에서도 전체 프레임을 확인할 수 있습니다.

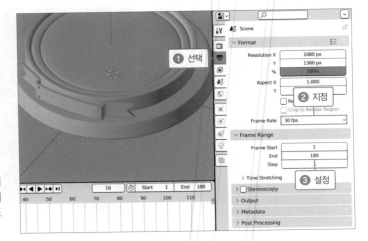

나타나는 애니메이션 만들기

01 │ 먼저 받침대가 나타나는 애니메이션을 만들겠습니다. 받침대를 선택하고 Timeline 패널에서 현재 프레임을 '1'로 이동한 다음 Header 패널에서 [Object] → [Animation] → [Insert Keyframe(I)]을 실행합니다.

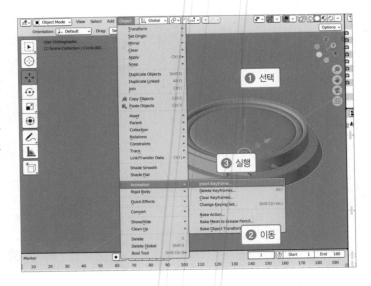

02 │ 표시되는 창에서 (Scale)을 실행하여 키프레임을 생성합니다.

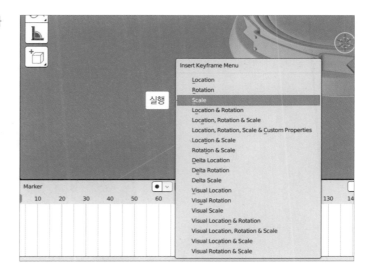

03 │ Timeline 패널에 노란색 마름모가 표시되면서 키프레임이 삽입되었습니다. 현재 프레임을 '30'으로 이동하고 같은 방법으로 키프레임을 생성하면 2개의 프레임 사이에 주황색 선이 표시됩니다.

TIP 타임라인의 숫자를 클릭해도 현재 프레임을 변경할 수 있으며 드래그하여 파란색 선을 이동해도 현재 프레임을 선택할 수 있습니다.

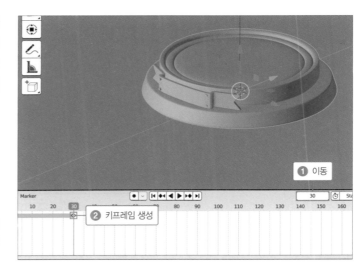

04 │ Timeline 패널에서 현재 프레임을 '1'로 이동하고 Toolbar 패널에서 (Scale (⬚, [S]))을 선택한 다음 (Gizmo)의 흰색 원을 안쪽으로 드래그하여 받침대 오브젝트 크기를 축소합니다.

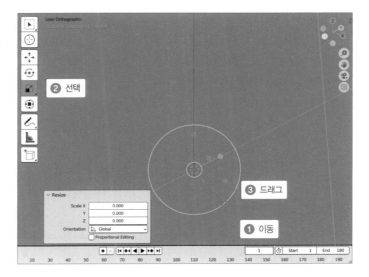

05 Operation에서 Scale X, Y, Z를 '0'
으로 설정하고 ①를 눌러 표시되는 창에서
(Scale)을 실행하여 키프레임을 생성합니다.

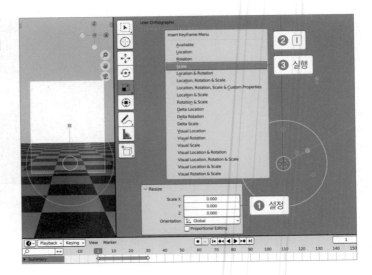

06 Timeline 패널에서 'Play' 아이콘
(▶, Spacebar)를 클릭하여 크기가 커지는
애니메이션을 확인합니다.

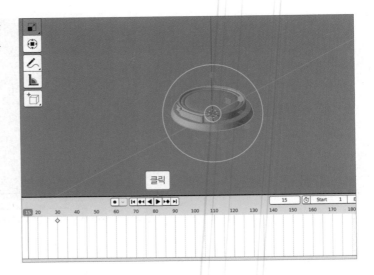

07 같은 방법으로 이름표 오브젝트를
선택하고 Timeline 패널에서 현재 프레임
을 '25'로 이동한 다음 ①를 눌러 표시되는
창에서 (Scale)을 실행하여 키프레임을 생
성합니다.

TIP 여기에서 이름표와 받침대 오브젝트는
부모와 자식 관계로 연결되어 있습니다.

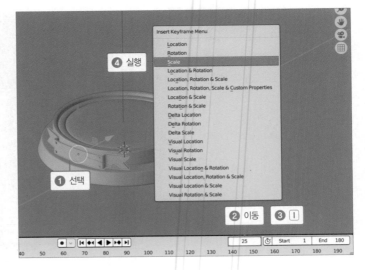

08 Timeline 패널에서 현재 프레임을 '35'로 이동하고 ⊡를 눌러 표시되는 창에서 (Scale)을 실행하여 키프레임을 생성합니다.

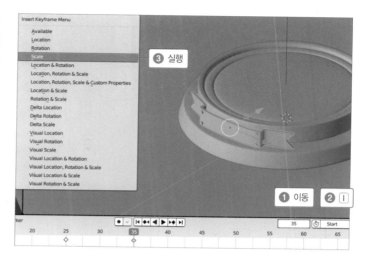

09 Timeline 패널에서 현재 프레임을 '25'로 이동하고 Toolbar 패널에서 (Scale (⊡, ⑤))을 선택한 다음 (Gizmo)의 흰색 원을 안쪽으로 드래그하여 이름표 오브젝트 크기를 축소합니다.

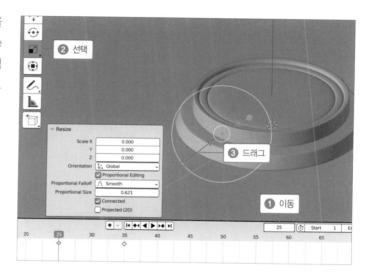

10 Operation에서 Scale X, Y, Z를 '0'으로 설정하고 ⊡를 눌러 표시되는 창에서 (Scale)을 실행하여 키프레임을 생성합니다.

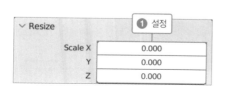

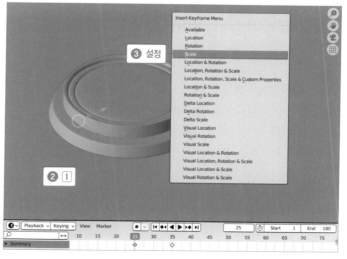

11 Timeline 패널에서 'Play' 아이콘(▶,
Spacebar)을 클릭하면 시간차로 이름표 오브
젝트가 커지는 것을 확인할 수 있습니다.

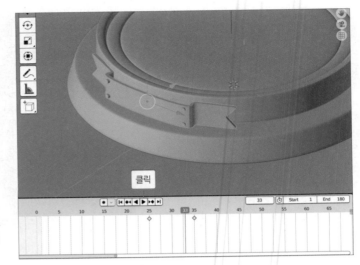

TIP 미리 보기로 재생하고 노란 마름모를 드
래그하여 애니메이션 타이밍을 맞춰 최적의
타이밍을 찾으면 됩니다.

12 받침대에 속도를 조절하겠습니다.
받침대 오브젝트를 선택하고 Timeline 패
널에서 Shift를 누른 상태로 현재 프레임 '0'
과 '30'을 클릭하여 선택합니다. 마우스 오
른쪽을 버튼을 클릭하여 (Interpolation
Mode) → (Back(T))을 실행하면 애니메
이션이 완성됩니다.

TIP 애니메이션의 속도 조절은 그래프를 사
용하여 직접 만들 수 있습니다.

물체가 떨어지는 애니메이션 만들기

01 화면 위에서 상자가 떨어지는 애니
메이션을 만들겠습니다. Outliner 패널에서
'box' 오브젝트의 '눈' 아이콘(👁)을 클릭
하여 화면에 보이게 합니다.

02 Toolbar 패널에서 (Move(⊹, [G]))를 선택하고 그림과 같이 박스 오브젝트를 선택합니다. Timeline 패널에서 현재 프레임을 '35'로 이동하고 (Gizmo)의 파란색 Z 화살표를 위로 드래그하여 화면 밖으로 이동합니다.

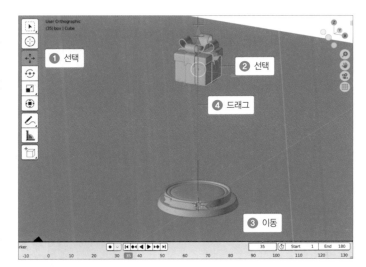

TIP 상자 오브젝트는 선택된 Mesh가 다른 Mesh의 부모 설정으로 연결되어 있습니다.

03 현재 박스 위치를 추가하기 위해 [I]를 눌러 표시되는 창에서 (Location)을 실행하여 키프레임을 생성합니다.

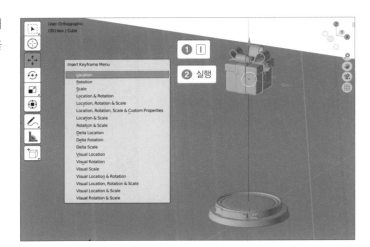

04 Timeline 패널에서 현재 프레임을 '50'으로 이동하고 상자 오브젝트를 받침대 오브젝트 위로 이동한 다음 [I]를 눌러 (Location) 키프레임을 생성합니다.

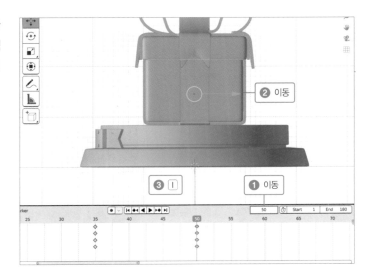

05 'Jump to Endpoint' 아이콘(⏮,
Shift+←)을 클릭하여 첫 프레임으로 이동
하고 'Play' 아이콘(▶, Spacebar)을 눌러 재
생하면 일정한 속도로 위에서 떨어지는 상
자를 확인할 수 있습니다.

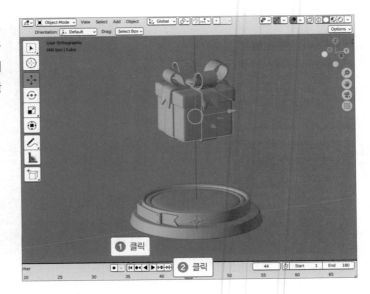

06 생동감 있는 애니메이션을 만들겠
습니다. 모든 키프레임을 선택하고 마우
스 오른쪽 버튼을 클릭하여 (Interpolation
Mode) → (Quartic(T))을 실행합니다. 재
생하여 상자가 초반엔 느리고 점점 빠르게
떨어지는 것을 확인합니다.

TIP Interpolation Mode의 여러 가지 기능
을 적용해보고 적합한 것을 찾아서 적용하면
좋습니다.

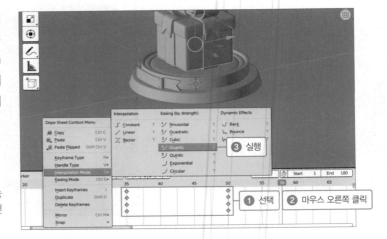

07 상자가 떨어지는 순간 뚜껑이 들썩
이게 하겠습니다. 상자 뚜껑 오브젝트를 선
택하고 Timeline 패널에서 현재 프레임을
상자가 떨어진 '50프레임'으로 이동한 다음
I를 눌러 (Location) 키프레임을 추가합
니다.

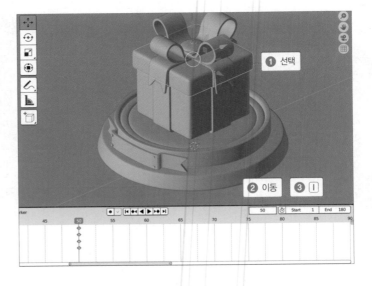

08 '53프레임'으로 이동하고 (Gizmo)의 파란색 Z 화살표를 위로 드래그하여 이동하고 같은 방법으로 ⓘ를 눌러 키프레임을 추가합니다.

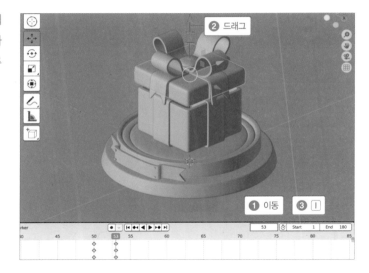

09 다시 뚜껑을 닫기 위해 Timeline 패널에서 '50프레임'의 키프레임을 선택하고 마우스 오른쪽 버튼을 클릭하여 (Duplicate(Shift+ⓓ))를 실행합니다.

10 드래그하여 '55프레임'으로 이동하고 클릭하여 키프레임을 복제합니다.

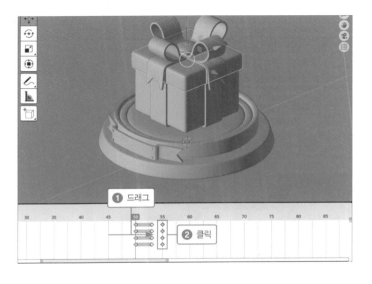

11 │ 이후 뚜껑이 열리기 전까지 공백을 주기 위해 '55프레임'을 선택하고 마우스 오른쪽 버튼을 클릭하여 [Duplicate([Shift]+[D])] 를 실행합니다.

12 │ 드래그하여 '90프레임'으로 이동하고 클릭하여 키프레임을 복제합니다.

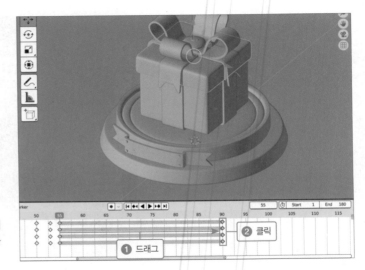

TIP 현재 프레임 '90'에서 [I]를 눌러 키프레임을 생성해도 변화가 없으므로 같은 효과를 줄 수 있습니다.

13 │ 뚜껑이 날아갈 수 있도록 Timeline 패널에서 현재 프레임을 '102'로 이동하고 [Gizmo]의 파란색 Z 방향 화살표를 위로 드래그하여 화면 밖으로 이동합니다.

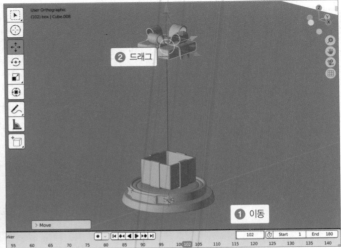

14 현재 박스 위치를 추가하기 위해 ①를 눌러 표시되는 창에서 (Location)을 실행하여 키프레임을 추가합니다.

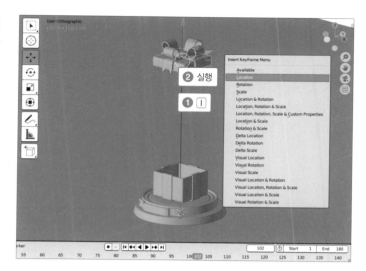

15 떨어질 때 뚜껑이 들썩였던 것처럼 튀어 나갈 때도 현재 프레임 '92'에서 (Gizmo)의 파란색 Z 화살표를 아래로 드래그하여 아래로 이동하는 키프레임을 추가하면 좀 더 자연스럽게 보입니다.

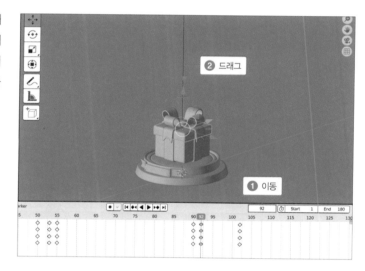

캐릭터가 등장하는 애니메이션 만들기

01 뚜껑이 열릴 때 상자 안에서 캐릭터가 한 바퀴 돌면서 등장하는 애니메이션을 만들겠습니다.
Outliner 패널에서 'character' 오브젝트의 '눈' 아이콘(◉)을 클릭하여 캐릭터를 화면에 보이게 합니다.

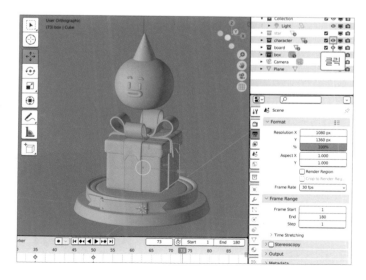

02 | Toolbar 패널에서 (Move(✛, G))
를 선택하고 캐릭터 오브젝트를 선택합니다.
Timeline 패널에서 현재 프레임을 '90'으로
이동하고 (Gizmo)의 파란색 Z 화살표를 아
래로 드래그하여 이동한 다음 I를 눌러
(Location) 키프레임을 추가합니다.

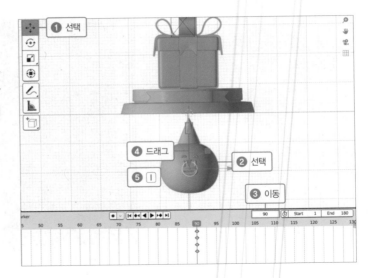

03 | Header 패널의 (View) → (Sidebar
(N))를 실행하여 Sidebar를 표시합니다.

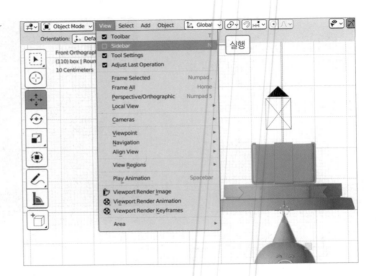

04 | Timeline 패널에서 현재 프레임을
'110'으로 이동하고 (Gizmo)의 파란색 Z 화
살표를 위로 드래그하여 상자 위로 이동합
니다. Sidebar 패널에서 Location의 Z의
색상이 변경된 것을 확인합니다.

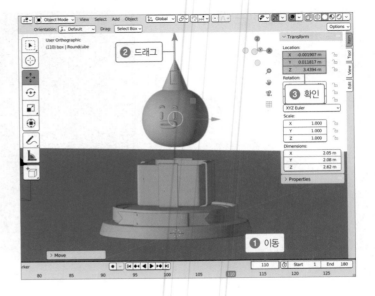

05 색상이 변경된 Z에 마우스 포인터를 위치하고 ①을 누르면 색상이 노란색으로 변경되고 키프레임이 생성됩니다.

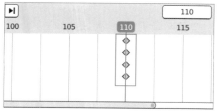

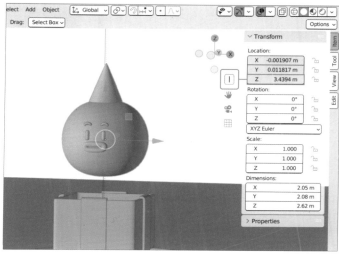

06 캐릭터가 위로 이동하면서 회전하기 위해 Timeline 패널에서 현재 프레임을 '98'로 이동하고 ①를 눌러 표시되는 창에서 (Rotation)을 실행하여 키프레임을 생성합니다.

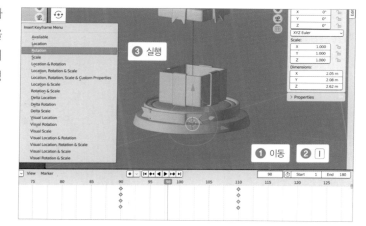

07 키프레임이 생성되고 Sidebar의 Rotation이 노란색으로 변경된 것을 확인할 수 있습니다. '130프레임'으로 이동하고 Sidebar에서 Rotation의 Z를 '360°'로 설정한 다음 ①를 눌러 키프레임을 생성합니다.

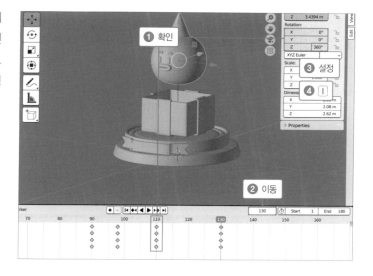

08 상자에서 오른쪽으로 한 바퀴 돌면서 나오는 애니메이션이 적용되었습니다. 캐릭터에 적용된 키프레임을 모두 선택하고 마우스 오른쪽 버튼을 클릭한 다음 (Interpolation Mode) → (Back(T))을 실행하여 애니메이션에 탄력을 줍니다.

TIP 날아가는 상자와 캐릭터와의 타이밍이 맞아야 자연스러운 애니메이션이 되기 때문에 →, ←를 눌러 프레임을 조금씩 이동하면서 키프레임을 조절하여 타이밍을 맞춥니다.

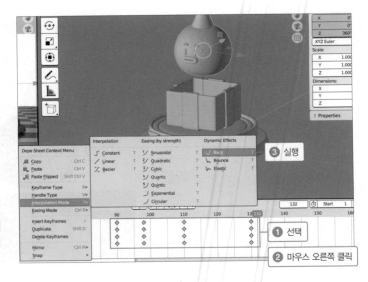

09 같은 방법으로 별 오브젝트도 애니메이션을 적용하겠습니다. Outliner 패널에서 'star' 오브젝트의 '눈' 아이콘(👁)을 클릭하여 오브젝트를 화면에 보이게 합니다.

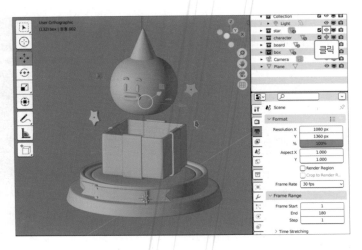

10 상자에서 별이 캐릭터와 함께 나오게 하겠습니다. Timeline 패널에서 현재 프레임을 '105'로 이동하고 I를 눌러 표시되는 창에서 (Location & Scale)을 실행하여 키프레임을 생성합니다.

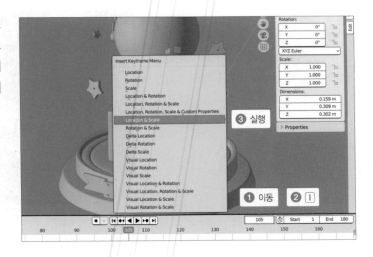

11 Timeline 패널에서 현재 프레임을 '95'로 이동하고 (Move(⊹, G))를 선택한 다음 별 오브젝트를 하나씩 선택하여 상자 안으로 이동합니다.

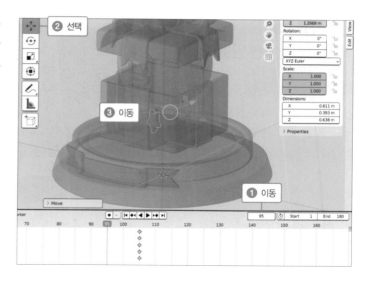

12 Sidebar의 Location에 마우스 포인터를 위치하고 Ⅰ를 눌러 키프레임을 생성합니다.

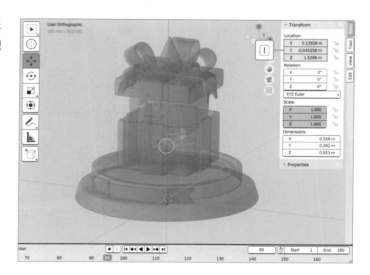

13 처음에 별이 보이지 않게 하기 위해 '95프레임'에서 각각의 별을 선택합니다. Sidebar에서 Scale의 X/Y/Z를 '0'으로 설정하고 마우스 포인터를 위치한 다음 Ⅰ를 눌러 Keyframe을 생성합니다. Spacebar를 눌러 재생하면서 별이 나올 때 오류는 없는지 확인하면서 계속 편집합니다.

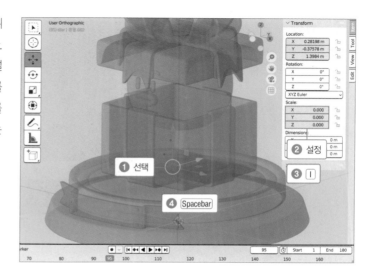

카메라를 이용한
확대 애니메이션 만들기

01 | 카메라를 이동하여 화면이 Zoom In 되는 애니메이션을 만들겠습니다. 카메라를 선택하고 Timeline 패널에서 현재 프레임을 '145'로 이동합니다.

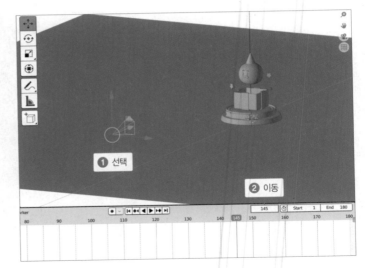

02 | ①를 눌러 (Location) 키프레임을 생성합니다.

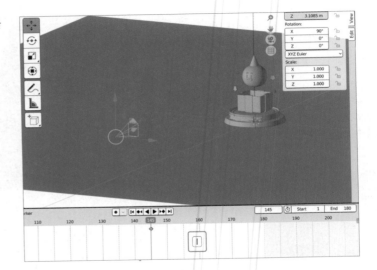

03 | Timeline 패널에서 현재 프레임을 '165'로 이동하고 Camera View로 확인하면서 카메라를 오브젝트에 가까이 위치합니다.

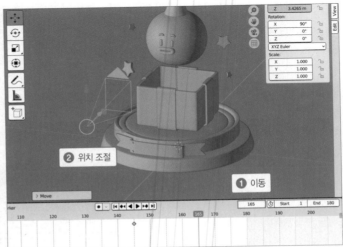

04 원하는 화면이 됐을 때 Sidebar 의 Location에 마우스 포인터를 위치하고 I를 눌러 키프레임을 생성하여 카메라로 확대되는 애니메이션을 완성합니다.

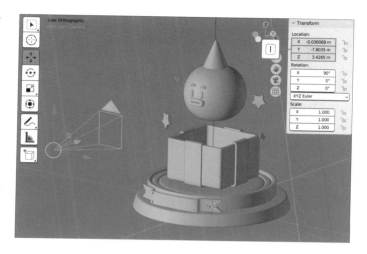

표정 애니메이션 만들기

01 캐릭터 오브젝트를 선택한 다음 Properties 패널의 (Object Data(▽)) 탭 을 선택합니다. Shape Keys에서 (+)를 클릭하여 기본이 될 Shape Keys를 생성 하고 이름을 'Basic'으로 입력합니다.

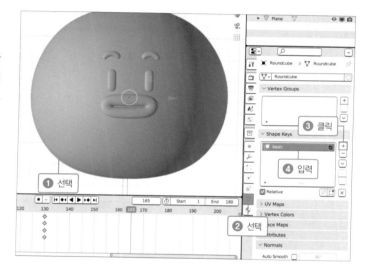

02 다시 (+)를 클릭하여 Shape Keys 를 생성하고 이름을 'Eye'로 입력한 다음 Tab 을 눌러 (Edit Mode)로 변경합니다.

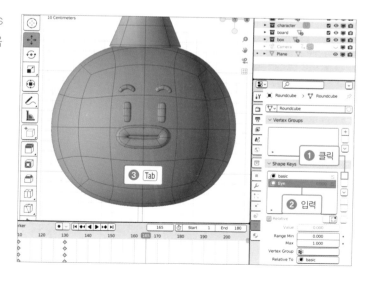

03 'Eye' Shape Keys가 선택된 상태로 ⏹을 눌러 눈과 눈썹 오브젝트를 선택합니다. Toolbar 패널에서 (Move(⊹, ⒢))를 선택하고 (Gizmo)의 파란색 Z 화살표를 위로 드래그하여 놀란 눈을 표현합니다.

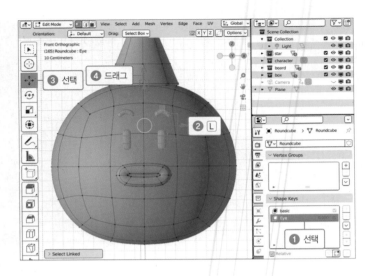

04 ⒯ⒶⒷ을 눌러 (Object Mode)로 변경하고 작업을 확인합니다. Properties 패널의 (Object Data(▽)) 탭에서 Value를 '1'에 가깝게 설정할수록 (Edit Mode)에서 변형된 모양대로 변경됩니다.

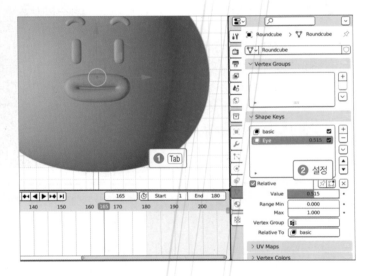

05 눈의 변형이 완료되면 다시 (+) 버튼을 클릭하여 Shape Keys를 생성하고 이름을 'Mouth'로 입력합니다. ⒯ⒶⒷ을 눌러 (Edit Mode)로 변경하고 입을 놀란 모양으로 편집합니다.

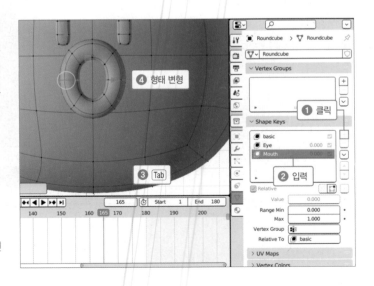

TIP Header 패널의 (⠿XYZ)를 클릭하면 대칭되는 부분을 자동 편집할 수 있습니다.

06 Tab 을 눌러 (Object Mode)로 변경
하면 편집된 모습이 원래대로 돌아갑니다.
Shape Keys의 Value 수치를 설정하면서
애니메이션을 조절할 수 있습니다.

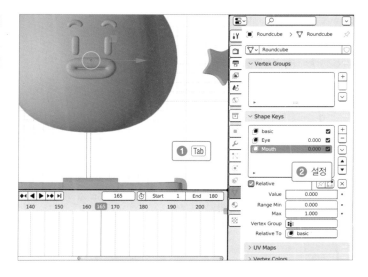

07 카메라 Zoom In 되었을 때 놀라는
표정의 애니메이션을 만들겠습니다.
Timeline 패널에서 현재 프레임을 '165'로
이동하고 (Object Data(▽)) 탭의 Shape
Keys에서 'Eye'를 선택한 다음 Value에
마우스 포인터를 위치하고 I 를 눌러 키프
레임을 생성합니다.

TIP Value 옆에 있는 (◇)를 눌러도 키프레
임이 생성됩니다.

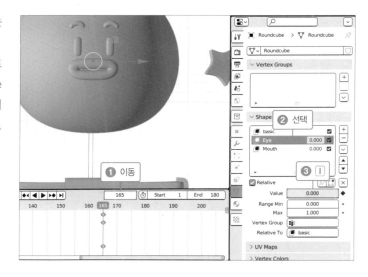

08 같은 방법으로 'Mouth'를 선택하고
'165프레임'에 키프레임을 생성합니다.

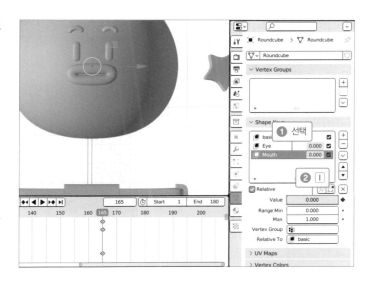

09 | Timeline 패널에서 현재 프레임을 '170'으로 이동하고 (Object Data(▽)) 탭의 Shape Keys에서 'Eye'를 선택합니다. Value를 '1'로 설정하고 마우스 포인터를 위치한 다음 ①를 눌러 키프레임을 생성합니다.

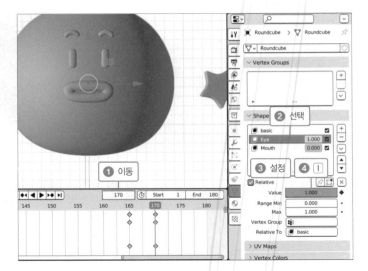

10 | 같은 방법으로 '170프레임'에서 Shape Keys의 'Mouth'를 선택하고 Value를 '1'로 설정하여 놀란 입을 만든 다음 ①를 눌러 키프레임을 생성합니다. 'Play' 아이콘 (▶, Spacebar)을 클릭하여 전체 애니메이션을 확인합니다.

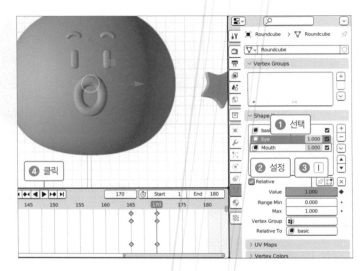

애니메이션 렌더링하기

01 | Viewport Shading에서 (Rendered (◉))를 클릭하여 라이팅과 재질이 표현된 렌더링 화면으로 변경합니다.

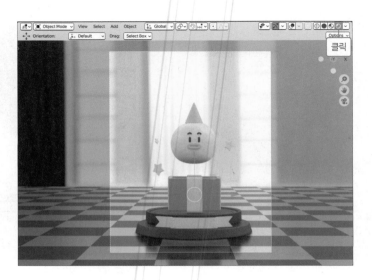

02 | Properties 패널에서 (Output(📁)) 탭을 선택하고 Output의 'Accept' 아이콘(📁)을 클릭합니다. Blender File View 대화상자가 표시되면 저장할 위치를 지정한 다음 (Accept) 버튼을 클릭합니다.

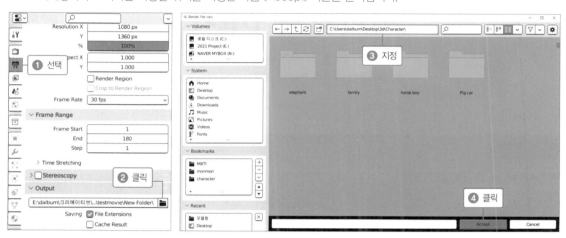

03 | Output의 File Format을 'AVI JPEG'로 지정합니다.

TIP Png 파일로 설정하고 애니메이션을 저장하면 프레임 숫자와 같이 180개의 Png 이미지가 생성되며 이는 동영상 프로그램에서 하나로 묶어서 영상으로 사용할 수 있어요.

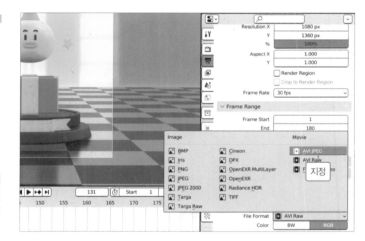

04 | 메뉴에서 (Render) → (Render Animation((Ctrl)+(F12)))을 실행하여 애니메이션을 렌더링하면 새로운 창이 표시되면서 렌더링되는 화면을 볼 수 있습니다.

리깅을 활용한 움직이는
3D 이모티콘 만들기

파트 4-3에서 만들었던 이모티콘 캐릭터에 리깅을 적용하여 다양한 포즈를 지정하고, 간단한
애니메이션을 추가해 움직이는 이모티콘을 만들겠습니다.

● 예제 파일 : 06\토끼 리깅.blend ● 완성 파일 : 06\토끼 리깅_완성.blend

POINT

❶ Armature 생성하기

❷ Bone 수정하여 뼈대 만들기

❸ 캐릭터와 Armature 연결하기

모델링에 리깅 적용하기

01 메뉴에서 (File) → (Open((Ctrl)+(O)))
을 실행하고 06 폴더에서 '토끼 리깅.blend'
파일을 불러옵니다.

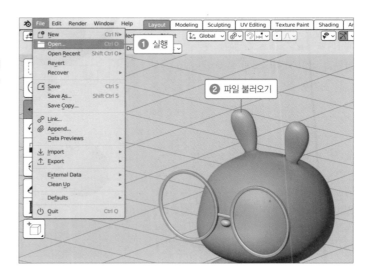

02 작업 전 사전 준비로 Front View에
서 Cursor가 캐릭터의 중심 아래에 있는지
확인합니다. (Object Mode)의 Header 패
널에서 (Show Overlays((●▼)))를 클릭하
고 Geometry의 'Wireframe'을 체크 표시
합니다.

TIP 본을 이동할 때 오브젝트의 Wire를 확
인하면서 본을 이동하는 것이 본을 Mesh와
연결할 때 정확성에 도움이 됩니다.

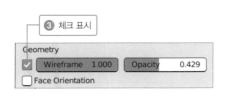

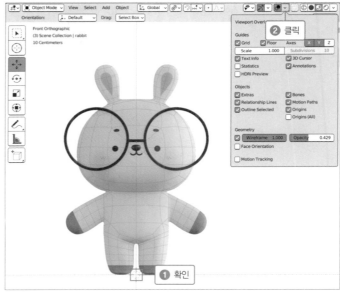

03 Header 패널에서 (Add) →
(Armature)를 실행하면 본이 Cursor 위치
에 생성됩니다.

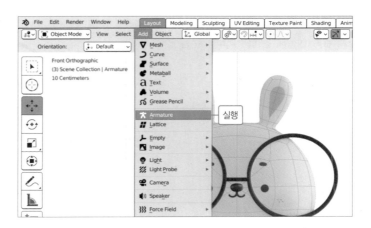

04 Toolbar 패널에서 (Move(✛, G))
와 (Scale(⬚, S))을 선택하고 생성된 본을
그림과 같이 캐릭터의 몸통 아래로 이동한
다음 크기를 줄입니다.

TIP 본은 오브젝트의 안쪽에 위치하는 것이
일반적이라 겹쳐서 보이지 않게 됩니다.
(Object Data(⬚)) 탭의 Viewport Display
에서 'In Front'를 체크 표시하면 본을 보이게
할 수 있습니다.

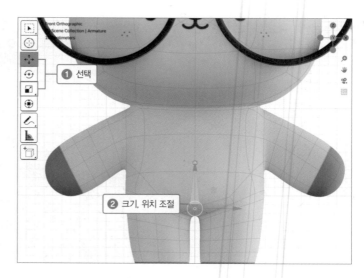

05 본을 편집하기 위해 Tab을 눌러 (Edit
Mode)로 변경합니다.

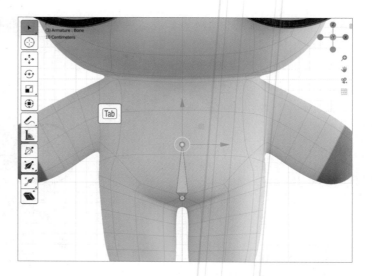

06 본의 Head를 선택하고 Toolbar 패
널에서 (Extrude(⬚, E))를 선택한 다음
(+)를 Z 방향 위로 두 번 드래그하여 본을
2개 추가 생성해 몸통과 머리의 본을 만듭
니다.

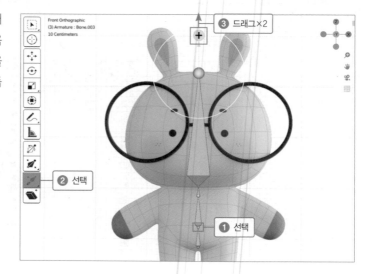

07 넘버 패드 ③을 눌러 Right View로 시점을 변경합니다. Toolbar 패널에서 (Move(✛, G))를 선택하고 본의 Head와 Tail을 이동하여 그림과 같이 캐릭터 몸에 맞춥니다.

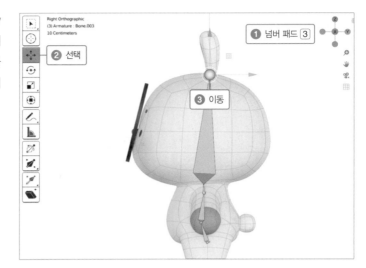

08 넘버 패드 ①을 눌러 Front View로 시점을 변경하고 중심에 있는 본의 Head를 선택합니다. Toolbar 패널에서 (Extrude (✎, E))를 선택하고 (➕)를 X 방향으로 네 번 드래그하여 어깨와 팔, 손의 본을 생성합니다.

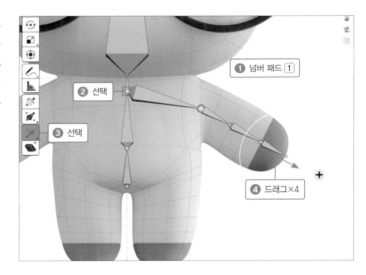

TIP 대칭의 캐릭터는 한쪽을 먼저 작업하여 대칭하는 방식으로 합니다.

09 몸통과 연결된 어깨 본을 선택하고 Properties 패널에서 (Bone(➶)) 탭을 선택한 다음 Relations의 'Connected'를 체크 표시 해제하여 부모와 자식 관계는 유지한 채로 분리합니다. (Move(✛, G))를 이용하여 그림과 같이 본을 이동합니다.

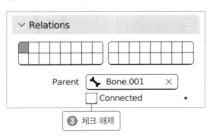

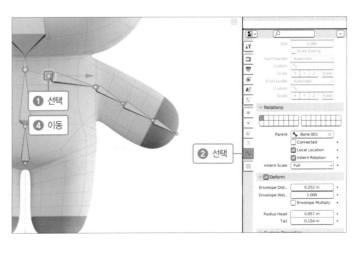

10 다리에 본을 추가하기 위해 Toolbar 패널에서 (Cursor(⊙))를 선택하고 골반이 될 위치를 클릭하여 포인트를 위치한 다음 Shift+A를 눌러 본을 생성합니다.

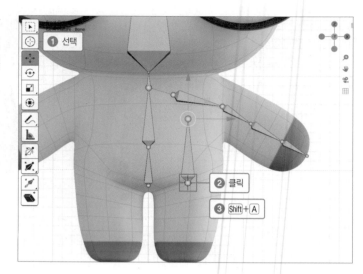

11 골반 본을 선택하고 Toolbar 패널에서 (Rotate(⊙, R))를 선택한 다음 원을 드래그하여 180° 회전합니다.

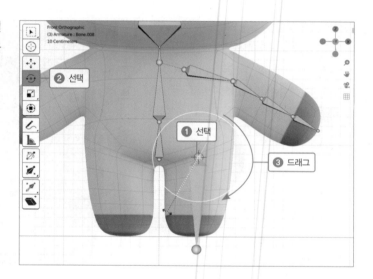

12 Toolbar 패널에서 (Scale(⬚, S))을 선택하여 골반 본의 Tail 크기를 축소합니다. Toolbar 패널에서 (Extrude(⬚, E))를 선택한 다음 [+]를 Z 방향으로 두 번 드래그하여 다리와 발의 본을 추가합니다.

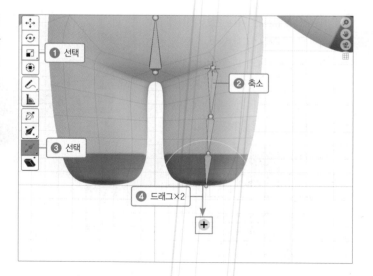

13 생성한 다리 본을 몸통 본과 연결하겠습니다. 골반 본을 선택하고 Properties 패널의 (Bone(🦴)) 탭에서 (Relations) → (Parent(🦴))를 몸통 본으로 지정하여 다리와 몸통을 부모 자식 관계로 연결합니다.

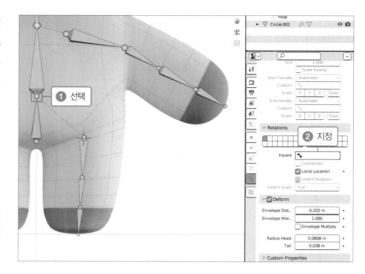

TIP 연결하거나 해제할 때는 단축키를 주로 사용합니다. 연결은 Ctrl+P, 연결 해제는 →+P를 사용하면 간단하게 연결과 해제를 할 수 있습니다.

14 넘버 패드 7을 눌러 Top View로 시점을 변경하고 팔의 본 위치를 조절합니다.

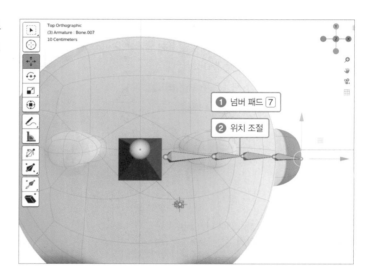

15 넘버 패드 3을 눌러 Right View로 시점을 변경하고 다리의 본 위치를 조절합니다.

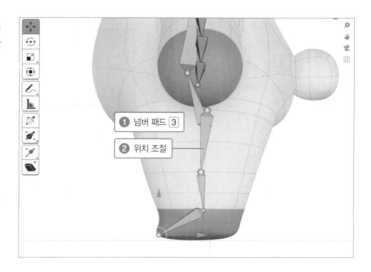

16 본 이름을 설정하겠습니다. 골반 본을 선택하고 Properties 패널의 (Bone (🦴)) 탭에서 이름을 'Hip'으로 입력합니다.

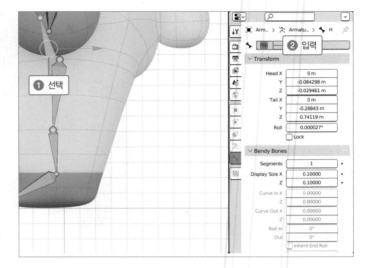

TIP 본을 선택하고 단축키 F2를 눌러 빠르게 이름을 변경할 수도 있습니다.

17 같은 방법으로 중심 본과 대칭될 팔과 다리 본 이름을 입력합니다. 대칭될 본은 이름의 끝에 '_L' 또는 '.L'을 붙여야 반대쪽으로 대칭할 때 이름이 자동으로 변경되므로 이름의 끝에 '_L'을 입력하여 변경합니다.

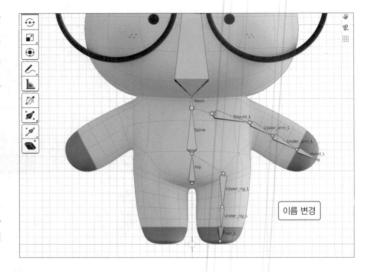

TIP (Object Data(▽)) 탭에서 (Show) → 'Names'를 체크 표시하여 활성화하면 본 이름이 표시됩니다.

18 본 이름이 모두 지정되면 팔과 다리를 반대쪽으로 복제하겠습니다. 중심을 기준으로 오른쪽 본을 선택하고 Header 패널에서 (Armature) → (Symmetrize)를 실행합니다.

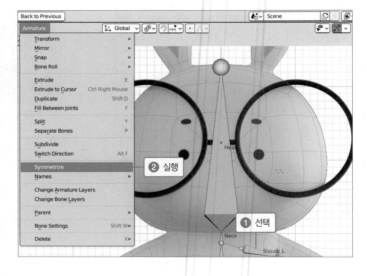

19 반대쪽으로 복제되면서 본 이름 끝이 '_R'로 자동 변경됩니다.

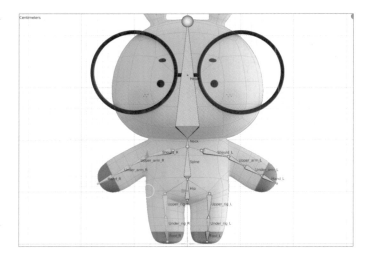

TIP 대칭된 Armature는 Header 패널에서 (Apply Changes(⌘X))를 클릭하여 활성화하면 한쪽만 편집할 때 같이 변경됩니다.

20 (Alt)+(R)을 눌러 본을 원래 상태로 돌리고 캐릭터와 본을 연결하기 위해 Header 패널에서 (Edit Mode)를 (Object Mode)로 변경합니다. 본 이름은 잠시 비활성화합니다.

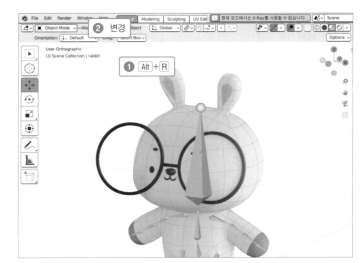

21 캐릭터를 선택하고 (Shift)를 누른 상태로 본을 클릭하여 선택합니다.

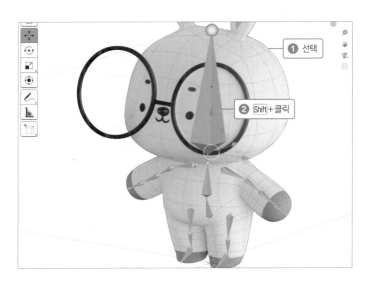

22 | Header 패널에서 (Object) → (Parent) → (With Automatic Weights (Ctrl+P))를 실행하여 선택한 두 오브젝트를 자동으로 연결합니다.

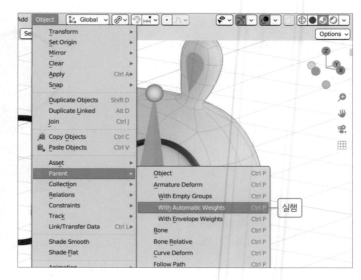

23 | 캐릭터를 선택하고 Properties 패널에서 (Modifier(🔧)) 탭을 선택하면 Armature 항목이 추가된 것을 확인할 수 있습니다.

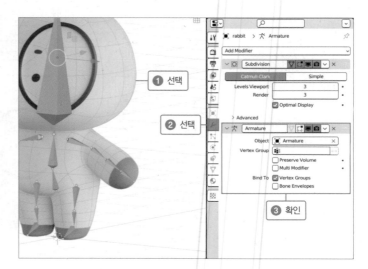

24 | Properties 패널에서 (Object Data(▽)) 탭을 선택하면 Vertex Groups에 본이 들어가 있는 것을 확인할 수 있습니다.

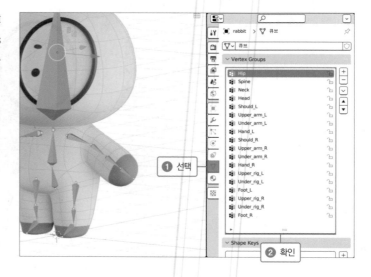

25 안경 오브젝트에 본을 연결하기 위해 Tab 을 눌러 (Object Mode)로 변경하고 안경 오브젝트를 선택한 다음 Shift 를 누른 상태로 본을 클릭하여 다중 선택합니다.

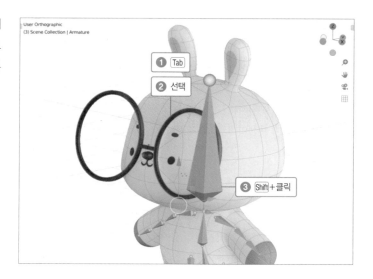

26 Header 패널에서 (Object) → (Parent) → (Bone Relative(Ctrl + P))를 실행하여 본을 안경 오브젝트의 부모로 연결합니다.

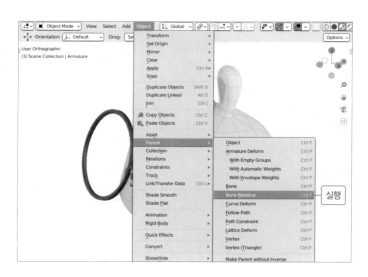

27 본 작업이 마무리되었습니다. Header 패널에서 (Pose Mode)로 변경하고 Toolbar 패널에서 (Rotate(⟳, R))를 선택합니다. 본을 선택하고 회전하면 캐릭터 오브젝트가 같이 움직이는 것을 확인할 수 있습니다.

TIP 회전한 본을 원래 상태로 돌릴 때는 본을 전체 선택하고 Alt + R 을 누르면 됩니다.

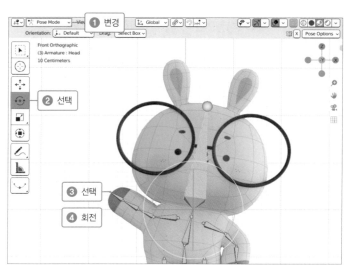

웨이트 페인터로 가중치 적용하기

01 (Object Mode)에서 본을 선택하고 Properties 패널의 (Object Data(▽)) 탭 에서 Viewport Display → Show → 'Names'를 체크 표시하여 화면에 이름을 표시합니다.

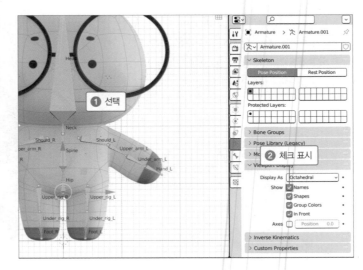

02 본을 선택하고 Shift를 누른 상태로 캐릭터 오브젝트를 클릭하여 선택합니다. Header 패널에서 (Object Mode) → (Weight Paint)로 변경합니다.

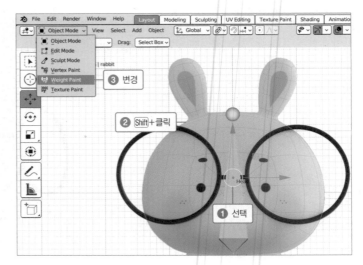

03 그림과 같이 화면 UI와 캐릭터의 상태가 변했 습니다.

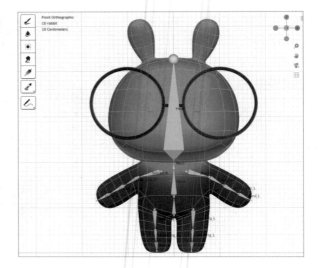

04 Vertex에 대한 본의 영향력을 조절하겠습니다.
'Head' 본을 선택하고 Toolbar 패널에서 (Rotate(⟳, R))를 선택하고 회전하여 움직임이 어색한 부분을 확인합니다.

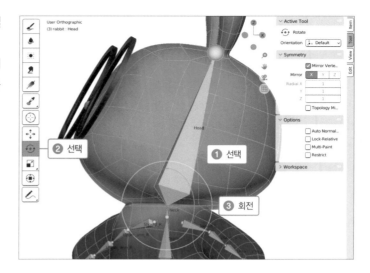

05 Toolbar 패널에서 (Draw(✏))를 선택하고 칠하여 영향력을 조절합니다. 오브젝트의 붉은색으로 갈수록 선택한 본에 대한 영향력이 커지고 파란색으로 갈수록 영향력이 약해집니다.

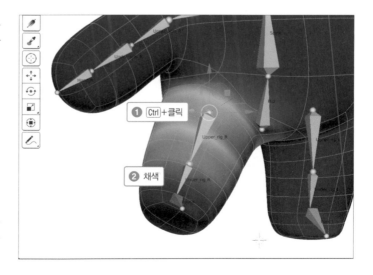

TIP 회전하면서 브러시로 칠하는 과정을 반복해야 하는 작업으로 Toolbar 패널에서 (Rotate(⟳))를 선택하여 사용하는 것보다 단축키 R를 누르면서 작업하는 것이 좋습니다.

06 같은 방법으로 다른 본을 선택하고 자연스럽게 움직일 수 있을 때까지 적용합니다. (Ctrl)을 누른 상태로 원하는 본을 클릭하여 선택하고 (Draw(✏))를 이용하여 채색합니다.

TIP F를 눌러 브러시 크기를 조절하거나 마우스 오른쪽 버튼을 클릭하여 Weight의 값과 크기와 Strength의 값을 조절할 수 있습니다.

07 캐릭터의 머리처럼 본이 종속되는 곳이 하나거나 직접 Vertex를 선택하여 적용하고 싶을 때는 (Edit Mode)에서 원하는 곳을 선택한 다음 (Object Data(▽)) 탭에서 원하는 본을 선택하고 Weight를 설정한 다음 (Assign) 버튼을 클릭하면 가중치가 적용됩니다.

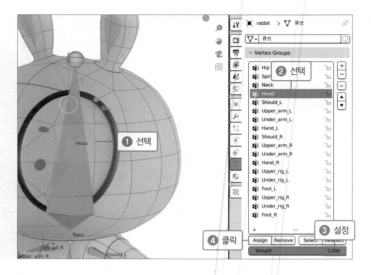

08 위와 같이 두 가지 방법으로 팔과 다리의 본을 선택하고 가중치를 적용해서 캐릭터가 자연스럽게 움직일 수 있게 만듭니다.

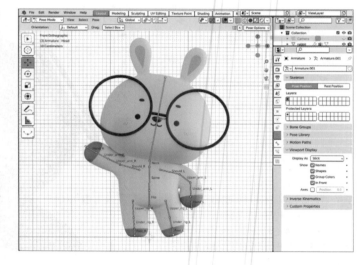

TIP SD 캐릭터는 머리가 크고 팔다리가 짧아서 자동으로 연결할 때 본이 여러 Mesh에 영향을 주기 때문에 자연스럽게 만들기 위해서는 인내심이 필요합니다.

여러 가지 포즈 저장하기

01 본을 선택하고 캐릭터의 포즈를 만들기 위해 Header 패널에서 (Pose Mode)로 변경합니다.

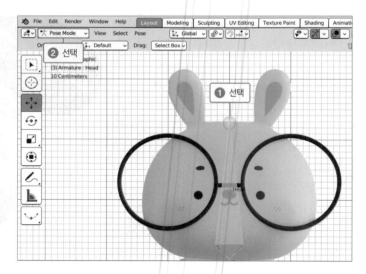

02 원하는 포즈를 설정하고 (Object Data(⛉)) 탭에서 Pose Library의 (New) 버튼을 클릭합니다.

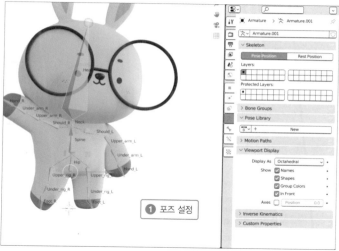

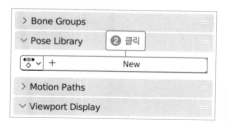

03 (+) 버튼을 클릭하고 (Add New)를 실행하여 포즈를 추가합니다.

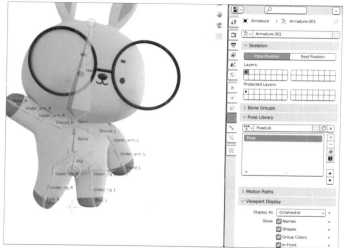

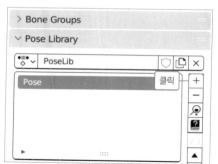

04 이름을 'Hi'로 입력합니다. 설정된 포즈를 저장했습니다.

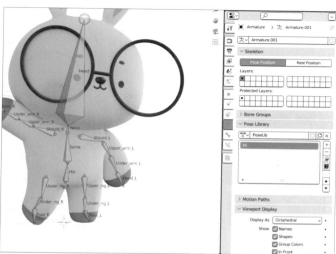

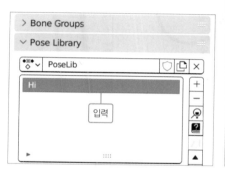

05 완료되었다면 추가로 다른 포즈를 설정하고 다시 (+) 버튼을 클릭한 다음 (Add New)를 실행합니다.

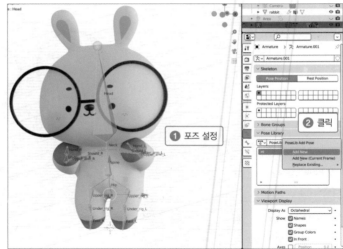

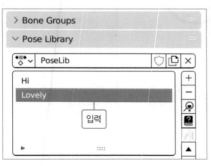

PoseLib Add Pose

Add New

Add New (Current Frame)

Replace Existing...

③ 실행

06 포즈가 추가되면 이름을 'Lovely'로 입력합니다.

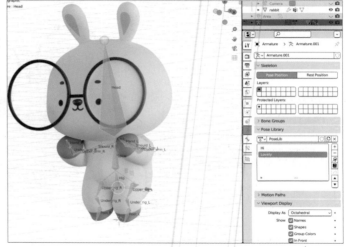

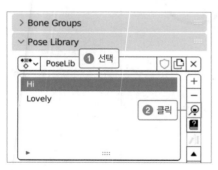

> Bone Groups

∨ Pose Library

PoseLib

Hi

Lovely

입력

07 포즈를 선택하고 (Apply(圆))를 클릭하면 본에 설정된 포즈를 적용할 수 있습니다.

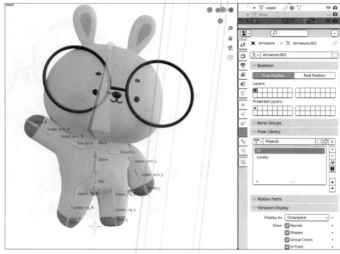

> Bone Groups

∨ Pose Library

PoseLib   ① 선택

Hi

Lovely

② 클릭

인사 애니메이션 적용하기

01 넘버 패드 ①을 눌러 Front View로 시점을 변경합니다. 본을 선택하고 (Object Mode) → (Pose Mode)로 변경한 다음 화면 경계선에서 마우스 오른쪽 클릭하여 (Horizontal Split)를 실행합니다.

02 그림과 같이 분할될 부분을 클릭하여 창을 나눕니다.

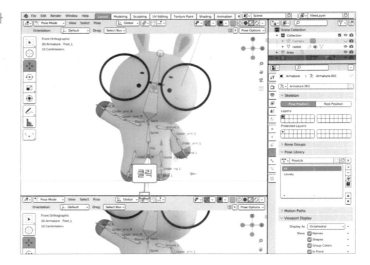

03 분할된 창의 Header 패널에서 'Editor Type' 아이콘(⬚)을 클릭하고 (Timeline)을 선택하여 패널을 변경합니다.

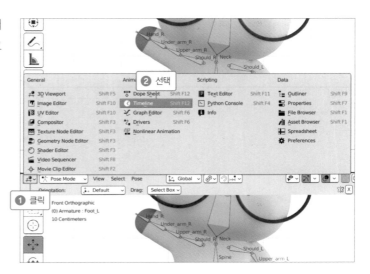

04 모든 본을 선택하고 Header 패널에서 (Pose) → (Clear Transform) → (All)을 실행합니다.

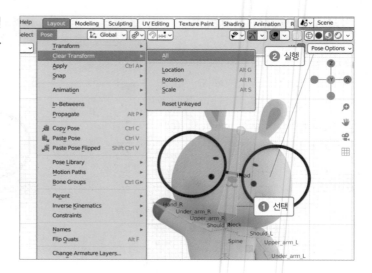

05 기본 포즈로 변경되면 Timeline 패널의 End에 '120'을 입력하여 전체 프레임을 120으로 설정합니다.

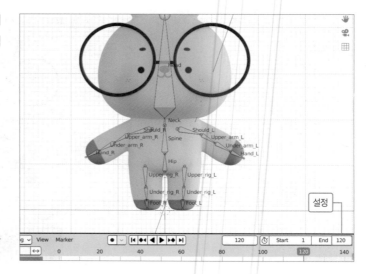

TIP 단축키 Alt+R, Alt+G, Alt+S를 눌러 본을 기본값으로 빠르게 적용할 수 있어요.

06 'Upper_arm_L' 본을 선택하고 (Rotate(⟳, R))를 선택한 다음 그림과 같이 회전하여 차렷 자세로 만듭니다. Header 패널에서 (Apply Changes(□X))를 클릭하여 활성화하면 대칭된 반대쪽도 같이 적용됩니다.

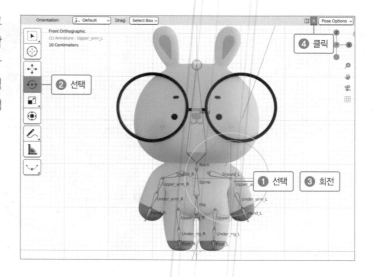

07 차렷 자세를 기본 키프레임으로 설정하기 위해 Ⓐ를 눌러 전체 본을 선택하고 Header 패널에서 (Pose) → (Animation) → (Insert Keyframe)을 실행합니다.

08 표시되는 창에서 (Rotation)을 실행하여 키프레임을 생성합니다.

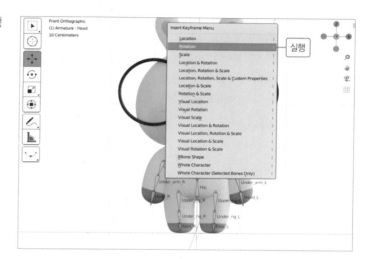

TIP 키프레임을 생성할 때 메뉴에서 일일이 찾아서 사용하는 것보다 단축키 Ⓘ를 사용하는 것이 편리합니다. 이후에는 단축키를 이용하여 키프레임을 만들겠습니다.

09 Timeline 패널에서 (Summary)를 클릭하고 (Armature)를 클릭하면 선택된 본을 확인할 수 있습니다.

10 │ 인사하는 애니메이션을 만들기 위해
넘버 패드 ③을 눌러 Right View로 시점
을 변경하고 Timeline 패널에서 현재 프레
임을 '20'으로 이동합니다. 팔의 본을 선택
하고 (Gizmo)의 원을 드래그하여 공손하게
손을 모은 상태로 만듭니다. 공손하게 손을
모아 준 다음 ⒤를 눌러 표시되는 창에서
(Rotation)을 실행하여 키프레임을 생성합
니다.

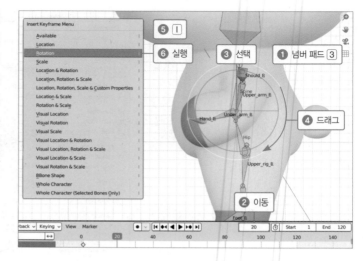

11 │ Timeline 패널에서 'Play' 아이콘
(▶, Spacebar)을 클릭하면 손을 올리는 애
니메이션을 확인할 수 있습니다. 'Spine' 본
을 선택하고 '0프레임'에서 마우스 오른쪽
버튼을 클릭한 다음 (Duplicate)를 실행하
여 복사합니다.

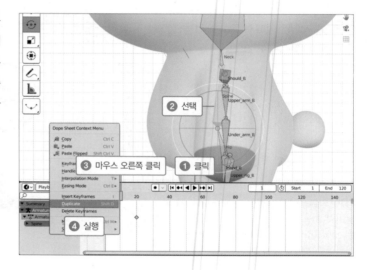

12 │ '20프레임'을 클릭하여 같은 키프레
임을 복제합니다.

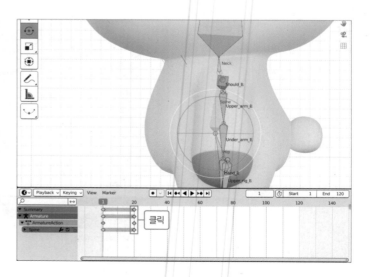

13 │ 현재 프레임을 '40'으로 이동하고 Toolbar 패널에서 (Rotate(◉, R))를 선택한 다음 (Gizmo)의 원을 드래그하여 인사하는 모습을 만듭니다. I를 눌러 표시되는 창에서 (Rotation)을 실행하여 키프레임을 삽입합니다. 재생하면 손을 모으고 인사하는 모습을 확인할 수 있습니다.

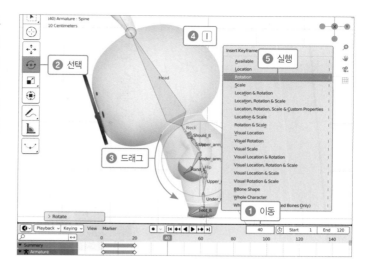

14 │ Timeline 패널에서 현재 프레임을 '60'으로 이동하고 Alt+R을 눌러 원래 모습으로 돌아갑니다. I를 눌러 (Rotation) 키프레임을 생성해 인사하고 원래 모습으로 돌아가는 애니메이션을 만듭니다.

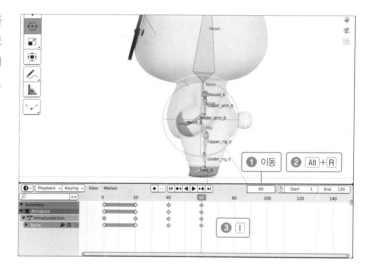

15 │ 팔을 내리기 위해 올려진 팔의 본을 선택합니다. Timeline 패널에서 현재 프레임을 '20'으로 이동하고 키프레임에서 마우스 오른쪽 버튼을 클릭한 다음 (Duplicate)를 실행하여 복사합니다.

TIP 복제 단축키는 오브젝트를 복제할 때와 같은 Shift+D로 단축키를 사용하면 작업을 빨리할 수 있습니다.

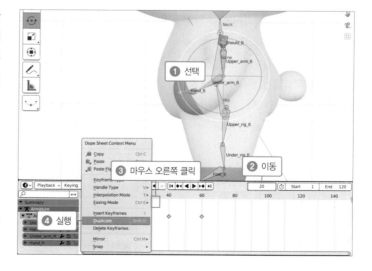

16 '50프레임'을 클릭하여 같은 키프레임을 복제하면 50프레임까지 현재 적용된 포즈가 유지됩니다.

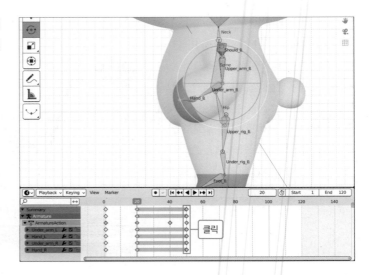

17 Timeline 패널에서 현재 프레임을 '70'으로 이동하고 Alt+R을 눌러 기본으로 설정한 다음 I를 눌러 (Rotation)을 키프레임을 생성합니다. 팔이 원래 위치로 돌아가는 애니메이션이 적용됩니다.

TIP →, ←를 누르면 현재 프레임을 한 프레임씩 이동할 수 있고, ↑, ↓를 누르면 키프레임이 있는 위치로 이동됩니다.

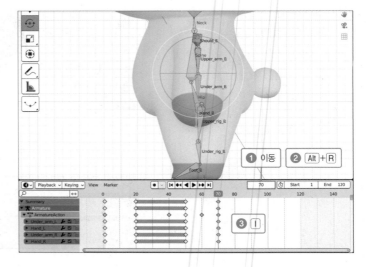

18 손 흔드는 애니메이션을 만들기 위해 넘버 패드 1을 눌러 Front View 시점을 변경하고 'Spine' 본을 선택합니다. Timeline 패널에서 현재 프레임을 '80'으로 이동하고 I를 눌러 표시되는 창에서 (Rotation) 키프레임을 생성합니다.

TIP Timeline 패널의 주황 라인은 현재 포즈가 유지된다는 표시로 마지막 프레임을 복제하고 이동하는 방법으로도 같은 효과를 확인할 수 있습니다.

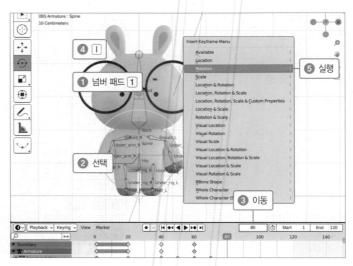

19 Timeline 패널에서 현재 프레임을 '95'로 이동합니다.

Toolbar 패널에서 (Rotate(⊙, R))를 선택하고 (Gizmo)의 원을 드래그하여 회전합니다.

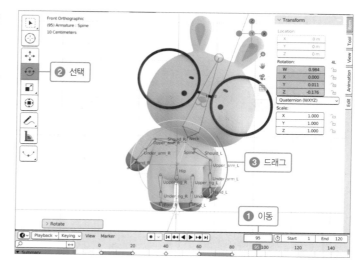

20 Sidebar에서 (Item) 탭을 선택하고 색상이 변경된 Rotation의 X에 마우스 포인터를 위치한 다음 I를 누릅니다. Rotation의 색상이 노란색으로 변하면서 키프레임이 생성됩니다.

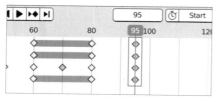

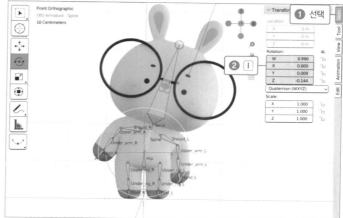

21 한쪽 손만 흔들기 위해 Header 패널에서 (Apply Changes(⧖ X))를 클릭하여 비활성화하고 'Upper_arm_R' 본을 선택합니다.

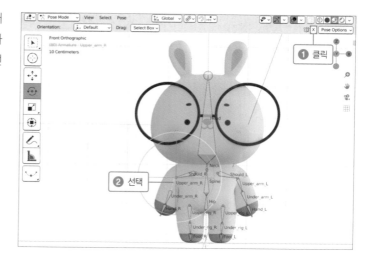

22 | Timeline 패널의 '0프레임'을 선택하고 Shift+D를 눌러 복사하고 '80프레임'을 클릭합니다.

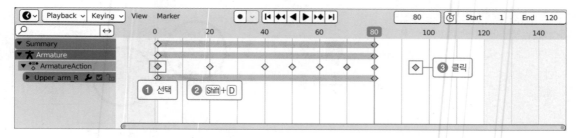

23 | Timeline 패널에서 현재 프레임을 '95'로 이동합니다.

Toolbar 패널에서 (Rotate(⊙, R))를 선택하고 (Gizmo)의 원을 드래그하여 팔을 위로 회전합니다. I를 눌러 (Rotation) 키프레임을 생성합니다.

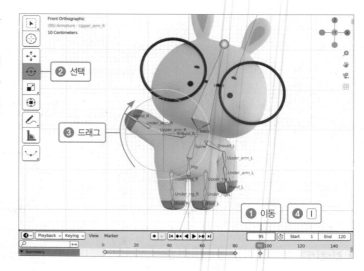

24 | Timeline 패널에서 현재 프레임을 '100'으로 이동하고 (Gizmo)의 원을 드래그하여 팔을 아래로 회전합니다. I를 눌러 (Rotation) 키프레임을 생성하고 팔을 위아래로 한 번 흔드는 애니메이션을 만듭니다.

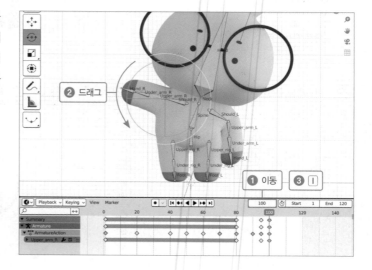

25 방금 만든 두 동작을 복제하기 위해 '95프레임', '100프레임'의 키프레임을 다중 선택하고 마우스 오른쪽 버튼을 클릭하여 (Duplicate)를 실행합니다.

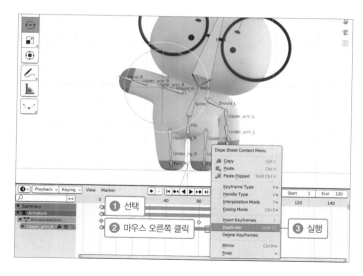

26 복제한 키프레임을 이동하여 구간 동작을 반복합니다.

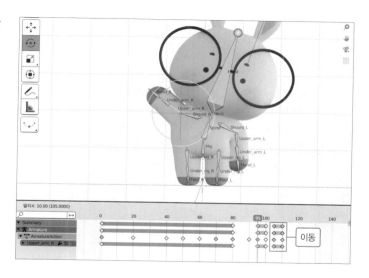

27 팔 흔드는 동작까지 한 번 더 복제하여 애니메이션 동작을 마무리하였습니다.

BLENDER 3D BLENDER 3D
3D MODELING PROGRAM

Part **7**

게임 아이템과
캐릭터 만들기

블렌더를 사용하여 캐쥬얼 게임 그래픽에 어울리는 귀여운 용사 캐릭터와 장
비 아이템을 만들어 봅니다.

투명한 보석이 박힌 용사 칼 만들기

로우 폴리곤으로 칼을 모델링하고 칼과 보석에 메테리얼을 적용하여 캐주얼 게임 스타일에서
용사가 사용하는 칼을 만들겠습니다.

● 완성 파일 : 07\용사 칼_완성.blend

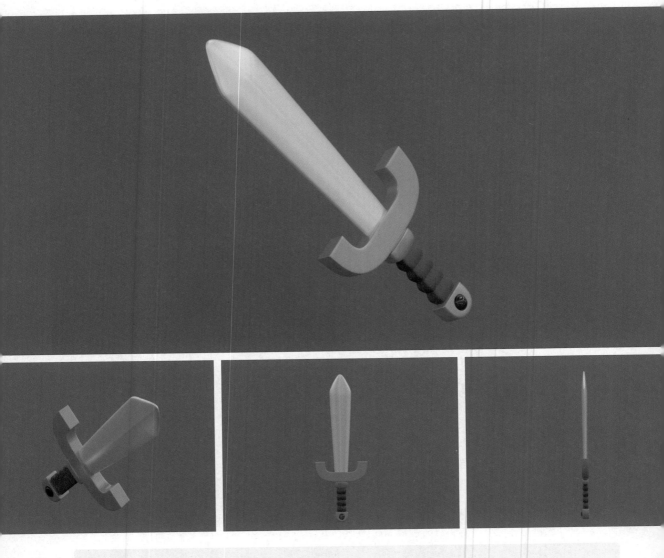

POINT

❶ Lowpoly 칼 모델링하기

❷ Glass 메테리얼 적용하기

칼자루 모델링하기

01 블렌더를 실행하고 메뉴에서 (File)
→ (New) → (General((Ctrl)+(N)))을 실행
하여 새로운 File을 생성합니다.

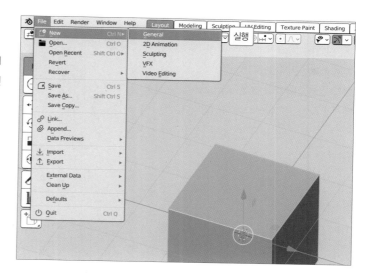

02 Toolbar 패널에서 (Scale(□, (S)))
을 선택합니다. (Gizmo)의 초록색 포인트
를 앞으로 드래그하여 납작하게 만들고, 빨
간색 포인트를 왼쪽으로 드래그하여 칼자루
모양을 만듭니다.

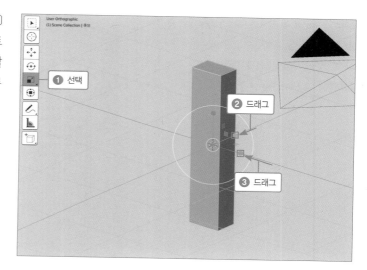

03 (Tab)을 눌러 (Edit Mode)로 변경합
니다. Toolbar 패널에서 (Loop Cut(□,
(Ctrl)+(R)))을 선택하고 오브젝트 가운데를
클릭하여 선을 추가합니다.

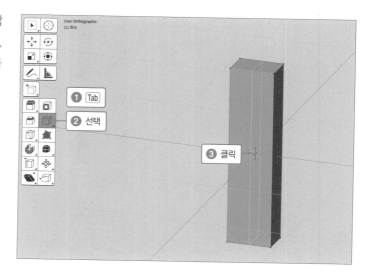

04 넘버 패드 **1**을 눌러 Front View
로 시점을 변경하고 Header 패널에서
(Face(■, (3)))를 선택합니다.
한쪽 면을 선택하고 **X**를 눌러 표시되는 창
에서 (Faces)를 실행하여 삭제합니다.

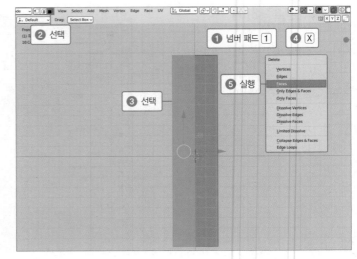

TIP 면을 선택할 때 (Toggle X-Ray(□),
(Alt)+(Z)))를 클릭해서 활성화해야 보이지 않
는 뒷면까지 선택됩니다.

05 **Tab**을 눌러 (Object Mode)로 변경
하고 Properties 패널의 (Modifier(🔧)) 탭
에서 (Add Modifier)를 클릭하여 표시되는
목록에서 (Mirror)를 실행합니다.

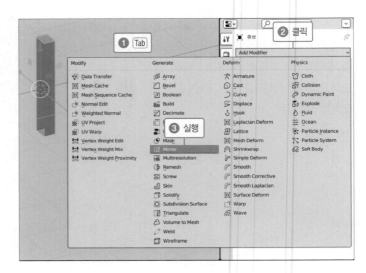

06 가운데 붙은 면이 떨어지지 않게 하
기 위해 Mirror 설정 창에서 'Clipping'을
체크 표시하여 활성화합니다.

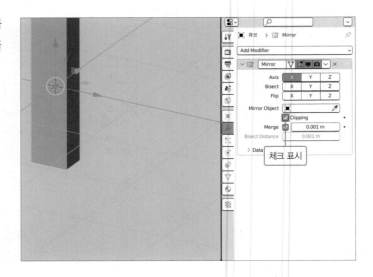

07 | Tab을 눌러 (Edit Mode)로 변경하고 윗면을 선택합니다. Toolbar 패널에서 (Extrude Region(▣, E))을 선택한 다음 (+)를 Z 방향 위로 드래그하여 면을 생성합니다.

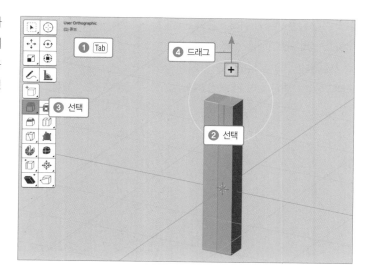

08 | Toolbar 패널에서 (Scale(▣, S))을 선택하고 (Gizmo)의 빨간색 포인트를 드래그하여 넓적한 면을 만듭니다.

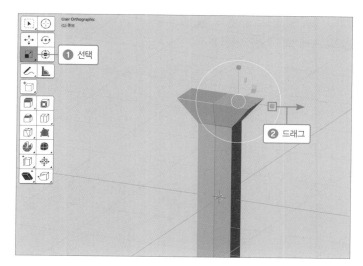

09 | Toolbar 패널에서 (Extrude Region(▣, E))을 선택하고 (+)를 Z 방향 위로 드래그하여 면을 생성합니다.

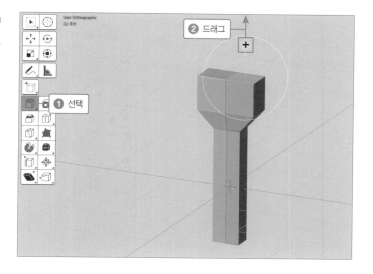

10 │ 칼 밑을 만들기 위해 오른쪽 면을 선
택하고 넘버 패드 ①을 눌러 Front View
로 시점을 변경합니다. ［➕］를 X 방향으로
드래그하여 그림과 같이 면을 생성합니다.

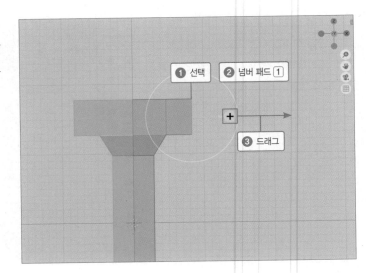

11 │ 같은 방법으로 한 번 더 ［➕］를 X 방
향으로 드래그하여 면을 생성합니다.

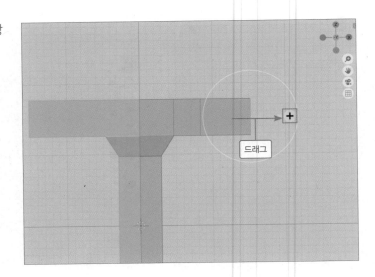

12 │ Toolbar 패널에서 ［Rotate（⊙, Ⓡ）］
를 선택하고 ［Gizmo］의 초록색 원을 드래
그하여 회전합니다.

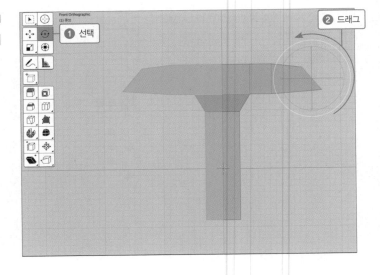

13 Toolbar 패널에서 (Move(✛, [G]))
를 선택하고 (Gizmo)의 파란색 Z 화살표를
위로 드래그하여 그림과 같은 모양을 만듭
니다.

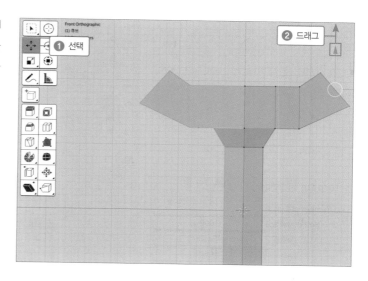

14 같은 방법으로 칼 밑의 모양을 만들고 계속 수정하여 그림과 같이 만듭니다.

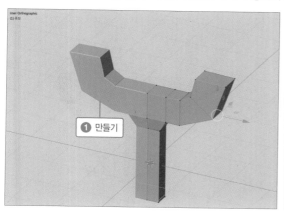

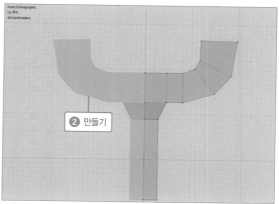

15 Toolbar 패널에서 (Loop Cut(⊞,
[Ctrl]+[R]))을 선택하고 그림과 같이 클릭하
여 선을 2개 추가합니다. Toolbar 패널에서
(Scale(◼, [S]))을 선택하고 크기를 조절하
여 칼자루 모양을 만듭니다.

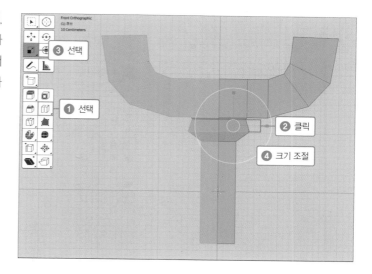

16 계속해서 칼자루에 선을 추가하겠습니다. Toolbar 패널에서 (Loop Cut(⬚, Ctrl + R))을 선택하고 Operation에서 Number of Cuts를 '8'로 설정하여 선을 8개 추가합니다.

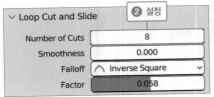

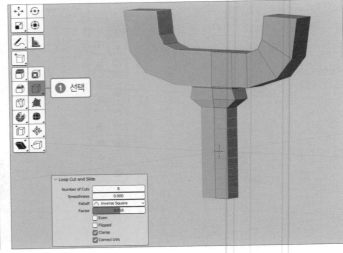

17 Header 패널에서 (Edge(⬚, 2))를 선택하고 그림과 같이 선을 루프 선택합니다.

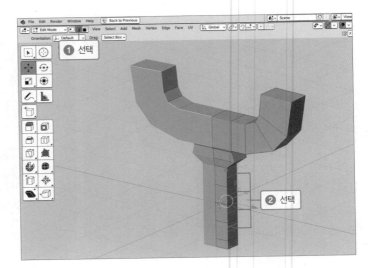

18 Toolbar 패널에서 (Scale(⬚, S))을 선택하고 (Gizmo)의 빨간색과 초록색 포인트를 드래그합니다.

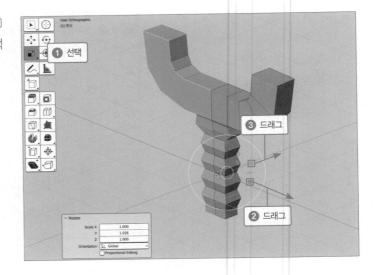

19 마지막으로 칼자루 머리를 만들기 위해 Header 패널에서 (Face(■, ③))를 선택하여 변경하고 그림과 같이 아랫면을 선택합니다.

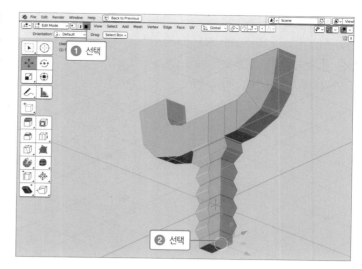

20 Toolbar 패널에서 (Scale(■, S)) 을 선택하고 (Gizmo)의 빨간색과 초록색 포인트를 드래그하여 그림과 같은 모양을 만듭니다.

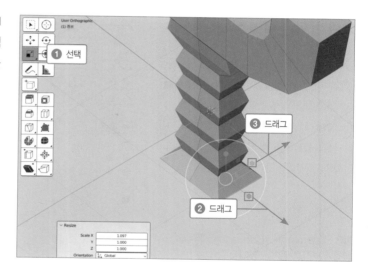

21 넘버 패드 ①을 눌러 Front View 로 시점을 변경합니다. Toolbar 패널에서 (Extrude Region(■, E))을 선택하고 (+)를 Z 방향 아래로 드래그하여 면을 생성합니다.

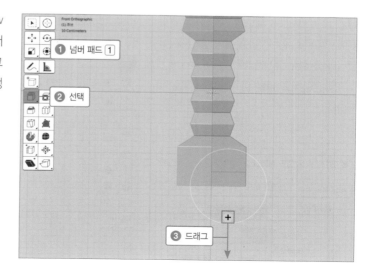

22 | Header 패널에서 (Vertex(□, [1]))를 선택합니다. Toolbar 패널에서 (Move (⊹, [G]))를 선택하고 점을 이동하여 그림과 같이 칼자루 머리를 만듭니다.

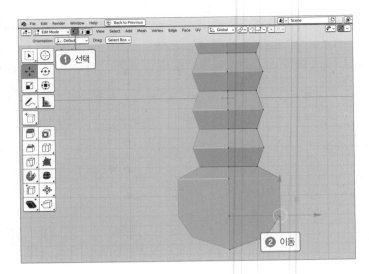

보석 장식과 칼날 모델링하기

01 | 칼의 자루 머리에 보석 장식을 만들겠습니다. Header 패널에서 (Face(■, [3]))를 선택하고 앞면을 선택합니다. Toolbar 패널에서 (Inset Faces(□, [I]))를 선택하고 노란색 원을 안쪽으로 드래그하여 작게 만듭니다.

TIP Operation에서 'Boundary'를 체크 표시 해제해야 따로 면이 분할되지 않습니다.

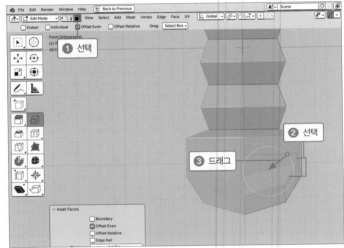

02 | Properties 패널의 (Modifier(🔧)) 탭에서 (On Cage(▽))를 클릭하여 활성화합니다. Header 패널에서 (Vertex(□, [1]))를 선택하고 점을 이동하여 원형을 만듭니다.

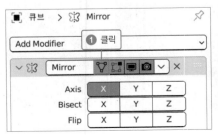

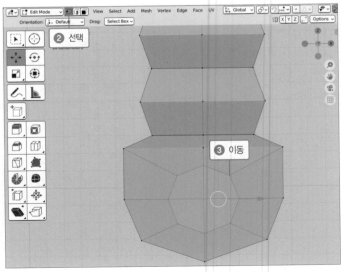

03 | Toolbar 패널에서 (Extrude Region
(📦, Ε))을 선택하고 ╋를 Y 방향으로 안
쪽으로 드래그하여 이동합니다.

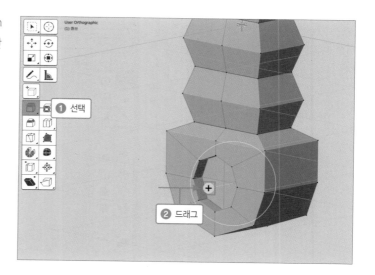

04 | Toolbar 패널에서 (Inset Faces
(🔲, Ⅰ))를 선택하고 노란색 원을 안쪽으로
드래그하여 작은 면을 생성합니다.

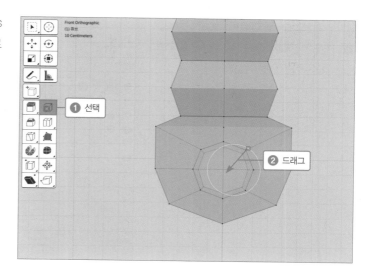

05 | Toolbar 패널에서 (Extrude Region
(📦, Ε))을 선택하고 ╋를 Y 방향으로 드
래그하여 둥근 모양의 면을 만듭니다.

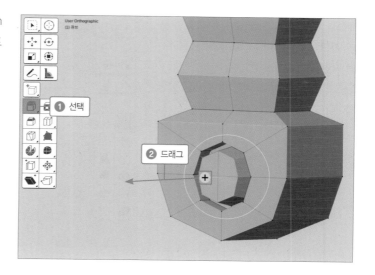

06 칼날을 만들겠습니다. Header 패널에서 (Face(■, ③))를 선택합니다.

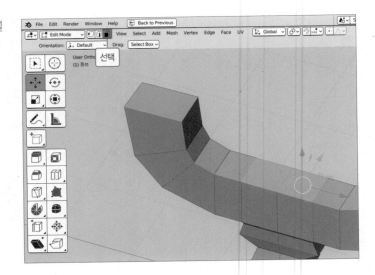

07 Toolbar 패널에서 (Inset Faces (■, Ⅰ))를 선택하고 노란색 원을 안쪽으로 드래그하여 작은 면을 생성합니다.

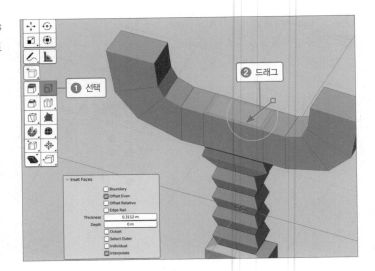

08 넘버 패드 ①을 눌러 Front View로 시점을 변경합니다. Toolbar 패널에서 (Extrude Region(■, E))을 선택하고 (+)를 Z 방향 위로 드래그하여 면을 생성합니다.

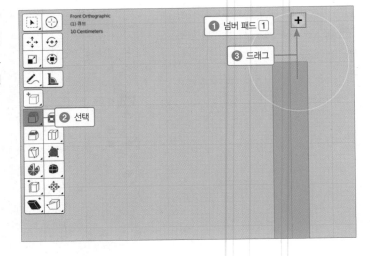

09 같은 방법으로 [➕]를 Z 방향 위로 드래그하여 면을 생성하고 Header 패널에서 [Edge(⬜, ②)]를 선택합니다. Toolbar 패널에서 [Move(✥, Ｇ)]를 선택하고 파란색 Z, 빨간색 X 방향으로 드래그하여 그림과 같은 모양을 만듭니다.

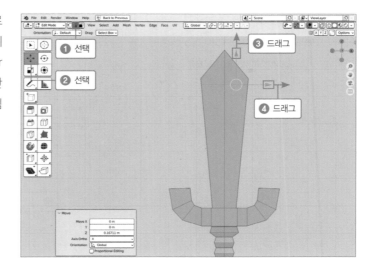

10 그림과 같이 선을 선택하고 Toolbar 패널에서 [Scale(⬛, Ｓ)]를 선택한 다음 [Gizmo]의 초록색 포인트를 드래그하여 날카로운 칼날을 만듭니다.

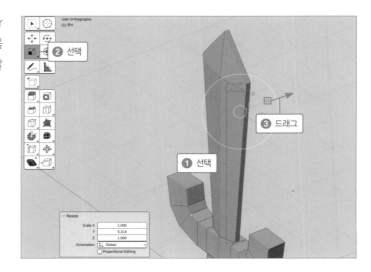

11 칼 모양이 완성되었습니다. 칼 모델링 표면을 매끄럽게 만들기 위해 [Tab]을 눌러 [Object Mode]로 변경합니다.

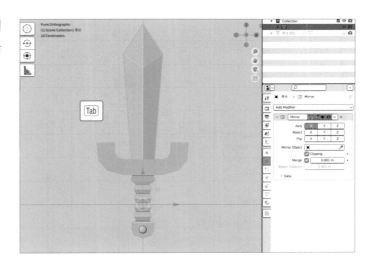

12 Properties 패널 (Modifier(🔧)) 탭에서 (Add Modifier)를 클릭하여 표시되는 목록에서 (Subdivision Surface)를 실행합니다.

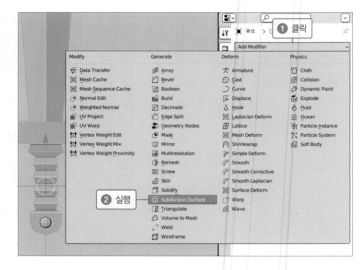

13 (Modifier(🔧)) 탭의 Subdivision Surface 설정 창에서 Levels Viewport를 '2'로 설정합니다.

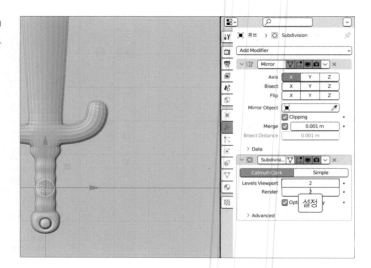

14 Header 패널에서 (Object) → (Smooth Faces)를 실행하여 표면을 부드럽게 만듭니다.

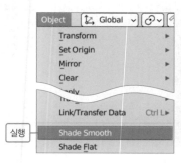

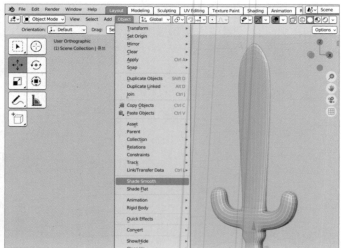

15 [Tab]을 눌러 (Edit Mode)로 변경합니다.

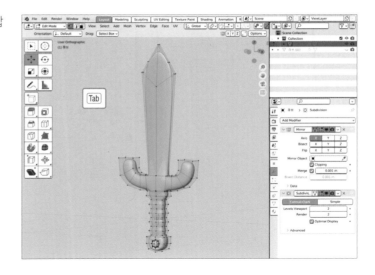

16 Toolbar 패널에서 (Loop Cut(⊡, [Ctrl]+[R]))을 선택하거나, (Bevel(⬡, [Ctrl]+[B]))을 선택하고 선을 추가하여 이동하거나 크기를 조절하면서 표면을 날카롭게 한 다음 그림과 같은 선을 선택합니다.

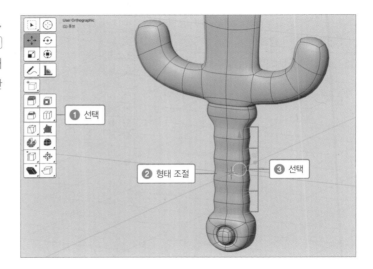

17 Toolbar 패널에서 (Bevel(⬡, [Ctrl]+[B]))을 선택하고 노란색 포인트를 드래그하여 분할합니다.
Operation에서 Segments를 '2'로 설정합니다.

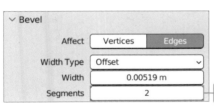

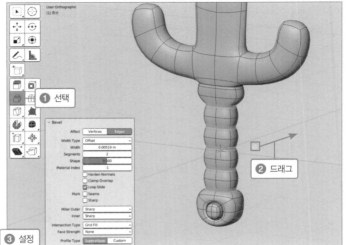

18 | Toolbar 패널에서 (Loop Cut(▥, Ctrl+R))을 선택하고 그림과 같이 손잡이 부분을 클릭하여 선을 추가해 경계를 날카롭게 합니다.

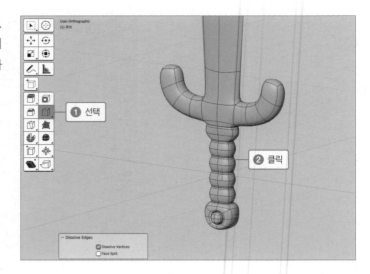

19 | 같은 방법으로 (Loop Cut(▥, Ctrl+R))으로 모든 경계선 부분을 클릭하여 선을 추가하여 칼 모양을 만듭니다.

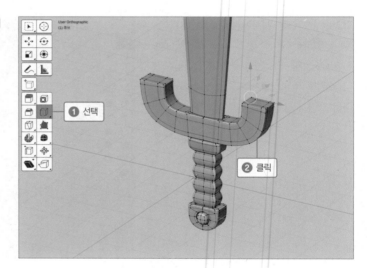

20 | 같은 방법으로 칼날 부분도 선을 추가하여 날카롭게 만들어 모델링을 마무리합니다.

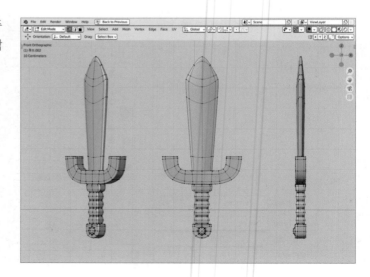

용사 칼 메테리얼 적용하기

01 │ 메테리얼을 적용하기 전에 선을 자르겠습니다. Header 패널에서 〔Edge(□, ②)〕를 선택하고 그림과 같이 Alt 를 누른 상태로 선을 클릭하여 루프 선택합니다.

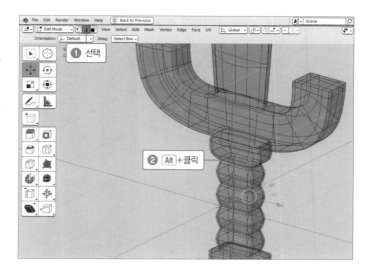

02 │ Header 패널에서 〔Edge〕 → 〔Mark Seam〕을 실행하여 선을 자릅니다.

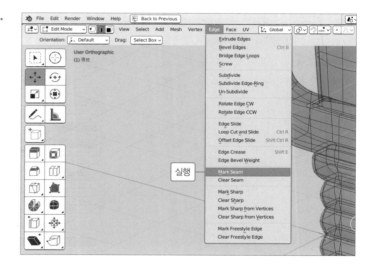

03 │ 잘린 선이 빨간색으로 변경된 것을 확인합니다.

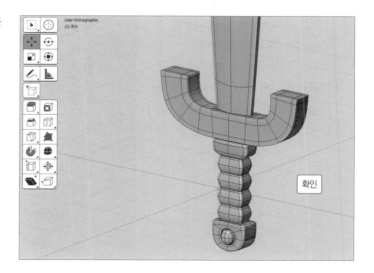

04 │ 이제 하나씩 부분을 선택하여 메테리얼을 적용하겠습니다. Workspaces에서 〔Shading〕 탭을 선택하여 작업 화면을 변경합니다. 기본 화면을 편집하여 그림과 같은 구성으로 만듭니다.

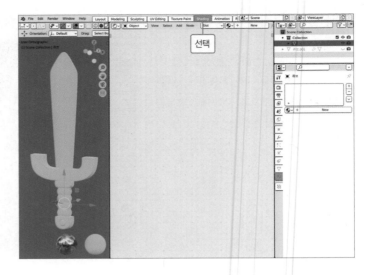

05 │ 기본 메테리얼을 생성하겠습니다. Properties 패널에서 〔Material(●)〕 탭을 선택하고 〔New〕 버튼을 클릭하여 메테리얼을 생성한 다음 이름을 'Sword'로 입력합니다.

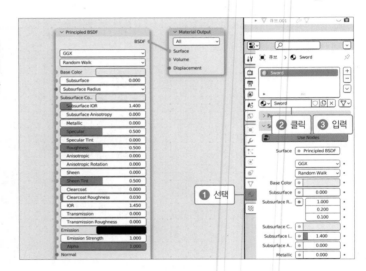

06 │ 기본 메테리얼을 금속 재질로 설정하겠습니다. Shader Editor 패널의 Principled BSDF에서 Base Color를 '노란색(#E79F00)'으로 지정하고 Metallic을 '0.7', Roughness를 '0.3'으로 설정하여 표면에 금속 재질을 표현합니다.

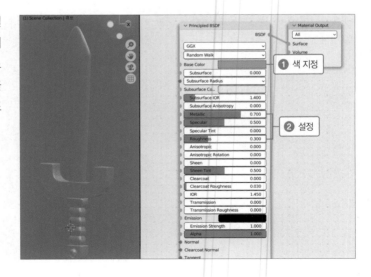

07 3D Viewport 패널에서 (Tab)을 눌러 (Edit Mode)로 변경하고 (Face(■, 3))를 선택한 다음 (L)을 눌러서 칼날을 선택합니다. (Material(●)) 탭에서 ➕ 버튼을 클릭하여 새 슬롯을 추가하고 (New) 버튼을 클릭하여 메테리얼을 생성한 다음 이름을 'Knife'로 입력합니다.

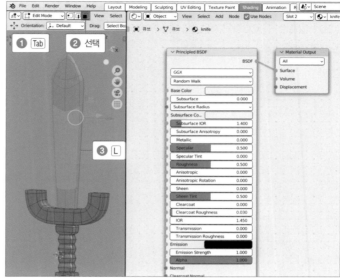

08 재질을 설정하기 위해 Shader Editor 패널에서 Princlpled BSDF의 Metallic을 '0.8', Roughness를 '0.3'으로 설정하여 표면에 금속 재질을 표현하고 Properties 패널의 (Assign) 버튼을 클릭하여 선택된 부분에 적용합니다.

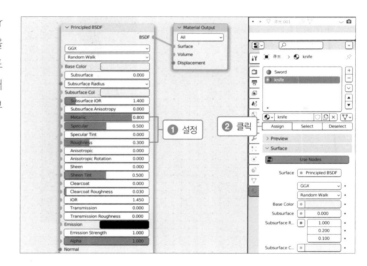

09 Shader Editor 패널에서 (Add) → (Texture) → (Gradient Texture)를 실행하여 노드를 생성합니다.

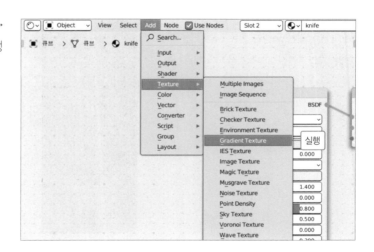

10 Shader Editor 패널에서 (Add) →
(Converter) → (ColorRamp)를 실행하여
노드를 생성합니다.

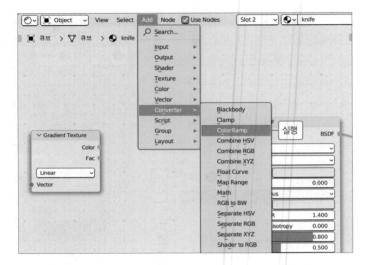

11 Gradient Texture의 Color 소켓
을 ColorRamp의 Fac 소켓으로 드래그하
여 연결하고, ColorRamp의 Color 소켓을
Principled BSDF의 Base Color 소켓으
로 드래그하여 연결합니다.

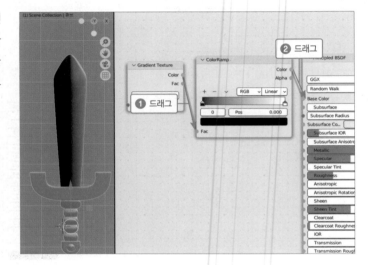

12 ColorRamp 노드에서 (+) 버튼을
클릭하여 색상을 추가하고 (△)를 드래그하
여 그림과 같은 모양을 만든 다음 가운데 색
상을 '옅은 회색(#E1E1E1)'으로 지정합니다.

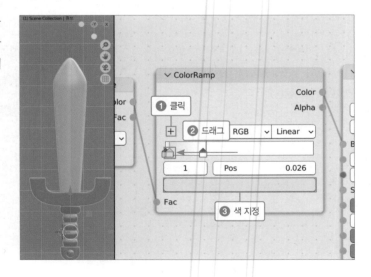

13 | 같은 방법으로 칼자루 손잡이를 가죽 느낌으로 적용하겠습니다. 메테리얼을 생성하고 Princlpled BSDF 노드에서 Base Color를 '갈색(#553D2D)'으로 지정한 다음 Metallic을 '0.2', Roughness를 '0.7'로 설정합니다.

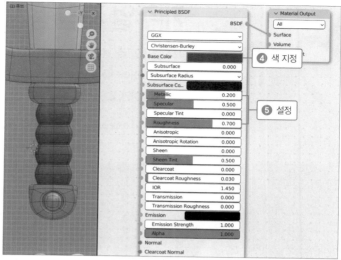

14 | 같은 방법으로 보석의 메테리얼을 적용하겠습니다. 메테리얼을 생성하고 Princlpled BSDF에서 Base Color를 '붉은색(#F50000)'으로 지정한 다음 Roughness를 '0.2'로 설정하고 투명한 재질을 만들기 위해 Transmission을 '1'로 설정합니다.

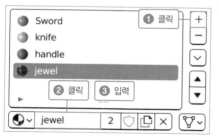

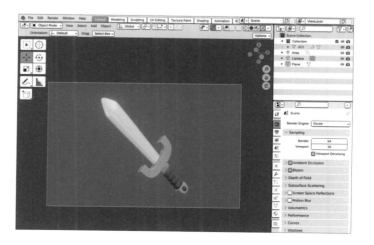

15 | 용사의 검을 모델링하고 기본적인 메테리얼을 적용하여 만들었습니다.

캐주얼 게임 용사 캐릭터 만들기

캐주얼 게임 속 캐릭터를 만들겠습니다. 실제 게임에서는 용량을 고려하여 면을 최소한으로
사용하고 이미지를 Mapping하여 제작해야 하지만, 예제에서는 컨셉 아트를 만든다는 생각
으로 작업하면 좋을 것입니다.

● 예제 파일 : 07\눈.png　　● 완성 파일 : 07\게임 캐릭터_완성.blend

02

POINT

❶ 인간 캐릭터 모델링하기

❷ Curve를 이용하여 머리카락 만들기

❸ 투명 이미지를 모델링에 붙여 스티커 붙이듯이 맵핑하기

인간 캐릭터 얼굴형 모델링하기

01 블렌더를 실행하고 메뉴에서 (File)
→ (New) → (General((Ctrl)+(N)))을 실행
하여 새 File을 생성합니다.

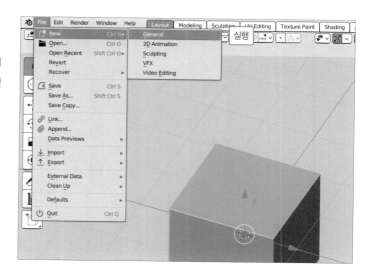

02 조명(Lamp), 카메라(Camera)를
선택하고 Header 패널에서 (Object) →
(Delete((X)))를 실행하여 삭제합니다.

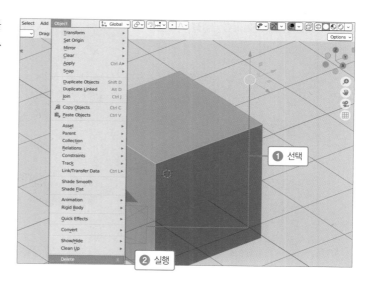

03 큐브 오브젝트를 선택한 상태로
Properties 패널에서 (Modifier(🔧)) 탭을
선택한 다음 (Add Modifier)를 클릭합니다.

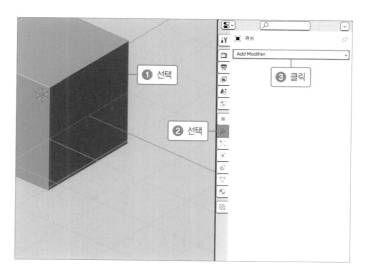

04 │ Modifier 목록이 표시되면 큐브 오
브젝트의 면을 나누기 위해 (Subdivision
Surface)를 실행합니다.

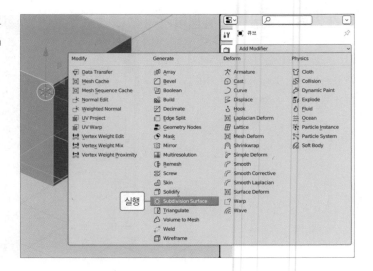

05 │ Subdivision Surface 설정 창에서
Levels Viewport를 '2'로 설정하여 면을
더 나눕니다.

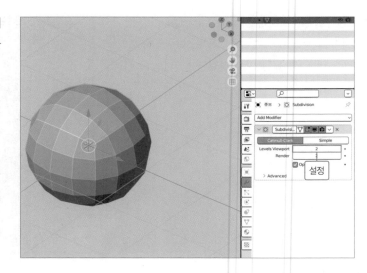

06 │ (∨)를 클릭하고 (Apply(Ctrl+A))
를 실행하여 미리 보기 형태를 적용합니다.

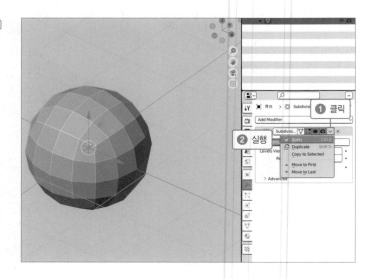

07 더 매끄러운 표면을 표현하기 위해 같은 방법으로 (Add Modifier)를 클릭하고 표시되는 목록에서 (Subdivision Surface)를 실행합니다.

08 Subdivision Surface 설정 창에서 Levels Viewport를 '2'로 설정하여 표면을 더 매끄럽게 표현합니다.

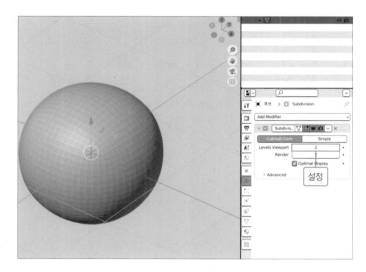

09 Header 패널에서 (Object) → (Smooth Faces)를 실행하여 표면을 부드럽게 만듭니다.

TIP 오브젝트에서 마우스 오른쪽 버튼을 클릭하고 (Smooth Faces)를 실행하면 더 빨리 적용할 수 있습니다.

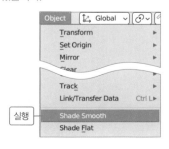

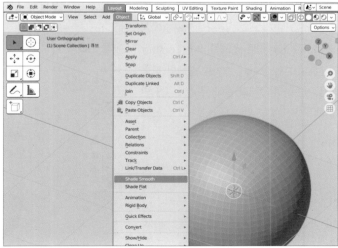

10 Subdivision Surface 설정 창에서 (On Cage(Ⅴ))를 클릭하여 활성화하면 미리 보기 형태가 적용된 것처럼 보입니다.

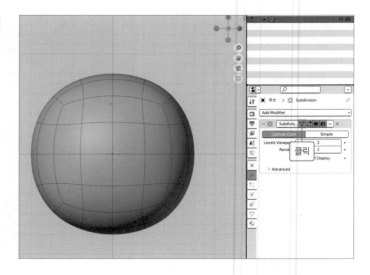

11 Mesh를 조정하여 얼굴을 만들겠습니다. (Tab)을 눌러 (Edit Mode)로 변경하고 Header 패널에서 (Proportional Editing (●, ◯))을 클릭하여 선택된 점의 주변까지 부드럽게 영향을 받을 수 있게 활성화합니다.

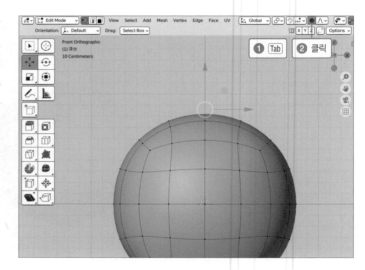

12 넘버 패드 ①을 눌러 Front View로 시점을 변경하고 Header 패널에서 (Vertex(■, ①))를 선택합니다. Toolbar 패널에서 (Move(✛, (G)))를 선택한 다음 점을 이동하여 그림과 같이 두상 모양을 만듭니다.

TIP Header 패널에서 (❖ X Y Z)를 클릭하여 활성화하면 반대쪽도 적용됩니다.

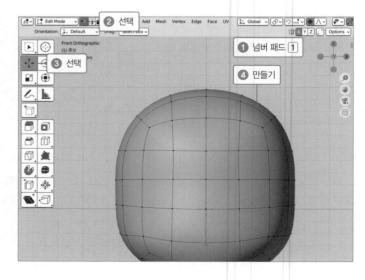

13 다음 넘버 패드 ③을 눌러 Right View로 시점을 변경하고 캐릭터의 두상 모양을 만듭니다.

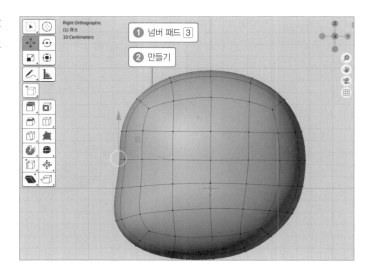

14 코를 만들기 위해 Header 패널에서 (Face(■, ③))를 선택하고 얼굴 오브젝트의 앞면을 4개 선택합니다.
Toolbar 패널에서 (Inset Faces(▣, Ⅰ))를 선택하고 노란색 원을 안쪽으로 드래그하여 작은 면을 생성합니다.

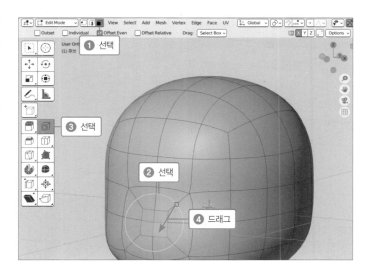

15 Toolbar 패널에서 (Extrude Region(▣, Ⅰ))을 선택하고 (+)를 Y 방향으로 드래그하여 면을 돌출합니다.

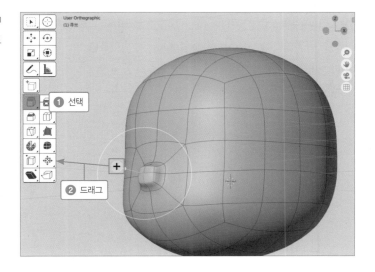

16 Header 패널에서 (Vertex(■, ①))를 선택하고 View를 이동하면서 그림과 같이 코를 만듭니다.

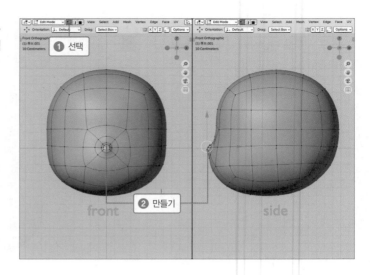

17 다음은 귀를 만들기 위해 Header 패널에서 (Face(■, ③))를 선택하고 얼굴 한쪽 면을 선택합니다. Header 패널에서 (Mesh) → (Duplicate(Shift+D))를 실행하여 선택한 면을 복제하고 X 방향으로 드래그하여 이동합니다.

TIP 이동할 때 (Proportional Editing(•, ⓪))을 클릭하여 비활성화해야 복제된 부분만 이동할 수 있습니다.

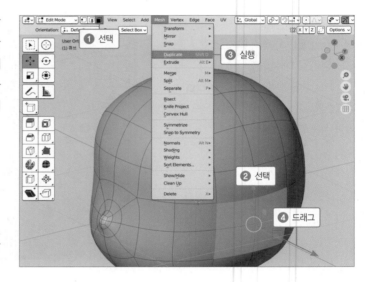

18 넘버 패드 ③을 눌러 Right View로 시점을 변경합니다. Header 패널에서 (Vertex(■, ①))를 선택하고 그림과 같이 귀 모양을 만듭니다.

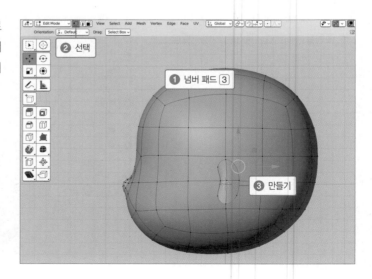

19 │ 모양 잡은 귀를 선택하고 Toolbar 패널에서 (Extrude Region(⬚, E))을 선택한 다음 (➕)를 드래그하여 두께를 만듭니다.

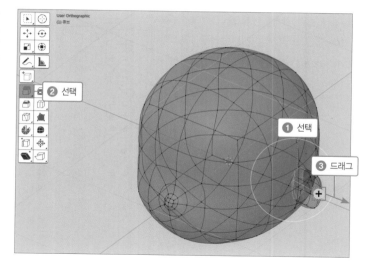

TIP 한쪽만 만들 때 Header 패널에서 (⬚ X Y Z)를 활성화하면 반대쪽도 적용됩니다.

20 │ Toolbar 패널에서 (Move(✛, G))를 선택하고 점을 이동하여 모양을 잡아 얼굴 형태를 마무리합니다.

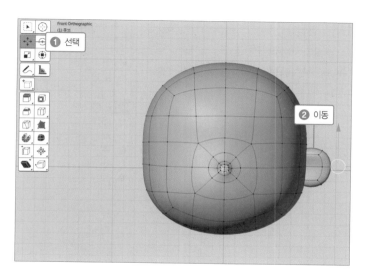

눈썹과 입, 두상 모델링하기

01 │ 귀와 같은 방법으로 눈썹을 만들기 위해 Header 패널에서 (Face(⬛, 3))를 선택하고 얼굴 오브젝트의 앞면을 2개 선택합니다. Shift+D를 눌러 선택한 면을 복제하고 Y 방향으로 드래그하여 이동합니다.

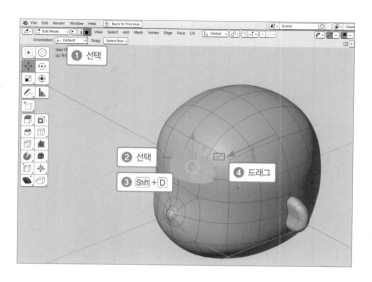

02 | 넘버 패드 [1]을 눌러 Front View 로 시점을 변경합니다. Header 패널에서 (Vertex(□, [1]))를 선택하고 점을 이동하여 눈썹 모양을 만듭니다.

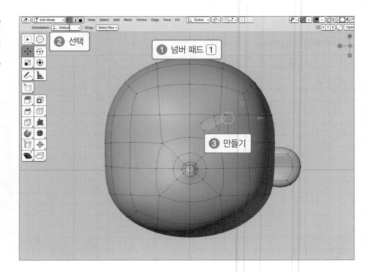

03 | 눈썹을 선택하고 Toolbar 패널에서 (Extrude Region(□, [E]))을 선택한 다음 ([+])를 Y 방향으로 드래그하여 두께를 만듭니다.

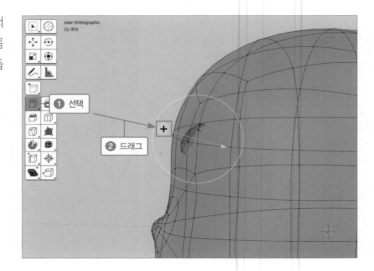

04 | Toolbar 패널에서 (Move(✥, [G])) 를 선택하고 점을 이동하여 형태를 조절합니다.

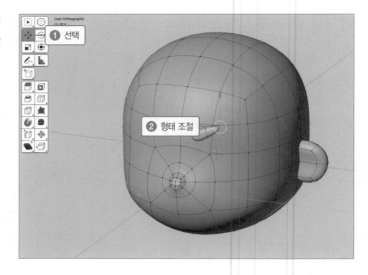

05 Ａ를 눌러 머리 오브젝트 전체를
선택하고 Header 패널에서 (Mesh) →
(Symmetrize)를 실행하여 X축 반대 방향
으로 복제합니다.

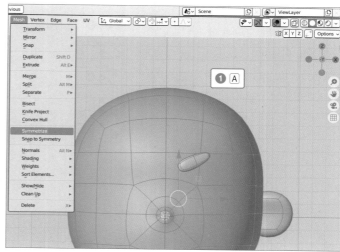

06 이때 눈썹과 귀가 사라지기 때문에,
Operation에서 Symmetrize의 Direction
을 '+X to −X'로 지정하여 제대로 복제합
니다.

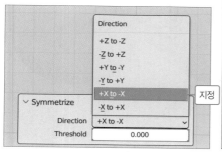

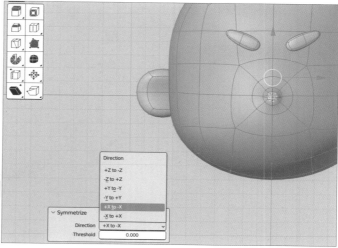

07 같은 방법으로 입을 만들기 위해 코
아랫면을 2개 선택합니다. Header 패널에
서 (Mesh) → (Duplicate(Shift+D))를 실
행하여 선택한 면을 복제하고 Y 방향으로
드래그하여 이동합니다.

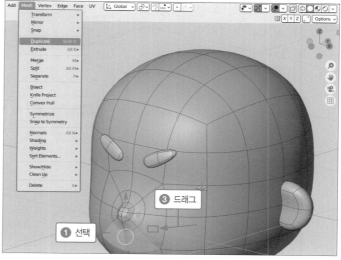

08 | Toolbar 패널에서 (Extrude Region
(⬜, E))을 선택하고 Y 방향으로 드래그하
여 두께를 만듭니다. 다시 Toolbar 패널에
서 (Move(✣, G))를 선택하고 점을 이동
하여 모양을 잡아 줍니다.

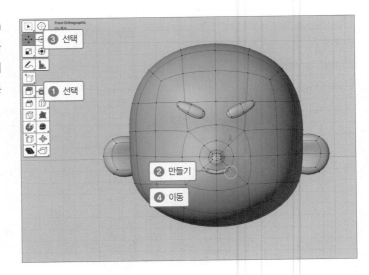

09 | 머리카락을 만들기 전에 Header
패널에서 (Face(■, 3))를 선택하여 변경
하고 그림과 같이 면을 선택합니다.
Shift + D를 눌러 선택한 면을 복제합니다.

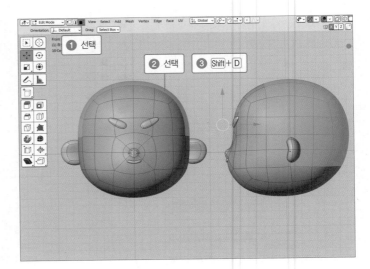

10 | Toolbar 패널에서 (Extrude Region
(⬜, E))을 길게 클릭하여 (Extrude Along
Normals(⬜))를 선택하고 노란색 포인트를
드래그하여 같은 비율로 두께를 만듭니다.

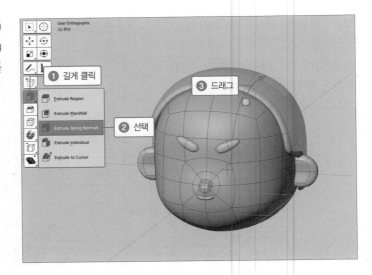

11 │ Header 패널에서 (Vertex(□, 1))를 선택하여 변경하고 Toolbar 패널에서 (Move(⊹, G))를 선택한 다음 그림과 같이 두상의 모양을 만듭니다.

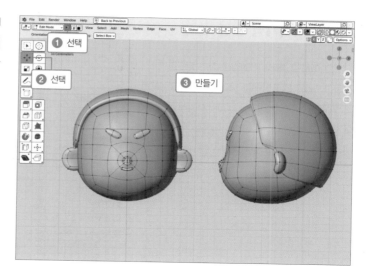

12 │ Header 패널에서 (Face(■, 3))를 선택하여 변경하고 그림과 같이 면을 선택합니다.

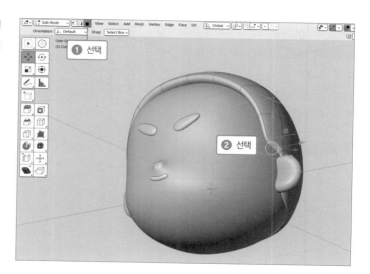

13 │ Toolbar 패널에서 (Extrude Region(□, E))을 선택하고 Z 방향으로 2번 드래그하여 두께를 만들어 옆머리를 만듭니다.

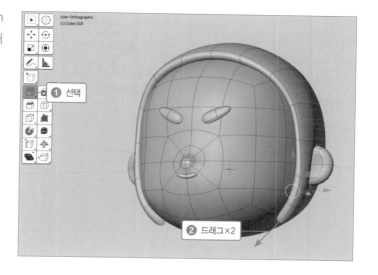

캐릭터 머리카락 만들기

01 Tab 을 눌러 (Object Mode)로 변경하고 넘버 패드 1 을 눌러 Front View로 시점을 변경합니다. Header 패널에서 (Add) → (Curve) → (Circle(Shift+A))을 실행하여 써클 오브젝트를 생성합니다.

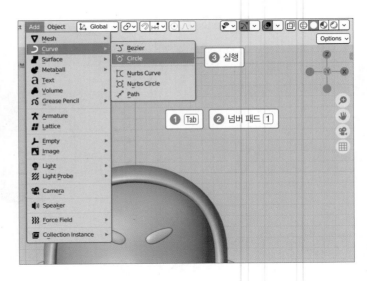

02 Operation에서 Align을 'View'로 지정하여 써클 오브젝트를 그림과 같이 보이게 합니다.

TIP 생성한 써클 오브젝트는 머리카락의 단면이 될 예정입니다.

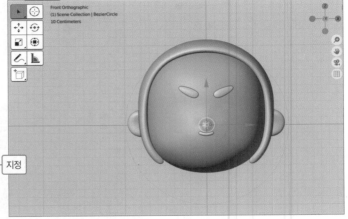

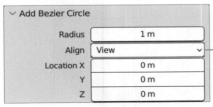

03 Toolbar 패널에서 (Move(:, G))를 선택하고 (Gizmo)의 파란색 Z 화살표를 이용하여 머리 위로 이동합니다.
다시 Toolbar 패널에서 (Scale(, S))을 선택하고 (Gizmo)의 흰색 원을 안쪽으로 드래그하여 크기를 축소합니다.

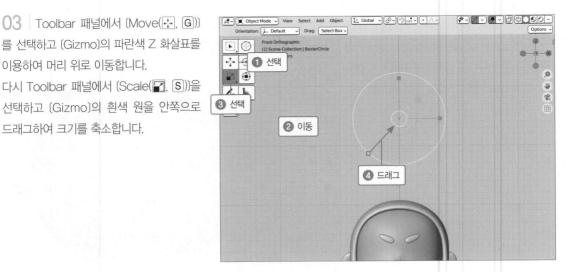

04 Header 패널에서 (Add) → (Curve) → (Path(Shift + A))를 실행하여 생성합니다.

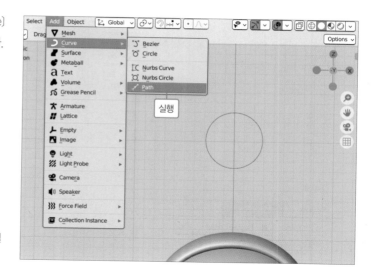

TIP 생성한 Path는 머리카락의 길이가 될 예정입니다.

05 Toolbar 패널에서 (Move(⊹, G)) 를 선택하고 (Gizmo)의 파란색 Z 화살표를 이용하여 위로 이동합니다.
다시 Toolbar 패널에서 (Scale(▣, S))을 선택하고 (Gizmo)의 흰색 원을 안쪽으로 드래그하여 크기를 축소합니다.

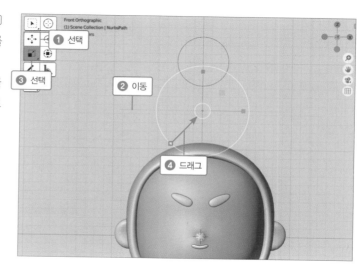

06 Properties 패널에서 (Object Data(▽)) 탭을 선택하고 Geometry → Bevel → Taper Object에서 '스포이트' 아이콘(✐)을 클릭하고 패스 오브젝트를 클릭하면 패스에 두께가 적용됩니다.

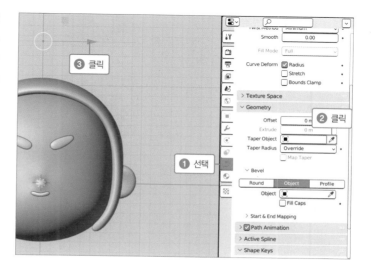

07 (Object Data(▽)) 탭의 Geometry → Bevel → Object에서 'Fill Caps'를 체크 표시하여 패스 오브젝트의 구멍을 막습니다.

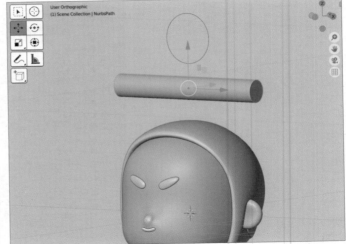

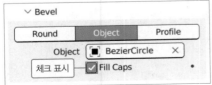

08 다음은 머리카락의 단면의 모양을 만들겠습니다. 써클 오브젝트를 선택하고 Tab을 눌러 (Edit Mode)로 변경한 다음 앵커 포인트를 이동하면서 그림과 같이 만듭니다.

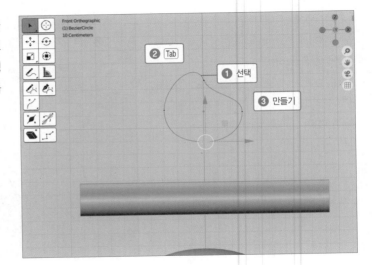

09 원기둥이 단면의 모양으로 변한 것을 확인할 수 있습니다. 써클 오브젝트의 앵커 포인트와 핸들을 조절하여 머리카락의 굴곡을 만듭니다.

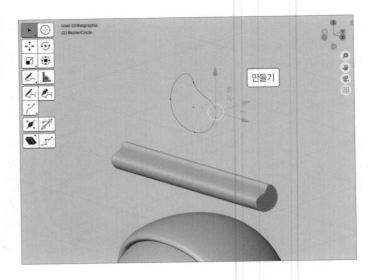

TIP 연결된 2개의 앵커 포인트를 선택하고 Header 패널에서 (Segments) → (Subdivide)를 실행하면 앵커 포인트를 추가할 수 있으며, Operation에서 Subdivide의 수를 설정할 수 있습니다.

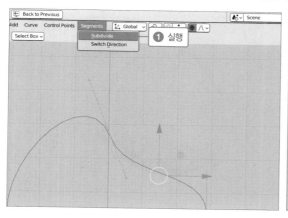
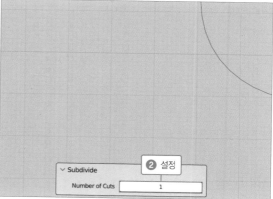

TIP Curve의 Vertex를 삭제하기 위해 해당 Vertex를 클릭하고 Header 패널에서 (Curve) → (Delete) → (Dissolve Vertices(X))를 실행하면 주변에 영향 없이 앵커 포인트만 삭제됩니다.

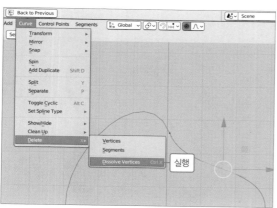
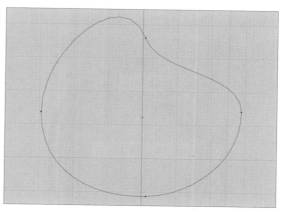

10 머리카락의 길이와 모양을 만들겠습니다. Tab을 눌러 (Object Mode)로 변경하고 패스 오브젝트를 선택한 다음 다시 Tab을 눌러 (Edit Mode)로 변경합니다.

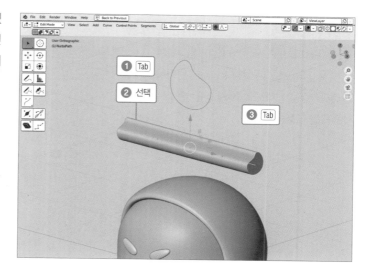

11 각각의 앵커 포인트를 선택하고 Toolbar 패널의 (Move(⊕, G))와 (Rotate (⊙, R))를 이용하여 앞머리 스타일을 만듭니다.

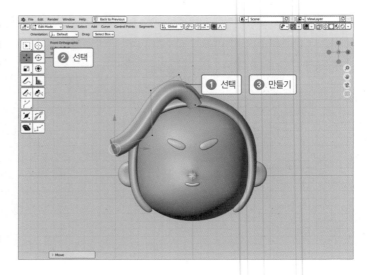

TIP 모양을 만들 때 (Proportional Editing (⊙, O))을 활성화하여 부드럽게 이동합니다.

12 볼륨 있는 머리카락을 만들기 위해 앵커 포인트를 선택하고 Alt + S 를 누릅니다. 드래그하여 크기를 조절하고 회전하여 View 시점을 변경하면서 스타일을 만듭니다.

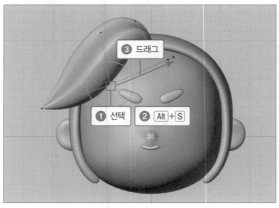

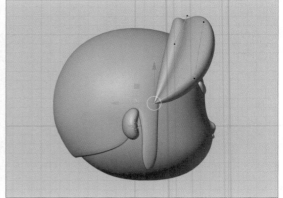

13 하나의 머리카락 스타일이 완성되었으면 Tab 을 눌러 (Object Mode)로 변경하여 머리카락을 선택하고 Shift + D 를 눌러 복제한 다음 이동합니다.

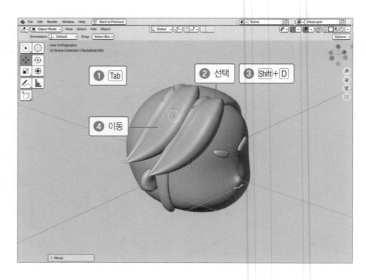

14 [Tab]을 눌러 (Edit Mode)로 변경하고 앵커 포인트를 조절하면서 계속 머리 모양을 만듭니다.

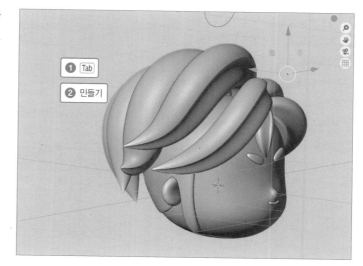

TIP 작업 도중 다른 오브젝트에 마우스 포인터를 위치하고 [Alt]+[Q]를 눌러 바로 전환하여 편집할 수 있습니다.

15 13번~14번 같은 작업을 반복하여 두상을 감싸는 머리 모양을 만듭니다.

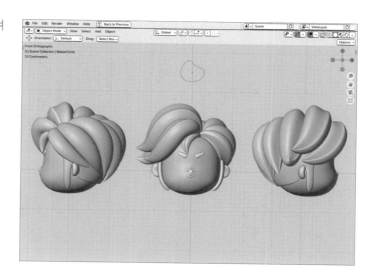

16 작업이 끝났다면 모든 머리카락 오브젝트를 선택하고 Header 패널에서 (Object) → (Join([Ctrl]+[J]))을 실행하여 하나의 오브젝트로 합칩니다.

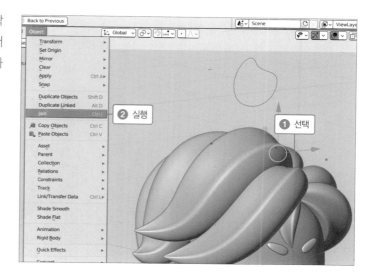

17 │ 성질이 다른 두 오브젝트를 연결하
겠습니다. 먼저 머리카락 오브젝트를 선택
하고 Shift를 누른 상태로 얼굴 오브젝트를
클릭하여 선택한 다음 Ctrl+P를 눌러 표시
되는 창에서 (Object(Keep Transform))
를 실행하여 머리카락을 얼굴에 종속되게
합니다.

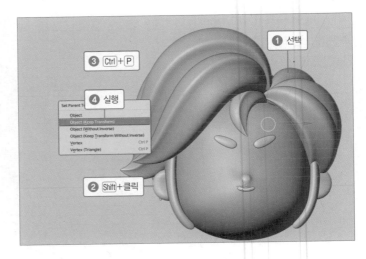

인간 캐릭터 상체 모델링하기

01 │ 몸통 만들기 전에 머리카락 오브젝
트를 선택하고 H를 눌러 숨긴 다음 Tab을
눌러 (Edit Mode)로 변경합니다.

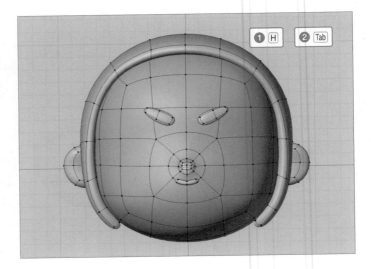

02 │ 얼굴 오브젝트의 아랫면 4개를 선택
하고 Shift+D를 눌러 오브젝트를 복제한 다
음 Z 방향 아래로 드래그하여 이동합니다.

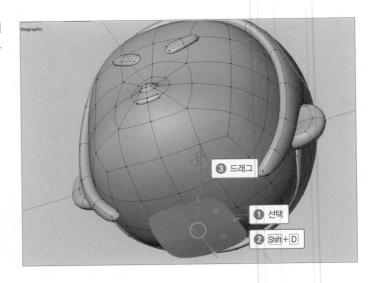

03 │ 넘버 패드 ①을 눌러 Front View로 시점을 변경합니다. Toolbar 패널에서 〔Scale(🔲, ⑤)〕을 선택하고 파란색 포인트를 위로 드래그한 다음 Operation에서 Scale Z를 '0'으로 설정하여 평평하게 만듭니다.

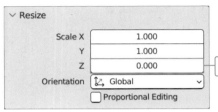

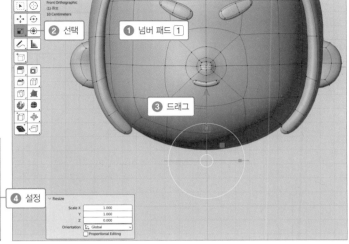

04 │ Toolbar 패널에서 〔Move(✛, ⑥)〕를 선택하고 점을 이동하여 그림과 같이 목의 단면을 만든 다음 ⑤을 눌러 선택합니다.

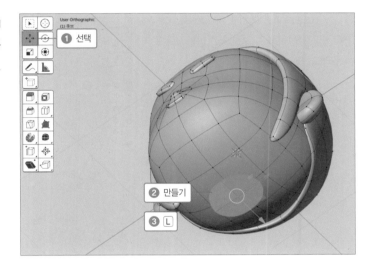

05 │ 넘버 패드 ①을 눌러 Front View로 시점을 두고 Toolbar 패널에서 〔Extrude Region(🔳, ⑥)〕을 선택한 다음 〔➕〕를 Z 방향으로 2번 드래그하여 목을 만듭니다.

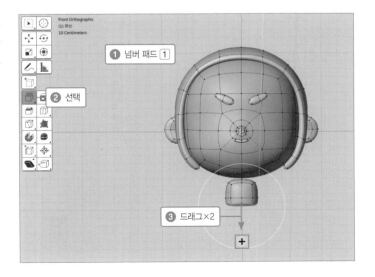

06 한 번 더 (+)를 Z 방향으로 드래그
하여 돌출하고 Toolbar 패널에서 (Scale
(■, S))을 선택한 다음 (Gizmo)의 빨간색
과 초록색 포인트를 드래그하여 그림과 같
이 목과 어깨 형태를 만듭니다.

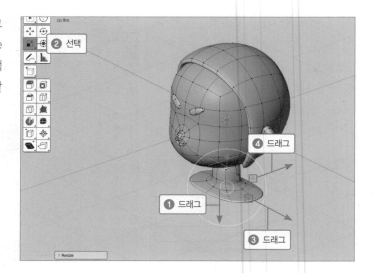

07 Toolbar 패널에서 (Extrude Region
(■, E))을 선택하고 (+)를 Z 방향으로 2
번 드래그하여 몸의 형태를 만듭니다.

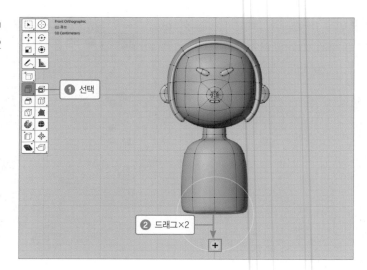

08 Toolbar 패널에서 (Loop Cut(■),
Ctrl+R))을 선택하고 그림과 같이 클릭하
여 선을 추가합니다.

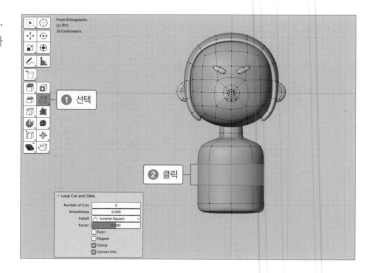

09 Toolbar 패널에서 (Move(✛, G))를 선택하고 점을 이동하여 몸의 형태를 만듭니다.

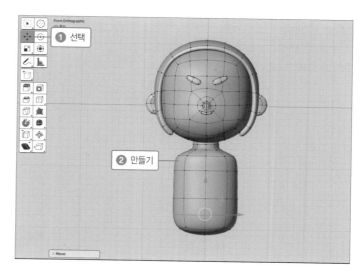

10 정면이 완성되면 넘버 패드 ③을 눌러 Right View로 시점을 변경하고 09번과 같은 방법으로 형태를 만듭니다.

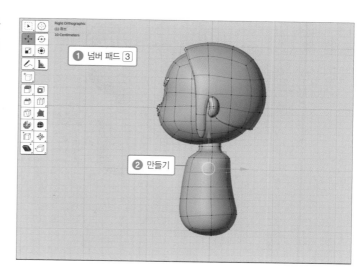

11 대칭되는 팔과 다리를 만들기 위해 Header 패널에서 (Face(■, 3))를 선택하여 변경합니다. 넘버 패드 ①을 눌러 Front View로 시점을 변경하고 그림과 같이 왼쪽 면을 선택합니다.

TIP 면을 선택하기 전에 Header 패널에서 (Toggle X-Ray(□, Alt+Z))를 클릭해서 활성화해야 뒷부분까지 전체 선택됩니다.

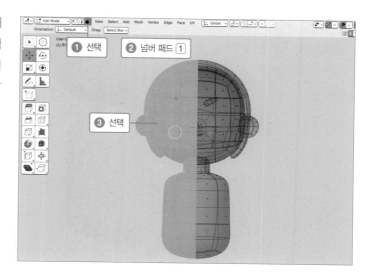

12 │ 선택된 반쪽의 면을 지우기 위해
X를 눌러 표시되는 창에서 (Faces)를 실
행하여 삭제합니다.

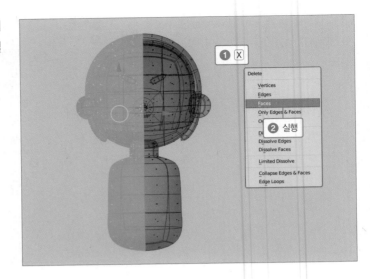

13 │ Tab을 눌러 (Object Mode)로 변경
합니다. Properties 패널 (Modifier(🔧))
탭에서 (Add Modifier)를 클릭하고 표시되
는 목록에서 (Mirror)를 실행합니다.

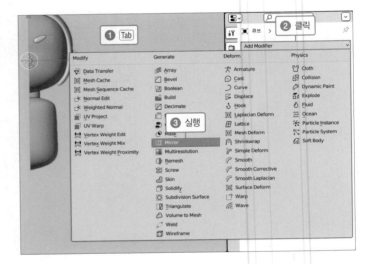

14 │ 적용 순서를 변경하기 위해 Mirror
설정 창에서 (⌄)를 클릭하고 'Move to
First'를 실행하여 Mirror의 위치를 위로 이
동합니다.

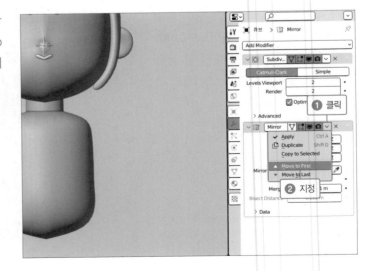

15 팔을 만들기 위해 [Tab]을 눌러 (Edit Mode)로 변경하고 Header 패널에서 (Face(■, 3))를 선택한 다음 그림과 같이 면을 4개 선택합니다.

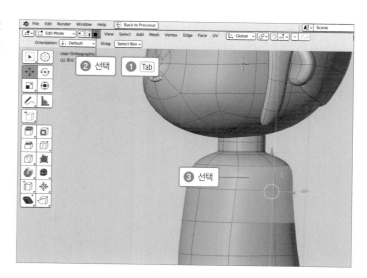

16 Toolbar 패널에서 (Inset Faces (■, I))를 선택하고 노란색 원을 안쪽으로 드래그하여 면을 분할해서 작게 만듭니다.

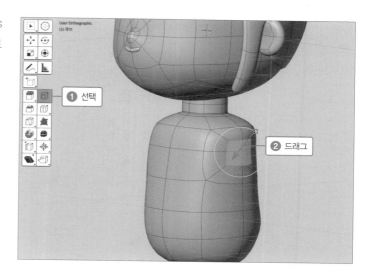

17 분할된 면이 선택된 상태로 [X]를 눌러 표시되는 창에서 (Faces)를 실행하여 면을 삭제합니다.

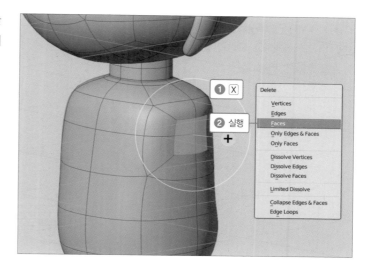

18 | 구멍 생긴 부분을 원의 형태로 만들겠습니다. Sidebar의 (Edit) 탭을 선택하고 LoopTools의 'Circle'을 선택하여 선택한 면을 원형으로 만듭니다.

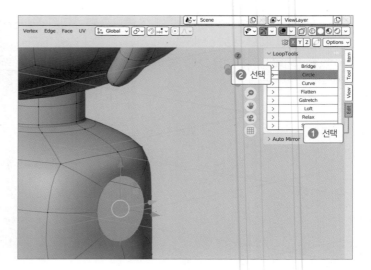

19 | Toolbar 패널에서 (Extrude Region (🔲, E))을 선택하고 (➕)를 X 방향으로 드래그하여 팔을 만듭니다.

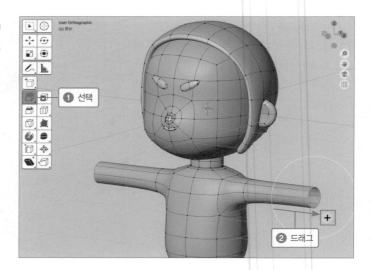

20 | Toolbar 패널에서 (Loop Cut(🔲, Ctrl+R))을 선택하고 그림과 같이 클릭하여 선을 추가합니다.

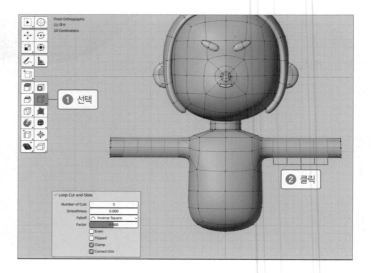

21 Alt를 누른 상태로 팔의 끝점을 클릭하여 루프 선택하고 Toolbar 패널에서 [Extrude Region(📄, E)]을 선택한 다음 X 방향으로 두 번 드래그하여 손을 만듭니다.

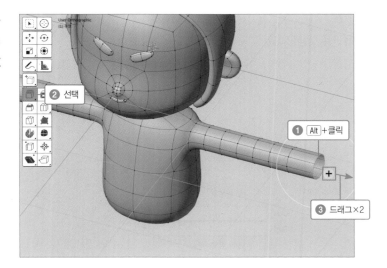

22 Toolbar 패널에서 [Scale(📐, S)]을 선택하고 [Gizmo]의 파란색 포인트를 아래로 드래그하여 납작하게 만듭니다.

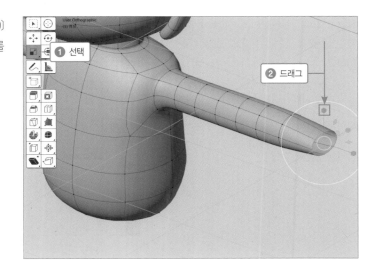

23 Header 패널에서 [Face] → [Grid Fill]을 실행하여 구멍에 면을 채웁니다.

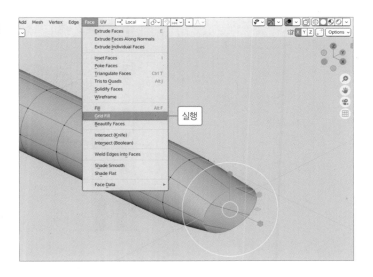

24 │ Operation에서 Span을 '2', Offset 을 '1'로 설정합니다.

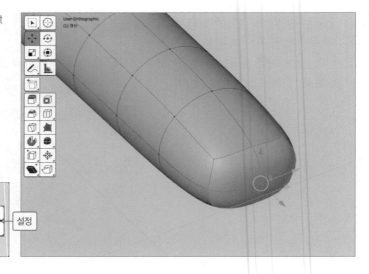

∨ Grid Fill		
Span	2	설정
Offset	1	
☐ Simple Blending		

25 │ 점을 수정하여 손 모양을 만들고 팔 을 만든 것과 같은 방법으로 면을 4개 선택 합니다.
Toolbar 패널에서 (Inset Faces(▦, ⑴)) 를 선택하고 노란색 원을 안쪽으로 드래그 하여 작은 면을 생성합니다.

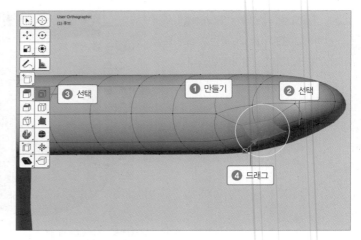

26 │ Toolbar 패널에서 (Extrude Region (▦, ⒠))을 선택하고 (➕)를 Z 방향으로 드 래그하여 손가락을 만듭니다.

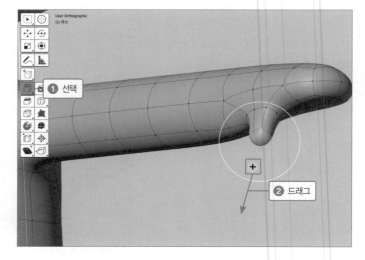

27 형태를 수정하여 전체 손 모양을 매끄럽게 다듬습니다.

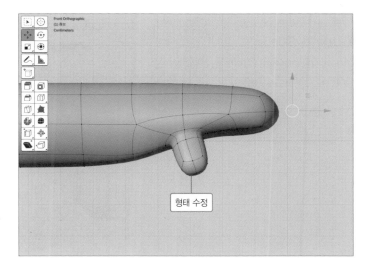

형태 수정

TIP Vertex/Edge/Face를 수정하고 원하는 결과물을 얻기 위해서는 시간과 인내가 필요합니다.

인간 캐릭터 하체 모델링하기

01 팔과 같은 방법으로 다리를 만들겠습니다. 몸통의 아랫면 4개를 선택하고 Toolbar 패널에서 (Inset Faces(🔲, ①))를 선택한 다음 노란색 원을 안쪽으로 드래그하여 작은 면을 생성합니다.

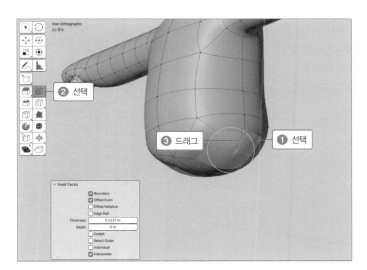

② 선택

③ 드래그   ① 선택

02 생성된 면을 선택하고 Delete 를 눌러 면을 삭제합니다.

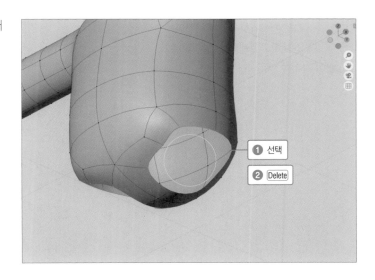

① 선택

② Delete

03 구멍이 생긴 부분을 원의 형태를 만들겠습니다. Sidebar의 (Edit)탭을 선택하고 LoopTools에서 'Circle'을 선택하여 선택한 면을 원형으로 만듭니다.

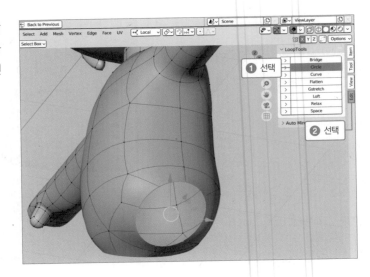

04 넘버 패드 ①을 눌러 Front View 로 시점을 변경하고 Toolbar 패널에서 (Rotate(◎, R))를 선택한 다음 (Gizmo) 의 원을 드래그하여 그림과 같이 만듭니다.

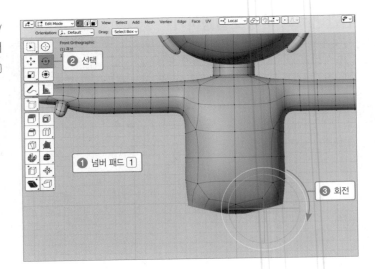

05 Toolbar 패널에서 (Extrude Region (▣, E))을 선택하고 (╋)를 Z 방향으로 드래그하여 다리를 만듭니다.

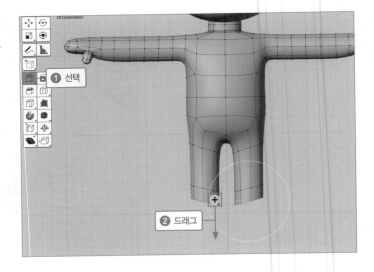

06 Alt를 누른 상태로 다리 끝점을 클릭하여 루프 선택합니다.

Toolbar 패널에서 (Scale(▣, S))을 선택하고 (Gizmo)의 파란색 포인트를 위로 드래그한 다음 Operation에서 Scale Z를 '0'으로 설정하여 평평하게 합니다.

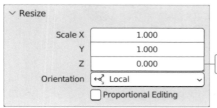

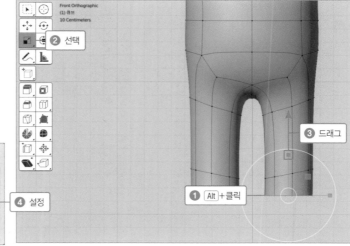

07 Toolbar 패널에서 (Loop Cut(▦, Ctrl+R))을 선택하고 다리 가운데에 선을 3개 추가하여 다리 모양을 만듭니다.

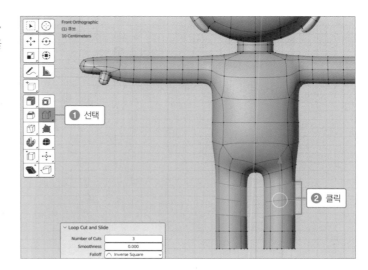

08 발을 만들기 위해 Header 패널에서 (Face(▣, 3))를 선택하고 그림과 같이 선택합니다.

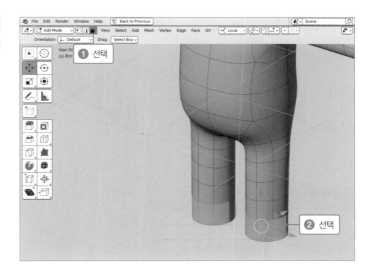

09 Toolbar 패널에서 (Extrude Region
(▤, E))을 선택하고 (+)를 Y 방향으로
드래그하여 돌출된 발을 만듭니다.

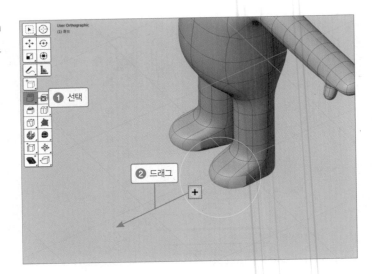

10 Header 패널에서 (Vertex(▣, 1))
를 선택하고 발바닥의 구멍난 부분 점들을
모두 선택합니다. Header 패널에서 (Face)
→ (Grid Fill)을 실행하여 구멍에 면을 채웁
니다.

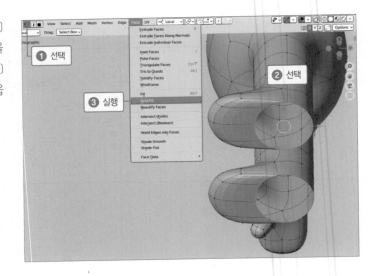

11 Operation에서 Span을 '2'로 설정
합니다.

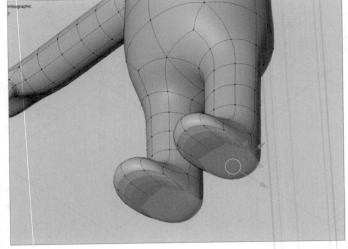

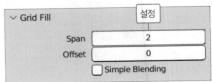

12 Toolbar 패널에서 (Loop Cut(🔲, Ctrl+R))을 선택하고 그림과 같이 클릭하여 선을 추가하면서 계속 모양을 만듭니다.

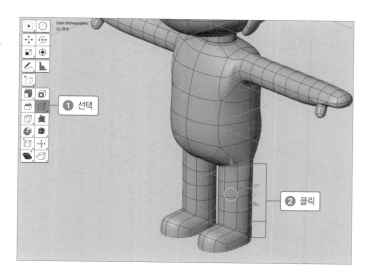

13 캐릭터의 몸통을 만들었습니다.

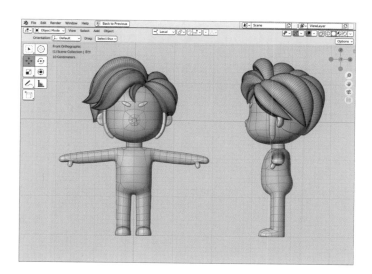

캐릭터 의상 모델링하기

01 신발을 만들겠습니다. Header 패널에서 (Edge(⬜, 2))를 선택한 다음 그림과 같이 Alt를 누른 상태로 선을 클릭하여 루프 선택합니다.

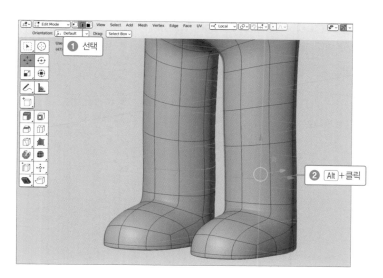

02 │ Toolbar 패널에서 (Bevel(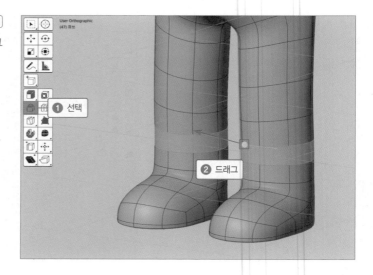), Ctrl
+B))을 선택하고 노란색 포인트를 드래그
하여 선택한 선을 분할합니다.

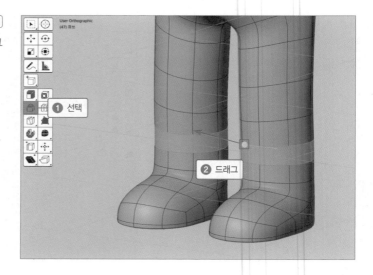

03 │ Toolbar 패널에서 (Extrude Along
Normals(□))를 선택하고 노란색 포인트
를 드래그하여 같은 비율로 두께를 줍니다.

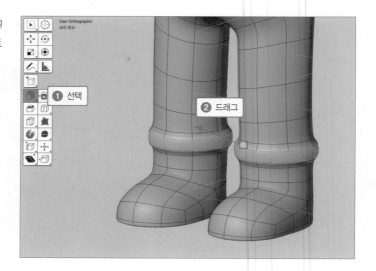

04 │ Toolbar 패널에서 (Loop Cut(□,
Ctrl+R))을 선택하고 두께를 준 부분 경계
선을 클릭하여 선을 추가합니다.

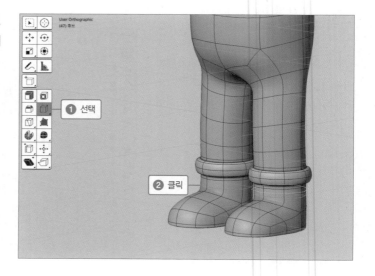

05 선이 선택된 상태로 Toolbar 패널에서 (Scale(⬛, S))을 선택하고 크기를 조절하여 신발 형태를 만든 다음 ①을 눌러 선택 모드를 변경합니다.

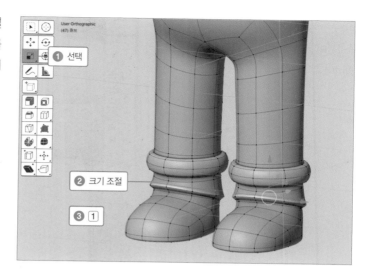

06 Toolbar 패널에서 (Loop Cut(⬜, Ctrl+R))을 선택하고 클릭하여 선을 추가 한 다음 (Move(✛, G))를 선택하여 하단 점을 조절해 바지처럼 보이게 합니다.

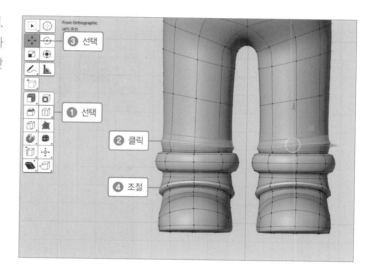

07 다시 ②를 눌러 선택 모드를 변경합니다. (Alt)를 누른 상태로 손목 부분 선을 클릭하여 루프 선택하고 Toolbar 패널에서 (Scale(⬛, S))을 선택한 다음 원을 바깥쪽으로 드래그하여 크게 만듭니다.

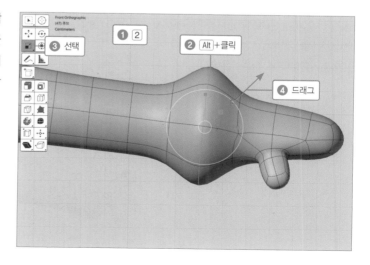

08 | Toolbar 패널에서 (Loop Cut(🔲, Ctrl+R))을 선택하고 클릭하여 선을 추가합니다.

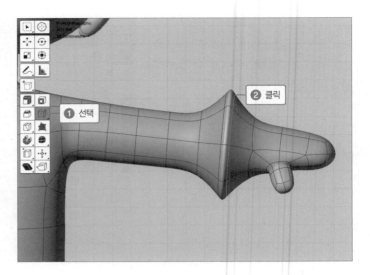

09 | Header 패널에서 (Vertex(🔲, 1))를 선택하고 점을 이동하여 계속해서 소매를 만듭니다.

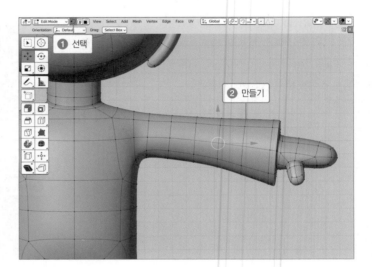

10 | Toolbar 패널에서 (Loop Cut(🔲, Ctrl+R))을 선택하고 목 부분을 클릭하여 선을 추가합니다.

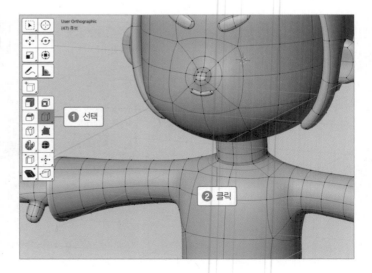

11 Toolbar 패널에서 (Move(⊹, (G)))
를 선택하고 (Gizmo)의 Z 화살표를 파란색
Z 방향 위로 드래그하여 이동합니다.

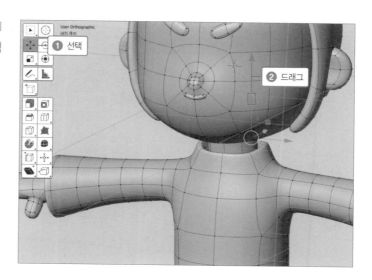

12 Toolbar 패널에서 (Scale(⬛, (S)))
을 선택하고 크기를 크게 조절합니다.
Toolbar 패널의 (Loop Cut(⬛, (Ctrl)+(R)))
으로 선을 추가하고 (Move(⊹, (G)))로 이
동하면서 옷을 만듭니다.

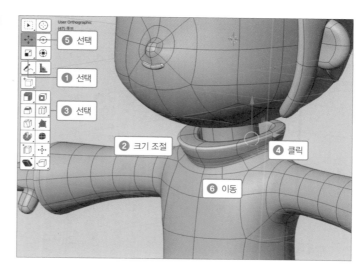

13 옷을 더 추가하여 벨트와 장식을 만
들겠습니다. Header 패널에서 (Face(⬛,
(3)))를 선택하고 그림과 같이 면을 선택합
니다.

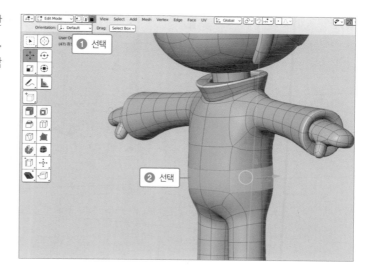

14 | Toolbar 패널에서 (Extrude Along Normals(■))를 선택하고 노란색 포인트를 드래그하여 같은 비율로 두께를 만듭니다.

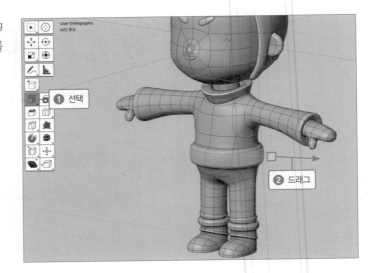

15 | 생성한 면의 아랫면을 선택합니다. Toolbar 패널에서 (Extrude Region(■), E))을 선택한 다음 (+)를 Z 방향 아래로 드래그하여 면을 추가합니다.

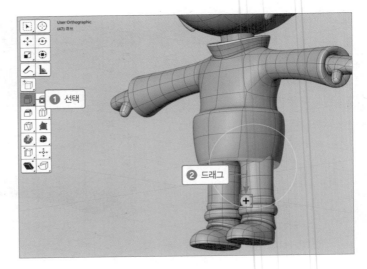

16 | Toolbar 패널에서 (Scale(■, S))을 선택하고 빨간색 포인트를 드래그하여 크게 만듭니다.

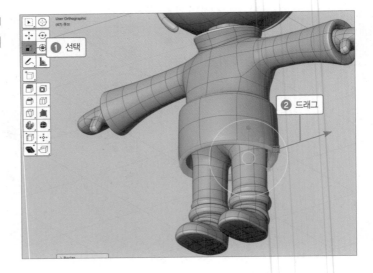

17 ⎡Alt⎤를 누른 상태로 선을 클릭하여 루프 선택합니다. 그림과 같이 크기를 조정하고 위치를 이동하면서 형태를 수정하여 옷 모양을 만듭니다. 작업이 끝나면 ⎡1⎤을 눌러 선택 모드를 변경합니다.

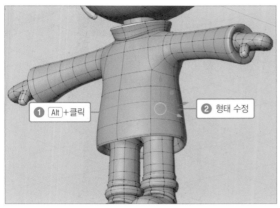 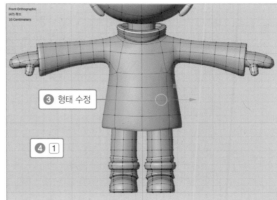

18 마지막으로 벨트를 만들겠습니다. 그림과 같이 가운데 점들을 선택한 다음 Toolbar 패널에서 (Bevel(⬚, ⎡Ctrl⎤+⎡B⎤))을 선택하고 노란색 포인트를 드래그하여 선택된 선을 분할합니다.

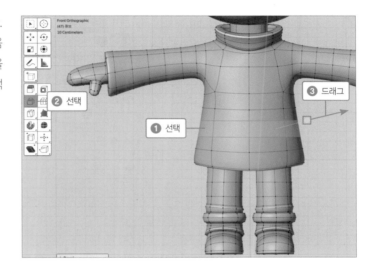

19 Toolbar 패널에서 (Extrude Along Normals(▣))를 선택하고 노란색 포인트를 드래그하여 면을 생성합니다.

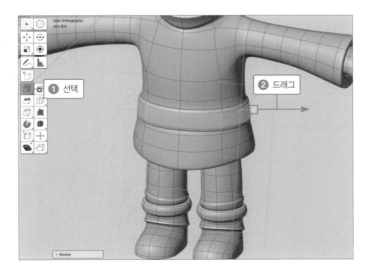

20 | Toolbar 패널의 (Loop Cut(⬚, Ctrl+R))으로 그림과 같이 클릭하여 선을 추가하고 (Move(✥, G))로 이동하면서 벨트를 만듭니다.

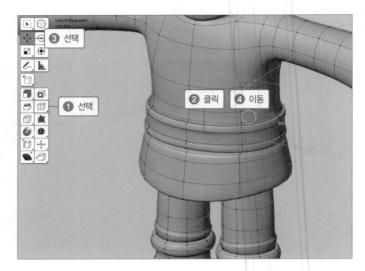

21 | 같은 방법으로 (Loop Cut(⬚, Ctrl+R))과 (Move(✥, G))를 이용하여 벨트 위아래 선을 추가하여 옷의 주름을 표현합니다.

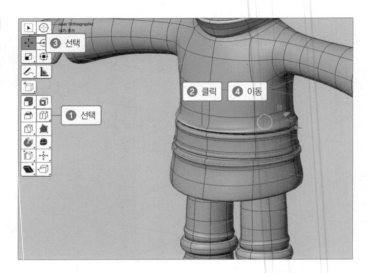

22 | 버클을 만들기 위해 Header 패널에서 (Face(⬛, 3))를 선택하고 그림과 같이 버클이 될 면을 선택합니다. Header 패널에서 (Mesh) → (Duplicate(Shift+D))를 실행하여 선택한 면을 복제하고 Y 방향으로 드래그하여 이동합니다.

23 | 넘버 패드 ①을 눌러 Front View로 시점을 변경하고 Header 패널에서 (Vertex(▦, ①))를 선택합니다. 점을 수정하여 원형을 만든 다음 ⓛ을 눌러 전체 선택합니다.

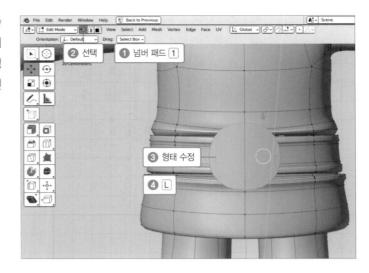

24 | Toolbar 패널에서 (Extrude Region (▦, Ⓔ))을 선택하고 (➕)를 Y 방향으로 드래그하여 두께를 만듭니다.

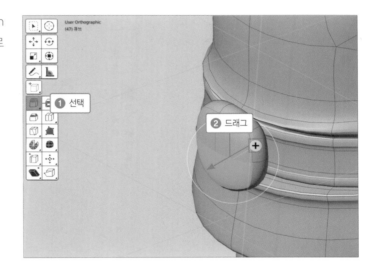

25 | Toolbar 패널에서 (Loop Cut(▦, Ctrl+Ⓡ))을 선택하고 그림과 같이 클릭하여 옆면 경계선을 날카롭게 합니다.

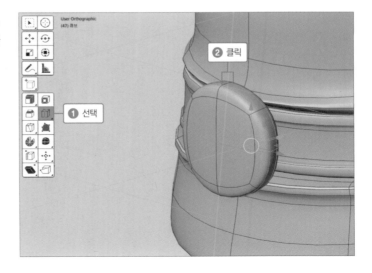

26 안쪽 면을 선택하고 Toolbar 패널에서 (Inset Faces(⬜, [I]))를 선택한 다음 노란색 원을 안쪽으로 드래그하여 면을 분할합니다.

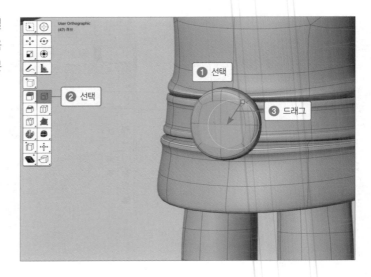

27 같은 방법으로 한 번 더 면을 분할하고 Toolbar 패널에서 (Extrude Region (⬜, [E]))을 선택한 다음 [+]를 Y 방향으로 드래그하여 돌출합니다.

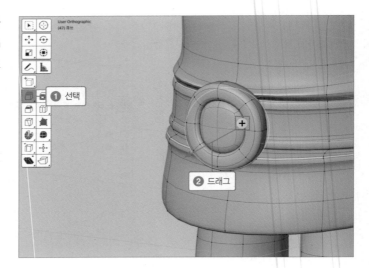

28 캐릭터의 몸 모델링을 편집하여 옷과 장식을 만들어 캐릭터를 마무리했습니다.

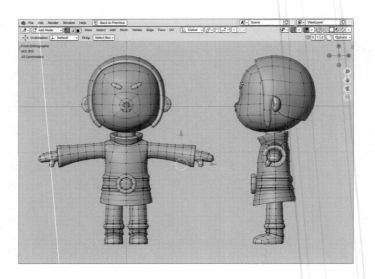

인간 캐릭터에 메테리얼 적용하기

01 2를 눌러 선택 모드를 변경합니다. Alt를 누른 상태로 소매와 손 경계선을 클릭하여 루프 선택하고 Header 패널에서 (Edge) → (Mark Seam)을 실행하여 선을 자릅니다.

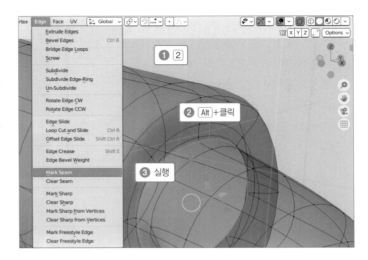

02 Mark Seam이 적용되면 잘린 선이 빨간색으로 표시됩니다.

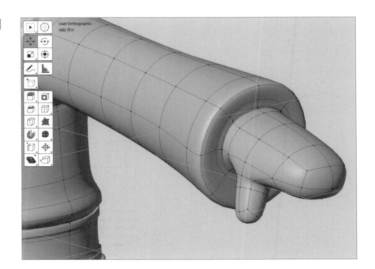

03 같은 방법으로 파츠의 목, 옷, 벨트, 바지, 신발 경계선에 (Mark Seam)을 실행합니다.

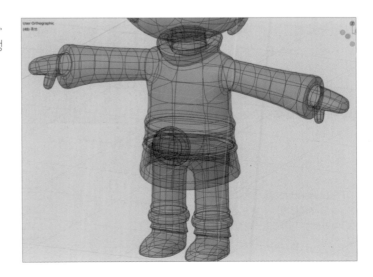

04 | Workspaces에서 (Shading) 탭을 선택하여 메테리얼 작업에 편리한 작업 환경으로 변경합니다. 창의 경계선에서 마우스 오른쪽 클릭한 다음 (Join Area)를 실행하여 3D Viewport 패널을 확장하고 하단에 Shader Editor 패널을 확장하여 창을 합칩니다.

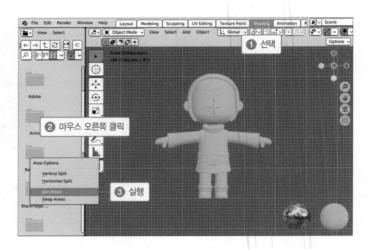

05 | 기본 메테리얼을 생성하겠습니다. Properties 패널에서 (Material(🔘)) 탭을 선택하고 (New) 버튼을 클릭하여 메테리얼을 생성한 다음 이름을 'Skin'으로 입력합니다.

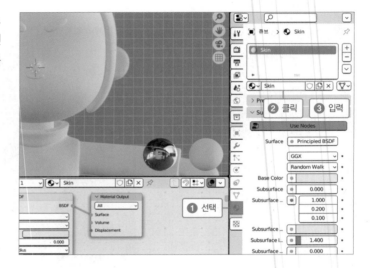

06 | Shader Editor 패널에서 노드를 그림과 같이 설정합니다. Principled BSDF의 Base Color를 '살구색(#FFBB82)'으로 지정하고 Subsurface를 '1.7'로 설정한 다음 Subsurface Color를 '다홍색(#E37350)'으로 지정하여 피부색 메테리얼을 적용합니다.

TIP Subsurface를 설정하고 Subsurface Color를 지정하면 사람의 피부나 양초 등 빛이 투과하는 반투명한 재질을 만들기에 좋습니다.

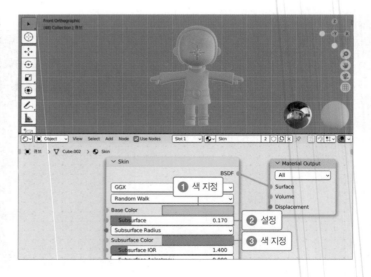

07 3D Viewport 패널에서 Tab 을 눌러 (Edit Mode)로 변경하고 Header 패널에서 (Face(■, ③))를 선택합니다. 머리와 눈썹에 마우스 포인터를 위치하고 L 을 눌러 선택합니다.

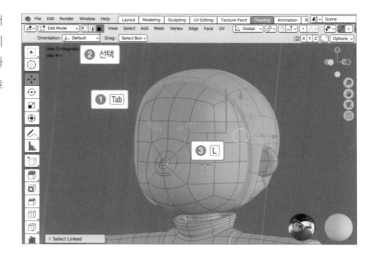

08 (Material(◉)) 탭에서 (+) 버튼을 클릭하여 새 슬롯을 추가하고 (New) 버튼을 클릭하여 메테리얼을 생성한 다음 이름을 'Hair'로 입력합니다. 메테리얼 생성하고 (Assign) 버튼을 클릭하여 선택된 부분에 적용합니다.

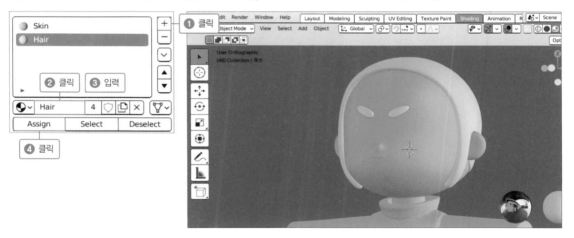

09 Shader Editor 패널에서 (Add) → (Search)를 실행하고 표시되는 창에서 각각 'Texture Coordinate', 'Mapping', 'Gradient Texture', 'ColorRamp'를 입력한 다음 클릭하여 노드를 생성합니다.

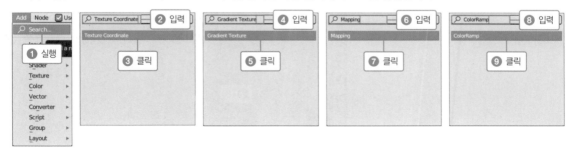

10 ColorRamp에서 색상을 지정하겠습니다. 왼쪽을 '노란색(#FFDD00)', 오른쪽을 '주황색(#FF8800)'으로 지정하고
전체 노드 소켓을 그림과 같이 연결하여 머리카락의 메테리얼을 적용합니다.

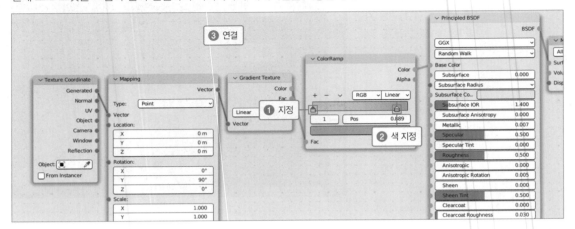

11 Alt+H를 눌러 숨겨둔 머리카락을
보이게 합니다. 머리카락 오브젝트를 선택
하고 (Material(🔵)) 탭에서 (Browse
Material(🔵))을 클릭한 다음 'Hair' 메테리
얼을 선택합니다.

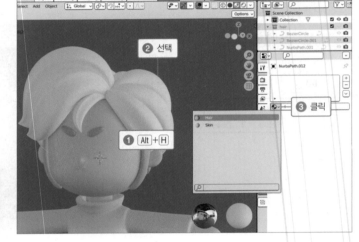

12 Tab을 눌러 (Edit Mode)로 변경하
고 Header 패널에서 (Face(🔲, 3))를 선
택한 다음 L을 눌러 옷 오브젝트를 전체
선택합니다.

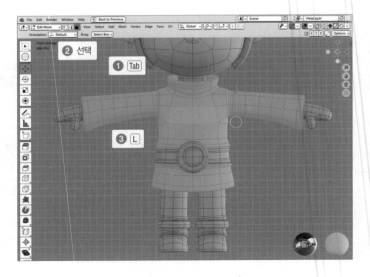

13 같은 방법으로 옷 메테리얼을 생성
하고 이름을 'Costume'으로 입력하여 적용
합니다.

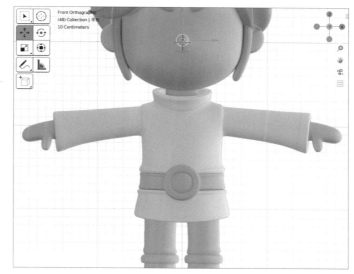

14 Shader Editor 패널에서 (Add) → (Search)를 실행하고 표시되는 창에서 각각 'Texture Coordinate',
'Mapping', 'Noise Texture'를 입력하고 클릭하여 노드를 생성합니다.

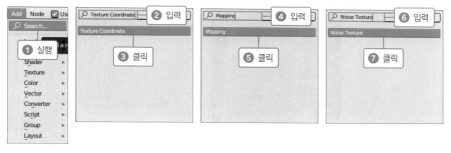

15 Principled BSDF의 Base Color를 '초록색(#27902F)', Subsurface Color를 '분홍색(#E7656F)'으로 지정하고
전체 노드 소켓을 그림과 같이 연결하여 옷 메테리얼을 적용합니다.

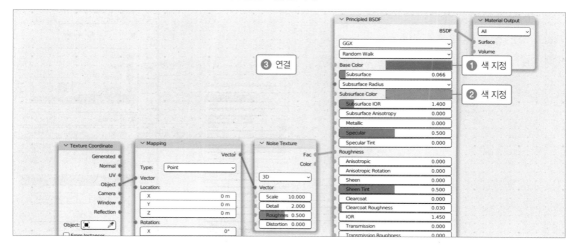

16 | Header 패널에서 (Face(■, ③))
를 선택하고 벨트, 신발, 소매 오브젝트를
그림과 같이 선택합니다. 가죽 메테리얼은
옷 메테리얼을 복제하여 만들겠습니다.

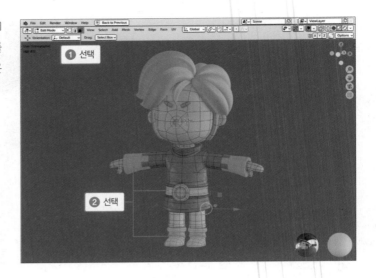

17 | Properties 패널의 (Material(●))
탭에서 (+) 버튼을 클릭하여 새 슬롯을 생
성하고 (Browse Material(●))을 클릭한
다음 'Costume' 메테리얼을 선택해서 적용
합니다.

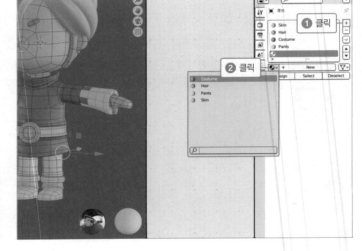

18 | (New Material(■))을 클릭하여 복
제하고 (Assign) 버튼을 클릭하여 선택된
곳에 적용합니다.

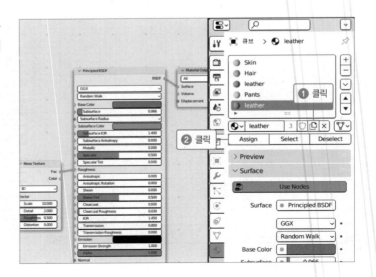

19 | 메테리얼 이름을 'leather'로 입력하고 Principled BSDF의 Base Color를 '짙은 갈색(#453034)', Subsurface Color를 '군청색(#2F2D40)'으로 지정하여 그림과 같이 메테리얼을 속성을 변경합니다.

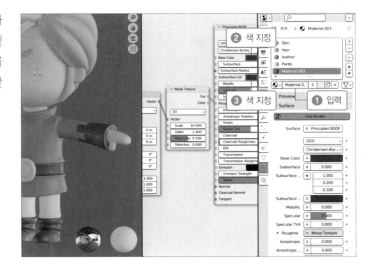

20 | 같은 방법으로 벨트 장식을 선택하고 (Material(■)) 탭에서 (+) 버튼을 클릭하여 새 슬롯을 생성한 다음 이름을 'Buckle'로 입력합니다. Principled BSDF의 Base Color를 '주황색(#E79F00)'으로 지정하고 그림과 같이 설정합니다.

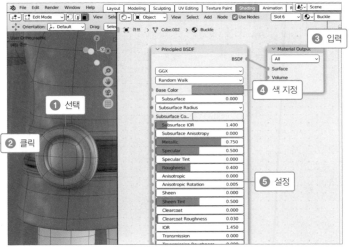

이미지로 인간 캐릭터 눈 적용하기

01 | Tab을 눌러 (Object Mode)로 변경하고 메뉴에서 (Edit) → (Preferences)를 실행합니다.

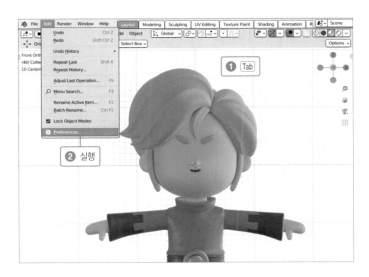

02 | Blender Preferences 대화상자가 표시되면 (Add-ons) 탭을 선택하고 검색창에 'planes'를 입력합니다. 'Import-Export: Import Images as Planes'를 체크 표시하여 활성화하고 대화상자를 닫습니다.

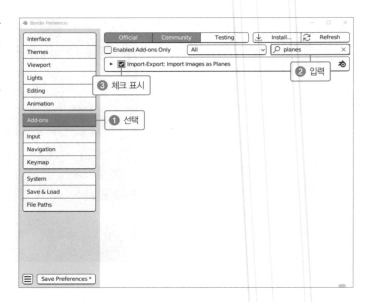

03 | Front View 시점 상태로 Header 패널에서 (Add) → (Image) → (Image as Planes)를 실행합니다.

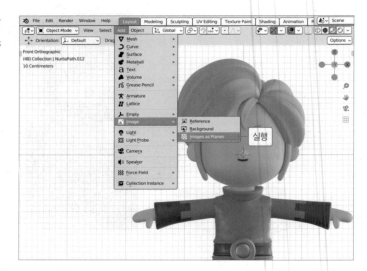

04 | Blender File View 대화상자가 표시되면 07 폴더에서 '눈.png' 파일을 선택하고 (Import Images as Planes) 버튼을 클릭합니다.

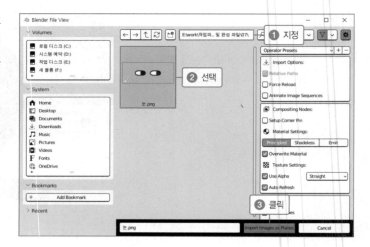

05 넘버 패드 ③을 눌러 Right View로 시점을 변경합니다.

Toolbar 패널에서 (Rotate(⊙, R))를 선택하고 빨간색 원을 드래그하여 생성한 이미지를 90° 회전합니다.

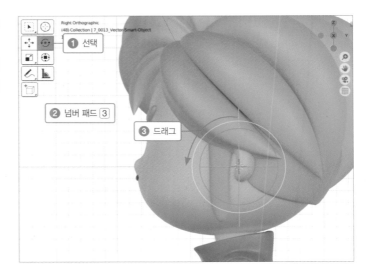

06 Toolbar 패널에서 (Move(✛, G))를 선택하고 (Gizmo)의 초록색 Y 화살표를 드래그하여 얼굴 앞으로 이동합니다.

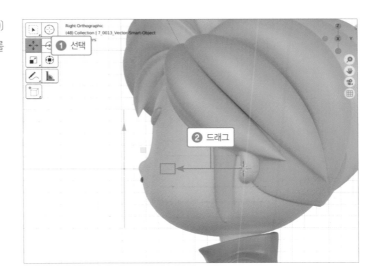

07 넘버 패드 ①을 눌러 Front View로 시점을 변경합니다. Toolbar 패널의 (Move(✛, G))와 (Scale(▣, S))을 이용하여 위치와 크기를 조절해 그림과 같이 만듭니다.

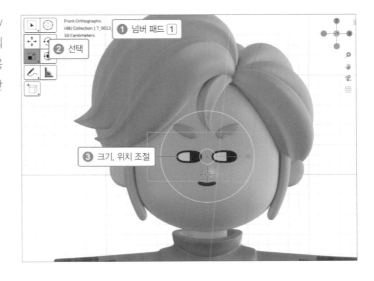

08 Tab을 눌러 (Edit Mode)로 변경하고 Header 패널에서 (Edge) → (Subdivide)를 실행하여 면을 균일하게 분할합니다.

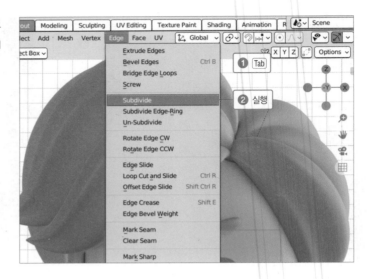

09 Operation에서 Number of Cuts를 '10'으로 설정합니다.

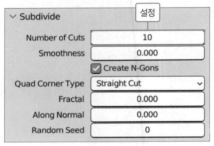

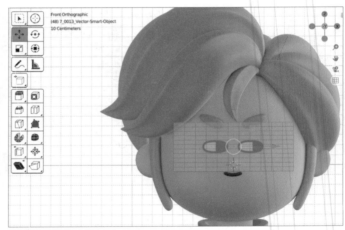

10 08번과 같은 방법으로 한 번 더 (Subdivide)를 실행하여 면을 더 매끄럽게 나눕니다.

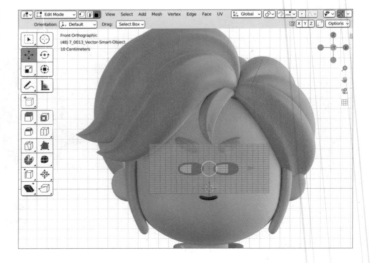

11 Tab을 눌러 (Object Mode)로 변경하고 Properties 패널의 (Modifier(🔧)) 탭에서 (Add Modifier)를 클릭하여 표시되는 목록에서 (Shrinkwrap)을 실행합니다.

12 Shrinkwrap 설정 창에서 Target의 '스포이트' 아이콘(💉)을 클릭하고 얼굴 오브젝트를 선택하면 Plane Image가 얼굴 오브젝트에 붙습니다. Offset을 '0.006m'으로 설정하여 거리를 조절하고 이미지가 잘 보이게 합니다.

TIP 이미지가 깨져 보인다면 Subdivision을 더 실행하여 면을 더 나눠주면 좋습니다.

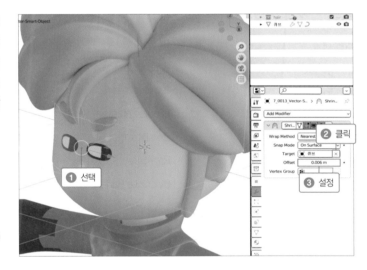

13 캐주얼 게임 캐릭터가 완성되었습니다. 이후 리깅을 적용하고 렌더 환경을 설정하여 자신만의 캐릭터를 만들어 보세요.

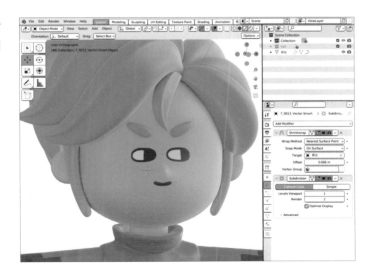

Index

Foreign Copyright:
Joonwon Lee   Mobile: 82-10-4624-6629
Address: 3F, 127, Yanghwa-ro, Mapo-gu, Seoul, Republic of Korea
              3rd Floor
Telephone: 82-2-3142-4151
E-mail: jwlee@cyber.co.kr

게임 캐릭터**부터** 메타버스 아이템**까지!**

블렌더 3D

2023. 3. 8. 1판 1쇄 발행
2023. 9. 13. 1판 2쇄 발행

지은이 | 박범희
펴낸이 | 이종춘
펴낸곳 | BM (주)도서출판 **성안당**
주소 | 04032 서울시 마포구 양화로 127 첨단빌딩 3층(출판기획 R&D 센터)
       10881 경기도 파주시 문발로 112 파주 출판 문화도시(제작 및 물류)
전화 | 02) 3142-0036
       031) 950-6300
팩스 | 031) 955-0510
등록 | 1973. 2. 1. 제406-2005-000046호
출판사 홈페이지 | www.cyber.co.kr
ISBN | 978-89-315-5939-2 (13000)
정가 | **30,000원**

이 책을 만든 사람들
책임 | 최옥현
진행 | 오영미
기획·진행 | 앤미디어
교정·교열 | 앤미디어
본문·표지 디자인 | 앤미디어
홍보 | 김계향, 유미나, 정단비, 김주승
국제부 | 이선민, 조혜란
마케팅 | 구본철, 차정욱, 오영일, 나진호, 강호묵
마케팅 지원 | 장상범
제작 | 김유석

■ 도서 A/S 안내

성안당에서 발행하는 모든 도서는 저자와 출판사, 그리고 독자가 함께 만들어 나갑니다.
좋은 책을 펴내기 위해 많은 노력을 기울이고 있습니다. 혹시라도 내용상의 오류나 오탈자 등이
발견되면 **"좋은 책은 나라의 보배"**로서 우리 모두가 함께 만들어 간다는 마음으로 연락주시기
바랍니다. 수정 보완하여 더 나은 책이 되도록 최선을 다하겠습니다.
성안당은 늘 독자 여러분들의 소중한 의견을 기다리고 있습니다. 좋은 의견을 보내주시는 분께는
성안당 쇼핑몰의 포인트(3,000포인트)를 적립해 드립니다.
잘못 만들어진 책이나 부록 등이 파손된 경우에는 교환해 드립니다.